大学赤本シリーズ

115

神戸大学

文系－前期日程

文・国際人間科〈文科系〉・
法・経済・経営・海洋政策科〈文系〉学部

教学社

は　し　が　き

おかげさまで，大学入試の「赤本」は，今年で創刊70周年を迎えました。

これまで，入試問題や資料をご提供いただいた大学関係者各位，掲載許可をいただいた著作権者の皆様，各科目の解答や対策の執筆にあたられた先生方，そして，赤本を使用してくださったすべての読者の皆様に，厚く御礼を申し上げます。

以下に，創刊初期の「赤本」のはしがきを引用します。これからも引き続き，受験生の目標の達成や，夢の実現を応援してまいります。

本書を活用して，入試本番では持てる力を存分に発揮されることを心より願っています。

編者しるす

＊　＊　＊

学問の塔にあこがれのまなざしをもって，それぞれの志望する大学の門をたたかんとしている受験生諸君！　人間として生まれてきた私たちは，自己の欲するままに，美しく，強く，そして何よりも人間らしく生きることをねがっている。しかし，一朝一夕にして，この純粋なのぞみが達せられることはない。私たちの行く手には，絶えずさまざまな試練がまちかまえている。この試練を克服していくところに，私たちのねがう真に人間的な世界がはじめて開かれてくるのである。

人生最初の最大の試練として，諸君の眼前に大学入試がある。この大学入試は，精神的にも身体的にも，大きな苦痛を感ぜしめるであろう。あるスポーツに熟達するには，たゆみなき，はげしい練習を積み重ねることが必要であるように，私たちは，計画的・持続的な努力を払うことによって，この試練を克服し，次の一歩を踏みだすことができる。厳しい試練を経たのちに，はじめて満足すべき成果を獲得できるのである。

本書は最近の入学試験の問題に，それぞれ解答を付し，さらに問題をふかく分析することによって，その大学独特の傾向や対策をさぐろうとした。本書を一般の参考書とあわせて使用し，まとはずれのない，効果的な受験勉強をされるよう期待したい。

（昭和35年版「赤本」はしがきより）

挑む人の、いちばんの味方

70th
赤本創刊70周年

1954年に大学入試の過去問題集を刊行してから70年。赤本は大学に入りたいと思う受験生を応援しつづけてきました。これからも，苦しいとき落ち込むときにそばで支える存在でいたいと思います。

そして，勉強をすること，自分で道を決めること，努力が実ること，これらの喜びを読者の皆さんが感じることができるよう，伴走をつづけます。

そもそも赤本とは…

受験生のための大学入試の過去問題集！

70年の歴史を誇る赤本は，500点を超える刊行点数で全都道府県の370大学以上を網羅しており，過去問の代名詞として受験生の必須アイテムとなっています。

なぜ受験に過去問が必要なのか？

大学入試は大学によって問題形式や頻出分野が大きく異なるからです。

赤本の掲載内容

傾向と対策

これまでの出題内容から，問題の「**傾向**」を分析し，来年度の入試に向けて具体的な「**対策**」の方法を紹介しています。

問題編・解答編

- 年度ごとに問題とその解答を掲載しています。
- 「**問題編**」ではその年度の試験概要を確認したうえで，実際に出題された過去問に取り組むことができます。
- 「**解答編**」には高校・予備校の先生方による解答が載っています。

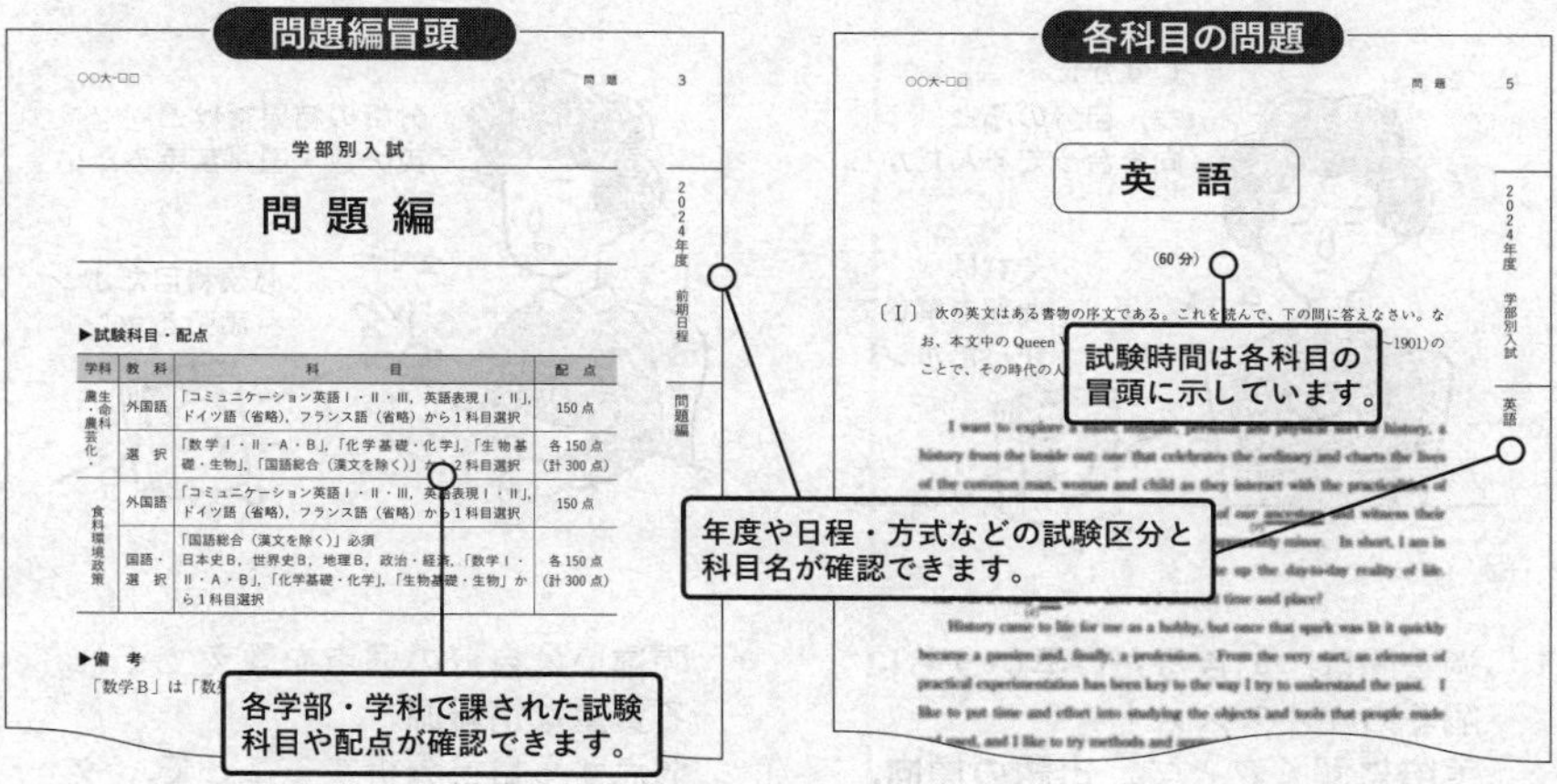

問題編冒頭

〔Ⅰ〕 次の英文はある書物の序文である。これを読んで，下の問に答えなさい。なお，本文中の Queen V
～1901）のことで，その時代の人
試験時間は各科目の冒頭に示しています。

他にも，大学の基本情報や，先輩受験生の合格体験記，在学生からのメッセージなどが載っていることがあります。

2024年度から見やすいデザインに！

NEW

掲載内容について

著作権上の理由やその他編集上の都合により問題や解答の一部を割愛している場合があります。なお，指定校推薦入試，社会人入試，編入学試験，帰国生入試などの特別入試，英語以外の外国語科目，商業・工業科目は，原則として掲載しておりません。また試験科目は変更される場合がありますので，あらかじめご了承ください。

問題 3
学部別入試

2024年度 前期日程

▶試験科目・配点
学科 教科 科目 配点
農生・命農科芸化・
外国語 「コミュニケーション英語Ⅰ・Ⅱ・Ⅲ，英語表現Ⅰ・Ⅱ」，ドイツ語（省略），フランス語（省略）から1科目選択 150点
選択 「数学Ⅰ・Ⅱ・A・B」，「化学基礎・化学」，「生物基礎・生物」，「国語総合（漢文を除く）」から2科目選択 各150点（計300点）
食料環境政策
外国語 「コミュニケーション英語Ⅰ・Ⅱ・Ⅲ，英語表現Ⅰ・Ⅱ」，ドイツ語（省略），フランス語（省略）から1科目選択 150点
国語・選択 「国語総合（漢文を除く）」必須 日本史B，世界史B，地理B，政治・経済，「数学Ⅰ・Ⅱ・A・B」，「化学基礎・化学」，「生物基礎・生物」から1科目選択 各150点（計300点）
▶備考
「数学B」は「数
各学部・学科で課された試験科目や配点が確認できます。
年度や日程・方式などの試験区分と科目名が確認できます。
各科目の問題

問題 5

(60分)
2024年度 学部別入試

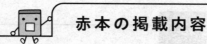

受験勉強は

過去問に始まり，

STEP 1　なにはともあれ

まずは解いてみる

しずかに…
今，自分の心と
向き合ってるんだから
ムーン
それは
問題を解いて
からだホン!

過去問は，**できるだけ早いうちに解く**のがオススメ！
実際に解くことで，**出題の傾向，問題のレベル，今の自分の実力**がつかめます。

STEP 2　じっくり具体的に

弱点を分析する

分析の結果だけど
英・数・国が苦手みたい
スリー
必須科目だホン
頑張るホン

間違いは自分の弱点を教えてくれる**貴重な情報源。**
弱点から自己分析することで，**今の自分に足りない力や苦手な分野**が見えてくるはず！

合格者があかす 赤本の使い方

傾向と対策を熟読
（Fさん／国立大合格）

大学の出題傾向を調べるために，赤本に載っている「傾向と対策」を熟読しました。

繰り返し解く
（Tさん／国立大合格）

1周目は問題のレベル確認，2周目は苦手や頻出分野の確認に，3周目は合格点を目指して，と過去問は繰り返し解くことが大切です。

過去問に終わる。

STEP 3

志望校にあわせて

苦手分野の重点対策

明日からはみんなで頑張るよ！
参考書も！ 問題集も！
よろしくね！
呼んだ？
なにを!?
どこから!?
グッ
グッ

参考書や問題集を活用して，苦手分野の**重点対策**をしていきます。**過去問を指針**に，合格へ向けた具体的な学習計画を立てましょう！

STEP 1▶2▶3

サイクルが大事！

実践を繰り返す

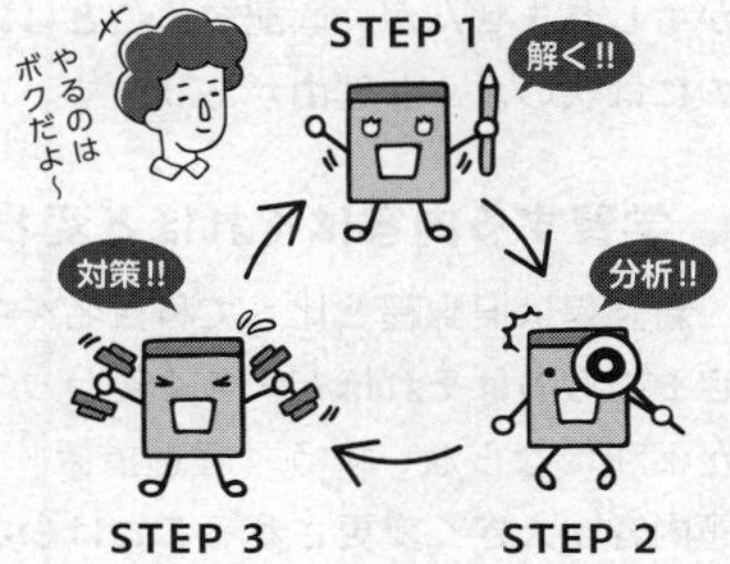

やるのはボクだよ～
STEP 1
解く!!
分析!!
STEP 2
対策!!
STEP 3

STEP 1～3を繰り返し，実力アップにつなげましょう！**出題形式に慣れること**や，**時間配分を考えること**も大切です。

目標点を決める

（Yさん／私立大合格）

赤本によっては合格者最低点が載っているので，それを見て目標点を決めるのもよいです。

時間配分を確認

（Kさん／私立大学合格）

赤本は時間配分や解く順番を決めるために使いました。

添削してもらう

（Sさん／私立大学合格）

記述式の問題は先生に添削してもらうことで自分の弱点に気づけると思います。

新課程入試 Q&A

2022年度から新しい学習指導要領（新課程）での授業が始まり，2025年度の入試は，新課程に基づいて行われる最初の入試となります。ここでは，赤本での新課程入試の対策について，よくある疑問にお答えします。

Q1. 赤本は新課程入試の対策に使えますか？

A. もちろん使えます！

旧課程入試の過去問が新課程入試の対策に役に立つのか疑問に思う人もいるかもしれませんが，心配することはありません。旧課程入試の過去問が役立つのには次のような理由があります。

● 学習する内容はそれほど変わらない

新課程は旧課程と比べて科目名を中心とした変更はありますが，学習する内容そのものはそれほど大きく変わっていません。また，多くの大学で，既卒生が不利にならないよう「経過措置」がとられます（Ｑ３参照）。したがって，出題内容が大きく変更されることは少ないとみられます。

● 大学ごとに出題の特徴がある

これまでに課程が変わったときも，各大学の出題の特徴は大きく変わらないことがほとんどでした。入試問題は各大学のアドミッション・ポリシーに沿って出題されており，過去問にはその特徴がよく表れています。過去問を研究してその大学に特有の傾向をつかめば，最適な対策をとることができます。

出題の特徴の例	・英作文問題の出題の有無 ・論述問題の出題（字数制限の有無や長さ） ・計算過程の記述の有無

新課程入試の対策も，赤本で過去問に取り組むところから始めましょう。

Q2. 赤本を使う上での注意点はありますか？

A. 志望大学の入試科目を確認しましょう。

過去問を解く前に，過去の出題科目（問題編冒頭の表）と 2025 年度の募集要項とを比べて，課される内容に変更がないかを確認しましょう。ポイントは以下のとおりです。科目名が変わっていても，実際は旧課程の内容とほとんど同様のものもあります。

英語・国語	科目名は変更されているが，実質的には変更なし。 ▶▶ **ただし，リスニングや古文・漢文の有無は要確認。**
地歴	科目名が変更され，「歴史総合」「地理総合」が新設。 ▶▶ **新設科目の有無に注意。ただし，「経過措置」（Q３参照）により内容は大きく変わらないことも多い。**
公民	「現代社会」が廃止され，「公共」が新設。 ▶▶ **「公共」は実質的には「現代社会」と大きく変わらない。**
数学	科目が再編され，「数学 C」が新設。 ▶▶ **「数学」全体としての内容は大きく変わらないが，出題科目と単元の変更に注意。**
理科	科目名も学習内容も大きな変更なし。

数学については，科目名だけでなく，どの単元が含まれているかも確認が必要です。例えば，出題科目が次のように変わったとします。

旧課程	「数学Ⅰ・数学Ⅱ・数学Ａ・数学Ｂ（数列・ベクトル）」
新課程	「数学Ⅰ・数学Ⅱ・数学Ａ・**数学Ｂ（数列）・数学Ｃ（ベクトル）**」

この場合，新課程では「数学Ｃ」が増えていますが，単元は「ベクトル」のみのため，実質的には旧課程とほぼ同じであり，過去問をそのまま役立てることができます。

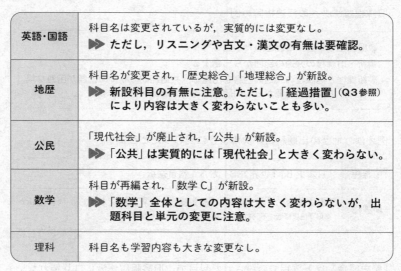

Q3. 「経過措置」とは何ですか？

A. 既卒の旧課程履修者への対応です。

多くの大学では，既卒の旧課程履修者が不利にならないように，出題において「経過措置」が実施されます。措置の有無や内容は大学によって異なるので，募集要項や大学のウェブサイトなどで確認しておきましょう。

○旧課程履修者への経過措置の例

- 旧課程履修者にも配慮した出題を行う。
- 新・旧課程の共通の範囲から出題する。
- 新課程と旧課程の共通の内容を出題し，共通範囲のみでの出題が困難な場合は，旧課程の範囲からの問題を用意し，選択解答とする。

例えば，地歴の出題科目が次のように変わったとします。

旧課程	「日本史 B」「世界史 B」から１科目選択
新課程	「**歴史総合**，日本史探究」「**歴史総合**，世界史探究」から１科目選択※ ※旧課程履修者に不利益が生じることのないように配慮する。

「歴史総合」は新課程で新設された科目で，旧課程履修者には見慣れないものですが，上記のような経過措置がとられた場合，新課程入試でも旧課程と同様の学習内容で受験することができます。

要チェックだホン

新課程の情報は WEB もチェック！
より詳しい解説が赤本ウェブサイトで見られます。
https://akahon.net/shinkatei/

科目名が変更される教科・科目

	旧課程	新課程
国語	国語総合 国語表現 現代文A 現代文B 古典A 古典B	現代の国語 言語文化 論理国語 文学国語 国語表現 古典探究
地歴	日本史A 日本史B 世界史A 世界史B 地理A 地理B	歴史総合 日本史探究 世界史探究 地理総合 地理探究
公民	現代社会 倫理 政治・経済	公共 倫理 政治・経済
数学	数学Ⅰ 数学Ⅱ 数学Ⅲ 数学A 数学B 数学活用	数学Ⅰ 数学Ⅱ 数学Ⅲ 数学A 数学B 数学C
外国語	コミュニケーション英語基礎 コミュニケーション英語Ⅰ コミュニケーション英語Ⅱ コミュニケーション英語Ⅲ 英語表現Ⅰ 英語表現Ⅱ 英語会話	英語コミュニケーションⅠ 英語コミュニケーションⅡ 英語コミュニケーションⅢ 論理・表現Ⅰ 論理・表現Ⅱ 論理・表現Ⅲ
情報	社会と情報 情報の科学	情報Ⅰ 情報Ⅱ

目　次

大学情報 …… 1
在学生メッセージ …… 26
合格体験記 …… 33
傾向と対策 …… 44

解答編

※問題編は別冊

2024年度
●前期日程
英　語 …… 3
数　学 …… 21
国　語 …… 47

2023年度
●前期日程
英　語 …… 3
数　学 …… 23
国　語 …… 47

2022年度
●前期日程
英　語 …… 3
数　学 …… 23
国　語 …… 49

2021年度
●前期日程
英　語 …… 3
数　学 …… 21
国　語 …… 44

2020 年度

●前期日程
英　語 …… 3
数　学 …… 21
国　語 …… 48

掲載内容についてのお断り

国際人間科学部・海洋政策科学部の理系数学および理科については，『神戸大学（理系―前期日程）』に掲載しています。

UNIVERSITY GUIDE

大学情報

基本情報

沿革

1902（明治 35）	神戸高等商業学校を設置
1929（昭和　4）	神戸高等商業学校が神戸商業大学に昇格
1944（昭和 19）	神戸商業大学は神戸経済大学となる
1946（昭和 21）	兵庫県立医科大学を設置
1949（昭和 24）	兵庫県立農科大学を設置。神戸経済大学，姫路高等学校，神戸工業専門学校，兵庫師範学校，兵庫青年師範学校を包括して神戸大学を設置（文理・教育・法・経済・経営・工の 6 学部）
1952（昭和 27）	兵庫県立医科大学は兵庫県立神戸医科大学となる。兵庫県立農科大学は兵庫県立兵庫農科大学となる。神戸商船大学を設置
1954（昭和 29）	文理学部を廃止し文学部と理学部を設置
1963（昭和 38）	教養部を設置
1964（昭和 39）	兵庫県立神戸医科大学を国立移管し医学部を設置
1966（昭和 41）	兵庫県立兵庫農科大学を国立移管し農学部を設置

1992（平成 4）　教養部・教育学部を改組し国際文化学部・発達科学部を設置

2003（平成 15）　神戸大学と神戸商船大学が統合し海事科学部を設置

2004（平成 16）　国立大学法人化により国立大学法人神戸大学となる

2017（平成 29）　国際文化学部・発達科学部を改組し国際人間科学部を設置

2021（令和 3）　海事科学部を改組し海洋政策科学部を設置

ロゴマーク

神戸大学のロゴマークは平成 14 年の創立百周年を機につくられました。神戸大学の英文名である「Kobe University」の頭文字「K」を 2 羽の鳥に象形化し，それぞれが大きな軌跡（個性）を描きながら山や海を渡り，大空（世界）へと自由に羽ばたき，時にはお互いに助け合いながら進みゆく様子を表現しています。

学部・学科の構成

大　学

●文学部　六甲台キャンパス

人文学科（哲学講座〈哲学専修〉，文学講座〈国文学専修，中国文学専修，英米文学専修，ドイツ文学専修，フランス文学専修〉，史学講座〈日本史学専修，東洋史学専修，西洋史学専修〉，知識システム講座〈心理学専修，芸術学専修，言語学専修〉，社会文化講座〈社会学専修，美術史学専修，地理学専修〉）

●国際人間科学部　六甲台キャンパス

グローバル文化学科

発達コミュニティ学科

環境共生学科

子ども教育学科

●法学部　六甲台キャンパス

法律学科

●**経済学部**　六甲台キャンパス

経済学科

●**経営学部**　六甲台キャンパス

経営学科

●**理学部**　六甲台キャンパス

数学科

物理学科

化学科

生物学科

惑星学科

●**医学部**　医学科・医療創成工学科：楠キャンパス／保健学科：名谷キャンパス

医学科

医療創成工学科*

＊ 2025 年 4 月，設置予定。仮称・設置構想中（内容は予定であり変更となる場合がある）。

保健学科（看護学専攻，検査技術科学専攻，理学療法学専攻，作業療法学専攻）

●**工学部**　六甲台キャンパス

建築学科

市民工学科

電気電子工学科

機械工学科

応用化学科

●**農学部**　六甲台キャンパス

食料環境システム学科（生産環境工学コース，食料環境経済学コース）

資源生命科学科（応用動物学コース，応用植物学コース）

生命機能科学科（応用生命化学コース，応用機能生物学コース）

●**海洋政策科学部**　深江キャンパス

海洋政策科学科（海洋基礎科学領域，海洋応用科学領域，海洋ガバナンス領域，海技ライセンスコース〈航海学領域，機関学領域〉）

●システム情報学部* 六甲台キャンパス

システム情報学科

＊ 2025 年 4 月，工学部情報知能工学科を改組して新設予定。建設計画は構想中であり，内容に変更が生じる場合がある

（備考）講座・専修・コース・領域等に分属する年次はそれぞれで異なる。

大学院

人文学研究科 / 国際文化学研究科 / 人間発達環境学研究科 / 法学研究科 / 経済学研究科 / 経営学研究科 / 理学研究科 / 医学研究科 / 保健学研究科 / 工学研究科 / システム情報学研究科 / 農学研究科 / 海事科学研究科 / 国際協力研究科 / 科学技術イノベーション研究科 / 法科大学院 / 社会人 MBA プログラム

大学所在地

楠キャンパス

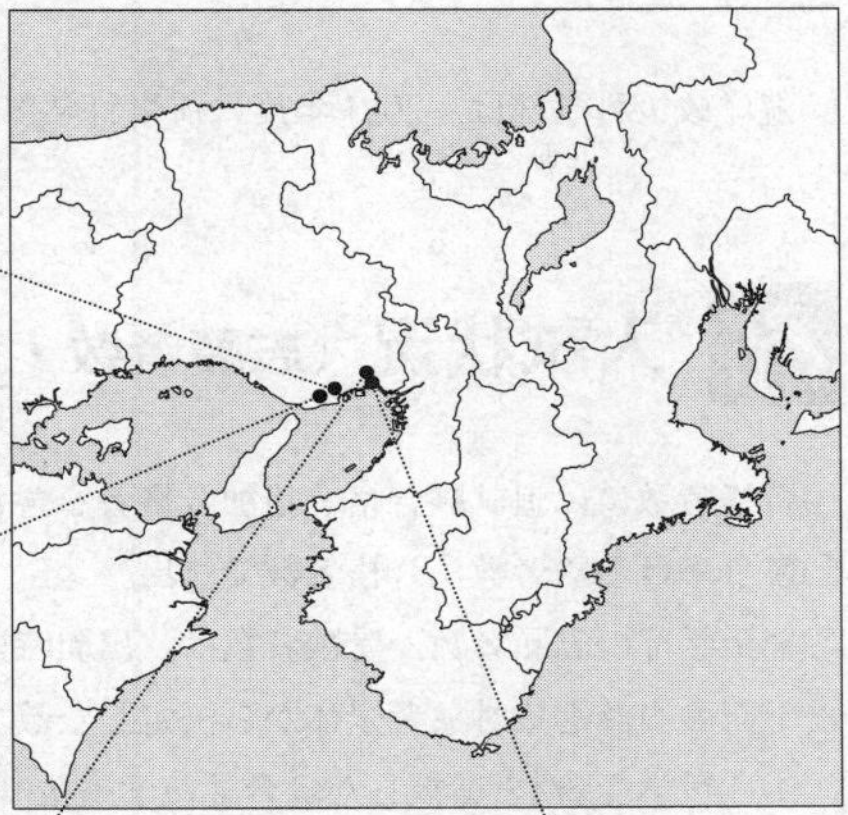

名谷キャンパス

六甲台キャンパス

深江キャンパス

六甲台キャンパス

（本部，文・理・工・農・システム情報*学部）

〒657-8501　神戸市灘区六甲台町 1-1

（法・経済・経営学部）　〒657-8501　神戸市灘区六甲台町 2-1

（国際人間科学部）

グローバル文化学科　〒657-8501　神戸市灘区鶴甲 1-2-1

上記以外の学科　〒657-8501　神戸市灘区鶴甲 3-11

楠キャンパス　〒650-0017　神戸市中央区楠町 7-5-1

名谷キャンパス　〒654-0142　神戸市須磨区友が丘 7-10-2

深江キャンパス　〒658-0022　神戸市東灘区深江南町 5-1-1

＊2025 年 4 月新設予定（設置構想中）

入試データ

○海洋政策科学部は，2021 年度に海事科学部を改組し設置された。

入試状況（志願者数・競争率など）

○合格者数には追試験合格・追加合格者を含む。

○競争率は受験者数÷合格者数で算出。

○経済学部の志願者数，受験者数は，出願時に選択した区分での数であり，合格者数は下記の当該選抜対象者全体から決定した数である。

①「数学受験」を選択した場合,「数学選抜」においてのみ入学者選抜の対象となる。

②「英数受験」を選択した場合,「英数選抜」「数学選抜」において入学者選抜の対象となる。

③「総合受験」を選択した場合,「総合選抜」「英数選抜」「数学選抜」において入学者選抜の対象となる。

○農学部の前期日程・後期日程は，第１～６志望までコース選択することができるため，志願者数・受験者数は第１志望の数を，合格者数は農学部全体の受験者から決定した数を示す。

2024 年度 一般選抜状況

●前期日程

学部・学科等		募集人員	志願者数	受験者数	合格者数	競争率
文	人文	77	224	223	83	2.7
国際人間科	グローバル文化	95	240	228	98	2.3
	発達コミュニティ	54	189	175	62	2.8
	環境共生 文科系受験	23	67	64	25	2.6
	環境共生 理科系受験	30	62	59	35	1.7
	子ども教育	39	85	82	41	2.0
法	法律	117	351	342	119	2.9

（表つづく）

学部・学科等			募集人員	志願者数	受験者数	合格者数	競争率
経済	数学選抜		30	30	29	32	—
	英数選抜		30	20	19	32	—
	総合選抜		160	705	661	170	3.9
経営	経営		220	883	828	230	3.6
理	数		21	61	60	22	2.7
	物理		25	69	68	25	2.7
	化		24	92	88	24	3.7
	生物		18	47	47	21	2.2
	惑星		25	76	72	28	2.6
医	医		92	278	248	93	2.7
	保健	看護学	70	131	122	77	1.6
		検査技術科学	28	75	74	30	2.5
		理学療法学	15	39	38	15	2.5
		作業療法学	15	46	44	18	2.4
工	建築		75	268	266	77	3.5
	市民工		49	139	139	50	2.8
	電気電子工		65	272	266	65	4.1
	機械工		71	262	259	73	3.5
	応用化		73	358	347	75	4.6
	情報知能工		90	261	258	91	2.8
農	食料環境システム	生産環境工学	20	54	52	22	2.4
		食料環境経済学	5	24	23	8	2.9
	資源生命科	応用動物学	20	67	66	21	3.1
		応用植物学	21	63	61	22	2.8
	生命機能科	応用生命化学	29	123	120	30	4.0
		応用機能生物学	21	40	40	22	1.8
海洋政策科	理系科目重視型		115	308	298	138	2.2
	文系科目重視型		30	101	99	31	3.2
合計			1,892	6,110	5,865	2,005	—

●後期日程

学部・学科等			募集人員	志願者数	受験者数	合格者数	競争率
文		人文	20	244	86	23	3.7
国際人間科		グローバル文化	35	320	147	40	3.7
		発達コミュニティ	10	107	40	10	4.0
	環境共生	文科系受験	8	59	24	8	3.0
		理科系受験	9	68	36	9	4.0
		子ども教育	11	59	22	11	2.0
法		法律	60	546	195	67	2.9
理		数	7	90	32	9	3.6
		物理	10	109	58	14	4.1
		化	6	79	39	8	4.9
		生物	4	30	11	5	2.2
		惑星	8	56	30	10	3.0
医	保健	看護学	6	99	34	13	2.6
		検査技術科学	10	131	46	13	3.5
		理学療法学	3	30	9	4	2.3
工		建築	16	227	104	18	5.8
		市民工	12	165	86	15	5.7
		電気電子工	26	249	99	34	2.9
		機械工	30	318	135	35	3.9
		応用化	30	249	99	34	2.9
		情報知能工	15	231	68	17	4.0
農	食料環境システム	生産環境工学	5	37	18	6	3.0
		食料環境経済学	2	26	11	3	3.7
	資源生命科	応用動物学	6	54	20	6	3.3
		応用植物学	5	37	16	6	2.7
	生命機能科	応用生命化学	7	141	53	8	6.6
		応用機能生物学	8	41	21	14	1.5
海洋政策科		理系科目重視型	40	244	123	44	2.8
合計			409	4,046	1,662	484	—

2023年度　一般選抜状況

●前期日程

学部・学科等			募集人員	志願者数	受験者数	合格者数	競争率
文	人文		77	168	161	82	2.0
国際人間科	グローバル文化		95	234	229	99	2.3
	発達コミュニティ		54	195	181	62	2.9
	環境共生	文科系受験	23	48	47	25	1.9
		理科系受験	30	85	82	35	2.3
	子ども教育		39	100	96	41	2.3
法	法律		117	303	294	118	2.5
経済	数学選抜		30	36	34	32	1.1
	英数選抜		30	41	37	32	1.2
	総合選抜		160	746	701	171	4.1
経営	経営		220	813	758	230	3.3
理	数		21	54	52	22	2.4
	物理		25	61	59	27	2.2
	化		24	51	46	26	1.8
	生物		18	58	54	20	2.7
	惑星		25	75	74	29	2.6
医	医		92	256	233	94	2.5
	保健	看護学	70	121	113	77	1.5
		検査技術科学	28	62	59	30	2.0
		理学療法学	15	42	40	16	2.5
		作業療法学	15	40	35	18	1.9
工	建築		75	284	280	77	3.6
	市民工		49	202	197	49	4.0
	電気電子工		65	232	229	67	3.4
	機械工		88	300	295	89	3.3
	応用化		85	224	213	86	2.5
	情報知能工		90	356	347	94	3.7
農	食料環境システム	生産環境工学	20	37	36	22	1.6
		食料環境経済学	5	17	17	9	1.9
	資源生命科	応用動物学	20	39	35	21	1.7
		応用植物学	21	47	45	24	1.9
	生命機能科	応用生命化学	29	110	109	30	3.6
		応用機能生物学	21	48	48	21	2.3
海洋政策科	理系科目重視型		115	276	273	140	2.0
	文系科目重視型		30	124	116	31	3.7
合計			1,921	5,885	5,625	2,046	—

●後期日程

学部・学科等			募集人員	志願者数	受験者数	合格者数	競争率
文		人文	20	262	113	24	4.7
国際人間科		グローバル文化	35	257	100	39	2.6
国際人間科		発達コミュニティ	10	123	53	11	4.8
国際人間科	環境共生	文科系受験	8	54	24	8	3.0
国際人間科	環境共生	理科系受験	9	88	44	9	4.9
国際人間科		子ども教育	11	55	25	11	2.3
法		法律	60	574	198	66	3.0
理		数	7	94	34	11	3.1
理		物理	10	108	46	12	3.8
理		化	6	63	18	7	2.6
理		生物	4	45	20	5	4.0
理		惑星	8	90	43	10	4.3
医	保健	看護学	6	79	22	12	1.8
医	保健	検査技術科学	10	109	40	13	3.1
医	保健	理学療法学	3	34	11	4	2.8
工		建築	16	217	81	19	4.3
工		市民工	12	123	72	16	4.5
工		電気電子工	26	264	106	33	3.2
工		機械工	13	259	104	20	5.2
工		応用化	18	216	83	20	4.2
工		情報知能工	15	278	98	17	5.8
農	食料環境システム	生産環境工学	5	48	24	6	4.0
農	食料環境システム	食料環境経済学	2	22	12	3	4.0
農	資源生命科	応用動物学	6	33	17	7	2.4
農	資源生命科	応用植物学	5	35	17	6	2.8
農	生命機能科	応用生命化学	7	129	57	8	7.1
農	生命機能科	応用機能生物学	8	41	26	8	3.3
海洋政策科		理系科目重視型	40	320	180	44	4.1
合計			380	4,020	1,668	449	—

2022 年度　一般選抜状況

●前期日程

学部・学科等			募集人員	志願者数	受験者数	合格者数	競争率
文	人文		77	252	247	83	3.0
国際人間科	グローバル文化		95	285	275	97	2.8
	発達コミュニティ		54	145	140	64	2.2
	環境共生	文科系受験	23	55	54	25	2.2
		理科系受験	30	73	70	38	1.8
	子ども教育		39	111	107	42	2.5
法	法律		117	365	355	117	3.0
経済	数学選抜		30	61	59	32	1.8
	英数選抜		30	43	42	32	1.3
	総合選抜		160	579	528	170	3.1
経営	経営		220	774	722	230	3.1
理	数		21	64	64	23	2.8
	物理		25	67	63	26	2.4
	化		24	71	68	26	2.6
	生物		18	51	48	22	2.2
	惑星		25	99	98	26	3.8
医	医		92	247	222	92	2.4
	保健	看護学	70	146	134	78	1.7
		検査技術科学	28	66	63	30	2.1
		理学療法学	15	49	45	15	3.0
		作業療法学	15	35	30	19	1.6
工	建築		75	312	306	75	4.1
	市民工		49	202	200	49	4.1
	電気電子工		73	257	251	74	3.4
	機械工		88	257	255	88	2.9
	応用化		85	265	256	86	3.0
	情報知能工		90	354	341	94	3.6
農	食料環境システム	生産環境工学	20	47	46	23	2.0
		食料環境経済学	5	23	23	8	2.9
	資源生命科	応用動物学	20	47	46	21	2.2
		応用植物学	21	50	50	24	2.1
	生命機能科	応用生命化学	29	132	127	31	4.1
		応用機能生物学	21	51	49	21	2.3
海洋政策科	理系科目重視型		115	373	360	144	2.5
	文系科目重視型		30	63	61	31	2.0
合計			1,929	6,071	5,805	2,056	—

●後期日程

学部・学科等			募集人員	志願者数	受験者数	合格者数	競争率
文	人文		20	295	122	26	4.7
国際人間科	グローバル文化		35	350	132	43	3.1
	発達コミュニティ		10	131	57	11	5.2
	環境共生	文科系受験	8	102	53	8	6.6
		理科系受験	9	70	30	9	3.3
	子ども教育		11	90	48	11	4.4
法	法律		60	464	150	71	2.1
理	数		7	87	38	11	3.5
	物理		10	121	56	16	3.5
	化		6	84	37	6	6.2
	生物		4	28	15	6	2.5
	惑星		8	70	33	12	2.8
医	保健	看護学	6	80	33	13	2.5
		検査技術科学	10	94	33	13	2.5
		理学療法学	3	34	14	4	3.5
工	建築		16	192	101	24	4.2
	市民工		12	155	80	16	5.0
	電気電子工		18	231	102	22	4.6
	機械工		13	254	114	22	5.2
	応用化		18	205	73	22	3.3
	情報知能工		15	319	126	20	6.3
農	食料環境システム	生産環境工学	5	37	25	6	4.2
		食料環境経済学	2	29	18	3	6.0
	資源生命科	応用動物学	6	37	15	8	1.9
		応用植物学	5	49	20	7	2.9
	生命機能科	応用生命化学	7	136	58	8	7.3
		応用機能生物学	8	29	20	12	1.7
海洋政策科	理系科目重視型		40	279	137	40	3.4
合計			372	4,052	1,740	470	—

2021年度 一般選抜状況

●前期日程

学部・学科等		募集人員	志願者数	受験者数	合格者数	競争率
文	人文	77	160	155	80	1.9
国際人間科	グローバル文化	95	254	242	96	2.5
	発達コミュニティ	54	255	238	62	3.8
	環境共生　文科系受験	23	65	64	24	2.7
	環境共生　理科系受験	30	74	71	37	1.9
	子ども教育	39	107	104	40	2.6
法	法律	117	306	297	120	2.5
経済	数学選抜	30	30	29	32	—
	英数選抜	30	40	38	32	1.2
	総合選抜	160	657	620	170	3.6
経営	経営	220	787	719	231	3.1
理	数	21	58	56	23	2.4
	物理	25	98	96	27	3.6
	化	24	81	78	24	3.3
	生物	18	50	46	20	2.3
	惑星	25	64	60	27	2.2
医	医	92	261	234	92	2.5
	保健　看護学	70	173	155	77	2.0
	保健　検査技術科学	28	107	100	30	3.3
	保健　理学療法学	15	43	40	15	2.7
	保健　作業療法学	15	56	51	17	3.0
工	建築	75	259	253	76	3.3
	市民工	46	158	155	48	3.2
	電気電子工	73	260	257	76	3.4
	機械工	88	349	339	94	3.6
	応用化	85	200	195	85	2.3
	情報知能工	90	416	404	93	4.3
農	食料環境システム　生産環境工学	20	40	40	23	1.7
	食料環境システム　食料環境経済学	5	18	17	8	2.1
	資源生命科　応用動物学	20	44	43	21	2.0
	資源生命科　応用植物学	21	49	48	24	2.0
	生命機能科　応用生命化学	29	127	125	29	4.3
	生命機能科　応用機能生物学	21	29	28	23	1.2
海洋政策科	理系科目重視型	115	355	350	142	2.5
	文系科目重視型	30	164	159	34	4.7
合計		1,926	6,194	5,906	2,052	—

●後期日程

学部・学科等			募集人員	志願者数	受験者数	合格者数	競争率
文	人文		20	297	112	26	4.3
国際人間科	グローバル文化		35	342	126	38	3.3
	発達コミュニティ		10	106	49	11	4.5
	環境共生	文科系受験	8	89	46	8	5.8
		理科系受験	9	77	35	9	3.9
	子ども教育		11	69	29	11	2.6
法	法律		60	606	212	68	3.1
理	数		7	88	34	9	3.8
	物理		10	123	55	15	3.7
	化		6	67	26	10	2.6
	生物		4	36	13	4	3.3
	惑星		8	62	37	10	3.7
医	保健	看護学	6	86	22	8	2.8
		検査技術科学	10	123	44	13	3.4
		理学療法学	3	38	13	3	4.3
工	建築		16	203	76	22	3.5
	市民工		15	99	51	21	2.4
	電気電子工		18	211	65	23	2.8
	機械工		13	201	78	16	4.9
	応用化		18	214	89	24	3.7
	情報知能工		15	290	111	19	5.8
農	食料環境システム	生産環境工学	5	34	17	6	2.8
		食料環境経済学	2	27	11	3	3.7
	資源生命科	応用動物学	6	43	16	7	2.3
		応用植物学	5	41	18	6	3.0
	生命機能科	応用生命化学	7	147	55	8	6.9
		応用機能生物学	8	37	17	9	1.9
海洋政策科	理系科目重視型		40	286	151	40	3.8
合計			375	4,042	1,608	447	—

2020 年度　一般入試状況

●前期日程

学部	学科等		募集人員	志願者数	受験者数	合格者数	競争率
文	人文		77	229	222	86	2.6
国際人間科	グローバル文化		95	216	210	96	2.2
	発達コミュニティ		54	201	187	58	3.2
	環境共生	文科系受験	23	48	46	24	1.9
		理科系受験	30	85	84	39	2.2
	子ども教育		39	96	94	41	2.3
法	法律		117	337	330	120	2.8
経済	数学選抜		30	46	44	32	1.4
	英数選抜		30	37	33	32	1.0
	総合選抜		160	602	560	169	3.3
経営	経営		220	865	804	231	3.5
理	数		21	75	70	23	3.0
	物理		25	52	51	26	2.0
	化		24	44	44	25	1.8
	生物		18	65	61	22	2.8
	惑星		25	84	81	27	3.0
医	医		92	250	219	92	2.4
	保健	看護学	70	154	146	78	1.9
		検査技術科学	28	69	65	30	2.2
		理学療法学	15	36	34	16	2.1
		作業療法学	15	47	47	19	2.5
工	建築		75	213	209	76	2.8
	市民工		46	147	144	50	2.9
	電気電子工		73	316	309	77	4.0
	機械工		88	199	193	92	2.1
	応用化		78	176	174	79	2.2
	情報知能工		85	215	208	90	2.3
農	食料環境システム	生産環境工学	20	28	27	22	1.2
		食料環境経済学	5	15	15	8	1.9
	資源生命科	応用動物学	20	36	35	21	1.7
		応用植物学	22	52	51	23	2.2
	生命機能科	応用生命化学	29	113	110	31	3.5
		応用機能生物学	21	26	26	22	1.2
海事科	グローバル輸送科 海洋安全システム科 マリンエンジニアリング		143	395	388	170	2.3
合計			1,913	5,569	5,321	2,047	—

●後期日程

学部・学科等			募集人員	志願者数	受験者数	合格者数	競争率
文	人文		20	218	78	25	3.1
国際人間科	グローバル文化		35	349	141	38	3.7
	発達コミュニティ		10	128	57	11	5.2
	環境共生	文科系受験	8	80	32	8	4.0
		理科系受験	9	76	38	9	4.2
	子ども教育		11	56	21	11	1.9
法	法律		60	411	145	70	2.1
理	数		7	84	38	8	4.8
	物理		10	85	34	13	2.6
	化		6	63	24	8	3.0
	生物		4	42	22	4	5.5
	惑星		8	65	35	9	3.9
医	保健	看護学	8	76	22	10	2.2
		検査技術科学	10	93	24	12	2.0
		理学療法学	3	40	18	3	6.0
		作業療法学	3	24	14	6	2.3
工	建築		16	153	57	21	2.7
	市民工		15	136	61	17	3.6
	電気電子工		18	202	63	21	3.0
	機械工		13	242	96	18	5.3
	応用化		26	212	61	36	1.7
	情報知能工		20	245	93	24	3.9
農	食料環境システム	生産環境工学	5	41	20	7	2.9
		食料環境経済学	2	24	13	3	4.3
	資源生命科	応用動物学	6	44	15	8	1.9
		応用植物学	5	47	20	6	3.3
	生命機能科	応用生命化学	7	133	44	8	5.5
		応用機能生物学	8	43	26	9	2.9
海事科	グローバル輸送科 海洋安全システム科 マリンエンジニアリング		47	334	157	55	2.9
合計			400	3,746	1,469	478	—

合格者最低点（一般選抜）

○表中の「－」の欄は，合格者数が10人以下のため公表していない。

○経営学部（前期日程）では，最初に，共通テストの成績のみによる「共通テスト優先」で募集人員の約30％を優先的に選抜し，次いで，個別学力検査の成績のみによる「個別優先」で募集人員の約30％を優先的に選抜した後に，共通テストと個別学力検査の成績による「共通テスト・個別総合」で選抜を行っている（2020年度はセンター試験）。

●前期日程

学部・学科等			2024年度	2023年度	2022年度	配点合計
文			558.775	535.575	518.525	800
国際人間科	グローバル文化		531.243	515.616	501.333	800
	発達コミュニティ		545.975	534.525	493.400	800
	環境共生	文科系受験	607.966	582.733	550.300	900
		理科系受験	632.366	664.800	607.600	1,000
	子ども教育		515.750	522.025	496.375	800
法			559.425	538.650	513.300	800
経済	数学選抜		687.000	656.416	616.891	800
	英数選抜		620.275	595.416	556.633	800
	総合選抜		558.141	534.391	477.633	800
経営	共通テスト優先		741.800	725.800	701.200	900
	個別優先		233.866	218.400	213.666	350
	共通テスト・個別総合		504.708	477.816	466.583	725
理	数		520.975	525.700	516.000	815
	物理		606.075	583.100	541.250	850
	化		587.275	540.000	534.300	850
	生物		537.200	559.075	526.025	850
	惑星		562.925	548.675	543.625	850
医	医		649.680	650.080	619.680	810
	保健	看護学	465.633	443.066	455.733	800
		検査技術科学	493.500	487.400	457.666	800
		理学療法学	551.266	550.700	527.466	800
		作業療法学	504.900	447.133	422.266	800

（表つづく）

学部・学科等			2024年度	2023年度	2022年度	配点合計
工		建築	556.683	526.550	503.500	800
		市民工	518.383	509.116	475.000	800
		電気電子工	537.866	517.066	473.766	800
		機械工	540.540	505.620	465.420	800
		応用化	539.616	527.125	505.325	800
		情報知能工	541.483	531.283	500.033	800
農	食料環境システム	生産環境工学	575.750	559.750	529.200	850
		食料環境経済学	—	—	—	850
	資源生命科	応用動物学	586.750	562.400	534.850	850
		応用植物学	586.500	562.250	533.100	850
	生命機能科	応用生命化学	592.400	599.800	561.750	850
		応用機能生物学	581.700	575.150	537.350	850
海洋政策科		理系科目重視型	606.066	583.250	578.358	1,000
		文系科目重視型	646.200	619.375	546.475	1,000

学部・学科等			2021年度	2020年度	配点合計
文			527.500	562.125	800
国際人間科	グローバル文化		528.746	540.610	800
国際人間科	発達コミュニティ		538.950	544.100	800
国際人間科	環境共生	文科系受験	600.100	594.500	900
国際人間科	環境共生	理科系受験	629.666	609.466	1,000
国際人間科	子ども教育		506.225	526.750	800
法			540.175	559.125	800
経済	数学選抜		573.575	712.625	800
経済	英数選抜		549.308	600.641	800
経済	総合選抜		504.375	536.333	800
経営	共通テスト優先		758.800	762.400	900
経営	個別優先		190.200	223.700	350
経営	共通テスト・個別総合		469.383	502.016	725
理	数		503.150	500.675	800
理	物理		542.000	521.575	850
理	化		553.900	501.225	850
理	生物		548.775	520.850	850
理	惑星		512.250	526.550	850
医	医		613.200	616.960	810
医	保健	看護学	482.433	495.033	800
医	保健	検査技術科学	527.800	483.700	800
医	保健	理学療法学	531.033	520.233	800
医	保健	作業療法学	476.433	478.466	800
工	建築		488.583	504.300	800
工	市民工		482.416	461.133	800
工	電気電子工		479.566	475.550	800
工	機械工		488.260	490.200	800
工	応用化		486.900	495.900	800
工	情報知能工		490.266	483.075	800
農	食料環境システム	生産環境工学	539.450	511.450	850
農	食料環境システム	食料環境経済学	—	—	850
農	資源生命科	応用動物学	547.450	522.600	850
農	資源生命科	応用植物学	563.100	530.950	850
農	生命機能科	応用生命化学	588.700	539.850	850
農	生命機能科	応用機能生物学	546.250	519.100	850

（表つづく）

学部・学科等		2021 年度	2020 年度	配点合計
海洋政策科	理系科目重視型	584.258		1,000
	文系科目重視型	619.675		1,000
海事科			576.225	1,000

●後期日程

学部・学科等			2024 年度	2023 年度	2022 年度	配点合計
文			545.700	559.250	583.200	800
国際人間科	グローバル文化		545.550	559.960	530.100	800
	発達コミュニティ		—	462.300	438.750	600
	環境共生	文科系受験	—	—	—	600
		理科系受験	—	—	—	600
	子ども教育		399.750	430.650	433.450	600
法			547.300	542.500	479.200	700
理	数		—	672.600	611.325	815
	物理		857.050	832.400	804.000	1,100
	化		—	—	—	750
	生物		—	—	—	625
	惑星		—	—	487.200	700
医	保健	看護学	400.950	382.333	394.200	600
		検査技術科学	425.933	426.800	400.400	600
		理学療法学	—	—	—	600
工	建築		638.783	600.883	602.483	800
	市民工		613.340	584.890	565.780	800
	電気電子工		630.800	618.533	587.166	800
	機械工		617.053	616.720	576.746	800
	応用化		600.356	612.513	587.670	800
	情報知能工		635.200	650.200	630.650	800
農	食料環境システム	生産環境工学	—	—	—	850
		食料環境経済学	—	—	—	850
	資源生命科	応用動物学	—	—	—	850
		応用植物学	—	—	—	850
	生命機能科	応用生命化学	—	—	—	850
		応用機能生物学	633.100	—	585.325	850
海洋政策科	理系科目重視型		671.900	717.800	641.725	1,000

学部・学科等			2021 年度	2020 年度	配点合計
文			587.500	565.400	800
国際人間科	グローバル文化		567.010	540.670	800
国際人間科	発達コミュニティ		455.800	485.150	600
国際人間科	環境共生	文科系受験	—	—	600
国際人間科	環境共生	理科系受験	—	—	600
国際人間科	子ども教育		448.700	432.750	600
法			557.000	512.200	700
理	数		—	—	800
理	物理		790.850	809.200	1,100
理	化		—	—	750
理	生物		—	—	625
理	惑星		—	—	700
医	保健	看護学	—	—	600
医	保健	検査技術科学	440.133	425.133	600
医	保健	理学療法学	—	—	600
工	建築		582.433	601.450	800
工	市民工		553.350	601.883	800
工	電気電子工		565.750	608.250	800
工	機械工		569.333	620.033	800
工	応用化		565.696	581.233	800
工	情報知能工		606.900	625.293	800
農	食料環境システム	生産環境工学	—	—	850
農	食料環境システム	食料環境経済学	—	—	850
農	資源生命科	応用動物学	—	—	850
農	資源生命科	応用植物学	—	—	850
農	生命機能科	応用生命化学	—	—	850
農	生命機能科	応用機能生物学	—	—	850
海洋政策科	理系科目重視型		664.383		1,000
海事科				655.808	1,000

募集要項の入手方法

神戸大学ではインターネット出願が導入されています。詳細は神戸大学ホームページで確認してください。

神戸大学ホームページ

https://www.kobe-u.ac.jp/

神戸大学のテレメールによる資料請求方法

スマートフォンから　QRコードからアクセスしガイダンスに従ってご請求ください。

パソコンから　教学社 赤本ウェブサイト(akahon.net)から請求できます。

●問い合わせ先

学部等	住所・電話番号等	
文　学　部	〒657-8501 神戸市灘区六甲台町 1-1 神戸大学　文学部　教務学生係	TEL 078-803-5595
国際人間科学部 グローバル文化学科	〒657-8501 神戸市灘区鶴甲 1-2-1 神戸大学　国際人間科学部 鶴甲第一キャンパス事務課　教務学生係	TEL 078-803-7530
国際人間科学部 上記以外の学科	〒657-8501 神戸市灘区鶴甲 3-11 神戸大学　国際人間科学部 鶴甲第二キャンパス事務課　教務学生係	TEL 078-803-7924
法　学　部	〒657-8501 神戸市灘区六甲台町 2-1 神戸大学　法学部　教務グループ	TEL 078-803-7234
経済学部	〒657-8501 神戸市灘区六甲台町 2-1 神戸大学　経済学部　教務係	TEL 078-803-7250
経営学部	〒657-8501 神戸市灘区六甲台町 2-1 神戸大学　経営学部　教務グループ	TEL 078-803-7260
理　学　部	〒657-8501 神戸市灘区六甲台町 1-1 神戸大学　理学部　教務学生係	TEL 078-803-5767
医　学　部 医　学　科	〒650-0017 神戸市中央区楠町 7-5-1 神戸大学　医学部医学科　教務学生係	TEL 078-382-5205
医　学　部 医療創成工学科*	〒650-0017 神戸市中央区楠町 7-5-1 神戸大学　医学部医療創成工学事務室	TEL 078-382-5342
医　学　部 保健学科	〒654-0142 神戸市須磨区友が丘 7-10-2 神戸大学　医学部保健学科　教務学生係	TEL 078-796-4504
工　学　部 システム情報学部*	〒657-8501 神戸市灘区六甲台町 1-1 神戸大学　工学部　教務学生係	TEL 078-803-6350
農　学　部	〒657-8501 神戸市灘区六甲台町 1-1 神戸大学　農学部　教務学生係	TEL 078-803-5928
海洋政策科学部	〒658-0022 神戸市東灘区深江南町 5-1-1 神戸大学　海洋政策科学部　教務学生グループ	TEL 078-431-6225
入　試　課	〒657-8501 神戸市灘区六甲台町 1-1 神戸大学　学務部入試課	TEL 078-803-5230 078-803-5235

＊ 2025 年 4 月新設予定（設置構想中）

気になること、聞いてみました！

在学生メッセージ

大学ってどんなところ？ 大学生活ってどんな感じ？
ちょっと気になることを，在学生に聞いてみました。

以下の内容は 2020～2023 年度入学生のアンケート回答に基づくものです。ここで触れられている内容は今後変更となる場合もありますのでご注意ください。

メッセージを書いてくれた先輩 ［国際人間科学部］Y.S. さん／Y.H. さん ［理学部］T.K. さん ［医学部］H.K. さん ［工学部］赤岩七海さん

大学生になったと実感！

高校では重要な提出物については担任の先生が HR で連絡してくれる場合が多いですが，大学では自分で確認する必要があります。オンラインで連絡があったり，封筒で書類が届いたりするので，いつまでに何をすべきかを管理しなければなりません。また，履修する授業についても，各項目でいくつ単位を取得しなければならないというルールがあり，それが足りないと留年する可能性があるので毎回の登録を慎重に行っています。教養科目は基本的に自分の興味や単位の取りやすさで希望を出すことができます。私は試験よりもレポート提出のほうがいいので，同じくらいの興味度の授業ではレポート提出の授業優先で決めています。（H.K. さん／医）

高校の時は毎日 5 時間目まであったけれど，授業の取り方を工夫すれば昼からの日や昼までで終わる日もできて，大学の時間がある程度自由に調整できるところです。授業時間が 90 分になったのも大きく変わった点で，授業がなかなか終わらなくてしんどいです。（T.K. さん／理）

家に帰る時間が遅くなったことです。大学が終わった後にアルバイトに行ったり，友達と遊んだりすることが多いので，だいたい帰宅時間は 23 時を過ぎます。高校生までは特に何もなかったら 19 時頃までには家に帰っていました。私は自宅から大学に通っていますが，次の日も朝早いので，家はお風呂に入って寝るだけの場所になってしまいました。（赤岩さん／工）

大学生活に必要なもの

１つ目は自己マネジメント力です。必要な勉強を計画的に行うことはもちろん，今後やりたいことに思いを巡らせながら今できることは何かを考えて行動していけたらよいのかなと思います（今の私はあまりできていないのですが）。２つ目は挑戦心と好奇心です。世の中にはたくさんのおもしろいものがあります。例えば，学術的な興味をとことん追求しても，気になる音楽や美術を漁ってもよいでしょう。気になるぞと感じたものに出合ったら調べてみましょう。やってみたいと思ったことはぜひやってみましょう。その繰り返しが自分を作るのだと信じています。自由な時間とお金，体力をそこそこ用意できるのが大学生の特権です。（H.K. さん／医）

神戸大学はノートパソコン必携なので，各自で用意する必要があります。大学の授業がオンデマンドで配信されたり，課題の提出もパソコンを使ってオンラインで行ったりします。（T.K. さん／理）

この授業がおもしろい！

中国語の授業は難しい発音や文法が出てくることもありますが，バイト先で中国語を話すお客様がいらっしゃったときに少し理解できる部分があったり，簡単な語句や単語を使って説明することができたりしたときに成長を実感します。先生によると思いますが，私のクラスでは小さめの教室で教科書をもとに文法を学習し，例文を読んだり席が隣の人と暗唱に挑んだりしました。また，ESD（Education for Sustainable Development）基礎の授業では，他学部の人と 4 人グループを組んで行うフィールドワークや発表を通じて考え方のヒントを得ましたし，仲も深まりました。（H.K. さん／医）

環境学入門という授業がおもしろいです。生態系やエネルギーなどそれぞれの分野を専門に研究している先生方が授業をしてくれるので，環境問題や環境の保全方法について様々な視点から学ぶことができます。（T. K. さん／理）

大学の学びで困ったこと＆対処法

単位数確保のために物理の授業をいくつか受講していましたが，高校の物理基礎から苦手意識をもっていた私にとってはとても難しく，試験対策に苦労しました。友達と一緒に考えたり，先生に質問したりすることで解決する部分もありましたが，単位を落としてしまったものもありました。授業ごとに復習をもっと徹底して行っていればよかったと思うので，計画的に知識を固めていく勉強をおすすめしたいです。（H.K. さん／医）

海外のことについてほとんど知らなかったことです。高校の授業で世界史は学びましたが，現在の国際関係や各国の情勢についてほとんど知識がなかったため，授業で国と国の関係やその国の間で起こっている問題などが話されていてもいまいちピンとこず，授業後に調べてみてやっと理解できたということが何度かありました。今では現在世界で起こっていることをもっと知ろうと，とりあえず毎日新聞を眺めています。しかし，短期間で世界中のことをすべて知ることは不可能であるので，高校生の間にも隙間時間に新聞を読んだりニュースを見るなどして世界のことに目を向けるようにするとよいと思います。（Y.H. さん／国際人間科）

部活・サークル活動

医学部のクラシック愛好会と，保健学科の軽音サークルに所属しています。「本番」が多くはないので，音楽を楽しみたいけど勉強やバイトと両立もしたいという，わがままな私にぴったりです。また，活動場所への通いやすさも重視しました。クラシック愛好会では２～５人程度でのアンサンブルに参加する機会が多いですが，ソロや複数のチームで出演する人もいますし，大人数での合奏をする機会もあります。軽音サークルでは，いまは名谷祭に向けて出演する各バンドで外部スタジオや部室などで練習しています。（H.K. さん／医）

私は軟式テニスのサークルで活動しています。神戸大学にはテニスサークルがいくつもあるので，どのサークルに入ろうか迷いましたが，新歓に行ってみて一番自分の雰囲気に合っているサークルに決めました。だいたい週１回，休日に参加しています。サークル仲間のテニスのレベルが高いので，テニスのしがいがあって楽しいです。（赤岩さん／工）

交友関係は？

教養科目で同じ授業を取っている人に話しかけ，仲良くなりました。入学後は友達を探している人が多いので話しかけやすいと思います。その友人とは協力して授業を攻略したり，休み時間をともに過ごしたり，ご飯を食べに行ったりしています。あとは，英語の授業で自己紹介のときに趣味が同じだと気づいた瞬間にとても仲が深まったという子もいます。先輩は主にサークルで一緒に活動した人と話す機会が多くなりました。１人と仲良くなったらそこから広がっていくこともありました。（H.K. さん／医）

入学前に SNS で自分と同じ学科の友達とつながり，ライングループを作りました。また，あるサークルが企画した，新入生同士が大学に集まって先輩たちと一緒に大学巡りをするイベントに参加して，同じ学科の先輩ともつながりました。（Y.H. さん／国際人間科）

いま「これ」を頑張っています

飲食店のバイトでは社会性・人間性を養うことができています。お客様の目線に立ちつつ，素早く行動する必要があり，経験していくうちに順序立てて考える力や思いやりが身につくのではないかと思います。先輩方に教わることも多く，感謝しています。あと，好きな絵をうまく描けたら楽しいだろうなと思い，最近は絵の研究を始めました。少し変えるだけで全然違って見えるので難しいですしおもしろいです。（H.K. さん／医）

塾講師のアルバイトをしているので，よい先生になれるように頑張っています。小学校や中学校で習った内容だけでなく，入試が終わって学習した内容もどんどん抜けているので，生徒に教えることが自分の復習にもなっています。（T.K. さん／理）

いま頑張っていることは英語の勉強です。前期で周りの人よりも英語の能力が劣っていることを痛感させられていたにもかかわらず，なかなかやる気になれなかったのですが，後期に入りいまやらなければ後悔することになると感じ，始めました。（Y.S. さん／国際人間科）

おススメ・お気に入りスポット

まず社会科学系図書館です。大閲覧室や外装は大学のパンフレットで大きく掲載されるほど美しい見た目です。最初に足を踏み入れたとき魔法学校か何かかと思いました。小閲覧室では静かな環境で自習ができますし，リフレッシュルームでは友人とのおしゃべりや自習の休憩をすることができます。また保健科学図書室も気に入っています。1階には階段型のベンチがあり，リラックスした雰囲気で本を読みたいときにぴったりです。貸出不可ですが医療漫画も多くあります。各図書館については公式ホームページで VR ツアーを楽しむことができるのでぜひ見てみてください。（H.K. さん／医）

大学の中には自習室やコモンルームがいくつかあります。自習室は静かに勉強する部屋で，コモンルームは自習するだけでなく数人で集まって話し合いながら利用することができます。どちらもテスト前の勉強や空きコマの時間つぶしに役立っています。（T.K. さん／理）

神戸大学からは夜景がとても綺麗に見えます。神戸の夜景は「100 万ドルの夜景」と言われており，日本三大夜景にもなっています。「百年記念館」から見える景色は最高です。（赤岩さん／工）

普段の生活で気をつけていることや心掛けていること

自分が興味をもったことやすすめられたことは積極的に調べたり実践したりするようにしています。今まで気がつかなかったおもしろさを発見できたときの喜びやわくわくは大切にしたいなと思います。自分の今の生活リズムやすべきこと，お財布事情などに合わせて，最大限好きなことを楽しむ時間は心を潤してくれるので，忙しいときも好きなことをする時間は捨てないようにしたいです。（H.K. さん／医）

授業によっては，１回提出物を出しそこなったり出席できなかったりすると単位が取得できない科目があります。提出物は直接手渡しするのではなくオンラインで提出するものが多く，気を抜いていると提出期限を超過してしまうので気をつけています。（T.K. さん／理）

入学してよかった！

カリキュラムが比較的自由に組めるので，高校の時よりも毎日の生活にゆとりができて，趣味に使う時間やバイトに専念する時間が増やせたところがよかったと思います。しっかり授業に出席してある程度勉強していれば単位は取れるので，受験勉強に追われた高校生の時と比べると本当に楽しいです。（T.K. さん／理）

人間的に成長できるところです。大学にはスペックの高い（有能な）人がたくさんいます。私の周りには，優しくて勉強やスポーツができておしゃれな人が多いです。そのような人と関わることで，向上心が芽生え，自分の足りていない部分を改善しようと努力します。（赤岩さん／工）

高校生のときに「これ」をやっておけばよかった

行事をもっと前のめりに楽しめたらよかったのかなと感じています。どの行事も楽しんではいたのですが，係や責任者になることは避けがちで，それらを引き受けて頑張っている友人たちを見て少し後悔することもありました。興味はあるものの大変そうだからというだけで諦めてしまうのはもったいないと思います。（H.K. さん／医）

大学入試に必要のない科目や興味がない科目でも，その単位を取らないと卒業要件を満たせない場合があります。高校の時にさぼりがちだった社会などの科目ももっと真剣に授業を聞いておけばよかったと思います。（T.K. さん／理）

英語のスピーキングの練習をもっとたくさんしておけばよかったと思います。受験英語はほとんどリーディングであったため，書かれている文章を受け身的に読むことになりますが，大学に入って英語の授業を受けると，積極的に英語で自分の考えを述べることが要求され，言いたいことが言えないという事態に何度も直面しました。言いたい英単語がパッと思い浮かぶようになるともっと英語で楽しく会話できるのではないかと思います。（Y.H. さん／国際人間科）

合格体験記

みごと合格を手にした先輩に，入試突破のためのカギを伺いました。
入試までの限られた時間を有効に活用するために，ぜひ役立ててください。

（注）ここでの内容は，先輩方が受験された当時のものです。2025 年度入試では当てはまらないこともありますのでご注意ください。

・アドバイスをお寄せいただいた先輩・

Message

Y.F. さん　文学部（人文学科）
前期日程 2024 年度合格，京都府出身

勉強をつまらないと思う人も多いと思うけれど，自然科学ドキュメンタリーや歴史ドラマ，ニュースなどを見て身近で面白いものだと思って興味をもって勉強するとやる気につながります。またそういうものを見ることで復習にもなるのでオススメです。

その他の合格大学　立命館大（文），関西大（文），龍谷大（文）

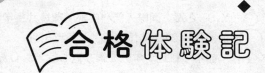

Message

Y.S. さん　国際人間科学部（環境共生学科）
前期日程 2021 年度合格，兵庫県出身

合格のポイントは，赤本の最近 7 年分を繰り返し解き直したことです。時間がなくても焦らずに，自分がどうして間違えたのか研究することが大切だと思います。

その他の合格大学　関西大（文〈共通テスト利用〉），立命館大（文，政策科，産業社会〈共通テスト利用〉）

Message

Y.H. さん　国際人間科学部（子ども教育学科）
前期日程 2021 年度合格，兵庫県出身

今日やると決めたことは今日のうちにやりきること。次の日に残してしまうと次の日の負担も増えるし，明日やればいいと思うことが気の緩みにつながります。

その他の合格大学　関西学院大（教育〈共通テスト利用〉），関西大（文〈共通テスト利用〉）

Message

H.M. さん　国際人間科学部（グローバル文化学科）
前期日程 2020 年度合格，広島県出身

合格のポイントは，赤本で 3 科目を 15 年分やったことです。英語と国語は添削してもらい，苦手だった国語は，15 年分解いたあとに最近 7 年分くらいをもう一度やり直して，2 回目も添削してもらいました。

その他の合格大学　同志社大（グローバル地域文化），関西学院大（社会〈センター利用〉）

Message

T.A. さん　法学部
前期日程 2020 年度合格，兵庫県出身

日々学習に取り組むことも大事ですが，本番で落ち着いて解けるように，精神を鍛えることも同じぐらい大切です。自分を信じ，緊張に打ち勝って力を存分に出し切ることができれば，合格を勝ち取ることができます。頑張ってください。

その他の合格大学　関西学院大（法）

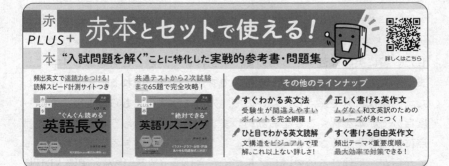

入試なんでも Q & A

受験生のみなさんからよく寄せられる，
入試に関する疑問・質問に答えていただきました。

Q 「赤本」の効果的な使い方を教えてください。

A 国語の記述問題は赤本の解答や解説と自分の解答を見くらべて，どこの記述が足りなかったのかを確認して，どうやったらその部分に気づけるか，解答に盛り込めるかを考えて，書き直しました。また，段落ごとに内容をまとめているページがわかりやすく，自分で読むときにも，内容のまとまりを意識するようになりました。数学は，ある程度解けた問題は解答と比較して，どこの記述が不足していたかを確認しました。全くわからなかった問題は解答の指針や全体を少しだけ見て，その後は自分で考えて解きました。指針がわかれば解けるものもあったりして，その分野が理解できていないのか，理解できているけれど解法が思いつかなかったのかの判別に役立ちました。英語は和訳の問題に苦手意識がありましたが，文章を分解して，それぞれを訳してつなげるという解説のおかげでかなりできるようになりました。また，文章全体を音読して速読力の向上に役立てました。
（Y.F. さん／文）

A 英語と数学は『神戸大の英語 15 カ年』『神戸大の数学 15 カ年』（ともに教学社）も利用し，慣れてきたら時間を計って解いていました。特に英語は苦手だったので，最初は速く読むことを意識しすぎてしまい本文の読み間違えが多かったのですが，徐々に慣れることができました。国語は自分で採点しにくいので，先生に添削してもらった後，もう一度自分で赤本を解くことをお勧めします。人に見てもらうことで自分の弱点に気づきやすくなると思います。もうこの問題は飽きるほど見たと思ってからが一番伸びるので試してみてください。（Y.S. さん／国際人間科）

Q　1年間の学習スケジュールはどのようなものでしたか？

A　高2の2月から本格的に受験勉強を開始。青チャート（数研出版）で数学の基礎固め，英単語・古典単語を毎日，日本史，生物基礎，英文法の復習，YouTubeの動画で倫理の予習をしました。高3の4月から6月は学校の課題やテストを受験勉強に生かしました。日本史は教科書に暗記マーカーを塗り，何周もし，数学は青チャートをやりこみました。夏休みには国語は『出口汪 現代文講義の実況中継』シリーズ（語学春秋社）で現代文を読むコツを勉強しました。数学は青チャートや模試で苦手分野の復習，市販の問題集で共通テスト対策をしました。英語は英文解釈とリスニングを中心に勉強をしました。化学基礎・生物基礎は共通テスト対策のワークを1周しました。日本史は授業でやっていないところの予習，すでにやったところの復習を山川出版社の教科書で取り組みました。政治・経済は『共通テスト 政治・経済 集中講義』（旺文社）を使って復習をしました。倫理は復習・予習をしました。さらに夏休み以前に受けた模試の解き直し，受講した塾のテキストを復習しました。9・10月は11月初めの塾の神大入試オープンに向け，二次試験対策として過去問演習を中心に取り組みました。1週間で1年分を解き，わからなかった部分を復習，解き直しするという計画で取り組みました。学校にいる間は地歴公民などの暗記教科を勉強しました。余裕があるときは，私大の問題にも取り組みました。11・12月は共通テスト対策に切り替えました。市販の共通テスト対策の問題や学校での対策授業を受けて，できなかったところを復習しました。1月から共通テストまでは，新しい問題はそれほど解かず，復習に費やし，テストに向け生活リズムを整えました。共通テスト後は，私大対策をメインに取り組みました。私大入試が終わった後は，神戸大の過去問や今までのテキストの解き直しをしました。　（Y.F. さん／文）

A　高3の4～6月は未習範囲の社会と，完全に覚えられていない理科を重点的に学習しました。7～8月は共通テスト対策として，休日の午前中は数学の青チャートを単元ごとに解くことに加え，二次試験対策として『理系数学の良問プラチカ 数学Ⅰ・A・Ⅱ・B』（河合出版）を数Bから進めました。9月からは共通テストのみの科目は週2回に絞り，ひたすら英語，数学，国語の記述を対策しました。直前期の12～1月は共通テスト用の問題集を解きながら，社会と理科は忘れている箇所だけ教科書で振り返りました。共通テスト後は，赤本を解くことに集中しました。

(Y.S. さん／国際人間科)

Q 共通テストと個別試験（二次試験）とでは，それぞれの対策の仕方や勉強の時間配分をどのようにしましたか？

A 夏休みと11～1月は共通テストを，9～10月と共通テスト後は二次試験対策をメインに取り組みました。共通テストは地歴公民や理科基礎など暗記科目が多く，1年を通して隙間時間に勉強をしました。共通テストの英語・数学・国語の対策は，ある程度二次試験の対策にもなりました。しかし，共通テストはマークで，二次試験は記述だったので，別々に対策をしました。共通テストは時間との勝負だったので英語・国語ともに速く，問題を解けるだけの理解をできるように練習をしました。数学も時間短縮のために式を簡略化したりしました。二次試験は正確に記述するために，速読よりも十分に理解をして，それを記述する練習をしました。数学は場合分けや条件などを丁寧に確かめるように勉強しました。

(Y.F. さん／文)

Q 学校外での学習はどのようにしていましたか？

A 高3になってから数学のみ塾に通い始めました。特に二次試験対策を集中的に行い，答案作りに必要な要素を教えてもらえたことがよかったと思います。国語と英語は通信教育を利用して自分の解答を添削してもらっていました。返却された答案は必ず解き直すようにしていました。日本史はオンラインの動画を見ており，時代ごとの背景を頭に浮かべるようにすると高得点を取れるようになりました。生物も最初だけオンラインの動画を見て自分でまとめ直していました。

(Y.S. さん／国際人間科)

Q 神戸大学を攻略する上で，特に重要な科目は何ですか？

A 英語だと思います。神戸大学の英語は時間制限が厳しく，また英作文が課されるため，素早く正確に英語を読む力と，短時間で内容が濃く相手に伝わる英文を書く力が必要であり，このような力を身につけるにはたくさんの時間と労力がかかるからです。読解力をつけるために，自分が読んだことのないたくさんの英文を読んで，自分の知らない単語を前後の文脈から推測したり，和訳する力を身につけるとともに，自分が読んだことのある英文を音読しながら和訳することで，文構造を素早くとらえる力を身につけるよう心がけました。英作文は 1 週間に 2 回，自分で書いたものを先生に添削してもらい，そこで注意されたことを踏まえてもう一度自分で書き，本番に活かせるようにしていました。

（Y.H. さん／国際人間科）

A 国語です。特に現代文が重要です。文章や記述量が多い上に試験時間が短いので，主語と述語を明確にして，日本語として成り立つ文章を短時間で要点を押さえつつ作り上げる訓練が必要です。また，古文や漢文は基礎問題も出るため，確実に得点できるよう，基礎を徹底する必要があります。現代文が苦手な人は古文・漢文で得点を落とすと致命的です。

（H.M. さん／国際人間科）

Q 苦手な科目はどのように克服しましたか？

A 数学にずっと苦手意識がありました。数学の得点は下がる一方だったのですが，根気強く 1 冊の問題集を単元ごとに 3 回ずつ解くようにすると成果が 10 月に表れ始めました。典型パターンの解法を頭に入れ切ったことで，新しい問題を見ても手がつけられないことがなくなったからだと思います。共通テストの数学も，長い問題文のうち必要な要素のみを読み取る練習を続けるうちに，一番の得意科目にすることができました。

（Y.S. さん／国際人間科）

Q 模試の上手な活用法を教えてください。

A 入試本番と同じように緊張感をもって模試に取り組むことで，入試の独特な雰囲気に慣れ，本番でもそれほど緊張することなく自分の力を十分発揮することができるようになると思います。また，模試が終わったらそのままにせず，解答・解説を読んで間違った部分を復習して知識を定着させることも大切です。結果返却後は，記述模試では特に，自分の解答には何が足りなかったのかを分析することで，点をもらえる解答とはどういったものかを理解することができるようになると思います。

(T.A. さん／法)

Q 併願する大学を決める上で重視したことは何ですか？
また，注意すべき点があれば教えてください。

A 神戸大学の二次試験の勉強に極力集中したかったので，私立は共通テスト利用のみの出願にしました。そうすることで，神戸大学のほかの受験生が私立の試験の勉強をしている時間も，神戸大学の勉強に集中することができ，試験本番も，自分は人よりもたくさん神戸大学の勉強をしてきたと思うことで自信をもって臨むことができました。共通テスト利用で確実に合格できるように，自分のもともと併願したかった私立に加えて，併願は考えていなかった，少しレベルを落とした私立にも出願しました。

(Y.H. さん／国際人間科)

Q 試験当日の試験場の雰囲気や，注意点などがあれば教えてください。

A JR 六甲道駅から試験会場に向かうバスがとても混雑していました。学部によって乗るバスが違うので，何本か待ちました。また，阪急の最寄り駅からバスに乗ろうとしていた人の多くは JR 六甲道駅から乗っている人が多過ぎて乗り切れず，やむなく歩いて坂を上っていました。早め早めの行動がいいと思います。ちなみに，私の受けた会場は一番上にあるキャンパスの 6 階だったので，坂や階段がしんどかったです。

（H.M. さん／国際人間科）

Q 受験生のときの失敗談や後悔していることを教えてください。

A 理科と社会を共通テストの 1 カ月前に完成させてしまったので，1 カ月間の記憶とモチベーションの維持が大変でした。理科と社会は共通テストの 2 週間前くらいに完成させて，残りの 2 週間は共通テストの問題演習にあてるくらいがちょうどいいのではないかと思います。そうすることで，共通テストの勉強をメインで行いながらも二次試験の勉強も少しできるので，共通テストが終わってから二次試験の勉強にスムーズに移れると思います。

（Y.H. さん／国際人間科）

Q 受験生へアドバイスをお願いします。

A 受験勉強は決して平坦なものではありません。成績が伸び悩み，思うような結果が得られなかったり，勉強がつらくて投げ出したくなったりすることもあると思います。しかし，日々の学習の積み重ねは必ず自分に味方してくれます。本気で勉強に取り組んできたという自信は本番で必ず自分を後押ししてくれます。合格した自分の姿を思い浮かべながら一生懸命勉強に取り組み，努力してきた自分の力を信じて最後まであきらめずに頑張ってください。

（T.A. さん／法）

科目別攻略アドバイス

みごと入試を突破された先輩に，独自の攻略法や
おすすめの参考書・問題集を，科目ごとに紹介していただきました。

英　語

共通テスト対策を通して長文を読むのに慣れました。SVOC を意識して和訳をするようにしました。（Y.F. さん／文）

おすすめ参考書　『大学受験スーパーゼミ 徹底攻略 入門英文解釈の技術 70』（桐原書店）

基本的な単語と文法は確実に押さえたうえで，それを使いこなせるようにすること。（Y.H. さん／国際人間科）

おすすめ参考書　『英単語ターゲット 1900』（旺文社）

数　学

神戸大はいろいろな分野が融合されて出されるので，全ての分野をしっかり理解しておきましょう。問題自体は基礎的なものなので青チャートのコンパス 3 までは解けるようにしておくといいと思います。解くときに，思いついたことや，解く過程を声に出して解くと楽しいし，頭が整理されるのでオススメです。（Y.F. さん／文）

おすすめ参考書　『チャート式 基礎からの数学』（青チャート）シリーズ（数研出版）

数学は，過去問よりは学校で配布されている基礎問題集を解くことをお勧めします。過去問を早くに解いても神戸大の数学は解けるようになりません。市販の問題集を購入する場合は，文系数学は難解なものが多いので，

数Ⅲが除かれた理系数学の問題集を解くほうがいいと思います。

(Y.S. さん／国際人間科)

おすすめ参考書 『理系数学の良問プラチカ』(河合出版)

国語

現代文は記述量が多いですが文章をしっかり理解できていれば，傍線部の説明や理由を書きやすくなると思います。書き方は赤本などで実際に解いて，解答と見くらべてみるのがオススメです。古典は文法と敬語を理解することが大事です。文学史の問題は基礎的なので直前の対策でも大丈夫だと思います。

(Y.F. さん／文)

おすすめ参考書 『読解をたいせつにする 体系古典文法』(数研出版)

国語は，現代文のテーマがつかめていないと，書き出しからわからないときがあります。記述対策に入る前に，頻出のテーマを頭に入れてから問題を解くと一気に筆者の主張が見つけられるようになります。古文・漢文は解答を書き始める前に必要な要素を書き出しておくといいと思います。

(Y.S. さん／国際人間科)

おすすめ参考書 『生きる現代文キーワード』(駿台文庫)

TREND & STEPS

傾向と対策

科目ごとに問題の「傾向」を分析し，具体的にどのような「対策」をすればよいか紹介しています。まずは出題内容をまとめた分析表を見て，試験の概要を把握しましょう。

注意

「傾向と対策」で示している，出題科目・出題範囲・試験時間等については，2024 年度までに実施された入試の内容に基づいています。2025 年度入試の選抜方法については，各大学が発表する学生募集要項を必ずご確認ください。

英語

年度	番号	項目	内容
2024	〔1〕	読解	内容説明（70 字他），同意表現，文整序，英文和訳
	〔2〕	読解	同意表現，空所補充，英文和訳，内容真偽
	〔3〕	読解	英文和訳，空所補充，内容説明
	〔4〕	英作文	意見論述（40・60 語）　✓図
2023	〔1〕	読解	同意表現，具体例，英文和訳，空所補充
	〔2〕	読解	英文和訳，内容説明，空所補充，内容真偽
	〔3〕	読解	同意表現，英文和訳，内容説明，内容真偽
	〔4〕	英作文	内容説明（40 語），意見論述（60 語）
2022	〔1〕	読解	内容真偽，空所補充，英文和訳
	〔2〕	読解	内容真偽，英文和訳，共通語による空所補充，内容説明（70 字他），空所補充
	〔3〕	読解	同意表現，空所補充，英文和訳
	〔4〕	英作文	内容説明（40 語），意見論述（70 語）
2021	〔1〕	読解	空所補充，内容説明（25・35 字），英文和訳
	〔2〕	読解	同意表現，内容説明，空所補充，英文和訳，内容真偽
	〔3〕	会話文	英文和訳，内容説明（40 字），同意表現，内容真偽
	〔4〕	英作文	内容説明（40 語），意見論述（60 語）
2020	〔1〕	読解	内容説明（50 字），同意表現，英文和訳，空所補充，意見論述（60 語）
	〔2〕	読解	内容説明（30 字 3 問），空所補充，英文和訳，内容真偽
	〔3〕	読解	内容説明（25 字），同意表現，英文和訳，空所補充，意見論述（70 語）

読解英文の主題

年度	番号	主題	語数
2024	〔1〕	極端な政治的意見が広まりやすい理由	約 650 語
	〔2〕	楽器習得による認知能力の向上効果	約 620 語
	〔3〕	家族より仕事優先の娘と母親の会話	約 590 語
2023	〔1〕	意味のある人生とは	約 700 語
	〔2〕	世界の水資源問題	約 690 語
	〔3〕	ドライブ前の女性たちの会話	約 590 語

2022	〔1〕	光害が夜行性の生物に与える影響	約 660 語
	〔2〕	リンガ・フランカとは	約 600 語
	〔3〕	留学をめぐる幼なじみの男女の会話	約 650 語
2021	〔1〕	ミツバチの減少を食い止める方策	約 640 語
	〔2〕	理数系分野で女性が活躍するには	約 590 語
2020	〔1〕	一般的な種の保護の重要性	約 460 語
	〔2〕	役柄に合う髪色に染める話にとまどう少女	約 620 語
	〔3〕	日本の禅の歴史と書画との関係	約 600 語

傾向　読解問題 3 題，英作文 1 題の出題が基本　2021 年度は会話文が登場

01　出題形式は？

〈問題構成〉　例年，読解問題 3 題，英作文 1 題の計 4 題の出題となっている。ただし，2020 年度は英作文が読解問題の 2 題に 1 問ずつ組み込まれ，全部で読解問題 3 題という構成であった。また，2021 年度は読解問題が 2 題に減り，完全な会話文の問題が 1 題出題されたが，2022～2024 年度は，読解問題のうちの 1 題で会話文を多く含む英文が出されている。英作文は，意見論述の英作文が必出で，2021～2023 年度は意見論述に加えて内容説明も出題されている。試験時間は 80 分。

〈解答形式〉　英文和訳，英作文，内容説明などの本格的な記述問題に加え，空所補充，同意表現，内容説明，内容真偽などの選択問題も出され，バラエティーに富んだ形式となっている。2024 年度には，与えられた 3 つの文を本文の内容に合うように並べ替える文整序もみられた。

02　出題内容はどうか？

〈読解問題〉

例年，出題の中心はバラエティーに富んだ設問からなる総合読解問題である。英文の量は，1 題 500～650 語前後のものがほとんどで，総語数としては 1400～1900 語程度と幅がある。2023 年度は総語数としては近年で最も多く，2000 語程度だったが，2024 年度は 1860 語程度と，ほぼ例年並

の語数に戻った。

英文の内容は，環境問題をテーマとするものが多く，他には健康問題，格差問題，ネット社会の問題点など今日的な話題や，生物学系，人文系，教育系，言語をテーマとするもの，やや抽象度の高い科学系の論説文などから計2題，会話文が主体のものが1題というパターンとなっている。2021年度〔3〕は大学院での授業における議論の一部が取り上げられ，完全な会話文形式であった。英文のレベルとしては，語彙には一部難解な語もあるものの，全体的には読みやすい英文が多い。

設問形式はさまざまであり，過去に頻出しているものを順に挙げてみよう。

①　英文和訳

例年，1つの長文につき1，2カ所，全部で3～5カ所の下線部を和訳させることが多い。比較的短い英文の和訳が多いが，2021年度以降，やや長めのものが増えている。下線部のそれぞれにポイントとなる語句・文法・構文が含まれているほか，特に会話文が主体の読解問題では，会話がなされている場面の状況や前後の文脈をしっかり把握できていないと日本語にならない箇所が出題されているのも特徴である。指示語の内容を明確にしながら訳すという条件がついていることもあるので注意しよう。

②　内容説明

20～70字の字数制限のあるものが多いが，特に制限のないものもあるので，その場合は解答用紙のスペースに応じて書くことになる。2021年度は，日本語の内容説明文の空所に適切な文を入れるという形の設問が出題されたほか，2023年度は，下線部の内容の具体例を選ぶ問題も出題された。また，同じ内容の英文を選択する形式の問題もみられる。

③　文法・語彙問題

動詞を適当な語形で挿入したり，空所補充の形で前置詞・関係詞・接続詞・名詞・形容詞などを入れたり，というように，基本的な語彙力・文法力や熟語力，文脈から判断する力をみるような設問が多い。近年，英文の中の語句と同じ意味や用法の語句を選択する問題が出題されるようになり，注意が必要。

〈英作文問題〉

例年，意見論述の問題が出題されている。2020年度は読解問題に組み込まれる形になり，長文の内容をしっかり理解して答える必要があった。また，2022・2023 年度では英文中の語句を 40 語程度の英語で説明させる問題も出題され，英作文においても読解力が求められた。

意見論述は，文章またはイラストを与えられ，それに関連するテーマや筆者の意見に対して自分の意見を述べるものが出題されている。語数は 40～70 語程度で，全体としては 2 問出題されることが多い。

03 難易度は？

試験時間が 80 分と比較的短く，記述量がかなりあるため，時間配分には細心の注意が必要である。ただ，難問の類はなく，実力どおりの得点が得られる，日頃の地道な努力が報われる良問といえるだろう。

対策

01 読解問題

長文読解問題の比重は例年大きく，読解力の養成に最大の力を注ぐ必要がある。難解な語も含まれた総語数 1400～1900 語前後の英文を短時間で読みこなすためには，かなり高度な語彙力が求められる。単語の暗記には，語の意味を文章中で覚えていく形の『速読英単語 必修編』『速読英単語 上級編』（いずれもＺ会）などを用いるのもよい。重要構文・熟語の暗記も欠かせない。また，挿入・倒置・省略・同格といった英文解釈上のテクニックも必ず身につけておくこと。そうした基礎的学力の養成に可能なかぎりの時間を割いた上で，『神戸大の英語 15 カ年』（教学社）を利用して英文量や出題形式に慣れ，時間配分にも注意しつつ，問題数をこなすことが最善の対策となるだろう。

その際，まずは英文の一文一文の意味を正確に読み取りながら，パラグラフごとに話の大まかな流れをとらえる習慣をつけること。特に英文和訳が求められている部分の前後は，状況を頭に描きつつ内容をつかむことが必要である。

また，長文のテーマには今日的な話題が取り上げられることが多いので，環境問題，健康問題，社会問題など世相を反映した文章や，科学技術，心理学，教育学，文化や言語の歴史といった分野の文章には，英文・和文を問わず普段からよく目を通し，一般教養を深めておくことも有効な対策となる。その際，分野別のキーワードを覚えておくと，英作文に利用することもできるだろう。

以下，主な設問形式について，順にその攻略法を述べる。

①　英文和訳

まずはポイントとなる構文・イディオムを確実に押さえることができるよう練習を積む。直訳ではうまく日本語にならない箇所も多くみられるので，あくまでも英文全体の話の流れに沿ったわかりやすい日本語を書くよう心がけることが肝心である。本書で過去問に当たる際には，下線部以外の箇所も全訳を注意深く読んで，「これは」と思われる部分の和訳には注意し，訳の練習に利用するとよい。

②　内容説明

特に指示語を含んでいるものはそうであるが，内容説明は前後にある該当箇所の特定と，それをいかに要領よくまとめるかが最大のポイントである。原因と結果，一般論と具体例など，文と文のつながりにも気を配りながら，必ず自分で答案をまとめる練習を繰り返すこと。

③　文法・語彙問題

文法・語彙力は読解力の基礎であるから，強化に時間をかける必要があるのは当然だが，純粋に文法の知識や語彙力・熟語力を問うものも出題されているので，確実に身につけておくことが必要である。また，単語学習の際には，同意語・反意語，特殊な意味など多角的な知識を得るようにすること。

02　英作文問題

意見論述は，例年，書きやすい題材が取り上げられることが多く，語数もそれほど多くないので，基本的な英作文の力があれば対処できる問題が多い。ただし2020年度は，読解問題の長文の内容を理解していることが前提となっており，その意味での難しさがあった。

英作文力そのものを養う方法としては，小論文や面接の対策本を利用して自分でテーマを設定し，辞書を使わず 40〜70 語程度の英文を書く練習を繰り返しておくとよいだろう。その際，書き慣れていない語彙・構文を利用するよりも，正しく使いこなせる語彙・熟語・構文を用いることを心がけたい。できれば先生に添削してもらうのが望ましいが，ある程度自由な発想でどんどん書き進める練習をすることも大切である。

また，赤本プラス『大学入試 すぐ書ける自由英作文』（教学社）などの，入試頻出の重要テーマを集めた参考書を通読し，応用力をつけておけば，本番でどんなテーマが出題されても，冷静に対応できるだろう。

Check!

神戸大「英語」におすすめの参考書

- ✓『速読英単語 必修編』（Z会）
- ✓『速読英単語 上級編』（Z会）
- ✓『神戸大の英語 15 カ年』（教学社）
- ✓『大学入試 すぐ書ける自由英作文』（教学社）

赤本チャンネルで神戸大特別講座を公開中

実力派講師による傾向分析・解説・勉強法をチェック →

数学

年度	番号	項目	内容
2024	〔1〕	微分法，数列	3次関数が最小値をとるときの x の値，漸化式
	〔2〕	確率	サイコロを投げて出た目が自然数 n の約数となる確率
	〔3〕	図形と方程式	放物線と2直線が接する条件，三角形の重心の軌跡
2023	〔1〕	2次方程式	2次方程式の解の存在範囲，解の実部についての条件 ✓図示
	〔2〕	確率	硬貨を投げ，表の出た枚数により硬貨をやりとりする確率
	〔3〕	図形と方程式，整数の性質	2円の交点を通る直線，座標軸との切片が整数となる条件
2022	〔1〕	2次関数，積分法	2次関数のグラフと直線の共有点の個数，囲まれた部分の面積
	〔2〕	図形と方程式	円と直線が異なる2点で交わる条件，2交点の中点の軌跡
	〔3〕	指数・対数関数，整数の性質	指数・対数関数と等式の証明，不定方程式の解 ✓証明
2021	〔1〕	整数の性質，数列	複素数の虚部の整数を10で割った余り，$(3+i)^n$ が虚数であることの証明 ✓証明
	〔2〕	式と証明	4つの文字を含む2次不等式の証明 ✓証明
	〔3〕	図形と計量	塔の高さ，塔と道との距離の測量 ✓証明
2020	〔1〕	微・積分法	整式の除法，微分の計算，放物線と直線で囲まれた部分の面積
	〔2〕	2次関数，数列	2次関数の最大値・最小値，漸化式と数列の一般項 ✓証明
	〔3〕	場合の数	和が30になる3つの自然数の順列と組合せの総数

出題範囲の変更

2025年度入試より，数学は新教育課程での実施となります。詳細については，大学から発表される募集要項等で必ずご確認ください（以下は本書編集時点の情報）。

2024年度（旧教育課程）	2025年度（新教育課程）
数学Ⅰ・Ⅱ・A・B（数列，ベクトル）	数学Ⅰ・Ⅱ・A・B（数列）・C（ベクトル）

旧教育課程履修者への経過措置

旧教育課程履修者が不利益にならないよう考慮する。

傾向 標準程度だが，実力差が出る設問

01 出題形式は？

例年，大問 3 題の出題で，試験時間は 80 分である。すべての大問が 2 ～ 5 の小問に分割されている。解答は全問記述式。

02 出題内容はどうか？

近年の出題項目をみると，微・積分法，ベクトル，数列，確率，2 次関数などの出題が多いが，他の分野からも幅広く出題されており，全範囲に注意する必要がある。

証明問題が出題されることもあるが，証明問題の形式をとらなくても，数学の答案は論理的に筋の通った内容が必要で，そのような答案が作成できる力を養成しなければならない。計算によって解決される問題も多く，正確・迅速な計算力も重要である。また，いくつかの小問に分割された誘導的設問が多く，その誘導を理解して順応する力が求められる。なお，2023 年度は図示問題がみられた。

03 難易度は？

標準程度である。よく練られた論理的な良問であり，これに応じて答案を作成するためには論証力が必要である。難度が高めの問題もあるが，誘導的な小問に分割されているので，その誘導に従えば解答できる。1 題あたり 25 分程度を目安として，取り組みやすい問題から確実に解いていきたい。

対策

01 基本事項の学習

教科書の基本事項の習得は学習の基礎である。用語の定義は正確に記憶しているか，公式は自力で導くことができるか，定理は証明できるか，また，これらを用いて基本程度の問題ならば解くことができるかを自問して，「基本事項は習得できた」という自信がつくまで，繰り返し学習しなければならない。

02 問題集による学習

教科書学習に加え，問題集による演習も必要である。標準程度の問題が適当で，標準的な良問が多く含まれている『神戸大の数学 15 カ年』（教学社）に取り組むとよいだろう。標準問題が解けないときは，基本事項の習得が不十分ということであるから，必要な基本事項を確認して，補強しておかなければならない。問題集の解答を見るときは，解法を丸暗記するのではなく，基本事項の使い方を学ぶ態度が重要である。

03 計算力の増強

計算力は重要である。問題の解法がわかっていても，計算力が弱いと，計算困難に陥って解答にまで至らないことがある。逆に，計算力があると，計算によって解法を探ったり，解法の正しさを計算で確認したりできる。解答結果の検算も必要で，検算方法を研究しておくことが望ましい。正確・迅速な計算力を養成するよう訓練すべきである。

04 図の活用

図の活用もきわめて重要である。問題に対して適切な図が描けると，題意の理解，解法の発見，解答結果の検討などが容易になり，問題の本質を具体的かつ的確に把握できるようになる。演習の際，図が利用できる問題に対しては必ず図を描くように習慣づけて，図を描く技量を高め，図を利用する力の向上をはかるべきである。

05 頻出項目の学習

全範囲にわたって，手薄な箇所が生じないよう学習すべきことは当然であるが，それがひととおりできたならば，頻出項目については，特に学習を強化すべきである。〈傾向〉に挙げた頻出項目の問題は，標準程度ならば確実に解答できるという自信がつくまで，主として演習により，十分に学習しておきたい。

06 答案の作成練習

週に１回程度は答案の作成練習を行うとよい。答案は解答の経過がよくわかるように，的確かつ簡潔に記述すべきである。そのような記述力は，練習によって体得するよりほかに養成方法はない。教科書の例題の解答を参考にして独習するだけでも効果を上げることはできるが，可能ならば添削などの指導を受けることが望ましい。

神戸大「数学」におすすめの参考書

Check!

✓『神戸大の数学 15 カ年』（教学社）

国　語

年度	番号	種　類	類別	内　容	出　典
	〔1〕	現代文	評論	内容説明（80字3問，160字），書き取り	「暴力はいかにして哲学の問題になるのか」飯野勝己
2024	〔2〕	古　文	歌論	文法，口語訳，内容説明（50・80字），文学史	「俊頼髄脳」　源俊頼
	〔3〕	漢　文	史伝	読み，書き下し文，口語訳，内容説明（50字）	「史記」　司馬遷
	〔1〕	現代文	評論	内容説明（80字3問，160字），書き取り	「消費社会とはどのような社会か？」　浅野智彦
2023	〔2〕	古　文	説話	口語訳，内容説明（50・60字），文法，文学史	「発心集」　鴨長明
	〔3〕	漢　文	説話	読み，書き下し文，口語訳，内容説明（50字）	「蒙求」　李瀚
	〔1〕	現代文	評論	内容説明（80字3問，160字），書き取り	「分析哲学 これからとこれまで」　飯田隆
2022	〔2〕	古　文	歌物語	口語訳，内容説明（40・50字），和歌解釈，文学史，文法	「伊勢物語」
	〔3〕	漢　文	随筆	書き下し文，口語訳，内容説明（50字2問）	「望溪集」　方苞
	〔1〕	現代文	評論	内容説明（80字3問，160字），書き取り	「心にとって時間とは何か」　青山拓央
2021	〔2〕	古　文	軍記物語	口語訳，内容説明（50・60字），箇所指摘，文法，文学史	「平家物語」
	〔3〕	漢　文	随筆	口語訳，内容説明（20・70字），読み，書き下し文	「夢渓筆談」　沈括
	〔1〕	現代文	評論	内容説明（80字3問，160字），書き取り	「日本古代文学史」　西郷信綱
2020	〔2〕	古　文	日記	文学史，文法，人物指摘・口語訳，内容説明（50・70字）	「讃岐典侍日記」　藤原長子
	〔3〕	漢　文	思想	読み，書き下し文，口語訳，内容説明（50字他）	「貞観政要」　呉兢

（注）　経営学部は〔1〕〔2〕，海洋政策科学部（2021年度より出題）は〔1〕を解答。

傾向 内容説明が設問の中心となる 古典では文法，口語訳，書き下し文にも習熟しよう

01 出題形式は？

〈問題構成〉 経営学部は現代文１題・古文１題の計２題で試験時間 80 分，海洋政策科学部は現代文１題で試験時間 60 分，その他の学部は現代文１題・古文１題・漢文１題の計３題で試験時間 100 分となっている。配点は，現代文が 80 点，古文が 40 点，漢文が 30 点である。現代文が長文であり，現・古・漢いずれも本格的な記述問題主体の設問構成をとっているので，時間配分を考えておかないと，時間切れになる恐れがある。

〈解答形式〉 原則として全問記述式。ただし，知識問題などでは選択式のものもみられる。記述式の問題は，漢字の書き取り，内容説明，文法，和歌解釈，口語訳，書き下し文などである。説明問題では字数制限がある場合とない場合があり，字数制限がない場合は，解答欄の大きさに合わせて答えなければならない。

02 出題内容はどうか？

〈現代文〉

本文：人文系・社会系を問わず，比較的有名な著者の重厚な内容の評論が出題されており，年度によって違いはあるが，総じて 5000 字前後と分量も多い。その内容を俯瞰的に把握できるような読解力が求められている。

設問：例年５問の出題で，書き取りと内容説明で構成されている。内容説明は傍線部を軸として前後をきちんと押さえた解答が要求され，最後に「本文全体の論旨」を踏まえた問題が出題される。内容説明の解答の総字数は 400 字で一定している。

〈古　文〉

本文：有名な作品からの出題が多い。過去には受験生になじみのない作品が出題されたこともあるが，文章は特に読みづらいものではなく，大学入試の古文として標準的なものである。

設問：例年，口語訳が出題されるが，前後の文脈から言葉を補う必要があ

るなど，機械的な口語訳の作業では通用しないものもある。文法は，敬語法，品詞分解，用言・助動詞の活用形や用法などの基本的な問題である。ほかには心情や理由などを答える内容説明問題が複数出題されるのが通例で，指示内容や主語を明確にして訳出または説明することが求められている。2022 年度には和歌解釈も出題された。文学史は例年出題されている。

〈漢　文〉

本文：幅広いジャンルから出題されている。比較的易しい内容のものが多い。

設問：書き下し文，口語訳，内容説明など設問形式は標準的であるが，文章の展開を正確に読み取る読解力や応用力が必要である。設問で問われる傍線部や波線部は白文（返り点・送り仮名のない文章）となっていることも多い。

03　難易度は？

文章は読みやすくても，本格的な記述問題が中心で，しかも字数制限のある問題も多いので難度が高くなっている。解答のポイントとなる問題文の該当箇所を押さえ，短い時間で要領よく解答をまとめる練習を積んで，記述力・論述力を養いたい。時間配分にも注意が必要である。海洋政策科学部は現代文だけで 60 分だが，古文や漢文が出題される学部は，現代文 50 分，古文 30 分，漢文 20 分をおおよその目安としたい。

対策

〈現代文〉

01　読解力

神戸大学の現代文は〈読解力が要《かなめ》〉である。読解の精度が解答の精度にそのまま反映される可能性が高い。日頃から新書などに触れ，語彙や思想に関する知識を蓄えながら，論の展開を押さえていく訓練を積んでおきたい。１日数節，あるいは１章分などと範囲を決め，話の流れを図式化してノートにまとめたうえで，字数を決めて要約していく訓練などは読解力の向上に非常に有効である。その際，自分で納得するだけではなく，他人が見てもわかるようなまとめ方を心がけると記述力アップにもつながるだろう。

02 記述力

設問数自体は多くないが，一つ一つが丁寧な読解を前提としたものが多いので，過去問の演習は必須である。本書を参考にしながら，最初は時間をかけてきちんと解答を書く練習を行うことが望ましい。また，自分の書いた解答を再度見直して書き直す，という作業も記述力の向上に効果的である。ほかに問題集を解くのであれば，『神戸大の国語 15 カ年』（教学社）のような「神戸大学」に特化したものが望ましい。それ以外であれば，『得点奪取 現代文 記述・論述対策』（河合出版），『国公立標準問題集 CanPass 現代文』（駿台文庫），斉藤哲也『ちくま現代文記述トレーニング』（筑摩書房）などの記述式中心の標準〜難レベルのものを選ぶとよい。その際に 160 字程度で全文を要約していくと，「本文全体の論旨」を踏まえた設問の練習になる。選択式中心ではあるが，同じような長文を毎年出題する，同志社大学の問題も練習材料となるだろう。選択式で問われている設問を 80 字以内というように自分で字数を決めて答えを作り，選択肢と見比べていくとよい。また，約 50 字 3 問と 120 字 1 問と解答の制限字数はやや短くなるが，東京大学の現代文の文理共通の問題が神戸大学とまったく同じパターンの出題になっている。解答作成の練習に役立つだろう。

〈古　文〉

01 読解力

文法力と単語の知識で一文一文に口語訳をつけていく練習を積むとよい。その際，訳出箇所に指示語があれば，具体的な指示内容を把握することを意識するようにしよう。また，主語の明示を求める口語訳の設問もあるので，人物関係や動作主も押さえるようにしたい。古文単語は，古語辞典や単語集を十分に活用して学習していくこと。和歌に表れた心情を説明させる設問や贈答歌の理解を求める設問もあるので，文章内容と和歌の関連を読み取り，詠まれている状況や心情を把握する訓練をしておきたい。文学史の対策もしておこう。

02 記述力

基本的に現代文と要領は同じだが，心情説明問題などは古文特有の答えにくさがあるので，過去問や問題集で演習をしておくのがよい。古文の世界での行動形式や約束事，さらには和歌の解釈についての知識を身につけるのに最適な問題集として『大学入試 知らなきゃ解けない古文常識・和歌』（教学社）がある。

〈漢　文〉

01 国語便覧と教科書を使った学習

国語便覧などに整理されている句法，構文はしっかり身につけよう。便覧には短めで有名な文章（故事成語が多い）が挙げられているので，それを白文に書き直して，何度も読み下す練習をすれば，基礎的な力は十分つくはずである。そのうえで，教科書に載っている文章を何度も読み，漢文読解の呼吸をつかんでほしい。

02 過去問を使った学習

珍しい出典からの出題も多いので，初見のものでも読み下し，解釈できるように，漢文読解に慣れておくことが必要である。受験対策の仕上げとして，過去問や他の国立大学で出題された問題文に当たっておこう。

03 古文文法の知識を身につける

頻出の書き下し文は，古文文法にのっとって行われるので，漢文においても正確な古文文法の知識が必要になる。古文学習の際，漢文への応用も視野に入れ，正確な文法力を身につけるよう心がけたい。

神戸大「国語」におすすめの参考書

Check!

- ✓『神戸大の国語 15 カ年』（教学社）
- ✓『得点奪取 現代文 記述・論述対策』（河合出版）
- ✓『国公立標準問題集 CanPass 現代文』（駿台文庫）
- ✓『ちくま現代文記述トレーニング』（斉藤哲也，筑摩書房）
- ✓『大学入試 知らなきゃ解けない古文常識・和歌』（教学社）

2024年度

解答編

前期日程

解答編

英　語

I　解答　**問1．** ソーシャルメディア上に，政治的に極端な意見が溢れていることに対する責任。

問2． (a)―(え)　(b)―(う)　(c)―(あ)　(d)―(え)

問3． (c)→(a)→(b)

問4． 全訳下線部参照。

問5． 極端な意見を持つ人を好む傾向が強い人は，自分と政治的意見が同じ集団内の典型的な人は自分よりずっと極端な意見を持つ人だと思う傾向もあるということ。(70字程度)

全訳

《極端な政治的意見が広まりやすい理由》

1　ソーシャルメディア上では，誰もが自分よりも極端な視点を持っているように感じたことはあるだろうか？　私たちは，自分たちの周りに政治的に極端な意見が溢れかえっているのをソーシャルメディア企業のせいにすることがよくある。何と言っても，こういう企業は一般的に，最も強く感情に訴え，注目を集めるコンテンツや視点を売り込もうという動機があるのだから。

2　しかし，同僚たちと私とで行ってきた調査では，こういうプラットフォームのユーザーにもその責任の一端があることが示唆されている。いくつかの研究で，人々は概して自分よりも政治的に極端な他者とつながっているほうを好むということがわかったのだ。

3　つい最近まで，研究者たちは，私たちが社会的なつながりをどう選ぶかという点に関係する主な原理は，古代ギリシャ人が「ホモフィリー（同類愛)」と呼んだ，似たものに惹かれる気持ちだと思っていた。政治的同類愛――政治的に類似する人たちを好む気持ち――は，社会科学において最も強力で，最もきちんと実証されている現象の一つである。それは，私たちが住む都市，学校，伴侶，趣味，さらには音楽でさえ，その選び方に影響を与える。同類愛は政治的分断につながり，それが今度は，敵意や二極化を強めることになる。

[4]　しかし，同類愛だけがこの分断を進める力となったのではない。私たちの調査では，人々は政治的に似ている人たちに惹かれるだけでなく，自分の政治的視点をもっと極端にしたような視点を持つ人たちに惹かれることもわかった。この傾向は「アクロフィリー（極端愛)」，つまり，極端を愛する気持ちと呼ばれている。

[5]　一連の調査において，私たちは1,200人以上のアメリカ人に，多様な政治的状況に対する自分の反応を評価してもらった。例えば，参加者は警察の残忍な行為の写真を見た時の自分の感情を伝え，銃規制，狩猟，軍事費の増大といった話題に関する自分の見解を述べた。それぞれの刺激の合間に，私たちは参加者に感情的な反応を求めた。それから，その人たちには6人の「仲間」の反応を見せた。これらの反応は，様々な政治的見解を持ち，以前の研究でこういう話題や画像について話をしたことがある，別個の参加者たちの集団から得ていたものだった。それから私たちは，参加者に，次回以降の実験でも見たいと思う視点を持つ仲間たちを選んでもらった。その結果は，人は一般的に，同じような視点を持つ人々の感情的な反応のほうを読みたがり（政治的同類愛)，極端な視点に惹かれる（政治的極端愛）ということを示唆するものだった。リベラル派であれ，保守派であれ，参加者は自分よりも極端な視点を持つ仲間を選ぶ傾向があった。

[6]　極端さに惹かれるのには多くの要因があるかもしれない。熱狂的な，あるいは強烈に感じられる見解を持っている人は私たちに，次回のオンライン政治討論会や感謝祭のディナー討論会に向けて，より鋭い議論を提供してくれるかもしれない。さらに，より極端な人ほど声高に主張し，しかも首尾一貫していてわかりやすいように思われるかもしれない――つまり，そういう人たちは様々な論点にわたって，より一貫して1つの政治的イデオロギーに合致する意見を持っているのだ。こういう特性は魅力ともなりうる。昨年発表された研究では，アルゼンチンの社会科学者フェデリコ=

ジマーマンとその同僚たちが，2,632人の人たちに，見知らぬ人と政治議論をしてから，その人がどれだけ好きかを評価してもらった。参加者たちは，確固たる意見を持っていない人たちとは対照的に，より自信に満ちてイデオロギー的に一貫した政治的見解を表明する話し相手のほうに強い好意を示した。

[7]　私たちは，政治的極端愛を説明するのに一役買う可能性のあるさらなるパターンも見つけている。私たちの研究の一つで，人々に，自分の政治グループで最も典型的だと思っている視点を特定してもらった。極端な意見を持っている人々のほうを好む傾向が強い参加者ほど，自分の政治グループの典型的なメンバーは自分よりはるかに極端だと考える傾向もあった。こういう参加者が極端な意見に惹かれるのは，そのような過激な視点が自分の政治グループ全体をより代表するものだと思っているからかもしれない。

[8]　これらの調査結果は，人々が自らの政治的傾向に関して持つ偏った印象を是正することが，極端愛の軽減に役立つ可能性もあることを示唆している。大局的に見れば，私たちには特定のグループの最も極端なメンバーがそのコミュニティ内の「平均的な」視点を反映している可能性は低いということはわかっている。しかし，今回の研究においては，反映していると本当に信じ込んでいる人もいた。

解説

問1．「その責任」の具体的な内容については，第1段第2文（We often blame …）に述べられている the flood of politically extreme opinions around us「自分たちの周りの政治的に極端な意見の氾濫」という部分を中心に説明することになる。around us「自分たちの周りにある」という部分については，そのまま訳してもいいが，同段第1文（Do you ever …）に on social media という語句があり，第2文にも「責任をソーシャルメディア企業に帰する」とあることから，具体的にはソーシャルメディア上を指すとわかるので，この点も加味するとよいだろう。

問2． 選択肢の語句の意味と単純に比較するのではなく，「本文中における意味に最も近いもの」という条件に合うものを選ぶ必要がある。

(a)　ここでの ties は「つながり，絆」という意味であり，選択肢の中では(え)の connections「つながり，関係」が意味的に近い。functions「機能」 issues「問題」

(b)　driver of ～ の driver には「原動力，推進力」という意味がある。ここでは segregation「分離，分断」が進行する要因という意味だと判断でき，(う)の cause behind ～「～の背後にある原因」が意味的に近い。

(c)　a range of issues の a range of ～ には「広範囲の～，様々な～」という意味があり，ここでの issues は「(議論すべき) 重要な問題，論点，争点」という意味。したがって，選択肢の中では(あ)の a variety of debates「様々な論争」が意味的に近い。a number of volumes「多くの本」

(d)　In the big picture は「大局的に見れば，長い目で見れば」という意味のイディオム。選択肢の中では，(え)の On the whole が「全体的に見ると，概して」という意味のイディオムで，意味的に近い。In the meantime「そうこうするうち，その間」 In the future「将来」 On the one hand「一方では」

問3. 与えられた英文の訳は以下の通り。

(a)「研究者たちは参加者に，以前の研究で集められていた，人々の政治的意見を示した」

(b)「研究者たちは参加者に，自分がもっと聞きたいと思う意見を持つ人々を選んでもらった」

(c)「研究者たちは，参加者に写真に対して反応し，政治的な話題に関して語ってもらうことで，その人たちの姿勢を判断した」

心理実験の手順については，第5段第2～6文 (For example, participants … of the experiment.) に具体的な例が挙がっている。まず写真を見た時の自分の感情や，様々な政治的話題に関する意見を伝えてもらい，その後，以前の研究で得られた他の6人の人たちの反応を見せてから，この後の実験で自分が見たいと思う視点を持つ人を選んでもらうという手順であることから，(c)→(a)→(b)の順序となる。

問4. Participants showed a strong preference for conversation partners

participants はジマーマンらが行った調査への参加者を指す。show a strong preference for ～ は，直訳すると「～のほうへの強い好みを示した」となるが，「～のほうを強く好むことがわかった」という訳が可能。conversation partner「会話の相手，話し相手」

who expressed more confident and ideologically consistent political views

　この who 以下は，conversation partners を先行詞とする関係代名詞節。confident「自信たっぷりの」と ideologically consistent「イデオロギー的に首尾一貫した」は，いずれも political views「政治的見解，政治的視点」を修飾している。

as opposed to those who did not hold firm opinions.

　as opposed to ～は「～とは対照的に」という意味のイディオム。those は，ここでは conversation partners を受けた代名詞。firm「確固たる，しっかりした」

問 5． an additional pattern「さらなるパターン」の具体的な内容については，下線部と同じ段第 3 文（The participants with …）に述べられているので，この部分を 70 字程度でまとめることになる。パターンの説明は一般論になるので，ここでの participants は単に「人」でよいだろう。extreme opinions「極端な意見」 the typical member of their political group は直訳すると「自分たちの政治グループの典型的な構成員」だが，内容としては，「自分と政治的意見が同じ集団の中の典型的な人」と解釈することができる。この後の extreme は単に「極端な」とするより，この文の前半部分の people who possess extreme opinions に合わせて，「極端な意見を持つ人」とするほうがわかりやすい説明となるだろう。

語句・構文

（第 1 段） blame *A* for *B*「*B* のことで *A* を責める，*B* を *A* のせいにする」 after all「結局，何と言っても」 be motivated to *do*「～しようという動機がある」 potent「強力な」 attention-grabbing「注目を集める」 perspective「視点，見方」

（第 2 段） colleague「同僚」 on average「平均して，概して」

（第 3 段） homophily「同類愛，同類性，同質性」 in turn「今度は，同様に」 hostility「敵意」

（第 4 段） acrophily は定訳がないが，この後，love of extremes と説明されていることから，「極端愛」という訳が可能。

（第 5 段） a series of ～「一連の～」 brutality「残忍な行為」 in between ～「～の合間に」 peer「特定の人と年齢または社会的地位など

が同等の人，仲間，同僚，同輩」 varied「様々な」 subsequent「その後の」 liberal「リベラル派の，革新系の」 conservative「保守派の」
（第6段） drive「～を起こさせる」 Thanksgiving「感謝祭」 vocal「声高に主張する」 coherent「首尾一貫している，理路整然とした」 that is「つまり」 trait「特性」
（第7段） intense「激しい，強烈な」 representative「代表的な」
（最終段） biased「偏った」 political leaning「政治的傾向」

Ⅱ ― 解答

問1． (a)―(え)　(b)―(う)　(c)―(い)　(d)―(あ)
問2． (え)
問3． 数十年にわたって実験を行うのは困難で，費用もかかるために，楽器の演奏方法を身につけることに伴う認知能力の変化が，ある人の生涯を通じてそのまま残るものかどうかを確定するのはこれまで不可能だった。
問4． 全訳下線部参照。
問5． (お)・(か)

全　訳

《楽器習得による認知能力の向上効果》

1　キャンプファイヤーの横でギターをかき鳴らすことから，晩餐会でピアノ曲によって客人をもてなすことに至るまで，楽器を演奏できることが有益であるのは間違いない。しかし，その恩恵は，人前でうまく演奏できた時の高揚感をはるかに超えるものであることを示唆する証拠がある――楽器を演奏する人のほうが，多くの場合，認知能力テストでも成績がよいことがわかっているのだ。

2　認知能力の向上は，よりよい仕事に就いたり，よりよい健康を享受したりといった，人生の様々なプラスの結果につながることがよく知られている。しかしながら，こういう認知能力の向上が一時的なものにすぎないのかどうかはまだ明らかになっていない。『サイコロジカル・サイエンス』誌に発表された新たな研究では，楽器の恩恵は何十年も残ることが示唆されている。

3　楽器を演奏する人としない人の知的能力を比較した研究では，社会経済的状況といった他の要因を考慮した場合ですら，音楽のトレーニングが，わずかではあるが有意な認知上の恩恵に関わっていることがしばしば示されている。子供を対象とする実験的研究の結果も，音楽のトレーニングは認知能力の向上をもたらすかもしれないという考えを裏づけている。それどころか，そのようなトレーニングを2年するだけで認知能力が高まるという証拠があるのだ。

4 残念ながら，これらの研究の大きな限界は，継続期間である。ほとんどの場合，モニタリングの期間が短いのだ。これは，心理学者が参加者をもっと長くモニターしたいとあまり強く願っていないからではない。それはむしろ時間と財源の問題なのである。数十年にわたって実験を行うのは困難で，費用もかかる。このために，楽器の演奏方法を身につけることに伴う認知能力の変化が，ある人の生涯を通じてそのまま残るものかどうかを確定するのはこれまで不可能だったのだ。

5 エジンバラ大学のジュディス=オークリーと，彼女の同僚であるイアン=ディアリーとケイティ=オーヴェリーが，最新の研究で，その長年の問題への解決策を特定した。それが，ロージアン出生コホートである。1947年のある日，スコットランド政府は，国内の学校に通う11歳の子供のほぼ全員に知能テストを行った。1997年に，ディアリー博士はその人たちの中の1,091人と連絡を取り，2004年から2007年の間にもう一度彼らにテストを行った。その研究は現在も継続中で，参加者たちは3年ごとに，さらに認知能力テストを受けるために戻ってきている。

6 音楽の能力に関する情報は，当初，その研究の一環として収集されていなかったが，2017年の初頭に，楽器を習うことが時間の経過とともにどのように認知能力を形成していくのかという疑問について思案していた時に，エジンバラ大学リード音楽院の研究者であるオーヴェリー博士は，当初から参加していた人たちに自分の音楽経験について質問しても遅くはないことに気づいた。

7 研究者たちは協力して，生涯にわたる音楽経験に関する情報を収集するアンケートを作りあげた。この用紙に，82歳の時にさらなるテストを受けるために研究の場へ戻ってきた，存命中のコホートメンバーが記入をすませた。参加者は，いくつの楽器を演奏したのか，トレーニングはどのようなものだったかを聞かれた。また，何年にわたって定期的に練習したのか，演奏はどのレベル（例えば，初心者，中級者，上級者）に達していたかも記録するよう求められた。全部で366人のコホートメンバーが質問に答え，117 人が，ある程度，楽器の経験があることを明らかにした。

8 全体として，研究者たちは楽器の演奏と認知能力の時間経過に伴う変化との間に有意なプラスの関係が存在することを発見した。さらに具体的に言えば，人が楽器を練習した年数や時間数が多ければ多いほど，生涯にわたって，認知能力にプラスの変化を示す可能性が一層高くなった。その効果はわずかだが，教育を受けた年数や社会経済的状況といった他の要因を考慮するよう調査結果を調整した場合でも，有意な状態のままだった。

9 まさになぜ楽器を習うことにこのような効果があるのかは，まだ明らかになってはいない。研究者たちは，人々に焦点的注意，連携，聴覚運動技能，記憶力を全部合わせて定期的に使うよう促すことが，認知能力の有益な変化につながるのではないかと推論している。音楽を愛することから，またもう一つの恩恵を受けられるというわけである。

解説

問1．(a) elation は「高揚感」という意味であり，選択肢の中では(え) joy「喜び」が意味的に近い。hope「希望，期待，見込み」

(b) Enhanced は enhance「～を強化する，～を増進する，～を高める」という動詞が cognition「認知，認知能力」を修飾するために過去分詞になったもので，選択肢の中では(う) increased and improved「高められ，改善された」が意味的に近い。determined but destined「決定しているが，運命づけられた」 restricted but related「制限されているが，関連のある」 encouraged and engaged「推奨され，従事していて」

(c) ongoing は「継続中で，進行中で」という意味であり，選択肢の中では(い) in progress「進行中で」が意味的に近い。in demand「需要がある」 under construction「建設中で」 under review「検討中で」

(d) pondering は ponder「～を熟考する」の現在分詞形で，while の後に主語と be 動詞が省かれた形で用いられている。選択肢の中では(あ) thinking over ～「～をよく考えていて」が意味的に近い。argue about ～「～について議論する」 find out ～「～を探し出す」 shoot at ～「～を狙い撃つ」

問2． 空所(A)は，前後の lent と to に注目すると，lend support to ～ で「～を裏づける，～を支持する」という意味のイディオムとなり，文脈上も適切なので，support が入る。

空所(B)は，主語の This が研究者たちの作成したアンケートを指しており，空所の後の by に，これに回答したと思われる人たちが続いていることから，completed「記入された」が入る。

空所(C)は，人々が楽器のトレーニングをすることでどのような認知能力の変化が出るかを考えると，選択肢の中では advantageous「有利な，好都合の」が適切。

したがって，組み合わせとしては(え)が正解となる。evidence「証拠」funds「基金，資金」criticized「批判された」distributed「配布された」successive「連続した」remarkable「著しい，素晴らしい」predictable「予測可能な」

問3．This has made it impossible to determine

This は前文（Running experiments over …）の内容を受けており，it は形式目的語で to determine 以下の to 不定詞が真目的語。全体としては無生物主語構文なので，本来は「このために…を確定するのはこれまで不可能だった」という意味だが，「この」にあたる部分に，前文の Runing experiments over … challenging and expensive の訳が入る。run experiments「実験を行う」over the course of ～「～にわたって」challenging「困難で」

if cognitive changes associated with learning how to play an instrument remain throughout a person's lifetime

if 以下は determine の目的語となる「～かどうか」という意味の名詞節。if 節の主語の cognitive changes「認知能力の変化」を，associated with ～「～に伴う，～と関連している」から instrument までの過去分詞句が修飾する形となっている。how to play an instrument「楽器の演奏方法」は learning の目的語。remain がこの名詞節の動詞で「ずっと残る」という意味。throughout *one's* lifetime「～の一生を通じて」

問4．More specifically, the more years and more hours of practice with an instrument that a person had

まず，下線部全体が The＋比較級～, the＋比較級…「～すればするほど，ますます…」という構文となっている点に注意する。More specifically「もっと具体的に言うと」the more years and more hours of practice については，with an instrument という前置詞句と，that a person had という関係代名詞節がともに practice を修飾する形となっている。The＋比較級の構文としては，この部分を「人が楽器を練習した年数や時間数が多ければ多いほど」というように訳すと，わかりやすい訳になる。

the more likely they were to show a positive cognitive change over the course of their life

この部分は，they were likely to show … という文の likely が the＋比較級を作るために前に出た形であり，「…する可能性が一層高くなった」という訳が考えられる。positive「有益な，プラスの」 cognitive change「認知能力の変化」 over the course of *one's* life「～の生涯にわたって」

問5． (あ)「キャンプファイヤーの横でギターを弾くことは，晩餐会でピアノを弾くことよりはるかに楽しい」

第1段第1文（From strumming a …）では，ギターをかき鳴らすのも，ピアノの曲の演奏も，いずれも楽器を演奏できることのよさの例として挙がっており，優劣はついていないことから，不一致。

(い)「エジンバラ大学の研究者たちは，より高い教育や社会経済的状況と，より高い音楽の演奏レベルには強い相関があるということを発見した」

第5段以降，最終段まで，エジンバラ大学の研究者たちによる長期にわたる調査研究について述べられているが，この研究は，そもそも楽器のトレーニングと認知能力との関係を調べるものである。第8段最終文（The effect was …）からも，教育水準や社会経済的状況といった他の要因は「考慮した」という程度の扱いであることがわかるので，不一致。

(う)「1997年に，ディアリー博士は，1,091人の11歳の子供たちと連絡を取った」

第5段第2・3文（On a single … and 2007.）から，11歳の子供たちに知能テストを行ったのは1947年のことで，1997年にディアリー博士がそのうちの1,091人と連絡を取った時，彼らはすでに61歳になっていたはずであり，不一致。

(え)「コホートメンバーの音楽の能力に関する情報は，もともと1947年に，音楽経験と認知能力の間の関係を調べるために集められたものだった」

第5段第2文（On a single …）に，1947年に11歳の子供に知能テストを行ったと述べられているが，認知能力と音楽の能力に関する研究でこのテスト結果が利用されたのは，第６段からわかるように，2017 年以降のことであり，不一致。

㈴「エジンバラ大学の研究者たちが作り上げたアンケートに答えた人のほぼ３分の１が，ある程度，楽器の経験があると報告した」

第７段には，エジンバラ大学の研究者たちが協力してアンケート用紙を作成し，対象者に答えてもらった経緯が述べられている。同段最終文（A total of …）には，366 人が質問に答え，そのうちの 117 人が，ある程度，楽器の経験があると明かしていることから，楽器の経験がある人は約３分の１であり，一致。

㈵「研究者たちは，楽器のトレーニングが長期にわたって認知能力にプラスの変化を生む正確な理由をまだ見つけていない」

最終段第１文（Precisely why learning …）に，まさになぜ楽器を習うことにこのような効果，つまり下線部⑵に述べられている，認知能力に生涯にわたってプラスの変化を生むという効果があるのかは，まだ明らかになってはいないと述べられており，一致。

語句・構文

（第１段） strum「かき鳴らす」 instrument「楽器」 unquestionably「間違いなく」 go far beyond ～「～をはるかに超える」 cognitive test「認知能力テスト」

（第２段） a range of ～「様々な～」 outcome「結果」 benefit「恩恵」

（第３段） mental ability「知能」 musician はここでは「楽器を演奏する（できる）人」のこと。significant「有意な，重要な」 socioeconomic「社会経済的」 status「地位，ステータス，状況」 account for ～「～を考慮する」 finding「研究結果，調査結果」

（第４段） unfortunately「残念ながら」 duration「（継続，存続）期間」 monitoring「モニタリング，監視」とは対象の状態を継続的または定期的に観察・記録すること。yearn「切望する」 resource「資源，資金」

（第５段） age-old「長年の」 Lothian「ロージアン」はスコットランドのローランド地方にある地域を指す。

（第６段） Reid School of Music「リード音楽院」 be not too late「遅すぎることはない，まだ間に合う」

（第７段） questionnaire「アンケート，質問用紙」

(第８段) overall「全体として，概して」 over time「時間とともに」 adjust「～を調整する」 take *A* into account「*A* を考慮する」 ここでは take の目的語は other factors。

(最終段) precisely「まさに，正確に」 theorize「～という理論を立てる，(理論上) 想定する」 co-ordination「連携」とは楽器の演奏に際しての指や手などの動きの連携を指す。auditory-motor「聴覚運動の」 yet another ～「さらにもう一つの～」

III　解答

問１． 全訳下線部参照。

問２． (a)—(お)　(b)—(い)　(c)—(え)　(d)—(あ)　(e)—(う)

問３． エマが家族としてのあらゆる義務から逃れるために，ヨーロッパへ飛び立とうとしているということ。

問４． 大変だった１年が，最終的にはすべて自分にとってそれだけの価値のあるものになることを私も願うだけよ。

全訳

《家族より仕事優先の娘と母親の会話》

1　理由はいまだに理解できないが，私が両親に電話をしてその旅行の話をした時，２人は決して私が予想したように喜んだわけではなかった。

2　「あら，そうなの？」 母は，その２つのちょっとした言葉の本来の意味よりはるかに多くのことをそれとなく伝える例の彼女独特の言い方で私に尋ねた。「今，パリに行くつもりなの？」

3　「『今』ってどういう意味？」

4　「それはまあ，ヨーロッパへ飛び立とうとするには絶好の時期のように思えないだけ，それだけよ」と母は言葉を濁したが，それでも私には，母親としての罪悪感が雪崩のように私のほうに滑り落ちてこようとしているのがわかった。

5　「それに，どうしてそうなるの？　いつならいい時期『だろう』ってことになるの？」

6　「そう腹を立てないで，エマ。私たち，何カ月もあなたに会っていないってだけよ――文句を言ってるわけじゃなくて。パパと私のどちらも，あなたの仕事がどんなに大変かはわかってるの――でも，あなたは生まれたばかりの甥に会いたくはないの？　もう生後数カ月になるのに，まだ会ってもいないじゃない！」

7 「ママ！　私に罪悪感を感じさせないでちょうだい。私だってアイザックに会いたくてたまらないのに，ほら，それができないって――」

8 「パパと私でヒューストンまでのチケット代は出してあげるってことはわかってるのよね？」

9 「ええ！　私に400回は言ってるもの。私もそれはわかってるし，ありがたくも思うけど，お金の問題じゃないの。私は仕事を休むことがまったくできないし，今はジェーンがいないから，私が急に抜けるわけにはいかないの――週末でもよ。飛行機で国を横断しても，土曜の朝に上司のリンダが私に電話をして自分のドライクリーニングを取ってきてって言ったら，トンボ帰りしなくちゃならなくなるだけだなんて，ママは納得できる？　ねえ？」

10 「もちろん，できないわ，エマ，私はただ――私たちはただ――あなたがあと１，２週間のうちにあの子たちを訪ねることができないかなって思っただけよ。だって，リンダが留守にする予定だったりしたから。それに，もしあなたがあっちへ飛ぶことになるなら，パパと私も行くつもりよ。でも今は，あなたはパリへ行くのよね」

11 彼女は本音をほのめかすような言い方でそう言った。「でも今は，あなたはパリへ行くのよね」は「でも今は，あなたは家族としてのあらゆる義務から逃れるために，ヨーロッパへ飛び立とうとしている」という意味だった。

12 「ママ，ここで事の次第をとてもとてもはっきりさせておくわね。私は休暇に行こうとしてるんじゃないの。私が生まれたばかりの甥っ子に会うよりパリに行くことを選んでるわけでもないわ。それって全然，私が決めたことじゃなくて，ママも多分わかってるのだろうけど，受け入れがたい状態だってことね。話はとっても簡単よ。私が３日後にリンダと一緒にパリに行くか，クビになるかよ。ここに選択肢があるとでも言うの？　だって，もしあるなら，私がぜひそれを聞きたいもの」

13 彼女は一瞬，黙り込んでから，口を開いた。「ええ，もちろん，そんなものないわよ，あなた。私たちも理解してるってあなたもわかってるでしょ。私はただ――まあ，ただ，あなたが現状に満足してるといいなって思ってるだけよ」

[14] 「それってどういう意味になるのかしら？」と私は意地悪く尋ねた。

[15] 「何でもない，何でもない」と彼女は慌てて言った。「言ったこと以外に，何の他意もないわよ。パパも私も，あなたが幸せでいることだけを気にかけているのだし，それに，あなたが本当に，その，えっと，あの，最近ずっと無理をしているようだから。大丈夫なの？」

[16] 彼女が明らかに一生懸命になっていたので，私はちょっと声を和らげた。「ええ，ママ，大丈夫よ。パリに行くのはうれしくないけどね，ちなみに。ほんとに地獄のような１週間になりそうだもの，24時間，７日間ずっと。でも，この１年ももうすぐおしまいだし，こんな生活ともおさらばできるわ」

[17] 「わかってるわ，あなた，わかってるのよ，あなたにとって大変な１年だったってこと。これがすべて最終的にはあなたにとってそれだけの価値のあるものになることを願ってるだけ。それだけなの」

[18] 「わかってる。私もよ」

解説

問１．my parents hadn't been nearly as thrilled as I thought they'd be

not nearly ～ における nearly は否定を強める用法。比較構文だと，not nearly as ～ as … は「…ほどではまったく～ない，…に比べればまったく～ではない」という意味。be thrilled は「心が躍る，わくわくしている」という意味だが，ここでは「うれしそう，喜んでいる」という訳でよいだろう。as I thought they'd be は，as I thought they would be thrilled の省略形であり，would があることから，thought は「予想した」という訳が適切だろう。否定文においては，「私が予想したほど，私の予想に比べれば」という意味。

when I'd called to tell them about the trip

call to tell *A* about *B* は「電話をして *A*（人）に *B* について知らせる，*A*（人）に *B* の話をするために電話をかける」という訳が考えられる。trip の前が定冠詞であり，パリへの旅行（出張）という特定の事柄なので，「その旅行」とするほうがよいだろう。

問２． 選択肢の訳は以下の通り。

(あ)「ここに選択肢があるとでも言うの？」

(い)「いつならいい時期『だろう』ってことになるの？」
(う)「大丈夫なの？」
(え)「ねえ？」
(お)「『今から』ってどういう意味？」
(a) 空所の直前，エマの母親が You're going to Paris now? と発言していることがヒント。母親はエマの空所の発言の後でも，the best time のようには思えないと述べて，重ねてエマがパリに行く時期を問題にしていることから，母親の now という部分の真意を問うている(お)が正解。
(b) エマの空所の発言の後の母親の発言から，彼女はその時，エマにはパリに行くより甥に会いに行ってほしかったことがわかる。したがって，会話の流れとしては，空所にはエマがパリに行く時期に関する発言が入るはずで，適切な時期を問うている(い)が正解。
(c) エマの空所の発言に対して，母親は Of course not と答えていることから，空所には一般疑問文が入る。直前の Does it make sense …? の主語が it であることから，エマは母親に自分の発言に対する返答を求める意味で付加疑問文的に空所の発言をしたと判断できる。したがって，(え)が正解。Does it make sense to you to *do*? は「～することはあなたにとって理にかなうのか？，～することをあなたには理解できるのか？」という意味で，内容的には「～するのは理にかなわない，～するなんて理解できない」という主旨の発言（反語）になる。
(d) エマはこの空所の直前に，上司のリンダに同行してパリに行かなければクビになるという言い方で，行きたくもないパリに行くしかないという状況を伝えている。したがって，母親に選択肢があるのかを問うている(あ)が正解。直後に I'd love to hear it とも述べており，この it は a choice を指していると判断できれば，それもヒントとなる。
(e) 母親のこの発言の後，エマがそれまでの口調を和らげていることから，母親はエマのことを気遣う発言をしたと判断でき，(う)が正解。Is everything OK? は「大丈夫？　何か問題はない？」と相手を気遣う表現。
問3. エマの母親の But now you're going to Paris という発言の真意を問う問題だが，下線部(2)に続く文の後半で But now you're jetting off to Europe to escape all of your family obligations と言い換えられており，この部分を訳すことになる。jet off to～「～へ（ジェット機で）飛び立

つ」 family obligations「家族としての義務」ここでは，甥が生まれたのだからエマが会いに行くのは家族としての義務だ，と母親が考えていることが前提となっている。

問4． So do I. はこの直前の母親の発言の I just hope … it for you. という部分を受けた発言であり，「内容を明らかにして」という指示があることから，this の内容，つまり，母親の it's been a tough year for you を加味した説明が必要である。tough year「大変な 1 年，困難な 1 年」 end up *doing*「最終的には～することになる」 be worth it「それだけの価値がある」 この it は a tough year を指す。

語句・構文

（第4段） vaguely「あいまいに，言葉を濁して」 avalanche「雪崩」 mother guilt「母親（として）の罪悪感」とは，自分はよい母親でいたいという思いからくる罪悪感のこと。

（第6段） get upset「腹を立てる，取り乱す」 It's just that ～「ただ～というだけのことだ」 demanding「骨の折れる，大変な努力が必要な」

（第7段） be dying to *do*「～したくてたまらない」

（第9段） can't get any time off work「仕事を休むことがまったくできない」 up and leave「不意にその場から立ち去る，急に組織から抜ける」 only to have 以下は結果を表す to 不定詞の用法。pick up *A*「*A* を取ってくる」

（第12段） go on vacation「休暇に出かける」 get fired「解雇される，クビになる」

（第13段） the way things are going「現状」

（第14段） nastily「意地悪く」

（第15段） push *oneself*「無理をする」

（第16段） soften「穏やかになる，軟化する」 just so you know「一応言っておくけど，だからどうというわけではないが」 be up「終わる」 put *A* behind *one*「*A* とは決別する，*A* のことを忘れる」

Ⅳ　解答例

(1) Food loss may occur during transportation. A large amount of food is damaged during transportation, especially in developing countries where roads or means of transportation are not well developed. Moreover, a lack of refrigerated vehicles directly contributes to food spoilage. (40語程度)

(2) Consumers need to pay more attention to their shopping and eating habits. They often buy more food than they need because of marketing schemes like "buy one, get one free." Moreover, owing to inadequate menu planning, even refrigerated food are sometimes discarded unnecessarily. Consumers should plan their meals carefully and try to reduce food waste. (60語程度)

解説

(1) イラストには食品ロスが生じる場が4つの場面に分けて表示されている。なぜこのような食品ロスが生じるかを自分の考えに基づいて40語程度で述べる問題で，解答としては，このイラストのいずれかの場を取り上げ，自分の考えを展開することになる。〔解答例〕では輸送中に生じる食品ロスについて，その理由を述べている。理由としては，発展途上国でのインフラの不備と保冷車不足を挙げている。「輸送手段」means of transportation 「保冷車」refrigerated vehicle 「食品の腐敗」food spoilage

〔解答例〕の他にも，農産物の生産の段階で生じる食品ロスについては作りすぎた分や規格外品の廃棄，保管の段階では倉庫の数や空調設備などの問題，食品加工の段階では不可食部とともに可食部まで除去される，賞味期限を設定するための基準が厳しすぎる，などの理由が考えられるだろう。

(2) イラストには食品廃棄が生じる場が2つの場面に分けて表示されている。食品廃棄を削減するために人々に何ができるかを具体的な例を1つまたは複数挙げて述べる問題。イラストは市場におけるものと，消費者によるものの2つであり，〔解答例〕では，消費者側に焦点を当て，消費者の購買習慣や食事の習慣にからむ問題とその対策について述べている。「購買習慣」shopping habits 「食習慣」eating habits 「献立を考える」plan *one's* meals

市場における食品廃棄には，AIに需要を予測させ，仕入れや値下げを行わせることで売れ残りを減らす，といった対策が考えられるだろう。

講評

2024年度は2022・2023年度と同様の設問形式で，読解問題3題，条件作文の形式の自由英作文1題の計4題の出題であった。読解問題のうちの1題は，2021年を除く例年どおりの会話文主体の英文である。英作文は2021・2023年と同様，2問の出題で合計100語程度の記述を求めるもの。読解問題の英文量は2021年度から増加傾向が続いていたが，2024年度は2023年度より少ない約1860語となった。

Ⅰ． 読解問題。ネット上における極端な政治的意見の拡大という現代社会の問題を反映するテーマの英文で，設問は内容説明（2問）と英文和訳（1問）が記述式，同意表現（1問）が選択式で，他に実験の手順を並べるという文整序（1問）が出題された。同意表現は比較的平易。内容説明のそれぞれに「具体的に」とか「70字程度」という指示があるので，説明する範囲の判断や字数調整に手間取る可能性がある。

Ⅱ． 読解問題。楽器の習得が認知能力の向上に役立つというテーマで，設問は英文和訳（2問）が記述式，同意表現（1問），空所補充（1問），内容真偽（1問）が選択式という構成であった。英文和訳の1問で，やや訳しづらい比較構文が出題されているが，選択式の問題は比較的平易。

Ⅲ． 読解問題。ほぼ会話文からなる出題で，娘と母親の思いがすれ違うもどかしさを読み取る必要がある。設問は英文和訳（2問）と内容説明（1問）が記述式，空所補充（1問）が選択式。一方の英文和訳では，Ⅱと同様，やや訳しづらい比較構文が出題され，もう一方では，わずか3語の英文を「内容を明らかにして」訳さなければならず，意外に時間がかかるかもしれない。空所補充も，発言を挿入する問題なので空所の前後をよく確認する必要があり，ここでも解答時間がかかりすぎないよう注意したい。

Ⅳ． 英作文。食品ロスや食品廃棄物の削減という頻出テーマで，イラストを見て解答する形式。イラストから食品ロスの例を選び，それが生じる理由を述べる問題（40語程度）と，食品廃棄物削減の方法を述べる問題（60語程度）が出題された。頻出テーマであることから，例年よりは書きやすい問題となった。

全体的に見て，この英文の量と設問の難度に対して80分という試験時間は短く，やや難度が高いと言える。

数　学

①

発 想

(1)・(2)　微分して増減を調べる。

(3)　(2)の結果の両辺の底を10とする対数をとる。

(4)　(3)で求めた漸化式から一般項を求める。

(5)　(4)から数列 $\{a_n\}$ の一般項を求める。

解答　**(1)**　$y=\frac{1}{3}x^3-10x$ より

$$y'=x^2-10$$

$y'=0$ とおくと

$$x^2=10$$

$$x=\sqrt{10}\quad (x\geqq 0 \text{ より})$$

$x\geqq 0$ における y の増減表は右のようになるので，最小値をとるときの x の値は

$$x=\sqrt{10}$$

x	0	…	$\sqrt{10}$	…
y'		−	0	+
y	0	↘	極小かつ最小	↗

よって

$$\left.\begin{aligned} &a_1=\sqrt{10} \\ &b_1=\log_{10}a_1=\log_{10}10^{\frac{1}{2}}=\frac{1}{2} \end{aligned}\right\}\cdots\cdots(\text{答})$$

(2)　$y=\frac{1}{3}x^3-10a_nx$ より

$$y'=x^2-10a_n$$

$y'=0$ とおくと

$$x^2=10a_n$$

$$x=\sqrt{10a_n}\quad (x\geqq 0,\ a_n>0 \text{ より})$$

$x\geqq 0$ における y の増減表は右のようになるので，最小値をとるときの x の値は

$$x=\sqrt{10a_n}$$

x	0	…	$\sqrt{10a_n}$	…
y'		−	0	+
y	0	↘	極小かつ最小	↗

よって

$$a_{n+1}=\sqrt{10a_n} \quad \cdots\cdots(答)$$

(3) $a_{n+1}=\sqrt{10a_n}$ の両辺は正であるので，両辺の底を 10 とする対数をとると

$$\log_{10}a_{n+1}=\log_{10}\sqrt{10a_n}=\frac{1}{2}(\log_{10}10+\log_{10}a_n)=\frac{1}{2}\log_{10}a_n+\frac{1}{2}$$

よって

$$b_{n+1}=\frac{1}{2}b_n+\frac{1}{2} \quad \cdots\cdots(答)$$

(4) $b_{n+1}=\frac{1}{2}b_n+\frac{1}{2}$ を変形すると

$$b_{n+1}-1=\frac{1}{2}(b_n-1)$$

したがって，数列 $\{b_n-1\}$ は公比 $\frac{1}{2}$ の等比数列である。

初項は $b_1-1=\frac{1}{2}-1=-\frac{1}{2}$ であるので

$$b_n-1=-\frac{1}{2}\left(\frac{1}{2}\right)^{n-1}$$

$$\therefore \quad b_n=1-\left(\frac{1}{2}\right)^n \quad \cdots\cdots(答)$$

(5) $b_n=\log_{10}a_n$ より

$$a_n=10^{b_n}$$

(4)より

$$a_n=10^{1-\left(\frac{1}{2}\right)^n}$$

したがって

$$a_2=10^{1-\left(\frac{1}{2}\right)^2}=10^{\frac{3}{4}},\quad a_3=10^{1-\left(\frac{1}{2}\right)^3}=10^{\frac{7}{8}}$$

(1)より，$a_1=10^{\frac{1}{2}}$ であるので

$$\frac{a_1a_2a_3}{100}=\frac{10^{\frac{1}{2}}\cdot10^{\frac{3}{4}}\cdot10^{\frac{7}{8}}}{10^2}=10^{\frac{1}{2}+\frac{3}{4}+\frac{7}{8}-2}=10^{\frac{1}{8}} \quad \cdots\cdots(答)$$

解説

《3次関数が最小値をとるときの x の値，漸化式》

(1)・(2) 微分して増減表を作成する。

(3)　(2)の結果の両辺は正であるので，両辺の底を 10 とする対数をとり，対数法則に従って計算する。

(4)　漸化式 $b_{n+1}=\dfrac{1}{2}b_n+\dfrac{1}{2}$ は $\alpha=\dfrac{1}{2}\alpha+\dfrac{1}{2}$ をみたす α を用いて

$$b_{n+1}-\alpha=\frac{1}{2}(b_n-\alpha)$$

と変形できる。$\alpha=1$ であるので

$$b_{n+1}-1=\frac{1}{2}(b_n-1)$$

と変形でき，等比数列に帰着できる。

(5)　$a_n=10^{b_n}$ より a_n の一般項が求められる。指数法則に従って，$\dfrac{a_1a_2a_3}{100}$ を計算すればよい。

2

発想

(1)　n は $1\sim 6$ すべての目の倍数である。

(2)　n は $1\sim 6$ のうちの 5 つの目の倍数であり，残り 1 つの目の倍数ではない。

(3)　20 の約数について，それぞれ目の出方が何通りあるか調べる。

解答　**(1)**　n が 1，2，3，4，5，6 の最小公倍数のときであるので

$$n=60 \quad \cdots\cdots(\text{答})$$

(2)　サイコロの目のうちの 5 つの目の最小公倍数は次の表のようになる。

5 つの目	最小公倍数
1，2，3，4，5	60
1，2，3，4，6	12
1，2，3，5，6	30
1，2，4，5，6	60
1，3，4，5，6	60
2，3，4，5，6	60

60 はすべての目の最小公倍数であるので不適。

よって，出た目が n の約数となる確率が $\dfrac{5}{6}$ となる最小の n は

$n=12$　……(答)

(3)　20 の正の約数は，1，2，4，5，10，20 である。

サイコロを 3 回投げて出た目の積が 20 の約数となる場合の数を表にすると次のようになる。

目の積	1	2	4		5	10	20		計
目の組合せ	{1，1，1}	{1，1，2}	{1，1，4}	{1，2，2}	{1，1，5}	{1，2，5}	{1，4，5}	{2，2，5}	
目の出方	1 通り	3 通り	3 通り	3 通り	3 通り	6 通り	6 通り	3 通り	28 通り

全部で目の出方は $6^3=216$ 通りあるので，求める確率は

$$\frac{28}{216}=\frac{7}{54}$$　……(答)

解説

《サイコロを投げて出た目が自然数 n の約数となる確率》

(1)　「1，2，3，4，5，6 がすべて n の約数」$\Longleftrightarrow$「n は 1，2，3，4，5，6 の公倍数」であるので最小公倍数を求めればよい。

(2)　6 つのうち 5 つの数の最小公倍数を求めてみると，すべての数の倍数となっていないのは 2 つだけであることがわかる。

(3)　20 の約数は $20=2^2\cdot 5$ より $3\times 2=6$ 個である。表にすると求めやすいだろう。

3

発想

(1)・(2)　放物線と直線の関係についての条件が与えられているので，y を消去してできる x の 2 次方程式の判別式を用いる。

(3)　G$(X,\ Y)$ とおき，X，Y を a を用いて表したのち，a を消去して，X と Y の関係式を求め，(2)から X のとりうる値の範囲を求める。

解答　(1)　C と l_1 の方程式より y を消去すると

$$ax^2+bx+c=-3x+3$$

$$ax^2+(b+3)x+c-3=0$$　……①

①の判別式を D_1 とすると，C と l_1 は接するので

$D_1=0$

よって

$D_1=(b+3)^2-4a(c-3)=0$ ……②

C と l_2 の方程式より y を消去すると

$ax^2+bx+c=x+3$

$ax^2+(b-1)x+c-3=0$ ……③

③の判別式を D_2 とすると，C と l_2 は接するので

$D_2=0$

よって

$D_2=(b-1)^2-4a(c-3)=0$ ……④

②－④ より

$8b+8=0 \quad \therefore \quad b=-1$ ……(答)

②に代入して

$4-4a(c-3)=0$

$a\neq 0$ より

$c-3=\dfrac{1}{a} \quad \therefore \quad c=\dfrac{1}{a}+3$ ……(答)

(2) (1)より

$C : y=ax^2-x+\dfrac{1}{a}+3$

$y=0$ とおくと

$ax^2-x+\dfrac{1}{a}+3=0$

C が x 軸と異なる 2 点で交わるので，判別式を D_3 とすると

$D_3>0$

よって

$D_3=(-1)^2-4a\left(\dfrac{1}{a}+3\right)>0$

$-3-12a>0$

$a<-\dfrac{1}{4}$

ゆえに

$$-4<\frac{1}{a}<0 \quad \cdots\cdots(\text{答})$$

(3)　(1)より，①は

$$ax^2+2x+\frac{1}{a}=0$$

$$a\left(x+\frac{1}{a}\right)^2=0 \qquad \therefore \quad x=-\frac{1}{a}$$

よって　　$\mathrm{P}\left(-\frac{1}{a},\ \frac{3}{a}+3\right)$

③は

$$ax^2-2x+\frac{1}{a}=0$$

$$a\left(x-\frac{1}{a}\right)^2=0 \qquad \therefore \quad x=\frac{1}{a}$$

よって　　$\mathrm{Q}\left(\frac{1}{a},\ \frac{1}{a}+3\right)$

また，$C: y=a\left(x-\frac{1}{2a}\right)^2+\frac{3}{4a}+3$ より $\mathrm{R}\left(\frac{1}{2a},\ \frac{3}{4a}+3\right)$ であり，$\mathrm{G}(X,\ Y)$ とおくと

$$X=\frac{1}{3}\left(-\frac{1}{a}+\frac{1}{a}+\frac{1}{2a}\right)=\frac{1}{6a} \quad \cdots\cdots⑤$$

$$Y=\frac{1}{3}\left\{\left(\frac{3}{a}+3\right)+\left(\frac{1}{a}+3\right)+\left(\frac{3}{4a}+3\right)\right\}=\frac{19}{12a}+3 \quad \cdots\cdots⑥$$

⑤より　　$\frac{1}{a}=6X$

⑥に代入すると

$$Y=\frac{19}{12}\cdot 6X+3=\frac{19}{2}X+3$$

また，(2)より $-4<\frac{1}{a}<0$ であるので

$$-4<6X<0$$

$$-\frac{2}{3}<X<0$$

したがって，$(X,\ Y)$ のみたす条件は

$$Y=\frac{19}{2}X+3 \quad かつ \quad -\frac{2}{3}<X<0$$

ゆえに，重心Gの軌跡は，直線 $y=\frac{19}{2}x+3$ の $-\frac{2}{3}<x<0$ の部分。

……(答)

解説

《放物線と2直線が接する条件，三角形の重心の軌跡》

(1)　C と l_1，l_2 の方程式からそれぞれ y を消去してできる2つの2次方程式の判別式がともに0であることから求めればよい。

(2)　C の方程式において $y=0$ とした x の2次方程式の判別式が正であることから，a のとりうる値の範囲が得られる。逆数 $\frac{1}{a}$ のとりうる値の範囲については，右図のように $y=\frac{1}{x}$ のグラフを利用して確認するとよい。

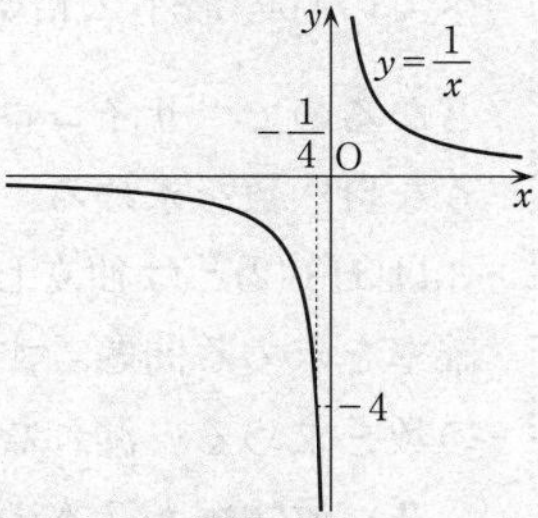

(3)　P，Qの x 座標はそれぞれ2次方程式の重解である。〔解答〕では変形して求めているが，一般に

$$b^2-4ac=0$$

のとき

$$ax^2+bx+c=0$$

の重解は

$$x=-\frac{b}{2a}$$

であるので，変形せずに求めてもよい。例えば，Pの x 座標は

$$ax^2+2x+\frac{1}{a}=0$$

の重解であるので，$-\frac{2}{2a}=-\frac{1}{a}$ とすればよい。G$(X,\ Y)$ については関係式だけでなく，X のとりうる値の範囲を求めることを忘れないように注意したい。

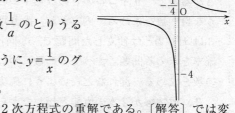

講評

2024年度は，微分法，数列，確率，図形と方程式からの出題で，ベクトル，積分法からの出題はなかった。

1． 3次関数が最小値をとるときのxの値を用いて定義された数列についての問題。(1)・(2)は基本的である。以下，小問に従って順に解いていけばよい。標準的な問題といえるだろう。

2． サイコロの目が自然数の約数となる確率についての問題。(1)はすべての目の最小公倍数を求めればよく，基本的である。(2)は確率が$\frac{5}{6}$となるので，サイコロの目のうち1つの目のみが約数となっていないような自然数を求める。内容がしっかり理解できたかどうかが試される。(3)は(1)・(2)とは独立した問題で，3回投げた目の積が20の約数となる確率を求める問題。すべての約数について，目の積がその数となる場合の数を求める。漏れなどないように確実に求めたい。

3． 放物線が2本の直線と接しながら動くとき，頂点と2つの接点でできる三角形の重心の軌跡を求める問題。(1)・(2)が誘導となっているのでそれに従って解いていけばよい。(2)のaの逆数のとりうる値の範囲が正確に求められたかどうかがポイントとなる。この点で差が出たと思われる。

全体としては，標準的な問題中心の出題である。基本的な小問を確実に解くこと，誘導の内容を理解することが大切である。

例年並みの長さである。設問は字数制限つきの内容説明、書き取りの順で、二〇二〇年度以降の傾向を踏襲している。書き取りは五問。「正邪」「基調」など、前後関係から意味を読み取っていかなければならないものがあり、例年よりやや難しい。内容説明の解答字数は例年どおり八〇字三問と一六〇字一問で総記述字数四〇〇字。すべて傍線部の内容を問う設問となっている。部分読解の問一～問三は、傍線部とその前後を精読することで解答の方向性はつかめる。「本文全体の論旨」をふまえて解答する問四も、どのようなことを書けばいいかはおおよそつかめるが、いずれの設問も指定字数内に収めるのに苦労する。全体としては例年と変わらない出題、難易度である。全体を通読する→精読しながら解答の方向性を定める→内容を正しく記述する、の順で設問に向かい、全体通読の段階である程度本文の構成を把握できていれば、問四も含め、時間内で答えを書ききることができるだろう。書いた答案を推敲する時間が作れたら理想的である。

二　古文（歌論）　平安時代末に源俊頼が著した歌論『俊頼髄脳』の一節で、七夕伝説を題材として詠まれた和歌について論じた文章が出題された、設問は、文法、口語訳、内容説明、文学史で、内容説明の問いには、五〇字と八〇字の字数制限が設けられている。知識問題としての問一の文法（「ぬ」の識別）と問六の文学史（紀貫之の作品）はごく基本レベルなので取りこぼしは厳禁。問二の口語訳は標準レベル。問三の指示語の内容を明らかにしての現代語訳も、直前の内容をふまえてすんなり解答できるだろう。問四の内容説明（理由説明）と問五の内容説明は、具体例などを挙げて説明されている部分を簡潔にまとめる力が求められる。

三　漢文（史伝）　前漢時代に司馬遷が編纂した歴史書『史記』の一節で、孔子が琴の曲を学んだ際の逸話を紹介した文章が出題された。設問は、読み、書き下し文、口語訳、内容説明で、内容説明の問いには五〇字の字数制限が設けられている。問一の読み、問二の書き下し文、問三の口語訳は標準レベル。問四の内容説明（理由説明）は、孔子と師襄子のやりとりの内容を的確にとらえ、字数に応じて簡潔にまとめる力が求められる。

孔子の態度を評した言葉に表れている。傍線部(B)に至る経緯は、孔子が師襄子から琴を学んだ際に、十日間も弾いていた曲について、師襄子はもう習得できたとして次の曲に進めばよいと勧めたが、孔子は、初めはその曲の拍節が理解できていないとして次へは進まず、拍節が理解できてもまだその曲の意味が理解できていないとして次へは進まず、さらに、拍節と意味は理解できても作者の人柄が理解できていないと言ったため、師襄子は、そのような孔子の態度を「有所穆然深思焉。有所怡然高望而遠志焉」（＝〝落ち着いていて思慮が深いところがある。楽しみ喜んで高遠な希望を持っている〟）と評した。その後、孔子は、その曲の作者について、「黯然而黒、幾然而長、眼如望羊、如王四国」（＝〝非常に色黒で、非常に背が高く、瞳は遠くを望み見て、四方の国々に王として君臨しているかのようだ〟）と理解し、問三で解釈したように、それは文王であると言っている。最後の師襄子の言葉にあるように、師襄子の師も作曲者は文王であると言っていたとのことなので、孔子は見事に言い当てたことになる。文王は周の君主で、孔子・師襄子にとってははるか昔の人物であるにも関わらず、孔子は、曲を深く意欲的に学ぶことによって作曲者の風貌や人格を知り、そのような人物は文王に他ならないということを見抜いたのである。師襄子は、一つの曲に対する孔子の真摯な態度と理解力に敬服したと考えられる。以上の内容を簡潔にまとめる。書くべき内容は次の三点である。

i　孔子が、琴の曲を深く意欲的に学んだことによって

ii　作曲者は立派な風貌と人格を持つ

iii　文王だと見抜いたから

講評

一　現代文（評論）二〇一九年に出版された「暴力」について論じた文章で、新しく発表された人文科学系の文章という従来の傾向を踏襲した出題である。本文の長さは約五〇〇〇字で、二〇二三年度よりは若干増えたが、だいたい

なり」。間く有りて曰く「已に其の志を習へり、以て益すべし」。孔子曰く「丘未だ其の人と為《な》りを得ざるなり」。間く有りて曰く「穆然《ぼくぜん》として深思《しんし》する所有り。怡然《いぜん》として高く望んで遠く志《こころざ》す所有り」。曰く「丘其の人と為りを得たり。黯然《あんぜん》として黒く、幾然《きぜん》として長《たけたか》く、眼《まなこ》は望羊《ばうやう》のごとく、四国《しこく》に王たるがごとし。文王《ぶんわう》に非《あら》ずんば、其れ誰《たれ》か能《よ》く此《これ》を為《つく》らんや」。師襄子席を辟《さ》けて再拝《さいはい》して曰く「師は蓋《けだ》し文王の操《さう》と云《い》ふなり」。

解説

問一 ①「已」はここでは「已《すで》に」と読み、〝すでに、もはや〟の意の副詞。

②「為人」はここでは「人と為《な》り」と読み、〝人柄〟の意。

③「蓋」はここでは「蓋《けだ》し」と読み、自分の考えや見当を述べる際に置かれる副詞。

問二 (ア)「可」は「べし」と読む助動詞で、適当や可能を表す。「以」はここでは「以《もつ》て」と読み〝そして、それで〟などの意味を表すが、訳出しないほうが自然な場合もある。「益」は振り仮名と送り仮名の通り「益《ま》す」と読む動詞で、〝次の曲に進む〟の意であると〔注〕に説明されている。「矣」は置き字で、強調を表す終助詞。「以て益すべし」と読み、〝(それでは)次の曲に進むがよい〟のように訳す。

(イ)「未」は「未《いま》だ〜ず」と読む再読文字で〝まだ〜ない〟の意。文末に断定の「也」があるので、連体形に活用させて「ざるなり」とする(「也」を置き字とするなら終止形「ず」でよい)。「得其志」は、「其志」が動詞「得」の目的語になっているので、「其の志を得」と読む。また、傍線部(イ)は発言の末尾なので、通常なら最後を「〜と。」とするが、この問題文においては、送り仮名を省略していない部分でも「ト」をつけていないので、なくてもよいだろう。

問三 「文王《ぶんわう》に非《あら》ずんば、其れ誰《たれ》か能《よ》く此《これ》を為《つく》らんや」と読む。「非〜」は〝〜でなくては、〜以外には〟の意。「其」はここでは反語の語気を表す程度の働きのもので、訳出しなくてもよい。「誰〜也」はここでは反語を表している。「能」は可能を表す。「此」は孔子が学んでいる琴の曲を指している。

問四 師襄子が敬意を払った相手は孔子で、そのようにした理由は、前の文までに書かれている孔子の言葉と、師襄子が

三

出典　司馬遷『史記』〈巻四十七　孔子世家第十七〉

解答

問一　①すでに　②ひととなりを　③けだし

問二　(ア)もつてますべし　(イ)いまだそのこころざしをえざるなり（と）

問三　文王以外には、誰がこの曲を作ることができるだろうか、いや、誰もこの曲を作ることはできない。

問四　孔子が、琴の曲を深く意欲的に学んだことによって、作曲者は立派な風貌と人格を持つ文王だと見抜いたから。（五〇字以内）

全訳

孔子が七弦琴を弾くのを師襄子に学び、十日間（次の曲に）進まなかった。師襄子が言うことは「次の曲に進むがよい」。孔子が言うことは「私はもうその曲を習っているが、まだその曲の拍節が習得できていないのである」。しばらくして（師襄子が）言うことは「もうその曲が習得できたので、次の曲に進むがよい」。孔子が言うことは「私はまだその曲の意味が習得できていないのである」。しばらくして（師襄子が）言うことは「もうその曲の意味が習得できたので、次の曲に進むがよい」。孔子が言うことは「私はまだその曲を作った人の人柄が理解できていないのである」。しばらくして（師襄子が）言うことは「（あなたは）落ち着いていて思慮が深いところがある。楽しみ喜んで高遠な希望を持っている」。（孔子が）言うことは「私はその曲を作った人の人柄が理解できた。非常に色黒で、非常に背が高く、瞳は遠くを望み見て、四方の国々に王として君臨しているかのようだ。文王以外には、誰がこの曲を作ることができるだろうか、いや、誰もこの曲を作ることはできない」。師襄子が敷物からおりて敬意を示すおじぎをして言うことは「（私の）師もたしか文王の楽曲だと言っていた」。

読み　孔子《こうし》琴《きん》を鼓《こ》するを師襄子《しじやうし》に学び、十日進まず。師襄子曰《いは》く「以《もつ》て益《ま》すべし」。孔子曰く「丘《きう》已《すで》に其《そ》の曲を習へり、未《いま》だ其の数を得ざるなり」。間《しばら》く有りて曰く「已に其の曲を習へり、以て益すべし」。孔子曰く「丘未だ其の志《こころざし》を得ざる

ⅱ「あまの河……」の和歌でも、ごく短時間ながら実際は逢ったけれども
ⅲ 逢わなかったと詠んだと
ⅳ 筆者は理解したということ

問六 選択肢はすべて日記。傍線部(A)の「貫之」は平安時代前期の紀貫之のことで、紀貫之が著した作品はロの『土佐日記』である。イの『讃岐典侍日記』は平安時代後期に藤原長子（讃岐典侍）が著したもの、ハの『更級日記』は平安時代中期に菅原孝標女が著したもの、ニの『十六夜日記』は鎌倉時代に阿仏尼が著したもの、ホの『蜻蛉日記』は平安時代中期に藤原道綱母が著したものである。

参考 本文で言及されている故事や和歌について

▽かささぎありて：中国唐代の『白氏《はくし》六帖《りくじょう》』に「烏鵲《うじゃく》河を塡《うづ》めて橋を成し、織女を渡らしむ」という文がある。「烏鵲」はかささぎ、「織女」は織姫のこと。

▽「紅葉をはしに渡し」ともいひ：『古今和歌集』に「天の川紅葉を橋にわたせばやたなばたつめの秋をしも待つ」などの和歌がある。

▽「わたしもりふねはや渡せ」ともいひ：『万葉集』に「渡り守舟はや渡せ一年《ひととせ》にふたたび通ふ君にあらなくに」という和歌がある。

▽「君渡りなば楫かくしてよ」とも詠めり：『古今和歌集』に「ひさかたの天の河原の渡し守君渡りなば楫かくしてよ」という和歌がある。

容を簡潔にまとめる。書くべき内容は次の三点である。

ｉ　年に一度しか織姫に逢えない彦星が

ⅱ　渡る手段もあり、さほど深くもない天の川を

ⅲ　渡らないはずがないから（渡らないと詠んでいるから）

問五　傍線部⑶の逐語訳は〝和歌も、逢っていながら、逢わないとは詠むのである、とお聞きしました〟で、「とこそ承はりしか」は、傍線部(ウ)の後の「人に、尋ね申ししは」をうけたもので、筆者がある人にたずね聞いた結果、「歌も、逢ひながら、逢はずとはいふなり」ということを理解したという意味である。筆者がある人から聞き知った内容は、古歌の一つの姿として、実際には恋人と逢ったにもかかわらず、その時間があまりにも短いため、逢っていないかのように思われるということを、〝逢っていないような気がする〟と詠むのが正確ではあるが、〝逢っていない〟と詠むことがあるということで、他にも、〝月が山から出て山に沈む〟という表現も、実際に月が山から出て沈むのではなく、そのように〝見える〟というのが正確であるが、〝見える、思われる〟ということを明示せず詠んだり、花を白雲に喩えたり、紅葉を錦に喩えたり、擬人法を用いたりする例が挙げられている。要するに、和歌というものは比喩を事実のように詠むならわしがあるため、「あまの河……」の和歌でも、実際には天の川を渡って逢ったけれども、和歌の表現としては、渡りきらずに逢わなかったと詠んでいるということだと筆者は理解したのである。なお、設問に指示されている「『歌』についての筆者の解釈」の「歌」について、「あまの河……」の和歌を指しているのか、和歌というもの全般を指しているのか、判断が難しいが、「あまの河……」の和歌自体の解釈となると、傍線部(ア)の現代語訳と重複する上、傍線部⑶自体の内容説明に加える内容および制限字数に合わないように思われるので、本文に「古き歌の、ひとつの姿」や「歌のならひ」とされている和歌のならわしを指しているものと考えてよいだろう。書くべき内容は次の四点である。

ｉ　和歌は比喩を事実のように詠むならわしがあるため

詞通りに訳すと〝気がかりなことによって〟となるが、〝気がかりなので、はっきりわからず不審なので〟のような自然な表現にしておけばよいだろう。

(エ)　「中々に《なかなか》」は、中途半端でどっちつかずな様子や、通常の認識とは異なる側面がある様子などを表す形容動詞「中々なり」の連用形。ここでは、「逢ひたれど、中々にて、逢はぬかのやうにおぼゆるなり」という文脈で用いられているので、逢ったのか逢っていないのかがどちらとも定まらないような様子として、〝どっちつかずで、中途半端で〟のように訳すのがよい。

問三　傍線部(1)の逐語訳は〝そのようなことがあるはずか、いや、あるはずはない〟で、「さること」は、傍線部(1)の前の文の「あまの河の深さに、……逢はでかへりぬる」を指している。その内容は、冒頭に挙げられた「あまの河……」の和歌について、〝天の川が深いので、浅瀬の白波をたどって、川の岸に立っているうちに、夜が明けたので、「今となってはどうしようか、いや、どうしようもない」と、逢わずに帰った〟という意味だと解説したものである。これを、「織姫と彦星が七夕に逢うという伝説を題材として詠まれた和歌」であるという前書きの説明もふまえてまとめる。

問四　傍線部(2)の「ひがごと」は〝間違ったこと、誤り〟の意で、筆者がそのように批判する「あまの河……」の和歌の大意は、〝天の川の浅瀬がわからず、白波を何度探しても渡りきらずにいると、夜が明けてしまった〟というものである。筆者がこの歌を「ひがごとを詠みたらむ歌」だととらえた理由は、傍線部(1)「さることやはあるべき」以降に書かれている。「ただの人すら、……かまへて渡るらむものを。まして、たなばたと申す星宿には、おはせずや。あまの河、深しとて、かへり給ふべきにあらず」は、普通の人でさえ、一年に一度恋人に逢うことができる夜だからどうにかして手立てを講じて渡るだろうに、まして、星座である彦星ならなおさら、渡れずに帰るはずはないということ。「その河には、……また、河も、さまでやは深からむ」は、故事や古歌で、かささぎや紅葉の橋や渡し舟の船頭などによって天の川を渡るとされている上に、天の川は渡るのを諦めるほど深いわけではないということ。以上の内それ（＝喩えられたもの）と見なすようだ。人以外の生物が、人の言葉を話す（ように和歌に詠む）のは、（人に）喩えているもの（＝人以外の生物）をも、まさに（人と）同じものと扱い、聞かないことをも、聞いたようには詠むようだ。そのように、和歌も、逢っていながら、逢わないとは詠むのである、とお聞きしました。

解説

問一 (a)「明けぬれば」は、「明け」がカ行下二段活用動詞「明く」の連用形、「ぬれ」が完了の助動詞「ぬ」の已然形、「ば」が順接確定条件の接続助詞で、〝明けたので〟と訳す。

(b)「かへりぬるなり」は、「かへり」がラ行四段活用動詞「かへる」の連用形、「ぬる」が完了の助動詞「ぬ」の連体形、「なり」が断定の助動詞「なり」の終止形で、〝帰ったのである〟と訳す。

(c)「逢はぬかのやうに」は、「逢は」がハ行四段活用動詞「逢ふ」の未然形、「ぬ」が打消の助動詞「ず」の連体形、「か」が疑問の係助詞（終助詞的な用法）で、〝逢っていないかのように〟と訳す。

問二 (ア)「わたりはて」は、タ行下二段活用動詞「わたりはつ」の未然形。「わたりはつ」は、動詞「渡る《わた》」に、〝最後まで～する・～しきる〟という意味を添える補助動詞「果《は》つ」がついて成った複合動詞で、〝渡りきる〟のように訳す。「ね」は打消の助動詞「ず」の已然形。「ば」は順接を表す接続助詞で、ここでは已然形に接続しているので確定条件を表す。なお、「わたりはてねば」と、後の「あけぞしにける」（＝〝夜が明けてしまったなあ〟）とのつながりを見ると、この「ば」を逆接として〝渡りきらないのに〟のように訳すこともできる。

(イ)「かまへ」は、ハ行下二段活用動詞「かまふ」（「構ふ」）の連用形。「かまふ」は、何かをするためにしっかりと準備をしたり、状況をしっかりと作り出したりすることで、ここでは、深い川を渡るために〝手立てを講じる、工夫する〟といった表現で訳すのがよい。

(ウ)「おぼつかなさ」は、状況や先行きがはっきりわからなくて気がかりな様子を表す形容詞「おぼつかなし」の語幹「おぼつかなし」に、名詞を作る接尾語の「さ」がついて成った名詞。「に」は原因・理由などを表す格助詞。品ではなく）七夕と申します星座では、おありにならないか。天の川が、深いといって、お戻りになるはずではない。言うまでもないことだよ。その川には、かささぎがいて、「紅葉を橋に渡し」とも言い、「渡し舟の船頭よ、舟を早く渡せ」とも言い、「あのお方が渡ってしまったならば楫を隠してしまえ」とも詠んでいる。どう考えても、渡るようなことは、妨げはないだろう。渡し舟の船頭が、人を渡すのは、知っている人か知らない人かの違いはあるはずか、いや、人を区別することはないはずだ。七夕（＝彦星）が、（織姫への）愛情があって、渡ろうというような場合に、渡し舟の船頭は、どうしていやだと申すだろうか、いや、申しはしないだろう。また、川も、それほどまでには深いだろうか、いや、深くはないだろう。どう考えても、納得できないことである。また、間違ったことを詠んでいるような歌を、『古今和歌集』に、凡河内躬恒・紀貫之が、どうして選び入れるだろうか、いや、選び入れはしないだろう。たとえ、あの人々は、間違って入れるかもしれないとしても、醍醐天皇が、除外なさらないだろうか、いや、除外なさるだろう。もしかして、『古今和歌集』の書き間違いかと思って、多くの写本を見ると、すべて、「渡りはてねば」とある。生半可な見識の人が、書き写している本であろうか、「渡りはつれば」と書いてある本もある。気がかりなので、人に、たずね申しました結果は、やはり、「渡りはてねば」というのが適切であるようだ。「渡りはつれば」とあるのは、間違っているのであるようだ。このようなことは、古い歌の、一つの有様である。恋しくせつなく思って、立ち居につけて待ったことは、一年である。ごくまれなこととして、待っていた日を迎えて、逢ったことは、ただ一夜である。その時間が、本当に短いので、実際には、逢っているけれども、どっちつかずで、逢っていないかのように思われるのである。だから、時間が短いので、「逢っていない気がする」と詠まなければならないけれども、歌のならわしとして、そのようにも詠み、また、逢っているけれども、まるで、まだ逢っていないように詠んでいるのである。たとえば、月が、山の端に出て、山の端に沈む、と詠むようなものだ。いつ、月が、山から出て、山には沈むのか、いや、（実際に）月が山から出て山に沈むわけではない。けれども、ふと見る様子が、そのように見えるのを、「そのように思われる」とは言わずに、まさに、山から出るように詠むのである。これだけか、いや、これだけではない。桜の花を、白雲に喩えたり、紅葉を、錦に喩えたりするのも、まさに、

二 出典 源俊頼『俊頼髄脳』

解答

問一 (a)―ホ (b)―イ (c)―ハ

問二 (ア) 渡りきらずにいると

(イ)手立てを講じて

(ウ)気がかりなので

(エ)どっちつかずで

問三 七夕の夜に、彦星が、天の川が深いため浅瀬を探して川岸に立っているうちに夜が明けたので、もはやどうしようもないと思って織姫に逢わずに帰ったというようなことがあるはずか、いや、あるはずはない。

問四 年に一度しか織姫に逢えない彦星が、渡る手段もあり、さほど深くもない天の川を渡らないはずがないから。（五〇字以内）

問五 和歌は比喩を事実のように詠むならわしがあるため、「あまの河」の和歌でも、ごく短時間ながら実際は逢ったけれども、逢わなかったと詠んだと筆者は理解したということ。（八〇字以内）

問六 ロ

全訳

天の川の浅瀬がわからず、白波を何度探しても渡りきらずにいると、夜が明けてしまったなあ。

この歌の意味は、天の川が深いので、（彦星は）浅瀬の白波をたどって、川の岸に立っているうちに、夜が明けたので、「今となってはどうしようか、いや、どうしようもない」と、（織姫に）逢わずに帰ったのである。そのようなことがあるはずか、いや、あるはずはない。普通の人でさえ、一年を、夜も昼も恋しく思って過ごして、ごくまれなこととして、女と逢うことができる夜であるので、どのようにしてでも、工夫して渡っているだろうになあ。まして、（彦星は普通の人

③暴力は、ノーマルな秩序に対立するものではなく、秩序との連続性にある（Ⅱ第六段落）［問三］
［傍線部(エ)「深く食い込み、つながっている」の言い換え］（Ⅲ）
④特異なものではない　例外視できない
⑤技術的な対処／撲滅は簡単ではない
　回避・対応・折り合いをつけることが軸となる
⑥中まで入り込み、関わりを持ってくる

問五
(a)〈「『ただそうなっているだけ』の世界」に「セイジャや美醜」が現れて「暴力が暴力として立ちあがってくる」ようになる〉という文脈を手がかりとする。「生者」「聖者」などでは意味が通らない。直後に「美醜」という反対の意味の漢字の組み合わせによる熟語があるので、同じように反対の意味の漢字の組み合わせによる熟語を考えればよい。
(b)　文脈から「『ただそうなっているだけ』の世界」に〈帰っていく〉という意味を読み取る。
(c)　〝突然、不意に〟という意味である。
(d)、「世界のキチョウ」＝「ノーマル」という文脈から、「貴重」「記帳」「几帳」などではなく〝根底を一貫して流れるもの〟という意味の「基調」が正解となる。
(e)　続く「罵倒」（＝〝はげしくののしること〟）との関連で考えていく。〝相手を見下し、はずかしい思いをさせること〟という意味の「侮辱」が適切である。「辱」の字体を正確に書くことを心がけたい。

問四

⑤［「連続」の言い換え］ひとつながりである

この設問も「どういうことか」が聞かれているので、まず傍線部(エ)を言い換えることを考える。直後にある「この世界の可能性の一部は……という認識である」は、傍線部(エ)の補足説明になっているが、ややわかりにくいので、「深く食い込み、つながれている」という比喩的な表現を、〈深く関わりを持つ〉のようにわかりやすい言葉に改めればよいだろう。傍線部(エ)の少し後にある「すくなくとも、暴力を文字通り特異な特異点として例外視し……」を、「深く食い込み、つながれている」と対比的な関係にあるものとして補っておくと、さらにわかりやすくなる。また「深く食い込み、つながれている」とつながる内容が本文の最後に「暴力の根深さ、その現れの多様性、その概念的多層性」と表現され、その前には「技術的な対処などそうやすやすとはできまいという立ち位置」、つまり〈「撲滅」ではなく「回避や対応」「折り合いをつける」という形での「暴力」に対する「対処」のあり方〉が書かれているので、この内容も付け加えておきたい。その上で、傍線部(エ)の直前の「以上二点の『哲学的問題』としての暴力のありようをまとめれば」に注目して、ここまでのⅠ・Ⅱに書かれていた暴力についての筆者の考えを、問一～問三の内容も参考にしてまとめ直す。それが設問にある「本文全体の論旨をふまえたうえで」という指示に応えることにもなる。解答の構文としては、「〈Ⅰの内容〉と〈Ⅱの内容〉のように、暴力は……ということ」のような形を想定すればまとめやすい。まとめにくいと思ったら、無理に一文にしないで、文を分けて書いてもよい。

［Ⅰの要点］

①暴力は「他者」を認識させる

→「ただそうなっているだけ」の世界から、人間的な「この世界」が立ち上がる一契機　（Ⅰ第五段落）

＝暴力は、他者を認識させる契機であり、自然現象としての世界から人間的な世界に変える　［問二］

［Ⅱの要点］

②暴力は秩序の裏に隠れていた力が表に現れたもの（Ⅱ第七段落）

が暴力として際立つかぎり」（Ⅱ第五段落）を用いて言い換えればよいだろう。Bにある「その背景」は〈暴力の背景〉。Cにある「それ」は「秩序」を指している。BとCは〈「暴力」は、暴力の背景にある秩序と「対立」するものというより、むしろ「連続」するものである〉という形になっているので、「対立」と「連続」を対比させてその言い換えを探っていく。Cの「連続性」については、Ⅱ第六段落の建物の例の後、第七段落に「そこにはたえず無数の力がみなぎっているのであり、……その潜在的な力は顕在的なものとして発現する。そのきっかけは……しばしばそこには暴力性が感受される」とあり、これをうけて「そしてこのような度合いをもった連続性は……」と述べられている。この部分の「連続性」は〈何かのきっかけによって、強大な力の拮抗によって保たれている「秩序」の裏に隠れていた力が表に現れてくる〉ということを指しているが、Cの内容として成り立たせるためには、説明の終わりに「連続」の言い換え表現を明示しておきたい。また「秩序」という語は傍線部(ウ)に出ているので、Ⅱ第五段落の「（秩序や）平穏」やⅡ第七段落の「穏やかで安定した状態」などで言い換えておきたい。一方、B「対立」については明確に述べられているところがないので、辞書的な意味を生かして、〈秩序と相反する〉くらいに言い換えればよい。

以上より解答に入れるべき内容は、次のようになる。

A「特異点としての暴力」

①普通とは特に異なっている状態としての暴力

B「秩序に対立」

②［「秩序」の言い換え］穏やか／平穏で安定した状態（Ⅱ第五・七段落）

③［「対立」の言い換え］相反するもの

C「秩序と連続」

④［「連続」の内容］秩序を保っていたさまざまな力のバランスが崩れて、隠れていた力が表に現れる（Ⅱ第七段落）

の世界に、③「暴力」が④「立ち現われる」ということ〉のようにすると、すべての要素を満たし、読みやすい解答になる。これを字数内に収める工夫を最後にすればよい。

問二 これも「どういうことか」がたずねられているので、言い換えていく。この設問の場合は「他者がいる」という部分が中心となる。直前の文に「人びとの共生なるものが……内面をもつ他者というものが、まさに他者として立ち現われる次第になったのではないか」とあるので、「他者がいる」というのは「他者として立ち現われる」ことである。その文の始まりに「こう考えると」とあり、「こう」の指している箇所がその前に書かれている「しかし逆に他人から害を被ったとなると……。この人はどうしてこんなことをするのか、なぜ自分はこんな目に遭わなければならないのか……」なので、ここを用いて「他者として立ち現われる」を肉付けしていく。「暴力」という部分も「他人から害を被った」と説明できる。以上より解答に書く内容は、次のようになる。この設問の場合は、傍線部(イ)の構文に沿って解答を構成するとまとめやすい。

①「暴力がある」→他人から害を被った
②「からこそ」→①があってはじめて／①によって／①があるから
③「他者がいる」
(1) 段違いの真剣さで思考が発動する　他人の心の内を深く考える
(2) 独自の、はかり知れない内面を持つ他者
(3) 他者が立ち現われる／発見する／認識する

問三 この設問も「どういうことか」をたずねているので、A「特異点としての暴力」、B「その背景であるノーマルな秩序に対立」、C「それとの連続性にある」に分け、傍線部(ウ)の構文にあてはめて〈AはBというより、むしろCであるということ〉→AはBではなく、Cであるということ〉とまとめていく。Aについては、「特異点」という語の言い換えがポイントになる。この語はⅢに「特異な特異点」という形で登場するだけで詳しい説明はないので、「暴力

そのまま残し、同じ段落にある「悪意、敵意……暴力概念には中心的な成分として含まれている」や「害を被るという原初的な暴力の経験」を用いて肉付けしておく。また「成立」とは〝物事ができあがること〟、つまり〈それまでなかった物事が生まれること〉なので、それ以前の状態をⅠ第二段落の「もともとは『ただそうなっているだけ』の世界……。ということは、……暴力が暴力としての相貌で立ちあがってくる段階があったのだ」の中にある「『ただそうなっているだけ』の世界」で補う。Ⅰ第一段落に「すべては自然の力のうねりとして、『ただそうなっているだけ』の世界に見えてくる」とあるので、「自然現象」（Ⅰ第一段落）と簡潔にまとめることもできよう。以上より解答に入れるべき内容は次のようになる。

Ａ「そうしたこと」の指示内容の明示

①「心（の理論）」や「内面（の誕生）」（Ⅰ第三段落）

Ｂ「暴力の成立に深くかかわっている」の言い換え

②「成立前」〈「ただそうなっているだけ」の世界＝自然現象〉の指摘（Ⅰ第一・二段落）

③「暴力」そのものの説明→「ネガティヴな情動」など（Ⅰ第三段落）

④「成立に深くかかわっている」ことの言い換え（Ⅰ第三段落）

→「他人に心や内面、意図などを認め、……自己の内面にも心を定位させる『心の理論』が成り立ってこそ、暴力は暴力として立ち現われる」

解答を書くにあたっては、解答の構文を前もって作っておくと書きやすい。この設問の場合は〈①「心の成立」が、②「ただそうなっているだけ」の世界での、③「暴力の」④「成立に深くかかわっている＝他人に心や内面、意図などを認め、自己の内面にも心を定位させる『心の理論』が成り立ってこそ、暴力は暴力として立ち現われる」ということ〉とすればよいが、①・④の内容が重複しているため、一つにまとめて前に移動させて〈①・④「他人に心や内面、意図などを認め、自己の内面にも心を定位させる『心の理論』が成り立って」、②「ただそうなっているだけ」

←　あれこれのきっかけ

潜在的な力は顕在的なものとして発現する

Ⅲ　【暴力への反転に抗しつつ――本書のあらまし――】

1　暴力は私たちの世界に深く食い込み、つながれている　〔問四〕

この世界の可能性の一部は、暴力の可能性そのもの

←

暴力へどう対処すべきか

回避　対応　「折り合いをつける」

＝技術的な対処などそうやすやすとはできまいという立ち位置

←

暴力の根深さ、現れの多様性、概念的多層性などをリアルに見すえていく拠点になる

＊

問一　「どういうことか」という問いは傍線部の意味をたずねているので、傍線部をいくつかの部分に分けて、それぞれを別の言葉に言い換えていく。この設問の場合は、

A「そうしたことが」

B「暴力の成立に深くかかわっている」

に分けて考える。指示語であるAは、直前にある「心の理論」や「内面の誕生」で言い換える。Bは、傍線部(ア)の後の「他人に心や内面、……『心の理論』が成り立ってこそ、暴力は暴力として立ち現われる」に、「心」「内面」と「暴力の成立」の関係が述べられているので、ここを用いて説明する。「暴力」は本文全体のテーマにあたる語なので

↓　亀裂
暴力が暴力としての相貌で立ちあがってくる

3～5
「心の理論」「内面の誕生」
　暴力の成立に深くかかわっている〔問二〕
↓
他者がいるから暴力がある
暴力があるから他者がいる〔問二〕

「ただそうなっているだけ」の世界から、人間的な「この世界」が立ち上がる一契機としての暴力

Ⅱ【力と暴力】

1～4
私たちの世界
　さまざまな「力」がバランスを保って、ほどよく安定している場所
↓

5～7
（1）暴力が暴力として際立つ背景的な条件として、「大筋のところの安定」が必要
暴力が暴力として際立つかぎり、秩序や平穏がその背景として、隣接する比較対象として存在する
（2）暴力は、その背景であるノーマルな秩序に対立するものではなく、それとの連続性にある〔問三〕
通常、ほどよいバランスのもと、穏やかで安定した状態
　無数の力がみなぎっている

力の観点から暴力を見ていくと、暴力が暴力として際立つ条件として、秩序や平穏がその背景、少なくとも隣接する比較対象として存在する。そして、暴力はノーマルな秩序に対立するものではなく、秩序とひとつながりのものである。このように暴力は私たちの世界に深く食い込み、つながれている。暴力に対する技術的な対処などそうやすやすとはできまいという立ち位置は、暴力の根深さ、現れの多様性、概念的多層性などをリアルに見すえていく拠点になる。

解説

二〇一九年に出版された九人の研究者による「暴力」をテーマとした論集の序章として書かれた文章からの出題である。本文の最後にある内容をうけて、文章は「そうした探究の実践こそが、本書の内容の大方を占めている」と続き、後に本全体の内容が簡単に紹介されていくという構成になっている。『暴力をめぐる哲学』という一冊の本の根底をなす思想を述べた文章である。

一行空きのところで、大きくⅠ・Ⅱ・Ⅲと分けていくこととする。Ⅰ・Ⅱ・Ⅲの後の表題は、原著に添えられていたものである。また、1・2……は各意味段落内の形式段落の番号である。

Ⅰ【「ただそうなっているだけ」の世界から、この世界へ】

1　「暴力のない世界」などというものはありうるのだろうか？

←

人間のいとなみを事実としてそのままにしつつ、暴力を消し去ることができる

↓たんなる自然現象として眺めやるまなざし

「ただそうなっているだけ」の世界

2　もともとは「ただそうなっているだけ」の世界に暮らしていた

国語

一

出典　飯野勝己「暴力はいかにして哲学の問題になるのか」（飯野勝己・樋口浩造編著『暴力をめぐる哲学』晃洋書房）

解答

問一　他人に心や内面、意図などを認め、自己の内面にも心を定位させることで、すべてが自然現象と見なされていた世界にネガティヴな情動としての暴力が立ち現われるということ。（八〇字以内）

問二　他人から害を被ったという暴力の経験があってはじめて、真剣に暴力を考えつくすようになり、はかり知れない内面を持つ他者という存在を認識するようになるということ。（八〇字以内）

問三　暴力が暴力として際立つときの暴力は、平穏な状態と相反するものではなく、バランスを保ち働く隠れた力があるきっかけで表に現れたものであり、つながっているということ。（八〇字以内）

問四　暴力は他者を認識する契機となり、自然現象としての世界を人間的な世界へと変える。また、暴力は秩序や平穏状態で拮抗してみなぎっている隠れた力が顕在化したものである点で、秩序と連続性がある。ゆえに暴力は例外的なものとして撲滅することはできず、回避や対応で対処するしかない、人間世界に深く関わるものであるということ。（一六〇字以内）

問五　(a)正邪　(b)回帰　(c)唐突　(d)基調　(e)侮辱

要旨

私たちはもともとは「ただそうなっているだけ」の世界に暮らしていたが、そこに亀裂が入り、暴力が暴力としての相貌で立ちあがってきた。暴力を人間的な「この世界」が立ち上がる一契機としてとらえることができる。また、一般的な

////////////////////// · memo · //////////////////////

· memo ·

//////////////////// · memo · ////////////////////

////////////////////// · memo · //////////////////////

////////////////////// · memo · //////////////////////

//////////////////// · memo · ////////////////////

· **memo** ·

2023年度

解答編

解答編

英語

I **解答**　問１．(a)―(う)　(b)―(あ)　(c)―(え)　(d)―(あ)　(e)―(え)
問２．(イ)―(い)　(ロ)―(う)　(ハ)―(あ)
問３．全訳下線部参照。　問４．(う)　問５．(あ)

◆全　訳◆

≪意味のある人生とは≫

意味のある人生について思いを巡らすとき，私たちは人類に多大な貢献をした人たちに注目することが多い。エイブラハム=リンカーン，マーティン=ルーサー=キング=ジュニア，ネルソン=マンデラは，きっと自分は価値ある人生を送ったと感じていたはずだ。しかしながら，私たち，ごく普通の人間だとどうだろう？

多くの学者は，主観的に見て意味のある存在とは，つまるところ３つの要因に行きつくことが多いという点では意見が一致している。その３つとは，自分の人生は一貫しており「筋が通っている」と感じること，明確で満足のいく長期的な目標を持っていること，そして自分の人生は長い目で見れば重要だと思えることである。心理学者たちはこの３つを一貫性，目的，存在の重要性と呼んでいる。

しかしながら，私たちは考慮すべき，また別の要素もあると考えている。あなたが足を止めて見とれてしまう，長い冬の後の最初の蝶を思い浮かべるとか，さわやかなハイキングの後の山の頂上から見る景色を想像してみるといい。時には，現実として存在するものが私たちに美しいちょっとした瞬間を与えてくれる。人が進んでそのような経験に価値を見出すようにしていると，こういう瞬間がその人の人生観をより良いものにしてくれるかもしれない。私たちはこの要素を経験への価値評価と呼ぶ。その現象は，出来事が生じるときに，その出来事に深くつながっているとの思いや，そのつながりから価値を引き出す能力を映し出す。それは，人生に本来備わっている美しさを発見し，それに対する称賛を表すものなのだ。

私たちは最近，3,000 人以上の参加者を対象とする一連の研究において，この形態の価値評価をもっと深く理解しようと試みた。これらの研究全般にわたり，私たちの興味は，一貫性，目的，存在の重要性という古典的な３つの要素の影響を考慮したとしても，経験への価値評価は，人が意味があると感じることと関連しているかという点にあった。もし関連しているなら，経験への評価は，大きな価値や意義があるということにつながる特異な要因である可能性があり，単にこれらの他の変数の産物などではないということなのだ。

私たちの考えを検証するための最初として，新型コロナウイルス感染症の世界的流行の初期段階の間に，私たちは参加者たちに，ストレスを和らげるためのさまざまな対処法にどの程度賛同するかを評価してもらった。それでわかったのは，人生の美しさに価値を見出すことに目を向けてストレスとうまく付き合った人たちは，同様に人生も非常に意味のあるものだと感じると答えたという点だった。それに続く研究で，私たちは参加者らに，一貫性，目的，存在の重要性，さらに人生の意義を普通はどう感じるかという点に関わる他の発言だけでなく，「私は人生の美しさをとても価値あるものだと思っている」とか「私は多種多様な経験ができてありがたく思う」といったさまざまな発言にどの程度賛同するかをランク付けするよう依頼した。その結果から，「人生には価値があると思う」とか，多くの経験には価値があると思うと回答した人ほど，自分の存在は価値あるものだと感じていることがわかった。実際，この２つの要素は互いに強く関連していた。その後の研究において，私たちはさらに，これらの概念の間の関連性を探った。例えば，過去１週間で最も有意義だった出来事を思い出すよう依頼された参加者は，通常，そういう瞬間を経験したことを高く評価すると回答していることがわかった。

最後に，私たちは一連の実験を行い，そこで参加者に特定の課題を与えて，もう一度，一貫性，目的，存在の重要性に関連する発言にどれほど強く共感するかを回答してくれるよう依頼した。あるケースでは，BBC のドキュメンタリー番組『プラネット・アース』のオープニング・シーンのような畏敬の念を起こさせるビデオを見た参加者は，木工細工の指導ビデオのような，もっと当たり障りのないビデオを見た参加者と比べて，経験の価値を高く評価し，人生の意義をより強く感じると回答していることがわかった。同様に，最近経験したことで，それに対して感謝の念を持っていることについて書いた参加者は，過去１週間で訪れたどこにでもある場所について書いただけの参加者と比較すると，後になって，意味があると強く感じ，経験の価値を評価する思いも強かった。

この結果は，小さなことを大切に思うことで，人生をより有意義なものと感じることができる，という私たちの当初の仮説を裏付けるものだった。しかしながら，その理解を応用するのは難しいことがある。現代のようなペースの速い，まずプロジェクトありきのライフスタイルでは，一日を対象とするものや目標で埋め尽くしてしまう。私たちはいつも忙しく動き回っていて，仕事中でも手の空いているときでも最大限の結果を出そうとする。このように，将来の結果を重視するあまり，たった今起きていることをいとも簡単に見逃してしまう。しかし，人生は今この瞬間に起きているのだ。私たちはペースを落とし，人生に驚きを覚えるようにして，日常の大切さをしっかり受け入れるべきだ。インドの元首相のジャワーハルラール＝ネルーが 1950 年に書き残しているように，「私たちは素晴らしい世界に住んでいる…目を開いて探し求めさえすれば，手に入れることができる冒険は尽きることがない」のである。

◀解　説▶

▶問１．選択肢の語句の意味と単純に比較するのではなく，「本文の内容に合致するように，別の表現で」という条件に合うものを選ぶ必要がある。

(a) boils down to ～ は「つまるところ～となる，～に帰着する」という意味のイディオム。ここでは，subjectively meaningful existence「主観的に見て意味のある存在」という主語と three factors「３つの要因」という目的語とのつながりから判断する。選択肢の中では(う) comprises「(部分として)～を含む，～から成る」が適切。(い) complements「～を補足する」 (え) contradicts「～と矛盾する」

(b) inherent は「本来備わっている，固有の」という意味で，選択肢の中では(あ) fundamental「根本的な，基本的な」が適切。(い) long-term「長期間にわたる，はるか先の」 (う) multiple「多数の，複数の」 (え) satisfying「満足のいく」

(c) account for ～ には「～を説明する，～の割合を占める，～の主な原因となる」などの意味があるが，ここでは，even when we（　）the effects of the classic trio「古典的な3つの要因の影響を（　）した場合でさえ」という文脈の中で置き換えられる語句を選ぶ必要がある。文脈に照らし合わせると，take account of～「～を考慮する」に近い意味だと考えられるので，選択肢の中では(え) took into consideration「～を考慮した」が適切。(あ) figured out「～だとわかった」(い) gave an explanation for「～を説明した」(う) made up「～を作成した，～を作り上げた」

(d) on the goは「あちこち動き回って，忙しく働いて」という意味のイディオム。選択肢の中では(あ) busy and active「忙しく動き回って」が適切。(い)と(う)は意味的にも異なるが，この部分が現在進行形の文になるので，前置詞句の代わりとして用いるのは不適。(え)のself-indulgentは「わがままな」の意味。

(e) embraceには「（人）を抱擁する，～を利用する，（主義・思想など）を受け入れる」などの意味があり，ここでは目的語がthe significance in the everyday「日常にある大切なもの」であることから，(え) willingly accept「進んで受け入れる」が適切。(う)のaccumulateは「～を蓄積する」の意味。

▶問2．選択肢の英文の訳は以下の通り。

(あ)「若き教師のジョージは，生徒や親たちが自分に感謝してくれると，自分の行為や人生は他者に対して価値があると感じる」

(い)「若手公務員のジュリアは，自分が大学の社会学課程で学んだことを，地域社会へのサービスに生かしている」

(う)「小説家になりたいナオミは，10万語の小説を書き上げるために，毎朝100語は書くよう心がけている」

(イ) coherence「一貫性」の例としては，大学で学んだことを仕事で生かしているという点で一貫している(い)が適切。

(ロ) purpose「目的」の例としては，10万語の小説を書くという目的のために努力している(う)が適切。

(ハ) existential mattering「存在の重要性」の例としては，生徒や親に感謝されることで自分の存在に価値があると考えている(あ)が適切。

▶問3．**we had participants rate**

このhadは使役動詞として用いられており，have *A do*「*A*に～してもらう」という意味。participants は「参加者」だが，実験に参加してもらっている人たちのことなので「被験者」という訳も可能。

to what extent they agreed with different coping strategies

to what extent 以下は rate の目的語となっている疑問詞節で，「どの程度〜か」という意味。to the extent「その程度まで」が元になっている。agree with 〜「〜に同意する」 coping strategy「対処法，対応策」

to relieve their stress.

この to 不定詞は目的を表す用法と考えられる。relieve「〜を解消する，〜を和らげる」

▶問４．(あ)　A．「〜に出席する」　B．「深い」

(い)　A．「〜を記憶する」　B．「生き生きした」

(う)　A．「〜を思い出す」　B．「高い」

(え)　A．「〜を思い出させる」　B．「安定した」

第５段第４文（Our results showed …）で，実験の結果，人生や多くの経験に価値があると思うほど，自分の存在に価値があると感じるということがわかったと述べられている。空所のある文はそれに続く実験なので，経験の価値と自分の存在の価値に正の相関があるという内容にすればよい。前の週の最も意味のある出来事を思い出せば，そういう瞬間に自分が居合わせたことを高く評価するはずであるから，A は「〜を思い出す」で，B には high が入る。したがって，組み合わせとしては(う)が正解。

▶問５．(あ)「小さなことを大切に思うことで，人生をより有意義なものと感じることができる」

(い)「意味のある人生は，仕事と余暇を楽しむことと関係がある」

(う)「あなたが他者にとって意味があれば，あなたの人生も意味のあるものになる」

(え)「一貫性，目的，存在の重要性は，意味のある人生の構成要素となりうる」

our original theory の内容を答える設問である。第３段（However, we believe …）を参考にする。冬の後の最初の蝶やハイキング後の景色は，日常の小さな美しい瞬間の例で，そういった瞬間の経験を評価することが良い人生観を持つことにつながるという趣旨で，これが理論の中身と考えられる。この内容になっているのは，(あ)である。

●語句・構文●

（第1段）focus on～「～に注目する，～を重視する」 contribution「貢献」

（第2段）coherent「首尾一貫していて」 make sense「筋が通る，意味をなす」 in the grand scheme of things「長い目で見れば，物事を俯瞰的に見ると」 existential mattering「存在の重要性」とは，自分が存在していること自体に意味があり，重要だと思うこと。

（第3段）be open to～「進んで～を取り入れる，～しやすい」 experiential appreciation「経験への価値評価」とは，自分の人生経験には価値があると高く評価する思いのこと。extract「～を引き出す」 detection「発見」

（第4段）set out to *do*「～し始める，～しようと試みる」 contributor「一因，引き金となっているもの」 variable「変数，不確定要素」

（第5段）the COVID pandemic「新型コロナウイルス感染症の世界的流行，コロナ禍」 rate「～を評価する，～を格付けする」 the 比較級～，the 比較級…「～すればするほど…」 subsequent「次の，後の」

（第6段）identify with～「～に共感する」 awe-inspiring「畏敬の念を起こさせる」 opening sequence「オープニング・シーン，オープニング」 neutral「中立的な」 instructional「指導的な」 woodworking「木工の，木工細工」

（最終段）confirm「～を裏付ける」 fast-paced「ペースの速い，急速な」 project-oriented「プロジェクト指向の，プロジェクト中心の」 goal「目標，目的」 at leisure「手の空いているとき，暇なとき」 all too「あまりに～すぎる」

Ⅱ　解答

問1．全訳下線部参照。問2．(あ)

問3．世界の一部の地域では，水不足がすでに非常に深刻な問題となっているという状況は，もし私たちが地元や地域ごとに利用できる水資源を使いすぎたり，無駄にしたり，汚染したりし続けるなら，今後数十年で劇的に悪化するだろう。

問4．A―(あ)　B―(え)

問 5．(お)　※

※問 5 については，二つの正答のうち一つは本文の記述から導き出せないことが判明したため，正答を導き出せない選択肢について，全員に加点する措置が取られたことが大学から公表されている。

◆全　訳◆

≪世界の水資源問題≫

水不足が進行中である。しかし，これは実際のところどういうことなのだろう？　なんだかんだ言っても，地球から水がなくなることは，1 滴たりともないのだから。水は限りある資源とはいえ，私たちが水を永久に使えなくしない限り，水を使い切ってしまうことなどないだろう。しかしながら，人間の水の使用を自然界の水循環の中に組み入れ，地域内で利用可能な水を適切，効果的，持続可能かつ公正な方法で利用することは重要である。この分野では大きな進展があったにもかかわらず，安全な飲料水を利用できない人がまだ何百万人もいる。毎日，何百万人もの女性や子供たちが，水を汲んで家まで運ぶために，長距離を，しかも往々にして危険な道のりを歩かなければならない。食料や土地の場合と同様に，清潔な飲料水や農業用水を手に入れる機会は平等に分配されてはいないのだ。

淡水となると，たいていの人は河川や湖，地下水や氷河にある水，いわゆる「ブルー・ウォーター（青の水）」を思い浮かべる。降雨のほんの一部が，この淡水の供給源となるにすぎない。降雨の大部分は地表に降り注ぎ，そのまま「何の役にも立たない蒸発」として，あるいは，植物に利用された後，「生産的蒸散」として蒸発する。この 2 つ目のタイプの雨水は「グリーン・ウォーター（緑の水）」と呼ばれる。利用可能な淡水供給量のうち，グリーン・ウォーターの割合は 55％から 80％の間で，世界の地域によっても，地域の木の密度によっても異なる。今後の水管理にとって最大の好機と課題は，より多くのグリーン・ウォーターを土壌や植物の中に蓄えること，さらにはそれをブルー・ウォーターとして蓄えることである。

農業は，地球上で利用可能な淡水を，群を抜いて最も大量に消費する。水路や地下水から汲み上げられる「ブルー・ウォーター」の 70％は農業用で，50 年前と比べて 3 倍になっている。2050 年までには，世界の農業の水需要は，灌漑に必要であることでさらに 19％増加すると推定されている。現在，世界の食料の約40％は，人工的に灌漑された地域で栽培されている。特に，東南アジアの人口密集地域では，収穫量が増加した主な要因は，1960年代から1980年代の間に，さらなる灌漑設備へ巨額の投資がなされたことだ。はたしてどこなら，将来的にさらに灌漑を拡大し，河川や地下水からさらに水を得ることが可能なのだろうか，どうすればこれができるのか，そしてそれは理にかなっているのかどうかが議論されている。農業はすでに，特に灌漑が不可欠な地域においては，人々の日々の使用や環境ニーズと競合しており，生態系を文字通り干上がらせる恐れがある。さらに，今後数年の間に，気候変動によって，水が利用できるかどうかに，甚大かつ一部は予測不可能な変化がもたらされるだろう。

世界の一部の地域では，水不足がすでに非常に深刻な問題となっている。その状況は，もし私たちが地元や地域ごとに利用できる水資源を使いすぎたり，無駄にしたり，汚染したりし続けるなら，今後数十年で劇的に悪化するだろう。農業は，トウモロコシや綿花といった水を大量に必要とする作物を，それには乾燥しすぎている地域で栽培するのを避けるとともに，効率の悪い栽培や，土壌の塩害をも引き起こす灌漑システムを改善することで，水問題を軽減することも可能だろう。他にもこれまで行われてきたが，避けることができる可能性もあるのは，水を蓄える森林の伐採や，一時的に使用されていない土地での蒸発，世界の一部の地域における地下水源の大規模な過剰利用などである。

水路全体の汚染や汚濁もまた別の深刻な問題である。水は多くの物質を運ぶ。例えば，洗い流された肥沃な土壌や，高濃度では水路を栄養過多にして水路から酸素を奪うさまざまな栄養分である。水には，農薬や塩分，重金属，家庭排水，工場から出る非常に多種多様な化学物質も含まれている可能性がある。ヨーロッパの多くの河川や湖沼は，産業排水による直接的な汚染からは徐々に回復しつつあるが，アジアなどの発展途上国の人口密集地では，その問題は大幅に増大しつつある。さらに下流での水の使用はますます危険かつ高価になり，時には不可能になろうとしている。地下水に含まれる有害物質が，あらゆる世代の人々がこの大切な資源を使用できないようにする可能性がある。農業は，農薬や大量の窒素で水域を汚染している。大河の河口近くの，過剰な肥料のために海洋生物が呼吸できなくなっている，いわゆる「デッド・ゾーン（死の海域）」の数と規模が拡大しているのだ。

◀解　説▶

▶問1．**As is the case for food and land,**

As is the case for ～は「～の場合と同様に，～の場合のように」という意味の表現で，As is often the case with ～「～にはよくあることだが」と区別が必要。

access to clean drinking water and water for agricultural usage is unequally distributed.

主語は access で，access to ～の形で「～を利用する方法〔機会〕，～を入手する方法〔機会〕」という意味になる。ここでは to 以下は clean drinking water「清潔な水」と water for agricultural usage「農業用水」の2つで，動詞が distribute「～を分配する」なので，「方法」より「機会」の方が適切。is unequally distributed は直訳すると「不平等に分配されている」だが，「平等に分配されてはいない」という訳が自然であろう。

▶問2．説明文の全訳は以下の通り。

「ブルー・ウォーター（青の水）」は，湖，河川，ダムの後ろの貯水池にある。それは降雨や雪解け水によって再補填される。利用可能なブルー・ウォーターは，飲料水を含む多くの目的に使用される。また，農業用の灌漑水としても使用される。

「グリーン・ウォーター（緑の水）」とは，地中にあって植物や土壌の微生物が利用できる水である。それは根から吸収され，植物に利用されてから，放出されて大気中に戻る水である。

イ．irrigation water for ～「～のための灌漑用の水」という文脈から判断して，agriculture「農業」が適切。

ロ．グリーン・ウォーターが植物の根から吸収され，植物に利用されてから，どこに放出されるかを考えると，atmosphere「大気」が適切。

したがって，イとロに入る語の組み合わせとしては，(あ)が正解。

▶問3．**The situation will worsen dramatically in the decades to come**

The situation の内容は，直前の第4段第1文（In some regions …）に述べられており，この部分を The situation につなげる形で「～という状況は」と和訳するとよい。その中心となるのは water scarcity「水不足」が has already become a very serious problem「すでに非常に深刻な問題となっている」という点。〔解答〕以外には「一部地域ですでに深刻な問題となっている水不足という状況」とまとめることも考えられる。

worsen「悪化する」 dramatically「劇的に」 in the decades to come の to come は時を表す単語の後ろに置かれると「この先，今後」という意味になる。in the decades「数十年間で」

if we continue to overuse, waste, and contaminate the resources available at local and regional levels.

continue to *do*「～し続ける」 to 不定詞の動詞は overuse「～を過剰に使用する」，waste「～を浪費する」，contaminate「～を汚染する」の3つ。available「利用できる，入手できる」以下は，the resources「資源」を修飾する形となっている。at local and regional levels は，ここでは「地元や地域ごとに，地元や地域において」という意味で用いられている。

▶問4．A．空所の前後にある，Agriculture「農業」と，people's everyday use and environmental needs「人々の日々の使用や環境ニーズ」との関係性を水不足の文脈で考えると，(あ)の competes with「～と競合する」が正解。「環境ニーズ」とは，ここでは環境を維持するために必要とされるもの，環境を維持するために人に求められているものなどを指す。

B．Toxic substances in the groundwater「地下水の中の有害物質」が this treasure「この宝物」すなわち地下水をどういう状態にするかを考えると，(え)の unusable「使用できない，使用に適さない」が正解。

▶問5．(あ)「デッド・ゾーン，言い換えると低酸素エリアは，農業に破滅的影響を及ぼしている」 デッド・ゾーンとは，最終段最終文（The number and …）に述べられているように，大河の河口近くの海域を指すので，農業とは関係がなく，不一致。

(い)「地球の淡水の半分以上は農業目的で使用されている」 第2段第1～4文（When it comes … termed "green water."）より，淡水にはブルー・ウォーターとグリーン・ウォーターがあるとわかり，続く第5文（The green water …）に，利用可能な淡水供給量のうち，グリーン・ウォーターの割合は55％から80％の間と述べられているので，計算上は，ブルー・ウォーターの割合は 20％から 45％になる。第 3 段第 1 文（Agriculture is by …）に，ブルー・ウォーターの 70％が農業用とも述べられているので，農業に利用される淡水の割合は 14％から 30％をやや上回る程度である。よって，不一致。

(う)「水不足は近年，世界の一部の地域ではまれになっている」 第 4 段第 1 文（In some regions …）に，世界の一部の地域では，水不足がすでに非常に深刻な問題となっていると述べられており，不一致。

(え)「二酸化炭素が水の汚染の結果として，海洋に放出されている」 最終段第 2・3 文（Water carries many … substances from factories.）にある，水が運ぶ多くの物質や農薬が海洋汚染の原因となると考えられるが，二酸化炭素の放出に関する記述はなく，不一致。

(お)「水を大量に必要とする作物の栽培をやめることは，水問題の解決の一助となるかもしれない」 第 4 段第 3 文（Agriculture could reduce …）に，トウモロコシや綿花といった水を大量に必要とする作物を，乾燥しすぎている地域で栽培するのを避けることで，水問題を軽減することも可能だという内容が述べられており，一致。

●語句・構文●

（第 1 段）after all「結局，そうは言っても」 finite「有限の，限りある」 as long as S V「S が V する限り，S が V しさえすれば」 render O C「O を C の状態にする」 integrate *A* into *B*「*A* を *B* に組み入れる，*A* を *B* に統合する」 have access to ～「～を利用できる」

（第 2 段）When it comes to ～「～となると」 evaporate「蒸発する」 non-beneficial「役に立たない」 transpiration「蒸散」 *A* as well as *B*「*A* も *B* も，*B* だけでなく *A* も」は，どちらかと言うと *A* の方に重点があり，意味的には and に近い。wood density は「木の密度」だが，ここでは木材内の密度というより，その地域にどれほど木が生えているかという「森林密度」の意味と解釈できる。challenge「課題」

（第 3 段）by far「圧倒的に」 watercourse「水路」 densely populated「人口密度が高い，人口が密集している」 yield「収穫，収穫量」 threaten to *do*「～する恐れがある」 dry up ～「～を干上がらせる」

（第 4 段）water-intensive「水を大量に使用する」

（最終段）contamination「汚染，汚濁」 nutrient「栄養素」

concentration「濃縮，集中」sewage「下水，排水」industrial discharge「産業排水，産業廃棄物」downstream「下流」for entire generations「すべての世代にとって」water body「水域」dead zone「デッド・ゾーン（死の海域）」とは，人間の活動による過剰な富栄養化によって発生する無酸素や低酸素濃度状態のせいで，生物が生息できない湖や海の水域のこと。

III 解答

問1．(a)―(う) (b)―(あ) (c)―(お)

問2．(い)

問3．あなたの具合が悪いのはあなたのせいじゃない。でも誰にも言わないというのは違うわ。

問4．クリスティーは滝に連れて行くから，車にそのまま乗っていればいいということ。

問5．(う)

◆全 訳◆

≪ドライブ前の女性たちの会話≫

「私をだませてると思ってるのね，あなた？」

一瞬，沈黙があってから，ルーシーが尋ねた。「何言ってるの，ママ？」

「隠せるわけないでしょ。また具合が悪いのね」

「具合が悪くなんかないわ，ママ。私は元気よ」

「どうして私に対してこういうことをするの，ルーシー？　いつもいつも。どうしてこういうやり方じゃなきゃだめなわけ？」

「言っていることがわかんないわ，ママ」

「私がこういう旅行を楽しみにしていないとでも思うの？　自分の娘と自由に過ごせる一日よ。それが，私は深く愛しているのに，とっても気分が悪いときに，自分は元気だって私に言う娘なの？」

「そんなの嘘よ，ママ。私は本当に元気なんだから」

しかし，私はルーシーの声に変化を聞き取ることができた。それはまるで，彼女がこの時点までしてきた努力を放棄したかのようであり，急に力尽きたという状態だった。

「どうしてそんなまねをするの，ルーシー？　私が傷つかないとでも思ってるの？」

「ママ，誓って言うけど，私は元気よ。お願いだから私たちをドライブに連れてって。クリスティーは滝に行ったことがないし，とっても楽しみにしてるんだから」

「クリスティーが楽しみにしてるの？」

「ママ」とルーシーは言った。「お願いよ，みんなで行っていいわよね？　お願いだから，こういうことをしないで」

「私がこういうことが好きだとでも思ってるの？　これのどこが？　そうね，あなたは具合が悪い。それはあなたのせいじゃない。でも誰にも言わないというのは違うわ。あなたがこんなふうにそのことを自分の中にしまい込んでるから，私たちみんなで車に乗り込んでいて，これから丸一日あるのよ。それって良くないわ，ルーシー」

「十分元気ってときに，ママが，私が具合が悪いって言うのも良くないわ…」

家政婦のメアリーが，外からルーシーの横のドアを開けた。ルーシーは黙り込み，それから悲しみに満ちた顔を車の座席の端からのぞかせて私を見た。

「ごめんなさいね，クリスティー。また今度２人で行きましょう。約束するわ。ほんとにごめんなさい」

「大丈夫」と私は言った。「私たちはあなたにとって最善のことをしなくちゃいけないわ，ルーシー」

私も降りようとしたが，そこでルーシーの母親が言った。「ちょっと待って，クリスティー。ルーシーの言う通りよ。あなたはこれを楽しみにしてたのよね。じゃ，そのままそこに居たらどうなの？」

「すみません，話がわかりませんけれど」

「あら，簡単なことよ。ルーシーは具合が悪いから行けない。もっと早くそれを私たちに言ってくれたらよかったのでしょうに，言わないことにしてた。そう，だから彼女は後に残る。メアリーもね。でも，クリスティー，あなたと私がまだ行けないという理由はないわ」

背もたれが高かったので，私には彼女の母親の顔は見えなかった。しかし，ルーシーはまだ座席の端から私の方に顔をのぞかせていた。彼女の目はうつろになっていて，まるで何が目に入っても，もうどうでもいいという感じだった。

「さあ，メアリー」とルーシーの母親は声を大きくして言った。「ルーシーが降りるのを手伝ってちょうだい。気をつけてあげてね，彼女は具合が悪いの，忘れないでね」

「クリスティー？」とルーシーは言った。「ほんとにママと滝に行くつもり？」

「あなたのお母様がそう言ってくださるのはとてもありがたいわ」と私は言った。「でも，たぶん一番いいのは，今回は…」

「ちょっと待って，クリスティー」と，母親が割って入った。それからこう言った。「どういうことなの，ルーシー？　クリスティーのこと，どうして滝を見たことがないのかとか，気遣ってあげてるのかと思ったら。今度は彼女を家に居させようとしてるわけ？」

ルーシーはそのまま私を見つめており，メアリーはずっと車の外に立ったまま，ルーシーがつかめるように手を差し出していた。ついにルーシーが口を開いた。「わかったわ。多分，あなたは行った方がいいわ，クリスティー。あなたとママとでね。丸一日を台無しにしても意味がないもの，たったそれだけの理由でね…ごめんなさい。私がずっと具合が悪くてごめんなさいね。私もどうしてだかわからないの…」

その次には，涙が出そうだと思ったけれど，彼女はそれをこらえて，静かに続けた。「ごめんね，ママ。本当にごめんなさい。私ってきっと，周りの人をうんざりさせちゃう人ね。クリスティー，あなたは行ってらっしゃい。滝がとっても気に入るわよ」

そして彼女の顔は座席の隅から消えた。

◀解　説▶

▶問１．選択肢の訳は以下の通り。

(あ)「一方的な主張はやめて」

(い)「私を責めないで」

(う)「元気なふりをしないで」

(え)「どうして家に居ようとしているの？」

(お)「どうして考えを変えようとしているの？」

(か)「どうしてドライブに行きたいの？」

(a)第１段（“You think you …）や第３段（“You can’t hide …）のルーシーの母親の発言から，ルーシーは，自分の体調が悪いことを隠して，一緒にドライブに行こうとしていることがわかる。したがって,「どうして私にこういうことをするの？」という発言の「こういうこと」は元気を装っているという意味だと判断できるので，発言の真意としては(う)が正解。

(b)ルーシーの母親は，自分は元気だと言い張る娘の言葉に耳を貸さず，一方的に娘は病気だという自分の判断を伝えているのに対して，ルーシーは don’t do this「こういうことはしないで」と言っている。argue「口論する，主張する」には，相手の話に耳を貸さず，一方的に自説を論じるという意味が込められている場合があることから，(あ)が正解。(い)だとすると，直後の I like this? の this が「ルーシーを責めること」になる。一方で，下線部(2)では「あなたの責任ではない」と責めるのを否定しているので，２つは矛盾している。But 以下の内容を考慮すると，完全に矛盾するとも言い難いが，解答としてより無理なく筋が通るのは(あ)だと考えられる。

(c)ルーシーはあれほど母親やクリスティーと一緒にドライブに行きたがっていたのに，第 21 段最終文（But no reason, …）で，母親とクリスティーだけで出かけるような流れになったことから，第 24 段第 2 文（“Are you really …）で，クリスティーに自分の母親と一緒に行くつもりかと確認することで，暗に行ってほしくないという思いを伝えていると判断できる。それを母親は聞き咎めて，What is this?「これはどういうこと？」と言っており，真意としては(お)が正解。change *one’s* mind「心変わりをする」

▶問２．選択肢の訳は以下の通り。

(あ)「彼女は母親を落ち着かせようとしたが，うまくいかなかった」

(い)「彼女はずっと自分が大丈夫に見えるように努めたが，そうすることはできなかった」

(う)「彼女はドライブに行くことを提案していたが，母親に断られた」

(え)「彼女は車での長旅の計画を立てるのに時間と労力を注いだが，その甲斐はなかった」

第７段第３文（A daughter I…）の発言から，ルーシーは母親が自分の嘘を見抜き，ドライブには連れて行ってもらえないことがわかったと判断でき，下線部(1)の後続文でも，ルーシーが疲れ果てたような状態になっていることから，(い)が正解。

▶問３．**That’s not your fault.**

That は前文の you're sick「あなたは具合が悪い」を受けている。That's not your fault. は「それはあなたのせいではない，それはあなたが悪いのではない」という意味の慣用表現。

But not telling anyone.

この部分は，not telling anyone という動名詞句の後に，is your fault が省略された形であり，「誰にも言わないのはあなたが悪い」ということ。

▶問4．Why don't you *do* ～? は「～したらどう？」と相手にこの後の行為を勧める表現。stay right where you are は直訳すると「まさにあなたが居る所に留まる」という意味で，ここでは，車に乗ったままで居ることを指す。また，それは滝を見にドライブに出かけるためであることから，その点も含めるとよいだろう。

▶問5．(あ)「ルーシーは，クリスティーが楽しみにしていた旅行に彼女を行かせることでわくわくした」 第24段第2文（"Are you really …）で，ルーシーは，自分が行けないのに，クリスティーは自分の母親と滝へ出かけるつもりかと問うており，第26段最終文（Now you're trying …）で母親に指摘されている通り，クリスティーには行ってほしくないのが本音だと判断できるので，不一致。

(い)「メアリーは，ルーシーを車から外に出させた。彼女はルーシーの母親の命令に従わなければならなかったからだ」 第23段（"Okay, Mary," …）より，メアリーは，ルーシーが車から降りるのを手伝うように彼女の母親から命じられてはいる。しかし，第27段第1文（Lucy went on …）より，メアリーは，ルーシーに手を差し伸べて車の外に立っていただけで，実際にルーシーを車から降ろしたとは述べられていないので，不一致。

(う)「ルーシーの母親は，クリスティーと一緒に滝に行くことを提案したが，クリスティーはその提案を断ろうとした」 第21段最終文（But no reason, …）の発言で，ルーシーの母親はクリスティーに，自分と一緒に滝へ行くことを提案している。一方，クリスティーは第25段（"Your mother's suggestion …）で，その提案を歓迎しながらも，「今回は…」と口ごもっており，それを断ろうとしていると判断できる。そのことは，第26段最終文（Now you're trying …）のルーシーの母親の発言からもわかるので，一致。

(え)「ルーシーは病気から快復したが，外出したくなかったので，自分の具合が悪そうに見えるよう装った」 ルーシーは第4段第1文（“I'm not sick, …）以降，繰り返し自分は病気ではないと主張したが，第27段後ろから2文目（Sorry I'm sick …）で，最終的には自分の体調が悪いことを認めており，不一致。

●語句・構文●

（第1段）have me fooled は使役動詞としての have の用法で，me が目的語，過去分詞 fooled「だまされた」が補語となっており，「私をだませている」という意味。

（第7段）happen to *do*「たまたま～する」には，相手の言動に不満や反感を持って，この表現を使う場合がある。

（第9段）It was as if ～「まるで～かのようだった」

（第19段）be about to *do*「まさに～しかけている」

（第26段）hold on「ちょっと待つ」 cut in「割り込む」

（第27段）a hand held out ～ は付帯状況を表す分詞構文。 What's the sense in ～?「(～の意味はどこにあるのか？→)～には意味がない」

（第28段）go on「事を続ける，旅を続ける，先に行く」

Ⅳ

解答例

(1) 〈解答例1〉Smartphone addiction is a mental disorder people fall into when they are too dependent on their smartphones in all aspects of their lives. One of the typical characteristics is the fear of losing access to their smartphones or not having connectivity.（40語程度）

〈解答例2〉Smartphone addiction is problematic patterns and behaviors caused by the compulsive overuse of smartphones. Individuals with smartphone addiction cannot stop themselves from repeatedly checking social media sites or communication apps, and they feel uneasy or get irritated when they have no access to their smartphones.（40語程度）

(2) 〈解答例1〉I think the researchers found various negative effects of a smartphone. One of these may be a decline in academic performance because students often spend more time on social media or playing games than they do studying. They probably also found

that many students rarely or never turn their smartphones off and that some sleep with the device nearby. (60 語程度)

〈解答例 2〉 I think the researchers found that many students spend more time on social media than they do interacting with real people, which may bring about a lowering of their social skills. They may also have found that overuse of their smartphones can cause them to have lower concentration, or even reduce their cognition, as well as causing eyesight deterioration, or poor sleep quality. (60 語程度)

◀解　説▶

研究論文の一部の全訳：スマホは非常に便利で，スマホのない生活など想像できないことも多い。しかしながら，スマホは有害ともなりうる。例えば，人々はスマホ依存症になる。他のどの依存症とも同様に，これは様々な問題につながる可能性がある。研究では，若者の生活へのマイナスの影響や，依存症の問題を反映する将来の見込みが示されている。スマホが現在の日本の学生にどのようなマイナスの影響を与えるかを明らかにするために，私たちは 3,043 人の学生にアンケートに記入するよう依頼した。

▶(1)　本文中の smartphone addiction「スマホ依存症，スマホ中毒」という語の定義を 40 語程度で述べる問題。自分の考える定義でよい。スマホ依存症とは，例えば，毎日長時間スマホを使用し続けるせいで，スマホが使えないとか，ネットにつながらないと，不安やイライラなどの様々な症状が現れる状態と考えられる。スマホの使用を自分でコントロールできず，身体あるいは精神面で不調が生じるという点を中心に述べるとよい。compulsive「強迫的な，何かに取りつかれたような」 overuse「使いすぎ」 app は application program の省略形で，携帯端末やパソコンで使用される，いわゆる「アプリ」のこと。

▶(2)　研究者は，アンケート結果からどのようなことがわかったと思うかを予想して，60 語程度で述べる問題。英文からは，スマホによるマイナスの影響についてのアンケートと考えられるので，アンケート結果の予想に関しても，マイナスの影響を述べる。視力の低下や睡眠の質の悪化，集中力の低下や成績の低下などが書きやすいが，スマホを通した付き合いばかりしていると，社会性が育たないというような面も挙げることができるだろう。academic performance「学業成績」 concentration「集中」

cognition「認識力」 eyesight deterioration「視力の低下」

❖講　評

2023 年度は 2022 年度に続き従来の設問形式で，読解問題 3 題，条件作文の形式の自由英作文 1 題の計 4 題の出題であった。読解問題のうちの 1 題は 2021 年度の完全な会話文形式から，2 年連続で，例年どおりの会話文主体の英文に戻った。自由英作文は，例年同様，条件付きの自由英作文の出題となっており，語数が合計 100 語で，2021 年度と同じであった。配点は 2021・2022 年度と同じ。読解問題の英文量は 2021 年度より大幅な増加傾向が続いており，2023 年度も 2022 年度より微増ながら，総語数は 2,000 語近くになっている。設問は記述式の部分は例年，英文和訳と内容説明がほぼ同数出題されていたが，2023 年度は英文和訳中心となった。2022 年度と同様，やや長めの英文の和訳があり，指示語の内容を明示して訳す問題が増加した。空所補充，同意表現，内容真偽，説明文の完成など，さまざまなタイプの選択問題も多い。

Ⅰ．読解問題。有意義な人生がテーマの英文で，設問は英文和訳（1 問）が記述式，選択式は同意表現，空所補充（2 問）に加えて，下線部の語句の具体例を選ぶ問題が出題された。空所補充は比較的平易。同意表現が例年より難しく，英文の内容の理解が前提となっている。

Ⅱ．読解問題。水資源に関わる問題という，神戸大学では定番の環境問題を取り上げた英文である。設問は英文和訳（2 問）が記述式，選択式は空所補充による下線部の説明文の完成と空所補充，内容真偽という構成であった。

Ⅲ．読解問題。会話文の多い小説からの出題。母親と娘と娘の友人との，車での旅行をめぐる会話。設問は英文和訳と内容説明が記述式，下線部の内容の言い換えと内容説明，内容真偽が選択式。英文和訳は，直訳ではわかりやすい訳にならない部分からの出題で，短い英文ながら訳しにくい問題であった。

Ⅳ．自由英作文。研究論文の一部を読んで，用語の定義を説明するものと，アンケート結果を予測して述べるという条件付きの自由英作文（40・60 語程度）が出題された。スマホ依存症というわかりやすいテーマではあったが，用語としての説明とアンケート結果の予測が，似たような内容になる恐れがあり，意外に苦戦した受験生も多かったのではないか。

全体的に見て，この英文の量と設問の難度に対して 80 分という試験時間は短く，ここ数年，やや難化傾向が続いている。

数学

1

◇発想◇　(1)・(2)　2 次関数 $y=f(x)$ のグラフの概形から条件を求める。

(3)　$f(x)=0$ が実数解をもつ場合と虚数解をもつ場合に分ける。

解答　(1)　$f(x)=x^2+ax+b=\left(x+\dfrac{a}{2}\right)^2-\dfrac{a^2}{4}+b$

よって，$y=f(x)$ のグラフは，$x=-\dfrac{a}{2}$ を軸とする下に凸な放物線である。

$f(x)=0$ の判別式を D とすると，異なる 2 つの正の解をもつ条件は

(i) $D>0$，(ii)軸 $-\dfrac{a}{2}>0$，(iii) $f(0)>0$

である。

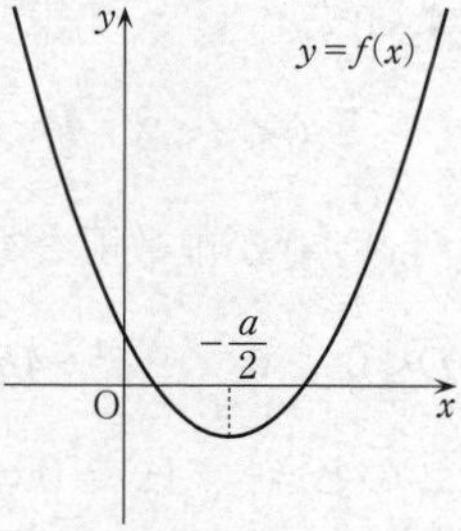

(i)より

$$D=a^2-4b>0,\quad b<\frac{a^2}{4}$$

(ii)より　　$a<0$

(iii)より　　$f(0)=b>0$

ゆえに，求める必要十分条件は

$$a<0\quad かつ\quad 0<b<\frac{a^2}{4}\quad ……(答)$$

(2)　$f(x)=0$ が異なる 2 つの実数解をもち，それらが共に -1 より大きく，0 より小さくなる条件は

(i) $D>0$，(ii)軸 $-1<-\dfrac{a}{2}<0$，

(iii) $f(0)>0$，(iv) $f(-1)>0$

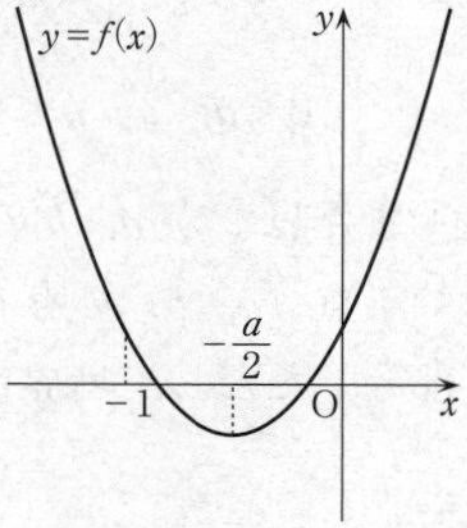

(i)より　　$a^2-4b>0$　　$b<\dfrac{a^2}{4}$

(ii)より　　$0<a<2$

(iii)より　　$b>0$

(iv)より

$$f(-1)=1-a+b>0 \qquad b>a-1$$

よって

$$0<a<2 \quad かつ \quad 0<b<\frac{a^2}{4} \quad かつ \quad b>a-1$$

ゆえに，点 $(a,\ b)$ の存在する範囲は右図の網掛け部分。ただし，境界は含まない。

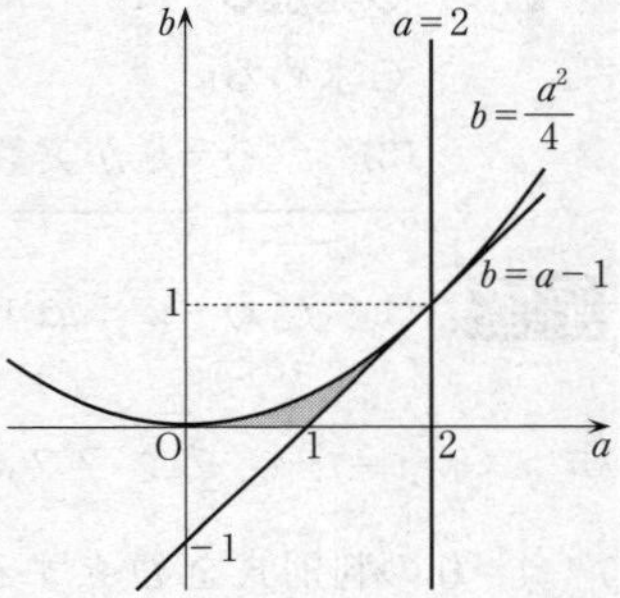

(3)　$f(x)=0$ が実数解をもつとき

２つの解が共に -1 より大きく，０より小さくなる条件は

(i) $D\geqq 0$，(ii)軸 $-1<-\dfrac{a}{2}<0$，

(iii) $f(0)>0$，(iv) $f(-1)>0$

よって

$$0<a<2 \quad かつ \quad 0<b\leqq\frac{a^2}{4} \quad かつ \quad b>a-1 \quad \cdots\cdots ①$$

$f(x)=0$ が虚数解をもつとき

$D<0$ より　　$a^2-4b<0$　　$b>\dfrac{a^2}{4}$

このとき，$f(x)=0$ の解は

$$x=\frac{-a\pm\sqrt{a^2-4b}}{2}=-\frac{a}{2}\pm\frac{\sqrt{4b-a^2}}{2}i$$

したがって，解の実部は $-\dfrac{a}{2}$ であるので

$$-1<-\frac{a}{2}<0 \qquad 0<a<2$$

よって

$$0<a<2 \quad かつ \quad b>\frac{a^2}{4} \quad \cdots\cdots ②$$

①または②が a，b のみたす条件であるので，点 $(a,\ b)$ の存在範囲は右図の網掛け部分。ただし，境界は含まない。

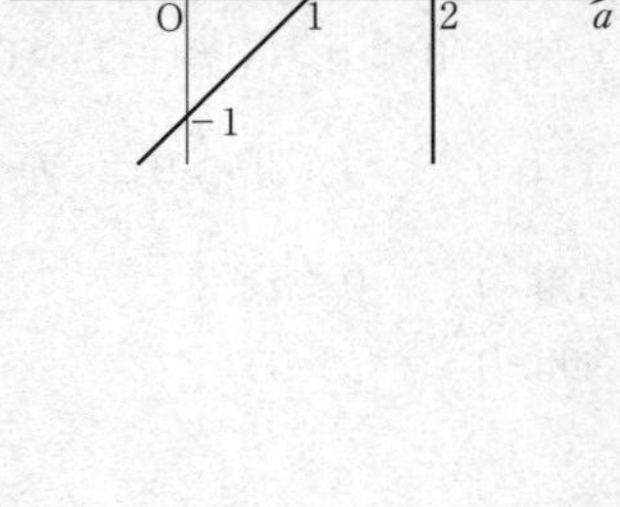

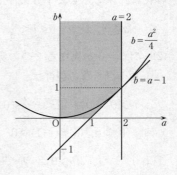

◀解　説▶

≪2次方程式の解の存在範囲，解の実部についての条件≫

▶(1)　判別式の符号，軸の位置，$f(0)$ の符号を調べ，条件を求める。

▶(2)　判別式の符号，軸の位置，$f(0)$ と $f(-1)$ の符号を調べ，条件を求める。

▶(3)　実数解をもつ場合は，(2)と同様にして条件を求める。虚数解をもつ場合は，$D=a^2-4b<0$ より，$\sqrt{a^2-4b}=\sqrt{4b-a^2}\,i$（$i$ は虚数単位）となるので，解の公式を用いて実部を求めればよい。

2

◇発想◇　(1)　1回投げたとき，Aの表の枚数がBの表の枚数より多い場合である。

(2)　1回目で硬貨のやりとりがなく，2回目で(1)と同じことが起こる場合である。

(3)　2回の操作(P)の終了後，Aの硬貨の枚数は2枚でなければならない。

解答　1枚または2枚の硬貨を投げたとき，表の出る枚数とその確率は下の表のようになる。

1枚投げたときの表の出る枚数とその確率

枚数	0	1
確率	$\frac{1}{2}$	$\frac{1}{2}$

2枚投げたときの表の出る枚数とその確率

枚数	0	1	2
確率	$\frac{1}{4}$	$\frac{1}{2}$	$\frac{1}{4}$

A，Bがそれぞれ硬貨を x 枚，y 枚持っているという状態を $(x,\ y)$ と表すと，最初の状態は $(2,\ 1)$ である。

(1)　1回の操作(P)で，$(2,\ 1)\to(3,\ 0)$ となるのは，「Aが2枚表（Bは1枚表，0枚表のどちらでもよい）」，または「Aが1枚表，Bが0枚表」の場合であるので

$$p_1=\frac{1}{4}\times1+\frac{1}{2}\times\frac{1}{2}=\frac{1}{2}\quad\cdots\cdots(\text{答})$$

(2)　2回の操作(P)の後，Aの硬貨が3枚となるのは

$$(2,\ 1)\to(2,\ 1)\to(3,\ 0)$$

となる場合である。

(2, 1)→(2, 1) となるのは,「A, Bともに1枚表」, または「A, Bともに0枚表」の場合であるので, 確率は

$$\frac{1}{2}\times\frac{1}{2}+\frac{1}{4}\times\frac{1}{2}=\frac{3}{8}$$

(1)より, (2, 1)→(3, 0) となる確率は $\frac{1}{2}$ であるので

$$p_2=\frac{3}{8}\times\frac{1}{2}=\frac{3}{16}\quad\cdots\cdots(答)$$

(3)　3回の操作(P)の後, Aの硬貨が3枚となるのは

(i) (2, 1)→(2, 1)→(2, 1)→(3, 0)

(ii) (2, 1)→(1, 2)→(2, 1)→(3, 0)

のいずれかの場合である。

(i)の確率は, (1), (2)より　$\frac{3}{8}\times\frac{3}{8}\times\frac{1}{2}=\frac{9}{128}$

(ii)について, (2, 1)→(1, 2) となるのは,「Aが0枚表, Bが1枚表」の場合であるので, 確率は

$$\frac{1}{4}\times\frac{1}{2}=\frac{1}{8}$$

(1, 2)→(2, 1) となるのは,「Aが1枚表, Bが0枚表」の場合であるので, 確率は

$$\frac{1}{2}\times\frac{1}{4}=\frac{1}{8}$$

(2, 1)→(3, 0) となる確率は $\frac{1}{2}$ であるから, (ii)の確率は

$$\frac{1}{8}\times\frac{1}{8}\times\frac{1}{2}=\frac{1}{128}$$

以上より　$p_3=\frac{9}{128}+\frac{1}{128}=\frac{5}{64}$　……(答)

◀解　説▶

≪硬貨を投げ, 表の出た枚数により硬貨をやりとりする確率≫

▶(1)　Aの表の枚数がBの表の枚数より多いのは,「Aが2枚, Bが1枚」,「Aが2枚, Bが0枚」,「Aが1枚, Bが0枚」の3つの場合である。

▶(2)　Aが3枚となる直前は, (2, 1) の状態でなければならない。

▶(3)　操作(P)を 2 回繰り返したとき，(2，1) の状態でなければならないので，2 通りの場合がある。

3

◇発想◇　(1)　2 つの円の位置関係は，中心間の距離と 2 つの円の半径の和，差との大小により決まる。

(2)　2 円が 2 つの交点をもつとき，2 円の方程式から 2 次の項を消去してできる 1 次方程式は，2 つの交点を通る直線を表す。

(3)　p，q が整数となる a のうち，(1)をみたすものを求める。

解答　(1)　$C_1 : x^2+y^2=a$　……①

$C_2 : x^2+y^2-6x-4y+3=0$　……②

C_1 は中心 (0，0)，半径 $\sqrt{a}$ の円である。

②より，$(x-3)^2+(y-2)^2=10$ なので，C_2 は中心 (3，2)，半径 $\sqrt{10}$ の円である。

中心間の距離は　$\sqrt{3^2+2^2}=\sqrt{13}$

よって，異なる 2 点で交わる条件は

$|\sqrt{a}-\sqrt{10}|<\sqrt{13}<\sqrt{a}+\sqrt{10}$

左の不等式より　$-\sqrt{13}<\sqrt{a}-\sqrt{10}<\sqrt{13}$

$\sqrt{10}-\sqrt{13}<\sqrt{a}<\sqrt{13}+\sqrt{10}$　……③

右の不等式より　$\sqrt{13}-\sqrt{10}<\sqrt{a}$　……④

③，④より　$\sqrt{13}-\sqrt{10}<\sqrt{a}<\sqrt{13}+\sqrt{10}$

各辺は正であるので，平方して

$23-2\sqrt{130}<a<23+2\sqrt{130}$　……(答)

(2)　①－②より　$6x+4y-3=a$

$6x+4y=a+3$　……⑤

これは直線を表し，2 つの交点 A，B の座標はいずれも①，②をみたすことから，⑤をみたす。したがって，⑤は 2 点 A，B を通る直線の方程式である。

⑤において，$y=0$ とすると　$x=\dfrac{a+3}{6}$

$x=0$ とすると　$y=\dfrac{a+3}{4}$

ゆえに　　$p=\dfrac{a+3}{6}$，$q=\dfrac{a+3}{4}$　……(答)

(3)　p，q が共に整数となるとき，$\dfrac{a+3}{6}$，$\dfrac{a+3}{4}$ は共に整数であるので，$a+3$ は6と4の公倍数，したがって，6と4の最小公倍数12の倍数である。

(1)より　　$26-2\sqrt{130}<a+3<26+2\sqrt{130}$　……⑥

ここで，$2\sqrt{130}=\sqrt{520}$ であり，$22^2=484$，$23^2=529$ より

$$\sqrt{484}<\sqrt{520}<\sqrt{529} \qquad 22<2\sqrt{130}<23$$

したがって　　$3<26-2\sqrt{130}<4$，$48<26+2\sqrt{130}<49$　……⑦

$a+3$ は整数であるので，⑥，⑦より　　$4\leqq a+3\leqq 48$

$a+3$ は12の倍数であるので

$$a+3=12,\ 24,\ 36,\ 48 \qquad \therefore\ a=9,\ 21,\ 33,\ 45$$　……(答)

◀解　説▶

≪2円の交点を通る直線，座標軸との切片が整数となる条件≫

▶(1)　一般に，2つの円の半径が r_1，r_2，中心間の距離が d であるとき，異なる2点で交わるための必要十分条件は，$|r_1-r_2|<d<r_1+r_2$ である。本問の場合，C_1 の中心は C_2 の外部にあるので，C_1，C_2 が外接するとき，$\sqrt{a}=\sqrt{13}-\sqrt{10}$，内接するとき，$\sqrt{a}=\sqrt{13}+\sqrt{10}$ であることから，$\sqrt{13}-\sqrt{10}<\sqrt{a}<\sqrt{13}+\sqrt{10}$ としてもよい（図を描いてみるとよい）。

▶(2)　①－②から，x，y の1次方程式が得られ，これが2点A，Bを通る直線の方程式である。

▶(3)　p，q が整数であることから，$a+3$ が12の倍数であることがわかるので，(1)の結論を利用して，$a+3$ のとりうる値の範囲を求める。その際，$26-2\sqrt{130}$ や $26+2\sqrt{130}$ が，どの連続する2つの整数の間にあるかを調べる必要がある。

❖講　評

2023年度は，2次方程式，確率，図形と方程式，整数の性質からの出題で，ベクトル，数列，微・積分法からの出題はなかった。また，理系との共通問題は出題されなかったが，類似問題が出題された（**1**）。

1．2次方程式 $x^2+ax+b=0$ の解が条件をみたすような点 $(a,\ b)$

の存在範囲を図示する問題。(1)，(2)は基本的である。(3)で実数解をもつ場合と虚数解をもつ場合に分けることがポイントとなる。

2．２人が硬貨を投げ，表の出た枚数が少ない方が相手に１枚の硬貨を渡すという操作を繰り返すときの確率を求める問題。操作を行うことにより，２人の持っている硬貨の枚数が変化することに注意しなければならない。(2)は(1)を，(3)は(1)，(2)を利用することができるので，２人の持っている硬貨の枚数がどのように変化するか調べることになる。内容としては標準的といえる問題である。

3．２つの円が異なる２点で交わる条件，２交点を通る直線と軸との交点の座標が整数となる条件を求める問題。(1)は基本的であるが，絶対値を含む不等式の扱いに注意が必要である。(2)は２つの円の方程式から２次の項を消去した１次方程式が，２つの交点を通る直線を表すことを知らなければ，解くことは難しい。(3)は，(2)の結果から a についての条件を求めることは難しくないが，(1)で求めた範囲の扱い方がポイントとなる。いずれにしても差がつく問題といえるだろう。

全体としては，標準的な問題中心の出題である。基本的な小問を確実に解くこと，誘導の内容を理解することが大切である。

○字あった二〇二二年度に比べると減っているが、これで例年並みである。設問は、二〇二〇年度以降の形式を踏襲していて、字数制限つきの内容説明、書き取りの順になっている。書き取りは五問。字形が複雑なものも含まれているが、難しいものはない。「はっきりと、くずさないで書くこと」という指示を守って、全問正解を狙いたい。内容説明の解答字数は例年どおりの、八〇字三問と一六〇字一問、総記述字数四〇〇字。すべて傍線部の内容を問う設問となっている。部分読解の問一から問三も、「本文全体の論旨」をふまえて解答する問四も、すべて傍線部とその前後を精読することで解答の方向性はつかめるので、書く内容自体は見つけやすいが、指定字数内に収めるのはたいへんである。出版年度や問題文のテーマで違いは見られるが、全体としては例年と変わらない出題である。問題文の内容をできる限り素早く読み取って設問に取りかかり、読み取った内容を正しく記述することにしっかりと時間をかけていきたい。

二　古文（説話）　鎌倉時代に鴨長明が著した仏教説話集『発心集』の一話で、信仰心が足りず立派な最期を遂げることができなかった僧について述べた文章が出題された。設問は、口語訳、内容説明、文法、文学史で、内容説明の二つの問いには、六〇字と五〇字の字数制限が設けられている。問一の口語訳は標準レベル。問二・問三の内容説明（理由説明）は、解答の素材となる範囲がかなり広いので、整理をつけて必要な内容を抽出し、簡潔な表現で答案を仕上げる力量が必要である。問四の文法（助動詞「べし」を適切な活用形にするもの）と問五の文学史（説話集を選ぶもの）は基本レベルで取りこぼしは禁物。

三　漢文（説話）　唐の李瀚が古人の逸話などをまとめた『蒙求』から、文学者が文才を失ったという不思議な出来事を述べた話が出題された。設問は、読み、書き下し文、口語訳、内容説明で、内容説明は五〇字の字数制限が設けられている。問一の読みはやや易、問二の書き下し文は標準レベル。問三の口語訳は「平易な現代語」となるように配慮する。問四の内容説明は、状況を把握することとともに、二度の夢の出来事を要領よくまとめる表現力も求められている。

「用」は「もちゐる」（または「もちゆ」「もちふ」）を基本形とする動詞。「用」「所」「無」の順で「もちゐ（ゆ・ふ）るところなし」と読む。現代仮名遣いだと「もちい（ゆ・う）るところなし」。「無所用」の逐語訳は〝用いることがない〟であるが、自然な表現で訳せば〝無用だ・使い物にならない〟のようになる。

▼問三　「吾《われ》に筆《ふで》有《あ》り、卿《けい》の処《ところ》に在《あ》ること多年《たねん》なり」と読む。「卿」は第二人称。逐語訳は〝私には筆があり、あなたのもとにあるのが長年にわたる〟であるが、わかりやすい表現に整えて解答するのがよい。

▼問四　傍線部(B)自体は〝当時の人はこのことを才能が尽きたと言った〟の意で、「之」は江淹の身に起きたことを指している。具体的には、江淹が見た二つの夢とその後の出来事で、「錦」と「筆」について、それぞれの持ち主だという文学者から返還を求められ、懐にあったものを返すと、それ以降は文章をうまく作ることができなくなったというものである。美しい文様が織り込まれた錦や文字を書くための筆は文才の象徴ともされるもので、文学者の持ち物であったそれらが知らないうちに江淹の懐にあり、求められるままに取り出して返したということは、江淹が自分の持っていた文章の才能を手放し失ってしまったことを意味していると思われる。書くべき内容は次の三点である。

(i)　江淹に
(ii)　懐の錦と筆を元の持ち主の文学者に求められて返す夢を見て
(iii)　後に文才が衰えるということ

❖講　評

一　現代文（評論）　二〇〇〇年に出版された、「消費社会のあり方」をテーマにした社会学の文章で、人文科学系の文章が続いていたここ数年とは異なり、家族論が出題された二〇一〇年度以来の社会科学系の文章からの出題となった。二〇二〇年度を除くと最新に近い文章が出題されてきた近年の傾向を考えると少し以前の文章に見えるが、今の時代にも頻繁に論じられるテーマなので、古いという印象はまったくない。本文の長さは五〇〇〇字を切っており、約五五〇探し、五色の筆一本を見つけ、それを渡した。その後は詩を作っても、まったくすばらしい句が浮かばなかった。当時の人はこのことを才能が尽きたと言った。

読み　江淹《かうえん》、字《あざな》は文通《ぶんつう》。少《わか》くして孤貧《こひん》なり。嘗《かつ》て司馬長卿《しばちやうけい》・梁伯鸞《りやうはくらん》の人《ひと》と為《な》りを慕《した》ひ、章句《しやうく》の学《がく》を事《こと》とせず、情《じやう》を文《ぶん》章《しやう》に留《とど》む。淹文章を以《もつ》て顕《あらは》れ、晩節《ばんせつ》に才思《さいし》微《すこ》しく退《しりぞ》くと云《い》ふ。宣城《せんじやう》の太守《たいしゆ》と為り、時《とき》に罷《や》めて帰《かへ》る。夢《ゆめ》に一人《いちにん》ありて自《みづか》ら張景陽《ちやうけいやう》と称《しよう》し、謂《い》ひて曰《いは》く「前《さき》に一匹《いつぴき》の錦《にしき》を以て相《あ》ひ寄《よ》す。今還《いまかへ》さるべし」。淹懐中《くわいちゆう》を探《さぐ》り、数尺《すうしやく》を得《え》て之《これ》を与《あた》ふ。既《すで》に此《こ》の人大《ひとおほ》いに恚《いか》りて曰く「那《なん》ぞ割《さ》き截《き》りて都《すべ》て尽《つ》くすを得《え》んや」。丘遅《きうち》を顧見《こけん》して、謂ひて曰く「此の数尺《すうしやく》を余《あま》す。既《すで》に用ゐる所無し。以て君《きみ》に遺《おく》らん」。爾《しか》るより淹が文章躓《つまづ》けり。又《ま》た嘗《かつ》て夢《ゆめ》む。一丈夫《いちぢやうふ》自ら郭璞《くわくはく》と称し、謂ひて曰く「吾《われ》に筆《ふで》有《あ》り、卿《けい》の処《ところ》に在《あ》ること多年《たねん》なり。以て還さるべし」。淹乃《すなは》ち懐中を探り、五色《ごしき》の筆一《ひと》つを得《え》、以て之を授《さづ》く。爾る後《のち》は詩《し》を為《つく》るに、絶《た》えて美句《びく》無《な》し。時人《じじん》之を才尽《さいつ》くと謂ふ。

◀解　説▶

▼問一　①「字《あざな》」は実名ではなく呼び名として用いられる名のこと。

②「少」はここでは〝年が若い・幼い〟という意味の形容詞「少《わか》し」として用いられており、〝年が若い頃に・年少の時から〟という意味の副詞的な表現として「少《わか》くして」と読む。

③「都」は〝すべて・皆・まったく・完全に〟の意の副詞として「都《すべ》て」と読む。

▼問二　(ア)「今」は副詞としてそのまま「いま」と読む。「可」は「べし」を基本形とする助動詞で、ここでは当然の用法。「見」はここでは「る」を基本形とする受身の助動詞。「還」は、前の文を踏まえ、〝(預けている錦を) 返す・返還する〟の意で、「かへす」を基本形とする動詞と判断する。「還」「見」「可」の順で「かへさるべし」と読む。現代仮名遣いだと「かえさるべし」。「可見還」の逐語訳は〝(私はあなたに預けている錦をあなたによって) 返還されなければならない〟であるが、〔全訳〕では自然な表現として〝返してもらいたい〟としておいた。

(イ)「既」は「すでに」と読む副詞。「無」は「なし」を基本形とする形容詞。「所」は後の動詞を名詞化する働き。

に慈円が著した史論書。ハの『閑吟集』は室町時代後期の編者未詳の歌謡集。ニの『禁秘抄』は鎌倉時代初期に順徳天皇が著した有職故実の解説書。

三

出典 李瀚《りかん》『蒙求《もうぎゅう》』〈巻上　百四十二〉

解答

問一　①あざな　②わかくして　③すべて

問二　(ア)いまかえさるべし

(イ)すでにもちい〔ゆ・う〕るところなし

問三　私は筆を持っていたが、その筆があなたのもとに何年もある。

問四　江淹に、懐の錦と筆を元の持ち主の文学者に求められて返す夢を見た後に文才が衰えるということが起きた。（五〇字以内）

◆全　訳◆

江淹は、字は文通。少年の頃からみなしごで貧しかった。いつも司馬長卿・梁伯鸞の人となりを慕い、書物の章句についての学問を専らには行わず、情熱を文章に傾けた。淹は文章によって世に知られ、晩年に才知のある優れた思考はいくらか衰えたという。宣城の太守となり、やがて辞職して帰郷した。夢で一人の人がいて、自ら張景陽と名乗り、語って言うことは「以前一匹の（長さの）錦を預けた。すぐに返してもらいたい」。淹は懐の中を探し、数尺（の長さの錦）を見つけてそれを渡した。この人が非常に怒って言うことは「どうして切り裂いてすべてすっかりなくなったものを受け取ることができようか」。丘遅を振り返り見て、語って言うことは「この数尺が残っている。もはや使い物にならない。あなたに差し上げよう」。それ以来淹の文章は出来が悪くなった。また以前夢を見た。一人の男が自ら郭璞と名乗り、語って言うことは「私は筆を持っていたが、（その筆が）あなたのもとに何年もある。返してもらいたい」。淹はそこで懐の中をざりならず、貴くて終はり給ひしにあらずや」は、ましてや蓮花城は深い信仰心を持って尊い死を迎えたのではないのかということ。「かたがた何の故にや、思はぬさまにて来たるらん」は、いずれにしてもどのような理由で思いがけない様子で（＝死後に物の怪となって）やって来ているのだろうかということ。以上の内容を六〇字以内にまとめる。書くべき内容は次の三点である。

(i)　長年親交があり恨まれる覚えもなく

(ii)　深い信仰心を持って尊い死を遂げたはずの蓮花城が

(iii)　物の怪となって登蓮の前に現れた

▼問三　傍線部(B)は、「ある人」が語った言葉についての筆者の感想で、〝このことは、いかにもそうだと思われる〟というもの。「ある人」の言葉は、すべての行状やその結果は本人の心がけ次第であり、仏道への信仰心が不足しているにもかかわらず仏の加護を得ようとするのは無理があるのではないか、という内容である。筆者はこのことを、臨終に心が揺らいで往生を遂げることができなかった蓮花城の有様と重ね合わせ、たしかにその通りだと感じたものと考えられる。書くべき内容は次の二点である。

(i)　死に際に未練を残した蓮花城は

(ii)　信仰心の不足により仏の加護を得ることができなかった例に相当する

▼問四　a、係助詞「こそ」の結びで、已然形「べけれ」とする。

b、後の「なら」は断定の助動詞「なり」なので、連体形「べき」とする。

c、後の「構へ」は名詞なので、連体形「べき」とする。

d、通常の文末なので、終止形「べし」とする。

▼問五　『発心集』は鎌倉時代初期に鴨長明が著した仏教説話集。選択肢の中で説話集（仏教説話集）は鎌倉時代中期に無住が著したホの『沙石集』である。イの『山家集』は平安時代末の西行の私家集。ロの『愚管抄』は鎌倉時代初期

気は仏の力によってきっと癒えるだろう。このことを理解せず、心は自分のせいで浅く、（心が浅いにもかかわらず）御仏の加護をあてにするのは、不確かなことである」と語りました。このことは、いかにもそうだと思われる。

◀解　説▶

▼問一　①「年ごろ」は〝何年もの間・長年〟の意。「年ごろありて」で〝何年も過ぎて・長年経って〟のように訳す。

②「さる」は「さある」が縮まったもの、「べき」は当然や運命を表す助動詞「べし」の連体形で、「さるべき」は文字通りに訳すと〝そうであるはずのこと〟であるが、ここでは、現世で起こることはすべて前世から定まっているという仏教思想に基づいた表現として、〝（そのようなはずの）前世からの因縁〟と解釈するのがふさわしい。登蓮は、蓮花城が自分の死を悟り、自ら入水して立派な最期を遂げようとしていることについて、そのように決意して実行するのは前世からの因縁だととらえているのである。「にこそあらめ」の「に」は断定の助動詞「なり」の連用形、「こそ」は強調を表す係助詞、「あら」はラ行変格活用動詞「あり」の未然形、「め」は推量の助動詞「む」の已然形（係助詞「こそ」の結び）で、〝であるだろう〟と訳す。

③「あはれ」は感動詞で〝ああ〟と訳す。「ただ今」は〝今すぐに〟の意の副詞（連語）、「制し」は〝止める・やめさせる・制止する〟の意味の動詞「制す」の連用形。「給へ」は尊敬語補助動詞の用法の「給ふ」の命令形、「かし」は念押しの終助詞で、「〜給へかし」で〝〜てくださいよ〟と訳す。

④「火水に入る」は、三つ前の文の「身灯、入海（＝入水）」にあたる意味で、自ら死ぬために火や水に身を投じるということ。「なのめならず」は、〝並一通りだ・普通だ〟という意味の形容動詞「なのめなり」に打消の助動詞「ず」が付いた連語で、〝並一通りではない・際立って著しい〟の意。

▼問二　傍線部(A)は、蓮花城と名乗る霊に対する登蓮の言葉で、〝このことは、納得できない〟の意。登蓮が納得できないと思った理由は、その後の言葉に述べられている。「年ごろあひ知りて、終はりまでさらに恨みらるべきことなし」は、登蓮は蓮花城と長年親交があり、臨終までまったく恨まれるはずがないということ。「いはんや発心のさまなほ

って、このようにやって来申し上げているのである」と言った。これこそは本当に前世につくった因業だと思い当たっております。一方ではまた、後の時代の人の戒めときっとなるにちがいない。

人の心は、見定めるのが難しいものであるので、（このような行いは）必ずしも清らかで美しく飾らず素直な気持ちからも生じない。ある者は、他人より勝っているという良い評判にも執着し、ある者は、おごり高ぶりや嫉妬を原因として、愚かに、焼身や、海に入水をする者は浄土に往生するとだけ思い込んで、気持ちが焦るのにまかせて、このような行状を思い立つことをしてしまうでしょう。とりもなおさず異教の苦行と同じだ。とんでもない誤った考え方と言わなければならない。だから、火や水に入る（＝火や水に身を投じて死ぬ）苦しみは並一通りではない。その意志が深くないならば、どうして堪え忍ぶことができるだろうか。苦しみや患いがあると、また心は穏やかでない。仏の助け以外には、乱れなく正しい信仰心でいるようなことはこの上なく難しい。〔中略〕

ある人が言うことは、「さまざまな行いは、すべて自分の心にある。自分から励み勤めて、自分で知らなければならない。他人には見当をつけるのは難しいことである。すべて過去の（後の果報の原因となる）一切の善悪の行為も、未来の因果の応報も、御仏の加護も、じっと考えて、自分の心の持ちようを穏やかにしたならば、きっと自分で自然と推察がつくにちがいない。ともかくも、一例を示す。もし人が、仏道を修行するようなことのために山林にも入り、一人で広い野原の中でも過ごすような時に、それでも身を危ぶみ、命を惜しむ心があるならば、必ずしも仏がお守りくださっているだろうとは期待することができない。垣根や壁をも周囲に巡らし、逃げることができる準備をして、自分で身を守り、病気を治して、少しずつ（修行が）進むようなことを願うのがきっとよい。もしすっかり仏に差し上げた身と思って、虎や狼がやって来て襲ったとしても、むやみに恐れる心はなく、食べ物がなくなって飢え死にするとしても、嘆かわしくなく思われる段階になってしまったならば、仏も必ずお守りくださり、菩薩も聖衆（＝極楽浄土にいる菩薩たち）もやって来て、お守りくださるにちがいない。一切の悪鬼も害獣も、（襲う）機会を得るはずがない。盗人は思慮を生じさせて去り、病そのような行為は愚かでものの道理を理解できない人がする所業である」と言って、戒めたけれども、まったく気が変わることなく固く決意していることと思われたので、「このように、これほど決心なさっているような状況に至っては、留めることができない。そのようなはずの前世からの因縁であるだろう」と言って、その時の準備などを、協力して、一緒に手配した。

（蓮花城は）とうとう、桂川の深い所に行き着いて、念仏を大きな声で唱え申し上げ、時を経て、水の底に沈んだ。その時、（蓮花城の入水の噂を）聞き及ぶ人が、市場のように（おおぜい）集まって、少しの間は、尊く思って悲しむことはこの上ない。登蓮は長年親しくしていたのになあと、しみじみ悲しく思われて、涙を拭いながら帰ってしまった。

こうして何日も過ぎるにつれて、登蓮が物の怪のせいのように思われる病になる。周囲の人は不審に思って、たいへんなことだと思ったうちに、霊が現れて、「かつての蓮花城」と名を告げたので、（登蓮は）「このことは、納得がいかない。長年の間親しくして、臨終までまったく不満に思われるはずのことはない。ましてや悟りを得ようとする心の様子は並一通りではなく、立派な様子でお亡くなりになったのではないか。いずれにしてもどのような理由で、思いがけない様子でやって来ているのだろうか」と言う。

物の怪が言うことは、「そのことである。よくぞ止めてくださったのに、自分の心の持ちようを知らずに、取り返しのつかない死に方をしております。別段他人に対してのことでもない（他ならぬ自分自身のことな）ので、その間際に考え直しそうだとも思われなかったけれども、どのような仏道を妨げる魔物のすることであったのだろうか、ちょうど水に入ろうとした時に、急に後悔する気持ちになっておりました。けれども、あれほどの人の中で、どうして自分の判断で気を変えることができるだろうか。ああ、今すぐに止めてくださいよと思って、（あなたと）視線を合わせ（ようとし）ていたけれども、（あなたは）知らん顔で、『もうこうなったら早く早く』と促して、（私は水に）沈んでしまうようなことへの残念な気持ちで、何の往生のことも思い浮かばない。思いがけない悪道に入っているのです。このことは、私の愚かな罪であるので、他人（＝あなた）を不満に思い申し上げてよいことではないけれども、死に際に残念だと思った一心によ要がある。

二

出典 鴨長明『発心集』〈巻三 第八話 蓮花城入水事〉

解答

問一 ①何年も過ぎて

②そのようなはずの前世からの因縁であるだろう

③ああ、今すぐに止めてくださいよ

④火や水に身を投じて死ぬ苦しみは並一通りではない

問二 長年の親交があり恨まれる覚えもなく、深い信仰心を持って尊い死を遂げたはずの蓮花城が、物の怪となって登蓮の前に現れたから。（六〇字以内）

問三 死に際に未練を残した蓮花城は、信仰心の不足により仏の加護を得ることができなかった例に相当するから。（五〇字以内）

問四 a、べけれ b、べき c、べき d、べし

問五 ホ

◆全 訳◆

近年、蓮花城といって、人に知られている聖がいた。登蓮法師が知り合って、何かにつけ、思いやりを向けては（時が）過ぎたうちに、何年も過ぎて、この聖が言ったことは、「今は、年が過ぎるにつれて衰弱して参りますので、死期が近づくことは疑いようもない。死に際に乱れなく正しい信仰心を保って亡くなって参りますようなことが、この上ない望みでございますので、心が清らかになっている時に、入水をして、臨終を迎えようと思います」と言う。

登蓮は聞き、驚いて、「あってよいことでもない。あと一日であっても、念仏の功徳を積もうと願いなさるのがよい。

①［消費社会の進展］

(1) 機能から記号（Ⅱ第五～第八段落・Ⅲ第一段落）

(2) 近代社会からポストモダン（Ⅲ第三段落）

＝ただ一つの論理の制御に服しているという世界観から、多元的な論理によって構成されているという世界観へ

＝一元的世界観から多元的世界観

②「他者志向」（Ⅲ第四段落）

(1) 自らの行為を決定する際に、伝統や自己の内部に確立された価値観や信念ではなく、他者の視線にどう映るかを準拠点にする

(2) アイデンティティは状況によってその都度構成される流動的・多元的なものになる

アイデンティティは記号や物語の消費を通して構成されるものとなる

⓪「だから」（Ⅲ第五段落）

(1) 物語の多元化が進行して、記号的価値が多元化・細分化する

(2) 相互に不透明なものとなっていく＝お互いの姿が見えにくくなっていく

③「②さえも困難にする」（Ⅲ第四段落＋辞書）

他者志向（＝他者による自己決定）すら難しくなる

▼問五

(e)〝たわむれに描いた絵〟〝滑稽な絵〟〝風刺的な絵〟などの意味がある。

(b)「衛」、(c)「厳」、(d)「献」、(e)「戯」のように画数が多く、急いで書くと線が重なって文字の形がよくわからなくなるものが解答に含まれている。「はっきりと、くずさないで書くこと」という条件がついているので、急いで雑に書いたり、くずした文字を書いたりするのではなく、一点一画、一つ一つの線を丁寧に書いていくことを心がける必

④自動車を大量に安価に提供するために部品や組立工程を徹底的に規格化する（Ⅲ第一段落）

▼問四　「本文全体の論旨をふまえたうえで」とあるが、設問自体は「どういうことか」と傍線部の説明を求めるものなので、①「消費社会の進展」②「他者志向」③「困難にしていく」の三点に分けて、それぞれを言い換えていくことを考える。まず傍線部(エ)の中に「だから」とあるので、前文の内容を傍線部の前提という形で、⓪として解答に組み込む（書くにあたって最初に書かなければならないということではない）。「だから」がうけている傍線部の前文を見ると、「記号的価値自体が、多元化・細分化し、相互に不透明なものとなっていく」とあるが、「記号的価値」は、「『機能』から『記号』へ」（Ⅲ第一段落）という変化を「商品」にもたらした①「消費社会の進展」によるものである。Ⅱ第五段落以降や、ⅢのＧＭとフォードの比較などにも記されている。そして、Ⅲにある〈フォードからＧＭへという変化〉は、Ⅲ第三段落で〈近代社会（モダン）からポストモダンへの変化〉と重ねられ、その結果現れたものがⅢ第四段落にある〈「他者志向」という「アイデンティティのあり方」の「変容」〉である。この中身についてはそのあとに「自らの行為を決定する際に、……他者の視線にそれがどう映るかということを準拠点にする」「他者志向の人々にとって、……流動的・多元的なものとなる」「アイデンティティはこうして記号や物語の消費を通して……不断のプロジェクトとなる」と説明されている。以上の内容で①も②も言い換えていくことができるが、この内容が「だから」のうけている「記号的価値自体が、多元化・細分化し、相互に不透明なものとなっていく」につながるので、ここに⓪を置くとわかりやすい。その際、「相互に不透明なものとなっていく」を、「不透明」＝〝透明でなく、向こうにあるものが見えない〟という辞書的な意味を利用して、〝相手のことが見えなく／見えづらくなる〟と言い換えておくと、〈相手のことが見えなくなって、他人を準拠点にできなくなっていく〉ということになり、③の「（他者志向さえも）困難にしていく」にスムーズにつながっていく。③に関しては、「困難」を辞書的に言い換えて全体を締めくくったのでいいだろう。以上の流れは、文章の冒頭から書かれている「消費社会」がもたらしたものと重なり合っているので、「本文全体の論旨」をふまえることにもなっている。解答要素は次のとおり。

六段落の「企業の広告戦略は、……システムとして組織化するものだ」やⅡ第八段落に「記号的差異の操作――つまりは広告戦略」にあるように、「企業」はこのことを「広告」を通しておこなう。傍線部の前にある「資本（＝企業）」が「広告への出資を通して需要を自分自身の力でつくり出すような自己準拠システムとして作動しはじめる」も、これにつながる内容である。以上の〈広告→差異→需要〉という流れを、対称軸として「欲求」―「機能」と対比させ、文末に「空間」または辞書的な言い換えである〈環境〉などを置いてまとめていく。解答要素は次のようになる。

①個人の自然な欲求とそれを充足する商品の機能を問題にはしない／重視しない　（Ⅱ第七段落）
②資本が広告への出資を通して創出する　（Ⅱ第八段落）
③人々の間の相互差異化（＝他人とは違った自分でいようとする心情）をかき立てる　（Ⅱ第六段落）
④（②、③の結果）需要を生み出す環境／空間　（Ⅱ第六段落・Ⅱ第八段落）

▼問三　「どういうことか」と言い換えを求める設問ではあるが、主語にあたる「フォードの生産システムの要は」の部分は、傍線部(ウ)のテーマともいえる部分なので「要」を辞書的に〈重視していた・中心にすえていた〉などと言い換えるくらいでいいだろう。そのうえで「徹底した機能性と合理性」を言い換えるために、Ⅲ第一段落の「部品や組立工程を徹底的に規格化することによって、……自動車を大量かつ安価に提供」、Ⅲ第二段落の「フォード・システムの場合この目標はどこに置かれていたのか。……。……人間的な欲求の自然性を準拠点とした上で、その欲求をどれだけよく充足し得るか、という観点から合理性や機能性は測定されていた」などを用いていく。解答要素は次のようになる。

①フォード（の生産システム）は……を重視していた／中心にすえていた
②人間に内在する「自然な」欲求　（Ⅲ第二段落）
③②をどれだけ充足するかという観点　（Ⅲ第二段落）

持つ……力」という構文になっているので、〈変化の前後〉にあたる①、③については〈「商品」が人間に対してどのような「力」を発揮するか、どのような影響を与えるか〉ということを意識して内容を整理していくと、傍線部と対応した構文の解答を作成することができる。解答要素は次のとおり。

①〔変化前〕

伝統的な諸制約　社会的な諸規定「身分の境界」がある（Ⅱ第四段落）

②〔変化のきっかけ〕

（1）消費社会の到来（Ⅱ第一段落）

（2）商品化　商品に自由にアクセスできる（Ⅱ第二段落）

③〔変化後〕

（1）①から自由になる　①とは無関連になる　①に縛られなくなる（Ⅱ第四段落）

（2）自分自身の「自然な」欲求にしたがい自由に商品を購入し享受する消費者になる（Ⅱ第四段落）

▼問二　一つ前のⅡ第七段落に「一定の記号システムあるいは一つの物語」とあるように、「物語」とは「記号システム」のことである。そして「記号システム」とは、傍線部(イ)の直前に「この需要は、……創出される」とあるように〈需要を創出するために用いられるもの〉である。〈なぜ記号が需要を創出するのか〉に関しては、Ⅱ第七段落の「商品にとって重要なのは、その『機能』ではなく『記号』としての差異の表示だ」「記号は他の記号との連鎖において存在するものであり、……構成することになる」が手がかりになる。Ⅱ第六段落の「第二に、今日の消費は、……人々が互いに差異化を競う営みである……。いいかえるとそれは、……人々の間の相互差異化のゲームという社会的活動の観点から見られるべきものなのだ」やⅡ第七段落の「要するに、消費行為を、……もはや現実的ではない」を合わせて考えると、「記号」と「需要」とをつなぐものとして「差異」があることが読み取れる。〈「記号システム」が生み出す「差異」を意識することで「需要」そしてその先にある「消費」が生まれる〉ということである。そしてⅡ第

・記号や物語の消費を通して構成・再構成されるような不断のプロジェクトとなる

↓

物語の多元化が進行

・記号的価値自体が多元化・細分化

・相互に不透明なものとなっていく

↓

消費社会の進展は、他者志向さえをも次第に困難にしていくような過程である　（問四）

＊

▼問一　直前にある「第一のそれ」＝「アクセスへの制限から自由」を別の表現で言い換えたものが傍線部(ア)で、「伝統的身分制のシンボリズムを……どのように敗退していったかを描き出し」た「グラント・マクラッケン」や、〈「伝統的社会」における「服装」〉〈「階級を示すステータスシンボルとして」の「古光沢」〉を例に説明されている。さらにこのことを「消費する人々の側」という別の角度から、「伝統的な諸制約から……相対的に無関連な『人間』としての消費者が市場に登場してきた」「これら『個人』『人間』としての消費者は……自由に商品を購入し享受する」とも述べている。解答はここにある事柄をまとめていけばよいが、傍線部に「相対化」「均質化」という言葉が含まれている。「化」という接尾語は〈変化〉を表すので、〈変化〉の説明が求められていると考えて、①〈変化前〉②〈変化のきっかけ〉③〈変化後〉に分けて、内容を整理していく。②の〈変化のきっかけ〉はマクラッケンの言葉にも出てくる「商品化」であるが、この段落の内容から考えて〈それまで商品とはなりえなかったものが商品になっていくこと〉ということも入れておきたい。Ⅱ第二段落にある〈「商品＝物語」が「誰に対しても……自由にアクセスできる場所におかれて」〉という表現が使いやすい。このように〈「商品」とはなりえなかったものを「商品」にしていった〉ものは「消費社会」なので、②には「消費社会」のことも書いておいた方がいいだろう。また傍線部が「商品の

2

フォードの生産システムの要

徹底した機能性と合理性（問三）

• 人間的な欲求の自然性を準拠点とした上で、その欲求をどれだけよく充足し得るかという観点から測定されていた

3

フォード的な機能性や合理性への信憑＝近代社会が発生以来もちつづけていた世界像

• 世界を一貫して合理化していこうとする運動であり、またそのような徹底した合理化が可能であるという信念
• 世界が全体として特定の方向に向かって進歩していくという世界観
• 世界がただ一つの論理の制御に服しているという世界観

↓「消費社会化の進行」

世界は多元的な論理によって構成されるものであるという感覚が浸透していく

4・5

アイデンティティのあり方も変容

「他者志向」

• 自らの行為を決定する際に、他者の視線にどう映るかということを準拠点にする
• 状況によって容易に変化する

↓

アイデンティティ

• 状況に応じてその都度構成されるような流動的・多元的なものとなる

商品の持つ相対化・均質化の力（問一）

•伝統的な諸制約から自由な「個人」としての消費者、社会的な諸規定から無関連な「人間」としての消費者が登場

•自分自身の「自然な」欲求にのみしたがい自由に商品を購入し享受する

5〜7

第二の自由（＝物的な制約から自由）

消費社会は欲求の「自然性」それ自体から欲求を自由にする

•新しい欲求に応える商品は、モノとしての機能から自由な存在となる

•商品にとって重要なのは、「機能」ではなく「記号」としての差異の表示

8

自然性から解放された欲求は、記号的差異の操作（＝広告戦略）によって生産システムの変数として操作され得る

↓

商品の流通する空間は次第に物語空間へと変貌していく（問二）

Ⅲ【現実感覚の変容／アイデンティティの変容】（「機能」から「記号」へという……過程なのである）

1

「機能」から「記号」へ

ＧＭのフォードに対する勝利は、アメリカの資本主義が新しい段階に入ったことを明瞭に示す

新しい段階＝「機能」ではなく「記号」の消費を軸とする段階

＝需要が資本によって外的な（自然な）制約ではなく自己準拠的に創出しうるものとなる段階

＝消費社会という段階

近代社会を特徴づけていたものは、世界はただ一つの論理の制御に服しているという世界観だったが、消費社会によって世界は多元的な論理によって構成されるという感覚が浸透し、アイデンティティのあり方も、「他者志向」と呼ばれる流動的・多元的なものへと変容して、記号や物語の消費を通して構成・再構成されるものになっていく。そして物語の多元化が進行すれば、記号的価値は多元化・細分化し、相互に不透明なものとなっていく。消費社会の進展は他者志向さえをも次第に困難にしていくような過程である。

◀解　説▶

一行空きのところで、大きくⅠ、Ⅱ、Ⅲと分けていくこととする。各段落の後にある表題は、原著に添えられていたものである。また1・2、…は段落番号である。

Ⅰ【現代社会としての消費社会】（資本主義的諸社会の……手がかりがある）

1・2

消費社会

消費社会の中で商品は、広告の紡ぎ出すさまざまな物語に包まれて人々の目の前に現れる

↓消費社会のあり方を理解するための手がかり

Ⅱ【自由の空間】（「夢のような」という表現を……変貌していくのである）

1〜3

消費社会において各商品のまとう物語は、外的な制約から二重の意味で自由

［第一に］アクセスへの制限から自由

［第二に］物的な制約から自由

4

二つの自由のうち第一のそれ（＝アクセスへの制限から自由）

一

出典　浅野智彦「消費社会とはどのような社会か？」（大澤真幸（編）『社会学の知33』新書館）

解答

問一　消費社会の到来でモノは自由にアクセスできる商品となり、伝統的な諸制約や諸規定に縛られていた人々を、自然な欲求にしたがって商品を享受する消費者に変えたということ。（八〇字以内）

問二　個人の自然な欲求とそれを充たす機能ではなく、人々の間の相互差異化の欲求とそれに対応する記号的差異を、資本が広告を通して操作し、需要を生み出すシステムをもつ空間。（八〇字以内）

問三　フォードの生産システムは、人間に内在する自然な欲求を充足させるために、部品や組立工程を徹底的に規格化して大量に安価に商品を提供することを重視していたということ。（八〇字以内）

問四　機能より記号的価値を重視する消費社会の進行で多元的世界観が浸透し、他者の視線を準拠点に自らの行為を決定する人々にとってアイデンティティも記号や物語の消費を通してその都度構成される流動的・多元的なものとなる。これが進み、記号的価値自体が多元化・細分化しお互いが見えづらくなると、他者による自己決定すら難しくなるということ。（一六〇字以内）

問五　(a)接触　(b)防衛　(c)厳密　(d)貢献　(e)戯画

◆要　旨◆

消費社会は個人の自然な欲求から欲求を自由にする。商品にとって重要なのは、「機能」ではなく「記号」としての差異の表示であり、欲求は、記号的差異の操作（＝広告戦略）によって生産システムの変数として操作され得るものになる。

////////////////////// · memo · //////////////////////

2022年度

解答編

解答編

英語

I **解答**　問1．(あ)　問2．(あ)・(え)　問3．(え)
問4．全訳下線部(3)参照。
問5．全訳下線部(4)参照。
問6．(あ)・(う)

◆全　訳◆

≪光害が夜行性の生物に与える影響≫

電灯は私たちの世界を変えつつある。世界の人口の約80％が，今では夜空が人工の光で汚染されている場所に住んでいる。人類の3分の1がもはや銀河を見ることはできない。しかし夜間の光はさらに深刻な影響を及ぼしている。人だと，夜間の光害は，睡眠障害，うつ病，肥満，さらには一部のがんとも関連づけられてきた。研究によると，夜行性動物は夜間の光レベルがわずかに変化しただけでも行動を変えることがわかっている。フンコロガシは，光害によって星が見えなくなると，あたりを移動する際に方向感覚を失ってしまう。光はまた，生物種間の相互作用をも変えてしまうことがある。蛾のような昆虫は，光のせいで捕食生物からうまく逃れることができなくなると，コウモリに食べられる恐れが高まるのだ。

海や海岸の生き物がどう対処しているかについては，比較的わずかなことしか知られていない。光害にさらされたクマノミはうまく生殖できない。卵が孵化するには暗さが必要だからである。ほかにも，光がありすぎると，夜間もずっと活動的な魚もいて，昼間に身を隠している場所から普段より早く出てしまい，捕食生物に身をさらすことが増えてしまう。こうした影響は，海岸沿いの家や，遊歩道，ボートや港から発せられる人工の光に直接さらされている場所で観測されており，夜行性海洋生物への光害の影響は，かなり限られていることを示唆するかもしれない。

ただし，街灯からの光が上向きに出ている場合は，大気中に拡散してから，地面に反射してくる。夜間に田舎で屋外にいる人なら誰でも，遠くの都市や町の上空の明るさとして，この効果に気づくだろう。このような形の光害は，人工的な夜空の明るさとして知られており，直射光による光害からすると約 100 倍薄暗いものだが，はるかに広い範囲に拡散する。それは今では世界の 4 分の 1 の海岸線の上で見られ，そこから数百キロメートル沖の海にまで及ぶこともある。人間はあまり夜間に物を見るようにはできていないので，夜空の明るさの影響は無視できる程度に思われるかもしれない。しかし海や海岸の生物の多くは微光に対して非常に敏感である。夜空の明るさはそういう生き物たちの夜空の知覚の仕方を変え，最終的にはその生息に影響を与えていることもありうるのだ。

私たちは，夜間に餌を探して動き回る道標として月を利用することで知られている，海岸に生息する甲殻類の小さなハマトビムシを使ってこの考えを検証した。ハマトビムシは体長 1 インチに満たないが，ヨーロッパ全域の砂浜でよく見られ，空中に数インチもジャンプする能力があることから，そういう名前がついている。彼らは昼間は砂の中にもぐり，夜になると腐りかけの海藻を餌にするために姿を現す。彼らは海岸に打ち上げられた藻類から栄養素を分解し，再利用することで，その生態系において重要な役割を果たしているのだ。

私たちの研究では，19 夜にわたり海岸に均一な薄暗い光の層を投げかける，光を拡散する球体に入れた白色の LED ライトを使って，人工的な夜空の明るさの影響を再現した。満月が出ている晴れた夜間ならば，ハマトビムシは，ごく自然に海藻が見つかりそうな岸辺に向かって進むだろう。私たちの人工的な夜空の明るさの下では，彼らの動きははるかにもっとばらばらだった。

(3)ハマトビムシは移動する頻度が下がって，餌を食べる機会を逃すことになったが，そのことは，彼らには栄養素を再循環させる生物としての役割があることから，生態系に，より広範囲にわたる影響を及ぼすかもしれない。人工的な夜空の明るさは，ハマトビムシが迷わず進むための月の利用の仕方を変えてしまう。しかし，羅針盤として月や星を利用するのは，アシカや鳥類，は虫類，両生類，さらには昆虫も含む，さまざまな海洋動物や陸上動物の間に共通する特性なので，さらに多くの生き物が夜空の明るさに対して脆弱である可能性が高い。しかも，夜間の地球がますます明るさを増しているという証拠もある。科学者たちによると，2012 年から 2016 年までに，地球上の，人工の光で照らされた屋外の範囲が，毎年 2.2 %ずつ増加していることがわかったのだ。

私たちは，研究者として，光害がどのようにして海岸や海の生態系に影響を及ぼしているかを，さまざまな動物の生育に及ぼす影響や生物種間の相互作用，さらには分子レベルでの影響にも焦点を当てることによって，明らかにすることを目標としている。(4)光害が夜行性の生物に影響するのかどうか，（するのであれば）それはいつ，どのようにしてなのかを理解することによってはじめて，私たちはその影響を和らげる方法を見つけることができるのだ。

◀解　説▶

▶問 1．(あ)「コウモリは蛾を食べているときは，捕食者からうまく逃れることができない」 第 1 段最終文（Insects such as …）に，蛾は光があると捕食動物から逃れにくくなり，コウモリに食べられる恐れが高まると述べられているが，コウモリが捕食動物から逃れるわけではないので，本文の内容に合致せず，これが正解。

(い)「クマノミは夜間の繁殖上の問題を経験する」 第 2 段第 2 文（Clownfish exposed to …）に，光害にさらされたクマノミはうまく繁殖できないと述べられており，一致。

(う)「フンコロガシは混乱して，どこへ向かったらいいかわからなくなる」 第 1 段第 7 文（Dung beetles become …）に，フンコロガシは光害によって方向感覚を失ってしまうと述べられており，一致。

(え)「魚は自分たちを餌とする他の魚に食べられる危険性が高まる」 第 2 段第 3 文（Other fish stay …）に，クマノミ以外の魚も，光がありすぎると捕食生物に身をさらすことが増えてしまうと述べられており，一致。

▶問 2．選択肢における It はいずれも artificial skyglow「人工的な夜空の明るさ」を指している。

(あ)「それは，科学者によってハマトビムシと LED ライトを使って調査されている」 第 4 段第 1 文（We tested this …）と第 5 段第 1 文（In our study, …）に，筆者を含む科学者たちが，ハマトビムシと LED ライトを使って行った調査の手順が述べられており，一致。

(い)「それは，海のはるか沖でしか見つけられない」 第3段第4文（It's currently detectable …）に，それは世界の4分の1の海岸線の上で見られ，そこから数百キロメートル沖の海にまで及ぶことがあると述べられており，不一致。

(う)「それは，遠く離れた田舎の上空で輝きを放つ都市からでも容易に気づくことができる」 そもそも，「田舎の上空で輝きを放つ都市」は意味が通らない。また，第3段第2文（Anyone out in …）に，夜間に田舎で屋外にいる人なら誰でも，遠くの都市や町の上空の明るさとして，その効果に気づくと述べられており，artificial skyglow は都市ではなく田舎から見て気づくものだとわかるので，不一致。

(え)「それは，夜間に人工の光が拡散することで作られる」 第3段第1文（Except, when light …）および同段第3文（This form of …）に，街灯から出る光が大気中に拡散して，地面に反射する仕組みと，それが人工的な夜空の明るさとして知られる現象となっていることが述べられており，一致。

▶問3．(あ) A．「魅力的な」 B．「無感覚な」
(い) A．「重要ではない」 B．「抵抗力のある」
(う) A．「目に見えない」 B．「引きつけられて」
(え) A．「無視できるほどの」 B．「敏感な」

A．空所を含む文の前半で，人間はあまり夜間に物を見るようにはできていないと述べられており，夜空の明るさの影響もあまり受けないはずなので，選択肢の中では(い)か(え)に絞られる。

B．空所直後の文（Skyglow could be …）に，夜空の明るさが海や海岸の生き物たちの夜空に対する知覚の仕方を変えてしまうと述べられているため，それらの生き物は夜間の光に敏感だと考えられる。

よって，(え)が正解。

▶問4．**They migrated less often,**

このTheyは第4・5段（We tested this … much more random.）で調査対象となっている sand hopper「ハマトビムシ」を指す。migrate「移動する」 less often は migrate する頻度に関して述べた部分なので，migrate less often で「移動する頻度が下がる〔減る〕，それほど頻繁に移動しなくなる」などの訳が考えられる。

missing out on feeding opportunities

この部分は分詞構文で，and missed ～と考えて訳すとよい。miss out on ～「～の機会を逃す，～を取り損なう」 feeding opportunities「餌を食べる機会」

which, due to their role as recyclers, could have wider effects on the ecosystem.

この which は直前に述べられた内容を先行詞とする関係代名詞。普通は前にコンマがあり，継続用法となる。「このために～，これが～」というように訳を補うとよい。due to ～「～のために，～のせいで」 recyclers は文字通りだと「リサイクル業者」だが，第４段最終文（They play an …）に，ハマトビムシが海藻の栄養素を分解し，再循環させることで，生態系において重要な役割を果たしていると述べられていることから，「栄養素を再循環させる生物」というような訳が考えられる。could は現在，あるいは未来のことに対する推量を表す用法で「～ということもあり得る，～かもしれない」という意味。have wider effects on ～「～により広範囲の影響を与える，～により広い範囲の影響を及ぼす」 ecosystem「生態系」

▶問５．**Only by understanding if, when and how light pollution affects nocturnal life (can we find)**

文全体が，Only by *doing* で始まり，主文が can we find のように倒置形となっている点に注目する。直訳すると「～することによってのみＳがＶする」となるが，「～することによってはじめて〔ようやく〕ＳはＶする」とするのが日本語として自然。understanding 以下の節は understand の目的語となる名詞節。if はここでは「～かどうか」の意味。if, when and how にはいずれも light pollution affects nocturnal life が続くので，「光害が夜行性の生物に影響するのかどうか，それはいつ，どのようにしてなのか」とすると，訳の繰り返しを避けることができる。light pollution「光（ひかり）害」 nocturnal life「夜行性の生物」

can we find ways to mitigate the impact.

find の目的語である ways「方法」の後に ways を修飾する to 不定詞句が続く形。mitigate「～を和らげる，～を軽減する」 impact「影響」

▶問６．(あ)「世界の人々の３分の１が人工の光に邪魔されて，銀河を見ることができない」 第1段第2・3文（Around 80% of … the Milky Way.）に，世界の人口の約80％が，夜空が人工の光に汚染された場所に住み，人類の3分の1が銀河を見ることができないと述べられているので，一致。

(い)「長い時間をかけて，海洋動物は最終的に人工の光に慣れる」 第2段第1文（Relatively little is …）に，海や海岸の生き物がどう対処しているかについてはわずかなことしか知られていないと述べられており，海洋動物がやがて人工の光に慣れると判断はできないはず。また，この対処の中身については同段第2文（Clownfish exposed to …）に，光害にさらされると生殖できなくなるクマノミの例があり，海洋動物が人工の光にうまく対処できないこともわかるので，不一致。

(う)「研究者は世界中で人工の光が増えていることを明らかにしている」 第6段最終文（From 2012 to …）に，科学者たちによると地球上の，人工の光で照らされた屋外の範囲が毎年2.2％ずつ増加していることがわかったと述べられており，一致。

(え)「ハマトビムシは，自然の月の光に比べて，人工的な夜空の明るさの下ではより用心深くなった」 第5段最終2文（During clear nights … much more random.）には，ハマトビムシは月の光があれば餌である海藻の見つかりそうな岸辺に自然に向かうだろうに，人工的な夜空の明るさの下では，動きがばらばらだったと述べられている。用心深くなっているわけではないので，不一致。

(お)「ハマトビムシは，打ち上げられた魚を食べて，海洋生態系の栄養素の循環に貢献している」 第4段最終2文（They bury in … on the beach.）から，ハマトビムシは，魚ではなく海藻を餌にして，その栄養素の循環に貢献しているとわかるので，不一致。

(か)「夜空の明るさは，海や海岸の生き物がその光によって深刻な影響を受けるほど，海岸に直接当たる光よりもさらに明るく輝くことがある」 第3段第3文（This form of …）に，人工的な夜空の明るさとして知られている光害は直射光によるものより約100倍薄暗いと述べられており，不一致。

●語句・構文●

(第1段) be linked to ～「～と関連がある」 sleep disorder「睡眠障害」

depression「うつ病」 obesity「肥満」 modify「～を変更する」 disorient「～の方向感覚を失わせる」 navigate「～を移動する」 interact with each other「相互に作用する」 moth「蛾」 vulnerable to being *done*「～される恐れがある，～されやすい」 evade「～を避ける，～から逃れる」 predator「捕食動物」

（第2段）fail to *do*「～できない」 reproduce「生殖する，繁殖する」 promenade「遊歩道，散歩道」

（第3段）except「ただし」 the atmosphere「大気」 dim「薄暗い」 direct light「直射光，直射日光」 detectable「見つけられる」 be well adapted to～「～にうまく適応している」 organism「生命体，生物」 ultimately「最終的に」

（第4段）nightly「夜間の」 emerge「現れる」 feed on～「～を餌にする」 rotting「腐りかけの」 seaweed「海藻，海草」 break down～「～を分解する」 nutrient「栄養，栄養素」 stranded「打ち上げられた，座礁した」

（第5段）recreate「～を再現する」 diffuse「拡散する」 sphere「球体」 even「均一な」 random「でたらめの」

（第6段）compass「羅針盤」 trait「特性」 diverse「さまざまな」 seal「アシカ，アザラシ」 reptile「は虫類」 evidence「証拠」の後の that 節は evidence の内容を表す同格の節。by「～ぶん」

（最終段）aim to *do*「～することを目指す」 unravel「～を解明する」 molecular「分子の」

II　解答

問1．(い)または(う)※

問2．全訳下線部参照。

問3．(い)　問4．(い)

問5．共通言語をもたない人々が，すでに知っている言語の断片から新たに作り上げたリンガ・フランカの一種で，厳格な構造がなく予測不能な変化をする言語。（70 字以内）

問6．(あ)

※問1については，複数の正答が存在したため，全員正解の措置が取られたことが大学から公表されている。

◆全　訳◆

≪リンガ・フランカとは≫

私たちにはそれぞれ母語があり，それを自分たちの言語社会の中で話す。しかし，もし互いに相手の言語を話さない２つの社会が交わるようになり，話をする必要があるとすると，どうなるだろう？　両者が何とかやっていける程度には相互の言語を身につけることができることもあるが，それが無理なこともある――例えば，もし交わりをもつ社会が３つとか，５つとか，あるいはそれ以上あるとすればどうなるだろう？　多くの場合，その人たちはリンガ・フランカ，つまり，それぞれの集団の母語とは異なる媒介語のようなものを使う。近現代史からの例がフランス語で，17 世紀から第一次世界大戦後まで，ヨーロッパの外交用の言語として用いられた。古代中国の漢文は，さらに長期間にわたって，中国に隣接する国々で外交上のリンガ・フランカとしての役割を果たした。今日のリンガ・フランカの最たる例は，間違いなく英語で，航空産業からビジネスやロック音楽に及ぶ分野で国際的な意思の疎通を支えている。

となると，リンガ・フランカはどのようにして生まれるのだろう？　約１万年前，農業と家畜の飼育が次第に狩猟や採集に取って代わるにつれ，人間の集団はますます大きく，かつ階級組織となり，また異なる母語をもつ近隣集団と交わる機会も増えた。おそらく，場合によっては，そのような集団同士は何らかの支配的な勢力――ある地域の実力者とか初期の帝国のような――によって接触させられることもあっただろう。また，市場のネットワークが出現するにともない，その接触が自然発生的に生じる場合もあったかもしれない。その後，もしかすると５千年前から，集団間の接触を求めるまた別の動機が生まれた。熱意ある宗教信者たちが，精神的生活の貴重な知識を見知らぬ人々に伝えるのが自分たちの義務だと考えたのだ。それで，帝国主義者や商人や伝道者たちはこれまでみな，自分たちと母語が同じ集団を超えて意思の疎通をはかろうという気になっていたのだ。リンガ・フランカは，大きすぎる――あるいは一つにまとまってあまりに日が浅い――ために共通言語がない複数の集団のひとかたまり全体に及ぶ言葉の壁を乗り越えるのに役立つ，技術的な解決策なのだ。その解決策を実行に移すのは，このあたりの時期に現れるようになったに違いない，新種の専門家の仕事である。それが通訳で，彼らは自分の母語に加えて，その地域のリンガ・フランカを身につけ，それを使って他の集団の通訳と意思の疎通をはかったのだ。

ときに，リンガ・フランカが橋渡しをする母語に取って代わることもある。例えば，ラテン語は兵士たちがローマ帝国内に定住することによって遠くまで広範囲に広まった。ラテン語は次第に西ヨーロッパ全体の母語となったのである。しかし，ラテン語がそれほど広い地域にわたる共通言語であり続けるには，ラテン語を母語として話す集団が引き続き交流を続ける必要があっただろう。が，そうはならなかった。5世紀以降のゲルマン民族の征服によって，ローマ帝国はお互いにほとんど関係をもたない異なる地域に分裂したために，ラテン語は最終的に，異なる方言や言語，例えばフランス語，イタリア語，スペイン語，カタロニア語といったものに分かれたのである。

リンガ・フランカとは，ラテン語やサンスクリット語のように，厳格なルールにのっとって教えられることで，何世紀もの間，ほとんど変わることなく生き残ることができる言語なのかもしれない。その一方で，それが十分に発達した言語である必要はまったくない。リンガ・フランカの重要な下位範疇の一つがピジン語で，それは共通言語をもたない人々が，自分たちがすでに知っている言語の断片から新たな言語を作り上げる結果として生まれるものだ。明確に「リンガ・フランカ」だと知られる最初の言語は，こういう類の媒介言語だった。それは単純化され，高度に混合したイタリア語の一種で，1000年頃に地中海東部で貿易商をはじめとする人々が使っていた。そういう大まかな構成の言語は予測不能な変化をするかもしれない。また，意思の疎通は，明確に共有された文法や語彙よりむしろ，協調的な想像力とお互いの善意に左右されるのである。

◀解　説▶

▶問1．下線部(1)はリンガ・フランカがどのようにして生まれるかを問うており，その答えは下線部直後の第2段第2～6文（About ten thousand … their mother-tongue groups.）で述べられている。come about「生じる，発生する」

(あ)「複数の社会に，共通言語がなかった」 第2段第2文（About ten thousand …）に，人間の集団，つまり社会が，異なる母語をもつ近隣の集団と交わる機会が増えたと述べられており，異なる母語をもつ人たちとの意思の疎通のためにリンガ・フランカが生まれたと考えられるので，本文の内容に一致。

(い)「帝国が他の帝国に征服されることが多かった」 第２段第３文（In some cases, …）に，母語の異なる集団が初期の帝国のような支配的な勢力によって接触させられることもあっただろうと述べられてはいるが，帝国同士の争いの頻度に関する記述はなく，本文の内容に一致しているとは言えない。よって，正解の一つと考えられる。

(う)「宗教の指導者たちは自分たちの言語を使うよう主張した」 第２段第５文（Later on—since …）に，熱心な宗教信者たちが，見知らぬ人たちへも自分たちの知識を伝えるのが義務だと考えたと述べられており，宗教を広めるためにリンガ・フランカが生まれたとは考えられるが，自分たちの言語を使うよう主張したという記述はなく，本文の内容に一致しているとは言えない。よって，これも正解の一つと考えられる。

(え)「通商の相手国は，新興市場で意思の疎通をはかる必要があった」 第２段第４文（In others the …）に，市場のネットワークが出現するにともない，自然発生的に（リンガ・フランカを必要とする）接触が生まれる場合もあったかもしれないと述べられており，本文の内容に一致。

▶問２．この文は lingua franca の説明文であり，英文全体の構造としては，fix に続く that 節は fix を先行詞とする関係代名詞節，その節中に，a set of groups を先行詞とする that 節が続く形となっている。

A lingua franca is a technical fix

lingua franca は日本語訳としては「(異なる言語を話す人同士の）共通語，補助言語，媒介言語，通商語」などが考えられるが，ここでは英文全体がこの単語の説明になっているので，そのまま「リンガ・フランカ」でよい。fix はここでは「解決策，応急処置」という意味で用いられているが，文脈から判断して訳すことになるだろう。

that helps overcome language barriers across a set of groups

that 以下の部分は fix を先行詞とする関係代名詞節。help *do*「～するのに役立つ」 overcome「～を克服する，～を乗り越える」 language barrier「言葉の壁，言語障壁」 across「～(全体）にわたって，～のいたるところで」 a set of groups は「ひとかたまりとなった複数の集団，一連の集団」などの訳が考えられるが，この後に続く関係代名詞節中の動詞が is となっていることから，意味の中心としては set なので「複数の集団のひとかたまり」という訳がよいだろう。

that is too large ― or too recently united ― to have a common language.

このthat 以下はa set of groupsを先行詞とする関係代名詞節だが，isとなっていることから，いくつかの集団をひとかたまりとして見た場合の記述とわかる。too ～ to *do* は「あまりに～なので…できない，…するには～すぎる」という表現。large は集団の規模が大きいという意味。recently united は文字通りに訳すと「最近一つにまとまった」だが，ここでは「一つにまとまって日が浅い」とする方が一般論として述べるのによいだろう。また，複数の集団が一つの国家となったという意味とは限らないので「国家統一された」といった表現は避けるとよい。to have 以下は「～をもてない，～がない」などの訳が考えられる。common language「共通言語」

▶問３．１つ目の空所直後の who 以下に，自分の母語に加えて，その地域のリンガ・フランカを身につけて互いの意思の疎通をはかる人のことだと説明されているので，(い) interpreters「通訳」が正解。空所を含む文の前半（Performing that fix … around this time）に specialist「専門家」とあるが，(あ) imperialists「帝国主義者」，(う) invaders「侵略者，侵入者」，(え) inventors「発明者」はいずれも言語の専門家ではないため，不適。

▶問４．(あ)「ゲルマン民族の征服の結果として，人々は代わりにドイツ語を話すようになった」

(い)「ラテン語を話す複数の地域社会が，自分たち自身のそれぞれの地域に分かれてしまい，接触しなくなった」

(う)「ローマ帝国の兵士がラテン語の使用を強要しなかったので，人々は自分たちの地域の方言を話した」

(え)「ローマ帝国はその地域の文化的多様性を後押しすることを望んだ」

ラテン語が西ヨーロッパで使われなくなった理由については第３段最終文（Germanic conquests after …）に，ゲルマン民族の征服によってローマ帝国が分裂し，最終的にはいくつかの言語に分かれたという経緯が述べられており，(い)が正解。

▶問５．pidgins「ピジン語，ピジン言語」の説明は，直後の which

result 以下に述べられている。which は pidgins を先行詞とする関係代名詞で，継続用法なので「そしてそれ（ピジン語）は～」と考える。result「(結果として）生じる」 lack「～がない」 make up ～「～を作り上げる」 one は common tongue を指す。なお，下線部を含む段の最終文（Such a loosely …）にも pidgins に関する説明があり，この部分を加えるとより詳しい内容となるが，70 字以内で説明する必要があるので簡単に触れる程度でよいだろう。loosely structured「大まかに構成された，ゆるい構造の」は「厳格な構造のない」と訳すとわかりやすい。unpredictably「意表をついて，予測できないほどに」

▶問 6．(あ) B．「協調的な想像力」 C．「お互いの善意」

(い) B．「環境管理」 C．「持続可能な発展」

(う) B．「集団としての同一性」 C．「年上の世代，旧世代」

(え) B．「階層的権力」 C．「民族の結束」

リンガ・フランカを介した，母語の異なる集団同士の意思の疎通が何に左右されるかを問うている。人間同士の意思の疎通に必要なものを考えれば，(あ)が正解とわかるだろう。また，clearly shared grammar and vocabulary「明確に共有された文法や語彙」と対比されていることから，明確に共有される性質のものではないこともヒントになる。

●語句・構文●

（第 1 段）mother tongue「母国語，母語，祖語」 come into contact「接触する，知り合う」 get by「うまくやっていく」 what if ～?「もし～だとしたらどうなるだろう」 resort to ～「～を使う，～に訴える」 bridge language「媒介語」 distinct from ～「～とは異なる」 written Classical Chinese「漢文，古代中国の文語文」 serve「役割を果たす」 diplomatic「外交上の」 border on ～「～に隣接する」 range from *A* to *B*「*A* から *B* に及ぶ，*A* から *B* にわたる」

（第 2 段）stock-breeding「家畜の飼育，畜産」 gathering「採集」 hierarchical「階級組織の」 bring *A* into contact「*A* を接触させる」 spontaneously「自然発生的に」 come into existence「出現する」 later on「その後」 in addition to ～「～に加えて」

（第 3 段）bridge「～を橋渡しする」 dialect「方言」

（最終段）on the other hand「その一方で」 subcategory「下位範疇」

specifically「明確に」

III 解答

問1．(1)—(い)　(2)—(お)　(3)—(え)　(4)—(う)
問2．A—(う)　B—(え)　C—(い)　D—(あ)　E—(お)
問3．全訳下線部参照。

◆全　訳◆

≪留学をめぐる幼なじみの男女の会話≫

(次の一節で，マリアンとケンはアイルランドの同じ小さな町で育った長年の友人である)

マリアンは今やシャワーからあがり，青いバスタオルに身を包む。鏡は一面，湯気で曇っている。彼女がドアを開け，ケンは振り返り彼女を見る。

「どうかしたの？」とマリアンが言う。

「このメールを受け取ったばかりなんだ」

「あら？　誰から？」

ケンはノートパソコンを無言で見つめ，それから視線を彼女に戻す。彼の目は赤く，眠そうに見える。彼は膝を毛布の下で立てたまま座っており，ノートパソコンが彼の顔にうっすら光を当てている。

「ケン，誰からなの？」と彼女は言う。

「ニューヨークにあるこの大学からだよ。僕を芸術の修士課程に入れてくれようとしてるみたい。ほら，クリエイティブ・ライティングの課程だよ」

マリアンはそこに立つ。髪の毛はまだ濡れたままで，ブラウスの生地にじわじわとしみ込んでいる。「それに申し込むなんて話してくれなかったわね」と彼女は言う。

ケンは彼女を見つめるだけだ。

「って言うか，おめでとう」とマリアンは言う。「大学があなたの入学を認めてくれるとしても驚かないわ。あなたがその話をしなかったことに驚いただけよ」

ケンはうなずくが，顔は無表情で，それから視線をノートパソコンに戻す。「よくわからないんだ」と彼は言う。「君に言うべきだったけど，そんなのあまりにも大きな賭けだと本気で思ったからさ」

「まあ，それって，私に言わない理由にはならないわね」

「どうでもいいよ」とケンは言い添える。「僕が行くつもりってわけじゃないし。なぜ応募したのか，自分でもわからないくらいだよ」

マリアンは衣装ダンスの扉からタオルを持ち上げ，それを使ってゆっくりと毛先のもみほぐしを始める。彼女はデスクチェアに腰を下ろす。

「君に言わなくてごめん，これでいいよね？」とケンは言う。「時々，君にそういう話をするのが照れくさくなることがあるんだ。だって，単にバカみたいだし。正直に言って，僕は今も君をとっても尊敬してる。君に僕のことを，よくわかんないけど，頭がおかしいって思われたくないんだ」

マリアンはタオルの上から髪の毛を握りしめたが，一つ一つの髪の房のごわごわ，ザラザラした手触りを感じていた。「あなたは行くべきよ」と彼女は言う。「ニューヨークにってこと。その申し出を受けるべき。行くべきだわ」

ケンは何も言わない。彼女は顔を上げる。彼の背後の壁はバターのように黄色い。「いいや」と彼は言う。

「きっとあなたなら学資の援助もしてもらえると思うわ」

「君がなんでそんなこと言うのかわかんないよ。君は来年もここに居たがってると思ってた」

「私は残れるし，あなたは行ける」とマリアンは言う。「たかが１年じゃない。あなたはそうすべきだと思うわ」

ケンは妙な，意味不明の声を出すが，それはほとんど笑い声に近いものだ。彼は首に手をやる。マリアンはタオルを下に置き，ブラシで髪のもつれをゆっくりほぐし始める。

「そんなのばかげてる」とケンは言う。「僕は君を置いてニューヨークに行くつもりなんてない。僕はもし君が居なきゃ，ここにだって居ないだろうさ」

彼の言う通りだわ，とマリアンは思う。彼なら居ないだろうと。彼ならどこかまったくほかのところに居て，まったく別の生活をしているだろう。

「君がいないと寂しすぎるよ」とケンは言う。「病気になってしまう，ほんとだよ」

「最初はね。でも治っていくわよ」

二人はそのまま黙って座り，マリアンはブラシを念入りに髪の毛に通し，髪のもつれを探りながら，ゆっくりと根気強くそのもつれをほぐしていく。

もうこれ以上イライラしていても意味がない。

「僕が君のことを愛してるのはわかってるよね」とケンは言う。「ほかの誰に対しても同じように感じることなんて決してないよ」

マリアンはうなずく。わかってる。彼は本当のことを言っている。

「正直に言うと，どうしたらいいかわからないんだ」とケンは言う。「君が僕に居てほしいって言ってくれたら，そうする」

マリアンは目を閉じる。彼はたぶん帰ってこないだろうと思う。あるいは，帰ってくるにしても，別人になってだ。今，二人が手にしているものは二度と取り戻すことはできない。しかし，彼女にとって寂しさの痛みなど，自分がかつて感じていた，自分には何の価値もないという痛みに比べれば，なんでもないことだろう。彼は自分に贈り物のようないいものを持ってきてくれたし，今ではそれは自分のものだ。そうこうする間に彼の人生が目の前で一気にあらゆる方向に向かって開くのだ。二人はお互いのためになることをたくさんやってきた。本当に，と彼女は思う。本当にそうだ。人は本当にお互いを変えることができるのだ。

「あなたは行くべきよ」とマリアンは言う。「私はずっとここに居るつもり。わかってるでしょう」

◀解　説▶

▶問１．⑴　Is something up?は会話文で用いられる表現で「どうかしたの？」という意味であり，(い) Are you okay?「大丈夫？」が近い。

⑵　a long shot は「大きな賭け，大ばくち」という意味で，うまくいく見込みは低いものの成功すれば大きな成果が得られる場合に用いる表現。選択肢の中では，(お) a small chance of success「わずかな成功の見込み」が意味的に近い。

⑶　look up to ～ は「～を尊敬する」という意味のイディオムで，(え) respect「～を尊敬する」が近い。

⑷　out of my mind は out of *one's* mind の形で「頭がおかしい，どうかしている，まともじゃない」という意味のイディオムで，(う) foolish「愚かな，ばかげた」が近い。

▶問２．(あ)「彼の言う通りだわ」

(い)「君がなんでそんなこと言うのかわかんないよ」

(う)「って言うか，おめでとう」

(え)「君に言わなくてごめん」

(お)「わかってるでしょう」

A．ケンがニューヨークの大学の修士課程に進学できるらしいという話を聞いたあとなので，自分の驚きはさておき，それを祝福したはずであり，congratulations「おめでとう」という表現を含む(う)が正解。

B．マリアンに，ケンが留学を申し込んだ話をしなかったことを問い詰められている状況であり，そのことを詫びる(え)が正解。

C．空所の直後の発言（I thought …）から，ケンは，マリアンは自分に留学せず残ってほしいはずだと思い込んでいたことがわかる。よって，そのマリアンから逆に留学を後押しされたことで戸惑っていると考えられ，(い)が正解。

D．空所のあとに続く he wouldn't be（here if it wasn't for me が省略されている）や He would be somewhere else entirely という文から，マリアンは，ケンがマリアンが居なければここに居ないだろうと言ったことを，正直な気持ちだと感じていることがわかる。したがって，彼の言う通りだという内容の，(あ)が正解。

E．ケンがマリアンに留学の話をしなかった理由が，彼女が現在居る場所から離れるつもりはないとケンもわかっていたからだと，会話を通して互いに了解しあった状況であり，I'll always be here. という言葉に続く発言としては，相手もそれを知っていると確認する内容となる(お)が正解。

▶問３．**But for her the pain of loneliness will be nothing**

But for her「しかし，彼女にとっては」という前置詞句のあとに，主語の the pain of loneliness「寂しさの痛み，孤独の痛み」が続く。will be nothing の will は推量を表す用法で，be nothing はこのあとの to に続いており，be nothing to ～で「～に比べて何でもない，～に比べればなんということもない」という意味になる。

to the pain that she used to feel, of being unworthy.

that she used to feel は pain を先行詞とする関係代名詞節で，さらにそのあとの of being unworthy も pain の内容を説明する同格の句となっている。used to *do*「以前は～したものだった，よく～したものだ」unworthy「値打ちのない，価値のない」

●語句・構文●

（第1段） climb out of ～「～から抜け出す」

（第5段） dumbly「無言で」 with his knees raised up は付帯状況を表す with の用法で「膝を立てて」という意味。glow「柔らかく輝く」

（第7段） offer me a place は，ここでは大学院への入学を認めるという内容となっている。creative writing「クリエイティブ・ライティング，創作」とは「文芸創作」と訳されることもあるが，文学だけでなく，芸術，学術などさまざまな範囲のライティングのこと。

（第8段） soak「しみ込む，濡れる」

（第13段） It doesn't matter.「それはどうでもいいことだ」 It's not like ～「～というわけではない」

（第15段） feel embarrassed「照れくさい，ばつが悪い」

（第16段） squeeze「～を握る」 coarse「粗い，硬い」 grainy「ザラザラした」 texture「手触り，触感」 individual「個々の」 strand「髪の房」

（第21段） knot「結び目，固いもつれ」

（第26段） methodically「念入りに」 There's no point in *doing*「～しても意味がない，～しても仕方がない」

Ⅳ 解答例

(1) 〈解答例 1〉"Level playing field" means a situation where students are given equal opportunities in their school activities and can focus on their studies without being influenced by their socioeconomic differences, which may arise from their parents' social and financial status.（40語程度）

〈解答例 2〉In a "level playing field," every student is treated equally and has the same opportunity regardless of their parents' income level. It is a fair situation, which allows all students to concentrate on their studies and school activities.（40語程度）

(2) 〈解答例 1〉I am for school uniforms. When all students are dressed alike, there will be no competition among students over clothing choices. Since my school has school uniforms, I do not have to

waste time every morning worrying about what to wear or how I look. Moreover, I once attended my cousin's wedding in my school uniform, which saved my parents a lot of money for my ceremonial costume. (70 語程度)

〈解答例 2〉 I am against school uniforms, which restrict students' freedom of expressing themselves freely. For this reason, I chose a high school which did not require school uniforms. For me, fashion is an important way to express my own preference for colors or design. Some people say that it is expensive to buy clothes that can be worn every day to school, but I can easily find high-quality clothes at low prices. (70 語程度)

◀解　説▶

設問の英文の全訳：制服は，伝統的に私立学校の支持を受けているが，米国の公立学校から採用される数が増えている。2020 年の報道記事によると，制服の着用を求める公立学校の割合は，1999～2000 年度の 12％から，2017～2018 年度の 20％へと跳ね上がっている。

制服を支持する人たちは，制服によって，社会経済的不平等を軽減し，子供たちが服装より学習に集中することを奨励する「平らな競技場（公平な条件）」が作り出されると言う。

反対する人たちは，制服は生徒が自分の個性を表現できないようにしており，行動や学業成績にプラスの効果などないと言う。

▶(1)　本文の中にある "level playing field" という語句の意味を本文の内容に基づいて 40 語程度で述べる問題。この語句の簡単な意味は第 2 段の that reduces … に 16 語で説明されているが，40 語程度での説明が求められているので，socioeconomic inequalities といったやや抽象的な表現を，具体的に言い換える必要がある。また，同段中の focus on ～「～に集中する」という表現はそのまま利用してもよいし，concentrate on ～ という表現に変えてもよいだろう。

▶(2)　学校の制服の是非について，自分の意見を賛成，反対のいずれかの立場で，個人的な経験に基づく理由を添えて 70 語程度で述べる問題。〈解答例 1〉は賛成の立場で，理由としては，服装に気を使わずにすむから勉強に集中できるという点をあげ，個人的な経験については，制服は式服としても着ることができてお金の節約になった，と述べている。ほかにも理由としては，制服着用によって，学校内での sense of unity「一体感」や community spirit「共同体意識」が高まるという点も考えられるだろう。〈解答例 2〉は反対の立場で，理由としては，自由な自己表現が制限されるという点をあげている。個人的な経験については，自分にとってはファッションが色やデザインの好みを表現する重要な方法であること，制服がないことが高校選びの基準となったことを述べている。また，私服は高くつくという意見も紹介した上で，高品質のものを低価格で買えると反論している。

❖講　評

2022 年度の大問構成は，読解問題 3 題，英作文 1 題の計 4 題の出題であった。読解問題のうちの 1 題は，2021 年度の完全な会話文形式から，例年どおりの会話文主体の英文に戻った。英作文は，2021 年度と同様，条件つきの自由英作文の出題となっており，語数が合計約 110 語で，2021 年度より 10 語増加となった。配点は 2021 年度と同じで，従来より少なめである。読解問題の英文量は例年より 200 語程度増加して約 1,900 語となった。記述式の設問は，2021 年度に続き，内容説明に字数制限があるものや，難度の高いものがあり，英文和訳も 2021 年度と同様，例年に比べると長めの英文の和訳で，文法的に判断に迷う部分もあった。空所補充，同意表現，内容真偽など，さまざまなタイプの選択問題も多い。

Ⅰ．読解問題。光害が夜行性の生物に与える影響がテーマで，近年頻出の環境問題を取り上げた英文となっている。設問は，記述式が英文和訳（2 問），選択式が内容真偽と空所補充という構成だが，内容真偽は本文の内容に合致しないものを選ぶ問題と合致するものを選ぶ問題の 2 種類あり，後者では合致するものをすべて選ばせるという新たな形式もあった。空所補充は平易。英文和訳は 2021 年度同様，やや構造の把握が難しい上，前後を含めた文脈的な理解が必要であった。

Ⅱ．読解問題。リンガ・フランカという媒介言語に関する英文で，やや耳慣れない語が中心テーマだったため，最初は戸惑った受験生もいたかもしれないが，全体の内容としては理解しやすい英文であった。設問は，記述式が英文和訳と字数制限つきの内容説明，選択式が内容真偽，空所補充（2問），内容説明という構成であった。空所補充問題のうち問6は，一般論として考えても解ける問題。字数制限つきの内容説明は説明の範囲が絞りにくい問題であった。

Ⅲ．読解問題。会話文の多い小説からの出題。若い男女が留学をめぐって相手の気持ちを汲み取りながらやりとりをしており，受験生にとって会話の流れが理解しやすい英文であった。設問は，記述式が英文和訳，選択式が同意表現と空所補充というシンプルな形で，標準的なレベルの問題であった。

Ⅳ．英作文。英文を読んで，その一部の語句について意味を説明するものと，テーマに関する自分の意見を個人的な経験を踏まえて述べるという条件つきの自由英作文が2問（40・70語程度）出題された。制服の是非という身近なテーマではあったが，説明すべき語句の内容がわかりにくく，前半で苦戦した受験生が多かったかもしれない。

全体的に見て，この英文の量と設問の難度に対して80分という試験時間は短く，2021年度に続き難度の高い出題が続いている。

数学

1

◆発想◆　(1)　$y=x^2$（$x\geqq 0$）と直線 l，$y=-x^2$（$x<0$）と直線 l の共有点の個数をそれぞれ調べ，それらを合わせる。

(2)　共有点の x 座標を求め，グラフの概形から積分により求める。

解答　(1)　曲線 C の $x\geqq 0$ の部分を C_1，$x<0$ の部分を C_2 とする。

(i)　$x\geqq 0$ のとき

$y=x^2$ と $y=2ax-1$ から y を消去すると

$$x^2=2ax-1 \qquad x^2-2ax+1=0$$

これの判別式を D とし，$D=0$ とすると

$$\frac{D}{4}=a^2-1=0$$

(i)

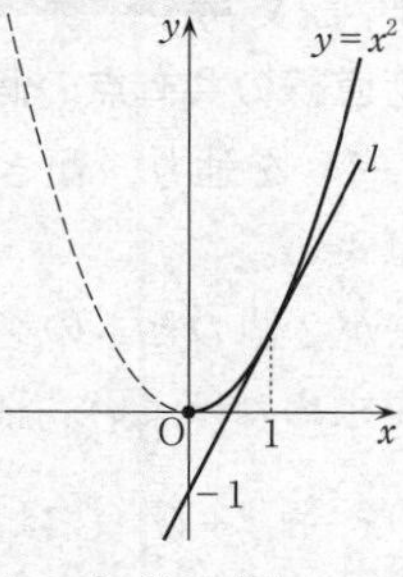

(ii)

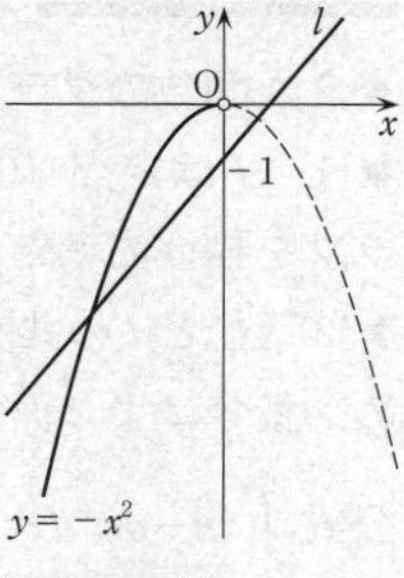

$a>0$ より　　$a=1$

よって，C_1 と直線 l は $a=1$ のとき接する。

l は点 $(0,\ -1)$ を通り，傾き $2a$ の直線であるので，図(i)より C_1 と l の共有点の個数は

$0<a<1$ のとき 0 個，$a=1$ のとき 1 個，$a>1$ のとき 2 個

(ii)　$x<0$ のとき

図(ii)において，l の傾き $2a>0$ より，C_2 と l の共有点の個数は　　1 個

(i)，(ii)より，C と l の共有点の個数は

$0<a<1$ のとき 1 個，$a=1$ のとき 2 個，$a>1$ のとき 3 個

……(答)

(2)　(1)より　　$a=1$，$l：y=2x-1$

C_1 と l の共有点の x 座標は

$$x^2-2x+1=0 \qquad (x-1)^2=0 \qquad \therefore\ \ x=1$$

C_2 と l の共有点の x 座標は

$-x^2=2x-1$　　$x^2+2x-1=0$　　∴　$x=-1\pm\sqrt{2}$

$x<0$ より　　$x=-1-\sqrt{2}$

C と l で囲まれた図形は右図の網かけ部分であるので，求める面積は

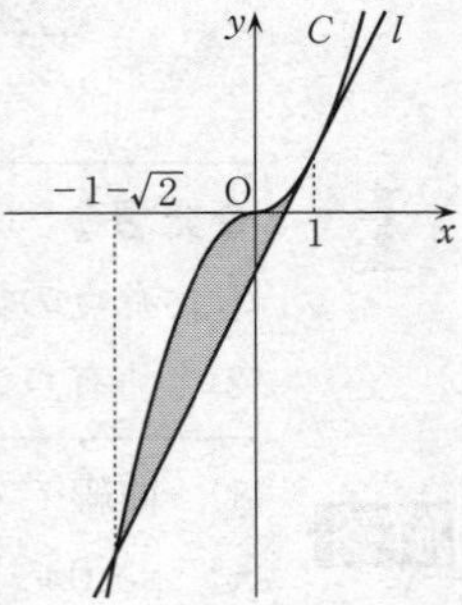

$$\int_{-1-\sqrt{2}}^{0}\{(-x^2)-(2x-1)\}\,dx$$

$$+\int_{0}^{1}\{x^2-(2x-1)\}\,dx$$

$$=\int_{-1-\sqrt{2}}^{0}\{-(x+1)^2+2\}\,dx+\int_{0}^{1}(x-1)^2dx$$

$$=\left[-\frac{1}{3}(x+1)^3+2x\right]_{-1-\sqrt{2}}^{0}+\left[\frac{1}{3}(x-1)^3\right]_{0}^{1}$$

$$=\left(-\frac{1}{3}\right)-\left(\frac{2\sqrt{2}}{3}-2-2\sqrt{2}\right)+0-\left(-\frac{1}{3}\right)$$

$$=\frac{4\sqrt{2}}{3}+2$$　……(答)

◀解　説▶

≪2 次関数のグラフと直線の共有点の個数，囲まれた部分の面積≫

▶(1)　l は定点 $(0,\ -1)$ を通り，傾き $2a$ (>0) の直線であるので，グラフを描いて考えればよい。

▶(2)　C と l の共有点が 2 個のときのグラフの概形，共有点の x 座標を求め，積分により面積を求めればよい。積分の計算について，〔解答〕では，公式 $\int(x-\alpha)^2dx=\frac{1}{3}(x-\alpha)^3+C$（$C$ は積分定数）が利用できる形に変形している。

2

◇発想◇　(1)　円と直線の方程式から y を消去してできる x の 2 次方程式が，異なる 2 つの実数解をもつ条件を求める。円の中心と直線との距離を用いてもよい。

(2)　(1)で得られた 2 次方程式の解と係数の関係を用いる。円の中心を通り，与えられた直線に垂直な直線と，もとの直線の交点が R であることを用いてもよい。

(3)　a のとりうる値の範囲から不等式を変形して，s のとりうる

値の範囲を求める。

(4)　(2)の結果から a を消去する。

解答　(1)　$x^2+y^2=1$ に $y=\sqrt{a}x-2\sqrt{a}$ を代入すると

$$x^2+(\sqrt{a}x-2\sqrt{a})^2=1$$

$$(a+1)x^2-4ax+4a-1=0 \quad \cdots\cdots ①$$

$a>0$ より　　$a+1\neq 0$

円と直線が異なる 2 点で交わることより，①の判別式を D とすると

$$D>0$$

よって

$$\frac{D}{4}=(-2a)^2-(a+1)(4a-1)>0 \qquad -3a+1>0$$

$a>0$ より　　$0<a<\dfrac{1}{3}$　……(答)

(2)　①の 2 つの実数解を α，β とおくと

$$\mathrm{P}(\alpha,\ \sqrt{a}\alpha-2\sqrt{a}),\ \mathrm{Q}(\beta,\ \sqrt{a}\beta-2\sqrt{a})$$

であるので

$$s=\frac{\alpha+\beta}{2},\ \ t=\frac{(\sqrt{a}\alpha-2\sqrt{a})+(\sqrt{a}\beta-2\sqrt{a})}{2}=\sqrt{a}\cdot\frac{\alpha+\beta}{2}-2\sqrt{a}$$

①の解と係数の関係より　　$\alpha+\beta=\dfrac{4a}{a+1}$

よって

$$\left.\begin{array}{l} s=\dfrac{2a}{a+1} \\ t=\sqrt{a}\cdot\dfrac{2a}{a+1}-2\sqrt{a}=-\dfrac{2\sqrt{a}}{a+1} \end{array}\right\} \cdots\cdots(\text{答})$$

(3)　$s=\dfrac{2a}{a+1}=2-\dfrac{2}{a+1}$

$0<a<\dfrac{1}{3}$ より　　$1<a+1<\dfrac{4}{3}$

各辺の逆数をとると　　$1>\dfrac{1}{a+1}>\dfrac{3}{4}$

各辺に -2 をかけて　　$-2<-\dfrac{2}{a+1}<-\dfrac{3}{2}$

各辺に 2 を加えて　　$0<2-\dfrac{2}{a+1}<\dfrac{1}{2}$

よって　　$0<s<\dfrac{1}{2}$　……(答)

(4)　$s=\dfrac{2a}{a+1}$ より　　$sa+s=2a$　　$(2-s)\,a=s$

$2-s>0$ なので　　$a=\dfrac{s}{2-s}$

よって

$$t=-\frac{2\sqrt{a}}{a+1}=-\frac{2\sqrt{\dfrac{s}{2-s}}}{\dfrac{s}{2-s}+1}$$

$$=-\frac{2\sqrt{\dfrac{s}{2-s}}\,(2-s)}{s+(2-s)}\quad\text{（分母，分子に }2-s\text{ をかける）}$$

$$=-\sqrt{s(2-s)}\quad(2-s>0\text{ より})$$

ゆえに　　$t=-\sqrt{s\,(2-s)}$　……(答)

別解　(1)　円の中心 (0, 0) と直線 $\sqrt{a}x-y-2\sqrt{a}=0$ の距離は半径 1 より小さいので

$$\frac{|-2\sqrt{a}\,|}{\sqrt{(\sqrt{a})^2+(-1)^2}}<1\qquad 2\sqrt{a}<\sqrt{a+1}$$

両辺正なので平方して　　$4a<a+1$　　$\therefore$　$a<\dfrac{1}{3}$

$a>0$ より　　$0<a<\dfrac{1}{3}$

(2)　円の中心 (0, 0) を通り，直線 $y=\sqrt{a}x-2\sqrt{a}$　……②と垂直な直線の方程式は

$$y=-\frac{1}{\sqrt{a}}x\quad\cdots\cdots③$$

②，③の交点が R であるので，y を消去して

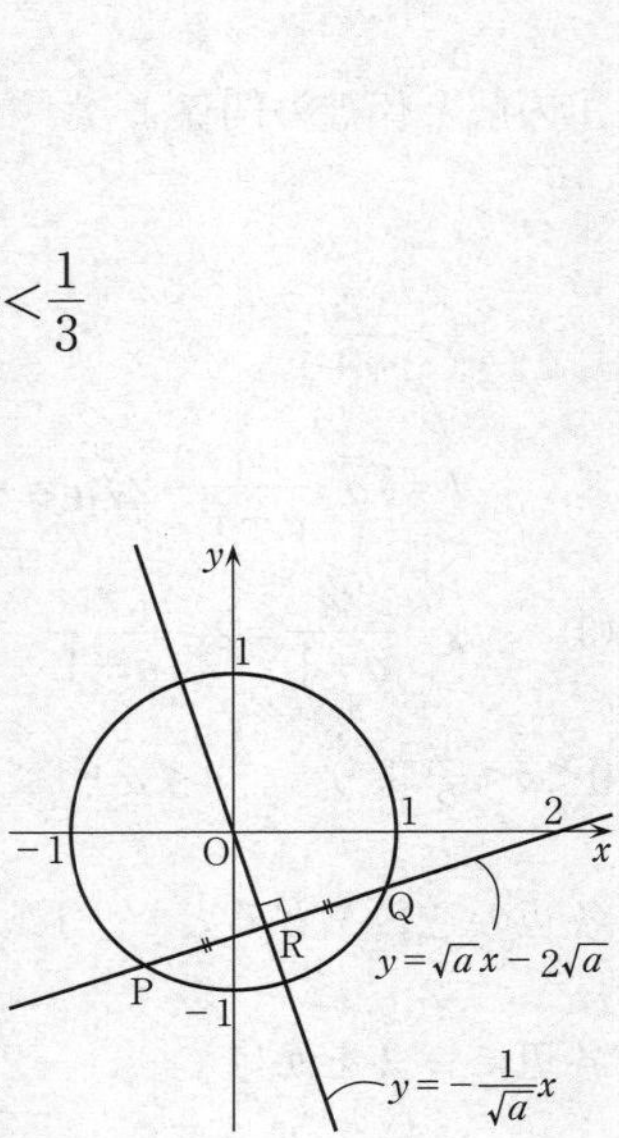

$$\sqrt{a}x-2\sqrt{a}=-\frac{1}{\sqrt{a}}x \qquad (a+1)x=2a$$

$$\therefore \quad x=\frac{2a}{a+1}$$

これを③に代入して

$$y=-\frac{1}{\sqrt{a}}\cdot\frac{2a}{a+1}=-\frac{2\sqrt{a}}{a+1}$$

よって　$s=\dfrac{2a}{a+1},\ t=-\dfrac{2\sqrt{a}}{a+1}$

◀解　説▶

≪円と直線が異なる２点で交わる条件，２交点の中点の軌跡≫

▶(1)「異なる２点で交わる」$\Longleftrightarrow$「①が異なる２つの実数解をもつ」$\Longleftrightarrow$「①が２次方程式かつ（①の判別式）>0」である。図形的に考え，〔別解〕のように，点と直線の距離の公式を用いてもよい。

▶(2)(1)で判別式を用いた場合，〔解答〕のように，解と係数の関係を利用し，円の中心と直線との距離を用いた場合，〔別解〕のように，$\mathrm{OR}\perp\mathrm{PQ}$ であることを利用するとよいだろう。

▶(3)不等式を変形する際，「$a<b \Longleftrightarrow a+c<b+c$」「$c<0,\ a<b \Longrightarrow ac>bc$」「$0<a<b \Longrightarrow \dfrac{1}{a}>\dfrac{1}{b}$」を用いる。不等号の向きが変わる場合に注意。

▶(4)a を s で表し，t に代入する。$2-s>0$ であるので

$$\sqrt{\frac{s}{2-s}}(2-s)=\sqrt{\frac{s}{2-s}}\cdot\sqrt{(2-s)^2}=\sqrt{\frac{s(2-s)^2}{2-s}}=\sqrt{s(2-s)}$$

と変形できる。

3

◇発想◇　(1)　条件式の各辺の対数をとる。

(2)　方程式の分母を払い，(　　)(　　)=(定数) の形に変形する。

(3)　(1), (2)を利用する。

解答　(1)　$1<a<b$ より，$a^x=b^y=(ab)^z$ の各辺は正であるので，各辺の底を２とする対数をとると

$$\log_2 a^x = \log_2 b^y = \log_2 (ab)^z$$

$$x\log_2 a = y\log_2 b = z(\log_2 a + \log_2 b)$$

x, y, z は0でなく，$\log_2 a > 0$, $\log_2 b > 0$ より $\log_2 a + \log_2 b \neq 0$ なので

$$\frac{1}{x} = \frac{\log_2 a}{z(\log_2 a + \log_2 b)},\quad \frac{1}{y} = \frac{\log_2 b}{z(\log_2 a + \log_2 b)}$$

$$\frac{1}{x} + \frac{1}{y} = \frac{\log_2 a}{z(\log_2 a + \log_2 b)} + \frac{\log_2 b}{z(\log_2 a + \log_2 b)} = \frac{1}{z}$$

ゆえに　$\dfrac{1}{x} + \dfrac{1}{y} = \dfrac{1}{z}$　(証明終)

(2)　$\dfrac{1}{m} + \dfrac{1}{n} = \dfrac{1}{5}$ の両辺に $5mn$ をかけて

$$5n + 5m = mn \qquad mn - 5m - 5n = 0 \qquad (m-5)(n-5) = 25 \quad \cdots\cdots ①$$

ここで，$\dfrac{1}{m} = \dfrac{1}{5} - \dfrac{1}{n} = \dfrac{n-5}{5n} > 0$ より　$n - 5 > 0$

したがって，$m > n$ より　$m - 5 > n - 5 > 0$

よって，①をみたす整数は

$$m - 5 = 25,\ n - 5 = 1$$

ゆえに　$m = 30$, $n = 6$　……(答)

(3)　$a^m = b^n = (ab)^5$ なので，(1)より　$\dfrac{1}{m} + \dfrac{1}{n} = \dfrac{1}{5}$

また，$1 < a < b$ より　$b^n > a^n$

$b^n = a^m$ であるので　$a^m > a^n$

$a > 1$ より　$m > n$

m, n は自然数であり，$m > n$ かつ $\dfrac{1}{m} + \dfrac{1}{n} = \dfrac{1}{5}$ をみたすので，(2)より

$$m = 30,\ n = 6$$

よって　$a^{30} = b^6 = (ab)^5$　……②

$a^{30} = b^6$ より　$(a^5)^6 = b^6$

$a^5 > 0$, $b > 0$ であるので　$b = a^5$

このとき，$(ab)^5 = (a \cdot a^5)^5 = (a^6)^5 = a^{30}$ となり，②をみたす。

ゆえに　$b = a^5$　……(答)

◀解　説▶

≪指数・対数関数と等式の証明，不定方程式の解≫

▶(1)　〔解答〕からわかるように，各辺の対数をとるとき，底は1でない正の数であれば何でもよい。

▶(2)　$m>n\geqq 1$ より $m-5>n-5\geqq -4$ であることから，$(m-5)(n-5)=25$ をみたすのは $m-5=25$，$n-5=1$ としてもよい。

▶(3)　(1)から $\dfrac{1}{m}+\dfrac{1}{n}=\dfrac{1}{5}$ が成り立つが，(2)は $m>n$ が仮定されているので，(2)を利用するには $m>n$ を示さなければならないことに注意。

❖講　評

2022 年度は，2次関数，積分法，図形と方程式，指数・対数関数，整数の性質からの出題で，確率，ベクトル，数列からの出題はなかった。また，理系との共通問題は出題されなかったが，類似問題が出題された（**2**，**3**）。

1．2次関数のグラフと直線の共有点の個数，囲まれた部分の面積についての標準的な問題。内容としては基本的だが，区間により2次関数が異なること，積分区間の下端が無理数であることなどに注意しなければならない。

2．内容としては，円と直線の2つの交点の中点の軌跡を扱う問題。小問がなければやや難しい問題といえるが，丁寧に誘導されているので，それに従って解いていけばよい。

3．(1)，(2)はそれぞれ指数・対数関数，不定方程式についての典型的な問題である。(3)で(1)，(2)を利用する際，(2)の仮定「$m>n$」を示せたかどうかがポイントとなるだろう。

全体として，標準的な問題中心の出題である。小問を確実に解いていくと同時に，誘導となっていることを理解しなければならない。

かめるが、「本文全体の論旨」をふまえて解答する問四だけではなく、問三などでも、解答要素が傍線部から離れたところにあったりするので注意が必要である。全体としてみると、例年どおりの神戸大学の現代文である。時間を無駄にしないよう、すばやく設問の意図を見抜いて、答えの作成にかかっていくことが大切である。問一から問三の内容が問四につながるということも念頭に、問三までで読み取った内容を問四に生かしていくという形を作れるようにしていきたい。

二　古文（歌物語）　平安時代の歌物語『伊勢物語』の一話で、男が身分違いの女に恋をした顚末を描いた文章で、和歌が五首含まれるものが出題された。設問は、口語訳、内容説明、和歌の大意、文学史、文法で、内容説明の二つの問いには、五〇字と四〇字の字数制限が設けられている。問一の口語訳はおおむね標準レベルで、語句の意味や助動詞・助詞の用法などの基本知識が問われた。問二の内容説明（心情説明）は、前に書かれている内容をふまえて和歌の内容を読み取ることがポイント。問三の内容説明（理由説明）は、後に書かれている女の心内文が解答の要素で、「かかる君」と「この男」がそれぞれ誰を指すかということや、「宿世」の意味などが問われた。問四の和歌の大意の説明は、かなり難解な表現がとられている部分があって難しいが、本文の内容をふまえ、全体として男の状況と心情がどのように詠まれているかを考えて対応したい。問五の文学史と問六の文法はごく基本レベルである。

三　漢文（随筆）　清代の学者方苞が著した『望溪集』の一節で、獄中で死に瀕していながらも国家を思い続けた人物の行状を著した文章から出題された。救いに訪れた弟子を叱責する言葉には鬼気迫るものがある。設問は、書き下し文、口語訳、内容説明で、内容説明の二つの問いには、各五〇字の字数制限が設けられている。問一の書き下し文は、②の「已矣」が難しい。問二の口語訳は、(b)の「此何地也」が難しい。問三の内容説明（理由説明）は、左光斗の発言全体を理解する必要があり、問一②と問二(b)の理解とも連動するものであった。問四の内容説明は、比喩の内容を本文に即して説明するもので、史可法が左光斗の態度をどのように評したかを大きくつかむことができれば解答できる。

ある。それなのに、左光鬥を救いたいという個人的な感情でろうやを訪れたということで罪に陥れられて殺されてしまうと、誰も世の中を支える人物がいなくなるということである。書くべき内容は次の二点である。

(i) 左光鬥の志を継いで国家の腐敗を正すべき史可法までもが

(ii) 左光鬥を救おうとした罪で殺されてしまう

▼問四　逐語訳は〝私の師の内臓は、すべて鉄や石で鋳造されているのである〟で、左光鬥とのろうやでの一件の後に史可法が泣きながら人々に語った言葉。「吾師」は左光鬥のこと。「肺肝、皆鉄石所鋳造」は、心胆が非常に強いということをたとえたもので、具体的には、左光鬥が拷問を受けて死に瀕していながらも国家のことを考え、自分の死後は史可法に政情の腐敗を正してほしいと望む強い姿勢を示したことを言っている。書くべき内容は次の二点である。

(i) 左光鬥は、拷問を受けて死に瀕していても

(ii) 国家の腐敗を正そうとする強い信念を持ち続けていた

❖講　評

一　現代文（評論）　二〇二〇年に出版された書籍からの出題。近年発表された文章から、五千字前後のまとまった分量の本文を出題するという、いつもどおりの神戸大学の問題文である。哲学者の文章ではあるが、哲学的な考察ではなく、哲学言語の変遷をグローバル化と関連させて述べた文章なので、比較的取り組みやすかった二〇一八年度や二〇一九年度ほどではないが、古い文章であった二〇二〇年度や、本格的な思想系の文章であった二〇二一年度に比べると読みやすい。設問は、二〇二〇年度以降の形式を踏襲していて、先に字数制限つきの内容説明を置き、最後に書き取りとなっている。書き取りは五問。字形の複雑なものや間違えそうなものもあるが、満点をねらいたい。内容説明の解答字数は例年どおりの、八〇字三問と一六〇字一問、総記述字数四〇〇字。問二が理由説明で、残りの三問はすべて「どういうことか」という傍線部の内容を問うものである。すべて、傍線部とその前後を精読することで解答の方向性はつ

「且」の意味も加えて、〝死んでしまいそうだ〟と解釈し、「やみなんとす」のように読むとよさそうである。「矣」は文末で語気を強める置き字。「老父已矣」の末尾は、連用形または連体形に接続助詞をつける形で後の「汝復軽身而味大義」につながる形とするか、挿入と見て終止形とするかのいずれでもよいだろう。なお、「已矣」は、「やんぬるかな」と読んで〝もうどうしようもない〟という意味を表す熟語としても用いられるもので、ここでもそのように読んで、「老父已矣」を〝私はもうどうしようもない〟と解釈することもできる。

▼問二　(a)「卒焉《これ》に感ず」と読む。「卒」は「禁卒」の〔注〕の通り、ろうやの番人のこと。「感」は〝感動する・感銘を受ける〟の意の動詞。「焉」が指す具体的な内容は、前書きおよび傍線部(a)の前に書かれている内容から、史可法が左光閗を救うために大金を持って訪れ、面会させてほしいと涙を流してろうやの番人に持ちかけたことと読み取れる。〝史可法が左光閗を救い出そうとする思いの深さ〟のようにまとめるとよいだろう。

(b)「此《これ》何の地なるか」と読み、逐語訳すると〝ここはどのようなところであるのか〟となる。前書きにあるように、獄中にいる左光閗を救いに史可法がやって来た場面で、「此」はろうやなのであるが、左光閗は史可法を「庸奴」(＝〝愚か者よ〟)と呼んで叱り、後に「而汝来前」(＝〝それなのにおまえは出向いて来た〟)と続いているので、「此何地也」と問いかける形で、〝ここはほかのどこでもないろうやであり、おまえが来てよいところではないのに、それをおまえはわかっているのか〟と詰問する意味合いを込めたものと読み取れる。

▼問三　傍線部(c)自体は、〝天下のことは、誰か土台を支えることができる者がいるだろうか、いや、誰もいない〟の意で、要するに、誰も天下の土台を支える者がいなくなるということ。そのように言うに至る左光閗の発言は、史可法が自分を救いにろうやへ来たことをとがめ、国家が腐敗しきっている中で、自分は間もなく死ぬ上に、史可法までもが身を軽んじて大義をわかっていないと断じるもの。傍線部(c)の後には、〝すぐに去らなければ、悪人が人を無実の罪に陥れる前に、私が今すぐにおまえを殴り殺そう〟と述べ、史可法を襲おうとしたと続いている。「左公」と「史」の〔注〕の説明をふまえると、史可法は左光閗に感化を受け、腐敗した政情を正そうとする左光閗の志を継ぐ人物で

ないろうやで、おまえが来てよいところではない）、それなのにおまえは出向いて来た。国家の事態は、腐敗の極みに達するのがここまできている。年老いた者（＝私）は死を目前にし、おまえもまた身を軽んじて大義がわかっておらず、天下のことは、誰か土台を支えることができる者がいるだろうか、いや、誰もいない。すぐに去らなければ、悪人が人を無実の罪に陥れる前に、私が今すぐにおまえを殴り殺そう」と。そして地面の上の刑罰の道具を手探りで取って、投げつけようとする姿勢をとった。史可法は口を閉ざして声を出そうとせず、走って出た。後でいつも涙を流してそのことを述べて人に語って言うことは、「私の師の肺や肝臓は、すべて鉄や石で鋳造されているのである」と。

読み 左公《さこう》の炮烙《はうらく》せられ、旦夕《たんせき》且《まさ》に死せんとするを聞けば、五十金を持《ぢ》し、涕泣《ていきふ》して禁卒《きんそつ》に謀《はか》るに、卒焉《これ》に感ず。一日史《し》をして敝衣《しやうい》に更《か》へ、草履《ざうり》にて筐《きやう》を背に、長鑱《ちやうさん》を手にせしめ、除不潔者《ぢよふけつしや》と為《な》す。引き入れて、微《かす》かに左公の処《ところ》を指《さ》せば、則《すなは》ち地に席《よ》り牆《しよう》に倚《よ》りて坐《ざ》し、面額焦爛《めんがくせうらん》して弁《べん》ずべからず。左の膝《ひざ》以下、筋骨尽《ことごと》く脱せり。史は前《すす》み跪《ひざまづ》き公の膝を抱きて嗚咽《をえつ》す。公其《そ》の声を弁ずるも目は開くべからず、乃《すなは》ち臂《ひぢ》を奮《ふる》ひて指を以《もつ》て眥《まなじり》を撥《ひら》くに、目の光は炬《かがりび》のごとく、怒《いか》りて曰《い》はく、「庸奴《ようど》、此《これ》何の地なるか、而《しか》るに汝来《なんぢきた》り前《すす》めり。国家の事、糜爛此《びらんここ》に至る。老父《らうふ》已《や》みなんとし、汝も復《ま》た身を軽《かろ》んじて大義に昧《くら》く、天下の事、誰《たれ》か支拄《しちゆう》すべき者あらんや。速《すみや》かに去らざれば、姦人《かんじん》の構陥《こうかん》するを俟《ま》つ無く、吾《わ》れ今即《すなは》ち汝を撲殺《ぼくさつ》せん」と。因《よ》りて地上の刑械《けいかい》を摸《さぐ》りて、投撃《とうげき》の勢《せい》を作《な》す。史噤《つぐ》みて敢《あ》へて声を発せず、趨《はし》りて出《い》づ。後常《のちつね》に流涕《りうてい》して其の事を述べ以て人に語りて曰はく、「吾が師の肺肝《はいかん》は、皆《み》な鉄石《てつせき》の鋳造《ちうざう》する所なり」と。

◀解　説▶

▼問一　①「且」は、「まさに～んとす」と読む再読文字で、〝～しそうになる〟の意。「死」は、漢文では「死す」を基本形とするサ行変格活用動詞として訓読する。「左公被炮烙、旦夕且死」は「聞」の目的語になっているので、「～んとす」の「す」を連体形「する」として、格助詞「を」をつける。

②「已」はここでは〝終わる〟の意で「やむ」を基本形とする動詞。直前の「老父」は左光門が自分のことを称したもので、「已」は傍線部①「且死」の「死」にあたる意味で用いられている。ここでは、死んでしまうという意味に

d、助動詞「べし」が接続しているので、終止形の「ぬ」とする。

三

出典　方苞『望溪集』〈巻四　左忠毅公逸事〉

解答

問一　①まさにしせんとするを

②やみなんとし〔やみなんとするに・やみなんとす・やみなん・やみなんに・やんぬるかな〕

問二　(a)ろうやの番人は史可法が左光閗を救い出そうとする思いの深さに感動した

(b)ろうやがどのようなところであるかをわかっているのか

問三　左光閗の志を継いで国家の腐敗を正すべき史可法までもが、左光閗を救おうとした罪で殺されてしまうから。（五〇字以内）

問四　左光閗は、拷問を受けて死に瀕していても、国家の腐敗を正そうとする強い信念を持ち続けていたということ。（五〇字以内）

◆全　訳◆

左公（＝左光閗）が火で拷問され、すぐにでも死にそうだと（左光閗の弟子の史可法が）聞いたので、五十金を持ち、涙を流して泣いてろうやの番人に相談したところ、番人はそのことに感動した。ある日史可法をだぶだぶの粗末な衣服に着替えさせ、ぞうり履きで竹製のかごを背負わせ、土を掘る道具を手に持たせ、掃除人夫のようにした。引き入れて、そっと左光閗のところを指差すと、（左光閗は）地面に倒れ塀にもたれて座り、顔面は焦げただれて見分けることができない。左光閗の膝から下は、筋肉と骨がすっかりはがれ落ちている。史可法は進み出てひざまずき、左光閗の膝を抱きかかえてむせび泣いた。左光閗はその声を（史可法だと）認識したけれども目は開けることができず、腕を上げて指で目尻を開くと、目の光はかがり火のようで、怒って言うことは、「愚か者よ、ここはどういうところなのか（＝ここはほかでも世つたなくかなしきこと」は、自分の前世からの宿縁が劣っているのが悲しいということ。「この男にほだされて」は、自分に言い寄ってきている男の情に女が流されているということ。「この男にほだされて」は倒置されているので、自然な語順に沿ってまとめるとよい。書くべき内容は次の三点である。

(i) 言い寄る男の情に流されて

(ii) 立派な帝の寵愛に応えない

(iii) 自分の宿縁の拙さが悲しい

▼問四　「いたづらに」は、〝無駄だ・むなしい〟という意味の形容動詞「いたづらなり」の連用形。「いたづらに行きては来ぬる」の逐語訳は〝無駄に行っては来た〟で、男が女のもとに何度行っても女に逢えず、むなしく帰って来てしまうということを詠んだものである。「見まくほしさ」は、〝逢う〟という意味の動詞「見る」に願望の助動詞「まくほし」(「まほし」にあたる)が接続したものに、名詞を作る接尾辞の「さ」がついたもので、〝逢いたいこと・逢いたい気持ち〟の意。「いざなは」は〝誘う・促す〟という意味の動詞「誘《いざな》ふ」、「れ」は助動詞「る」の受身の用法、「つつ」は和歌の末尾に用いられて詠嘆を表すもので、「見まくほしさにいざなはれつつ」は〝(女に)逢いたい気持ちに促されることだなあ〟ということ。「いたづらに行きては来ぬる」と「見まくほしさにいざなはれつつ」の解釈をふまえると、「ものゆゑに」はここでは逆接を表していると考えられる。大意を述べるように求められているので、男の行状や気持ちをわかりやすく表現してまとめるとよい。書くべき内容は次の二点である。

(i) 女のもとに行っても逢えないままで帰って来てしまうのに

(ii) 逢いたい気持ちに促されて何度も行ってしまうことだ

▼問五　『伊勢物語』の主人公とされている人物は在原業平《ありはらのなりひら》。

▼問六　b、助動詞「ん」(「む」)が接続しているので、未然形の「な」とする。

c、助動詞「けり」が接続しているので、連用形の「に」とする。

②「仏の御名」は仏教の経典のこと。「御心にいれ」は、〝深く心に留める・熱中する〟という意味の「心に入る」の「心」に尊敬の接頭語「御」がついたものであるが、「御心にいれて」は後の「申し」を修飾する副詞のように用いられている。「帝」が「仏の御名を」「申したまふ」という構文で、「御心にいれて」と「御声はいとたふとくて」は、帝が仏教の経典を読む様子を表しているのである。「御心にいれて」は、〝お心を込めて・ご熱心に〟のように訳すのが適切である。

③「それ」は指示代名詞、「に」は場所を表す格助詞、「ぞ」は強調を表す係助詞、「あ」はラ行変格活用動詞「あり」の連体形「ある」の語尾が撥音便化し表記されていない形、「なる」は伝聞・推定の助動詞「なり」の連体形（係助詞「ぞ」の結び）で、「それにぞあなる」の逐語訳は〝そこにいるようだ〟となる。「それにぞあなる」は女の心内文で、男が毎晩やって来て笛を吹いたり歌を歌ったりするのを聞いて、〝男がそこにいるようだ〟と思ったということである。

▼問二　和歌全体を訳すと〝恋をしないようにしようと御手洗川でした禊を、神は聞き入れてくださらないままになってしまったなあ〟となる。男がこの和歌を詠むに至った事情は、女への恋心が募ってどうしようもなくつらかったので、陰陽師や神巫を呼び、恋心を断つための祓をしたにもかかわらず、以前よりもいっそう女のことが恋しく思われたというもの。傍線部Ⓐ「神はうけずもなりにけるかな」には、恋心を断ちたいという自分の願いを神が聞き入れてくれなかったとして嘆く心情が込められていると読み取れる。書くべき内容は次の二点である。

(i)　女への恋心を断つために禊をした甲斐もなく恋心が募るので

(ii)　神が願いを聞き入れてくれなかったと嘆く

▼問三　女が泣いた理由は、直後の心内文「かかる君に仕うまつらで、宿世つたなくかなしきこと、この男にほだされて」である。「かかる君に仕うまつらで」は、傍線部②を含む部分に書かれているように、女を愛して召し使っている帝は容貌もすばらしく仏道にも熱心な立派な人物であるのに、女は帝からの寵愛に応えていないということ。「宿

し上げなさるのを聞いて、女はひどく泣いた。「このような主君にお仕え申し上げずに、前世からの宿縁が劣っていて悲しいことだ、この男に心をとらわれて」と言って泣いた。このようなうちに、帝が（二人の仲を）お聞きつけになって、この男を流罪になさってしまったので、この女のいとこの御息所は、女を（宮中から）退出申し上げさせて、蔵に閉じ込めて折檻《せっかん》しなさったので、（女は）蔵に籠もって泣く。

　海人の刈る藻にすむ虫の「われから」ではないが、自分から（招いたことだ）と声を上げて泣きはするだろうけれども、男との仲は恨むつもりはない。

と泣いていると、この男が、（流罪となった先の）よその国から毎晩来ては、笛をたいそう趣深く吹いて、声は風情がある様子でしみじみ心打たれるように歌った。こんなふうだから、この女は蔵に籠もったままで、（男が）そこにいるようだとは聞くけれども、顔を見ることができるわけでもない状態でいた。

　いくら何でも（そのうち逢えるだろう）と（男が）思っているだろう様子が悲しい。生きていても生きているともいえない（私の）身を知らずに。

と思っている。男は、女が逢わないので、このようにいつも出向いて来ては、よその国に戻って行ってこのように歌う。

　無駄に行っては（また戻って）来てしまうものだからといっても、逢いたい気持ちに誘われては（行き来を繰り返してしまうことだ）。

水尾の帝（＝清和天皇）の御治世であるにちがいない。大御息所も染殿の后である。五条の后とも（考えられる）。

▲解　説▼

▼問一　①「かく」は〝このように〟の意の指示副詞、「な」は終助詞「そ」と呼応して禁止を表す副詞、「せ」はサ行変格活用動詞「す」で、逐語訳は〝このようにしてはならない〟となる。「かく」「す」は具体的には、男が女の控える所に来て女と向かい合って座っていたことについて言っている。女の発言なので、女自身の呼称は〝私〟とすることに注意しよう。

◆全　訳◆

昔、帝がいとしくお思いになって召し使いなさる女で、特別な色の衣装の着用を許されている身分の高い女がいた。大御息所としていらっしゃったお方のいとこであった。殿上にお仕え申し上げていた在原であった男で、まだたいそう若かった男を、この女が互いに親しい間柄としていた。男は、女官の控える所に出入りを許されていたので、女がいる所に来て向かい合って座っていたので、女が、「たいそう見苦しい。身も破滅してしまうだろう。このようにしてはならない」と言ったところ、

　いとしく思う気持ちには、我慢することが負けてしまったなあ。逢うことと引き換えにするならどうなってもかまわない。

と言って、（女が）部屋にお下がりになったところ、いつものようにこのお部屋には、人が見るのをも知らないで（男が）上がり込んでいたので、この女は、つらく思って実家へ行く。すると、（男は）何とも好都合なことと思って、（女の実家へ）通って行ったので、人は皆聞いて笑った。（宮中で）翌朝主殿寮が見ると、（男は）沓は取って、奥に投げ入れて（＝昨夜からそこにいたように装って）（殿上に）上った。このように見苦しい様子で振る舞いながらずっと過ごしているので、身も無用のものになってしまいそうなので、とうとう滅んでしまうにちがいないと思って、この男は、「どうしようか、いや、どうしようもないだろう。私のこのような心を止めてください」と仏神にも申し上げたけれども、よりいっそう気持ちが募るように思われては、やはりどうしようもなくひたすら恋しく思われたので、陰陽師や、神巫《かんなぎ》を呼んで、恋をしないようにしようという祓《はらえ》の道具を持って行った。祓をしたとたんに、ますますいとしいことがいっそう募って、以前よりもことさらひたすら恋しく思われたので、

　恋をしないようにしようと御手洗川でした禊《みそぎ》を、神は聞き入れてくださらないままになってしまったなあ。

と言って去った。

この帝は顔立ちが美しくていらっしゃって、仏の御名（＝仏教の経典）をお心を込めて、御声はたいそう尊くて唱え申

問五　⑥　日本の哲学の文章／言語も、生き残らない／将来・未来はないということになる（Ⅳ第九段落）

(a)　「貌」の字体、特に偏の部分を正確に書くこと。

(d)　「完璧」の「璧」の字の脚の部分は「玉」であって「土」ではない。「璧」は〝宝玉〟の意味で、「完璧」は〝キズのない宝玉〟という意味なので、「壁」では意味をなさない。

(e)　「膨」の字は画数が多いので、一点一画正確に書くこと。〝数量がきわめて多い〟という意味の言葉はもともとは「厖大・尨大」と書いたが、代用表記である「膨大」が今では一般的になっている。「厖大・尨大」と書いても当然正解である。

二

出典　『伊勢物語』〈六五〉

解答

問一　①このように私のそばに来てはならない

②仏教の経典をお心を込めて

③男がそこにいるようだとは思って笛の音や歌う声を女は聞くけれども

問二　女への恋心を断つために祓をした甲斐もなく恋心が募るので、神が願いを聞き入れてくれなかったと嘆く心情。（五〇字以内）

問三　言い寄る男の情に流されて、立派な帝の寵愛に応えない自分の宿縁の拙さが悲しいから。（四〇字以内）

問四　女のもとに行っても逢えないままで帰って来てしまうのに、逢いたい気持ちに促されて何度も行ってしまうことだ。

問五　在原

問六　b、な　c、に　d、ぬ

（Ⅱ・Ⅲ・Ⅳと哲学言語の変遷を説明した後に）最後の部分で発展的に繰り返される〉という流れを再確認することにもなっているので、題意を満たしているといえる。以上の内容を用いて答案を作成していけばよいが、「そうすると」が指している内容の後半部分はCの内容と重複しているので、「そうすると」の記述は前半だけにしておくとまとめやすい。解答要素は以下の通りになる。

［そうすると］

①「水村の憂い」

「グローバル化」して行く世界のなかで、日本語に生き残る余地はあるか（Ⅰ第一段落）

日本語で書かれた文学作品は、{ 世界の文学全体のなかで意義をもちうるだろうか（Ⅰ第一段落）
どれだけの将来性があるか（Ⅰ第五段落）

②①が正しければ、

A［またしても皮肉なことに］

③（哲学も文学と）同じように

B［日本の哲学言語の成熟］

④明瞭な表現のための哲学の言語を所有（Ⅳ第一段落）

日常の言葉からかけ離れていない言葉（Ⅲ第三段落）

具体的な例を通じて（Ⅲ第四段落）

日本語の抽象名詞を使わない／動詞や形容詞に注目する（Ⅲ第四段落）

C［この言語に未来はない］

⑤（日本の哲学言語が成熟したときと、）哲学の国際化と国際共通語としての英語の独占的優位の確立の時期が同じ（Ⅳ第二段落）

なっているので、読点の箇所で傍線部を、Ａ「またしても皮肉なことに」、Ｂ「一般の読者のための優れた哲学書を生み出せるほどに日本の哲学言語が成熟したまさにそのときに」、Ｃ「この言語に未来はないということになる」のように三つに区切ってそれぞれの内容を考えていく。傍線部の直前にある「そうすると」は、「日本の文学の将来についての水村の憂いが……同じ運命をたどることになろう」という直前の文の内容を指しているが、「水村の憂い」の詳細な内容はⅠに述べられている。Ｂにある「一般の読者のための優れた哲学書を生み出せるほどに日本の哲学言語が成熟した」という内容は、同じ段落のはじめにある「現在の日本には……。かれらの書くものは……。それは……占めている」とほぼ同じであり、傍線部直前の文で「こうした哲学の文章」という指示語を用いて言い換えられている。問三で考えたⅢの内容は、これをさらにわかりやすく述べた内容である。Ｃの内容は直前の文にある「日本語で書かれた文学一般と同じ運命をたどることになろう」と同じである。つまり、傍線部を含む文は直前の文の内容の繰り返しになっているということである。Ａについても検討しておく必要がある。「皮肉」という語はⅣ第二段落にもあるが、その内容は〈「一般に、哲学にかかわる人々のあいだで……認められている。そして……所有している」（Ⅳ第一段落）のに、「哲学の国際化と国際共通語としての英語の独占的優位の確立」（Ⅳ第二段落）によって、意味をなさなくなってしまった〉ということなので、傍線部にある〈「日本の哲学言語」の「成熟」〉を前提とした内容になっていて、その意味では傍線部と大きく変わらず、「またしても」というにはやや弱い。「皮肉」という語は、ほかにもⅠ第三段落でも使われており、そこには〈日本の近代文学が近代文学にふさわしい新しい主題とその主題に適した日本語を獲得したときに（Ⅰ第三・四段落）、グローバリゼーションの進行によって将来性が危惧される状況になった（Ⅰ第五段落）〉という、「そうすると」が指している「水村の憂い」のことが述べられている。Ａ「またしても皮肉なことに」は、Ⅳ第二段落の内容ではなくⅠ第三段落を受けていて、〈日本文学において皮肉なことが起こっているが、それと同じような「皮肉」な現象が哲学の分野でも起こりうる〉という趣旨の表現であると考えるのが適切であろう。設問の指示に「本文全体の論旨をふまえたうえで」とあるが、この考察は〈Ⅰでなされた問いかけが、

具体的な例を通じてそうした（＝抽象的な概念を表す）表現に説明を与えようとした
日本語の抽象名詞を使わずに、自分が何を言いたいのかを表現する／動詞や形容詞に注目する｝（Ⅲ第四段落）

とまとめることができる。ただ、これは「文体の変化」や「哲学用語に対する態度の変化」の説明にすぎず、「哲学観の変化」の説明としては不十分である。「日常の言葉からそれほどかけ離れていない言葉で哲学の議論を行おうともした」を手がかりにして、Ⅳ第七段落にある「哲学はいつも専門家だけのものであったわけではない。……すべての人のためのものである」を導いてくる必要がある。「変化」の説明をする際には、〈変化後〉のみではなく〈変化前〉も必要である（そうでなければ「変化」を示したことにはならない）。あまり字数を費やすことはできないが、〈専門家だけのものと考えられていた〉ということは入れておきたい。解答要素は次のようになる。

［その底に……ある］

①　「その」＝哲学用語に対する態度の変化　文体の変化
　→日常の言葉からかけ離れていない言葉
　　具体的な例を通じて
　　日本語の抽象名詞を使わない／動詞や形容詞に注目する

②　「底に……がある」の言い換え
　①の根底／背景には③・④がある　①は③・④に基づいている／によっている　など

［哲学観変化前］

③　哲学は専門家だけのもの

［哲学観変化後］

④　哲学はすべての人のもの

▼問四　「本文全体の論旨をふまえたうえで」とあるが、設問自体は「どういうことか」と傍線部の説明を求めたものに

C
② 哲学用語は日本語（の一部）になっている
③ 正確な意味に思いわずらうことなく使っている／意味を了解していない
④ 理解の錯覚に陥る／理解したように錯覚する

▼問三 「どういうことか」が問われているので、傍線部を別の言葉に言い換えていくことを考える。傍線部にある「その」とは直前にある「哲学用語に対する態度の変化」を指しており、それは「こうした文体の変化の背景」にあるものである。「こうした文体の変化」とは、傍線部と同じⅢ第五段落にある〈「それほど漢字で埋め尽くされていないために白っぽく見えるもの」が「一九六〇年代に書かれた日本語の哲学の文章」の中にあらわれたこと〉であり、その具体的な内容はⅢ第三・四段落に書かれている。この状況は「こうした状況に対抗して」発生しているので、「こうした状況」に書かれている〈大多数の哲学者〉と、それに「対抗」しようとする「若い世代の哲学者」とを対比させて、

「こうした状況」＝それまでの状況　大多数の哲学者
もとの言葉が何を意味するのかは、ごくぼんやりとしかわかっていない
日本語の哲学用語の意味についても、ぼんやりとした把握しかもたない
自分が何について語り書いているのかわかっていない
（Ⅲ第二段落）

↔　対比

「若い世代の哲学者」
自分の責任で哲学用語を使おうとする
日常の言葉からそれほどかけ離れていない言葉で哲学の議論を行おうともした
（Ⅲ第三段落）

B「（作り出すことの）むずかしさ」

⑤「むずかしい」の言い換え→困難である　たいへんである　など

▼問二〈AがBである〉ことの理由が問われた場合には、〈AがCであるから（Bである）〉のCにあたる内容を本文から探して、この形にあてはめて解答を作成していくと解きやすくなることが多い。この設問の場合もそうである。Aにあたるものは「こうした文を生み出したひと」で、「こうした」という指示語が指しているのは直前の「ドイツ語のいくつかの語を、日本語の『てにをは』で結び付けた」という部分なので、Aは、その前に書かれていることを加えて、〈カントのテキストを翻訳するにあたって、ドイツ語の言葉を日本語の言葉に置き換えて「てにをは」で結び付けただけの文章を生み出したひと〉となる。この内容をB「その（＝カントが言っていることの）意味を説明できない」につなげていくのだが、その際、傍線部を含むⅡ第六段落が「この錯覚は、たとえば次のような仕方で生じる」で始まっていて、段落全体が「この錯覚」の具体例になっていることに注目する。「この錯覚」が指している内容は、Ⅱ第五段落にある「それゆえ、ひとは、……バクゼンとした意味の了解も伴わずに、哲学用語を使うようになる。その結果は、理解の錯覚の蔓延である」である。Ⅱ第六段落にも「理解したような錯覚」という形で書かれている。Ⅱ第五段落の前半部分に書かれている事柄を加え、〈哲学用語が「日本語の一部」となったために、「正確な意味に思いわずらわなくとも使うことができる」ようになり、「バクゼンとした意味の了解も伴わずに」使って、その結果「理解したような錯覚」に陥る〉とまとめることができ、B「その意味を説明できない」につながる内容になっている。これをCとしてAの後につなげば解答になるが、カントは具体例として挙げられている事柄なのでそのまま使わず「西洋哲学」に、ドイツ語も〈原文の言葉・原語〉と言い換えておくことが必要である。解答要素は次のようになる。

A「こうした文を生み出したひと」

①　原文の言葉を日本語の言葉に置き換えただけの翻訳を生み出したひと

▼問一　「どういうことか」が問われた場合は、傍線部を別の言葉に言い換えていくことを考える。その際に、傍線部を自分でいくつかの部分に区切り、それを別の言葉に改めた後に、傍線部の構文を生かしてつなぎ合わせていくと解答を作りやすい。この設問の場合は、A「哲学のための十分な言語を作り出す」とB「（作り出すことの）むずかしさ」に分ける。Aについては、〈哲学の言語〉について説明しているⅡ第三段落に注目する。段落のはじめに「哲学は、ある程度一般的で抽象的な概念を必要とする」とあるので、ここを手がかりとする。Bの「哲学のための十分な言語」を「作り出すことのむずかしさ」については明確な言及がない。Ⅱ第三段落に〈西洋哲学が入ってきた際に、「儒教や仏教に由来する語」を「転用」したりもしながら、哲学の「特殊な語彙」を「ごく短期間のあいだ」に作ったということ〉が書かれている。ここに〈短期間で作ることが求められていた〉ということがあれば「むずかしさ」の説明になりうるが、そこまでは書かれていない（Ⅰ第三段落の「日本の近代文学の開拓者たち」や「科学に携わった日本人」の場合も同様で、期限は設定されていない）。したがって、「短期間」という内容には触れないで、〈作ること自体がたいへんであった〉という形でまとめるとよいだろう。その際、傍線部は「西洋の哲学が近代日本で経験したこうした困難（＝「日本の近代社会に足場をもつようになる」ための困難）」の理由にあたる内容なので、〈西洋の哲学を日本に定着させる際のこと〉だということを前提として加えておく（「足場」という表現は比喩になっているので、言い換えて用いることを忘れないようにしたい）。解答要素は次のようになる。

［前提］

①　西洋の哲学を日本に定着させるため／定着させるにあたって

A「哲学のための十分な言語（を作り出す）」

②　一般的で抽象的な概念

③　儒教や仏教の伝統に属する語彙とは別

④　日常の言葉とは区別される特殊な語彙

哲学にかかわる人々
　表現が明瞭であることは、すぐれた哲学の文章であるために必要
　自分たちの用途に十分であるような哲学の言語を所有している
⇩
哲学の国際化と国際共通語としての英語の独占的優位の確立と、ほぼ時期が同じ　**皮肉**

3〜8
哲学の国際化＝哲学が高度に専門化した
← しかしながら
哲学は専門家だけのものではない　すべての人のためのもの

9
現在の日本
　広い読者をもつ哲学者の書くもの
　↓現在の日本の文学のなかで、無視できない部分を占めている
⇩
日本の文学の将来についての水村の憂いが、もしも正しければ、日本語で書かれた文学一般と同じ運命をたどることになろう
＝
一般の読者のための優れた哲学書を生み出せるほどに日本の哲学言語が成熟したまさにそのときに、この言語に未来はないということになる　**皮肉**（問四）

10
本当だろうか？
＊

3〜6

哲学　一般的で抽象的な概念を必要とする

↓儒教や仏教の伝統に属する語彙とは別の、日常の言葉とは区別される特殊な語彙が作られた

←

自身の言語で、西洋に由来する哲学的問題や主張を議論できるようになった

←　しかしながら

漠然とした意味の了解も伴わずに、哲学用語を使う↓理解の錯覚の蔓延　（問二）

Ⅲ　【一九六〇年代】

1〜5

日本の哲学者の大多数

以前通りの仕方

↔

若い世代の哲学者

これまでとは異なるやり方で、哲学用語に向き合おうとし出す

自分の責任で哲学用語を使おうとする

←

文体の変化

哲学用語に対する態度の変化　哲学観の変化　（問三）

Ⅳ　【半世紀後（＝現在）】

1・2

を作り、自身の言語で西洋に由来する哲学的問題や主張を議論できるようにした。一九六〇年代には若い世代の哲学者が日常の言葉からかけ離れていない言葉で哲学の議論を行おうとした。現在は、表現が明瞭であることがすぐれた哲学の文章であるために必要だとされ、そのための哲学の言語も所有するようになったが、哲学の国際化と国際共通語としての英語の独占的優位の確立と同じ時期になってしまった。日本の文学の将来に対する水村の憂いが正しければ、哲学の文章も同じ運命をたどり、日本の哲学言語が成熟したそのときに、この言語に未来はないということになってしまう。

▲解　説▼

一行空きのところで、大きくⅠ・Ⅱ・Ⅲ・Ⅳと分けていくこととする。1・2…は段落番号である。

Ⅰ　【『日本語が亡びるとき』】

1　「グローバル化」して行く世界のなかで、日本語に生き残る余地はあるかという問いを提起
日本語で書かれた文学作品↓世界の文学全体のなかで意義をもちうるだろうかという心配

2　「英語の支配」

3～5　日本の近代文学の開拓者たち　新しい主題に取り組む＋主題に適した日本語を作り出す↓国民文学
← グローバリゼーションの進行＋日本国内での読者の減少
日本語でこれから書かれる作品にどれだけの将来性があるかという危惧　皮肉

Ⅱ　【明治のはじまりの頃】

1　西洋の哲学に触れる機会のあった日本人
儒教や仏教のとはまったく異なる新しい観念の世界が広がっていることに気付く

2　西洋の哲学が日本の近代社会に足場をもつようになるまでの困難
哲学のための十分な言語を作り出すことのむずかしさ　（問一）

一

出典　飯田隆『分析哲学　これからとこれまで』〈Ⅳ　日本における分析哲学　17　哲学言語を作る――近代日本の経験から　1～4〉（勁草書房）

解答

問一　西洋哲学を日本に定着させるにあたり、日常の言葉と区別され、儒教や仏教の伝統とも異なる、一般的で抽象的な概念を表す語彙を作ることは、困難な作業であったということ。（八〇字以内）

問二　哲学用語が日本語の一部となって正確な意味に思い悩まず使えるため、西洋哲学の言葉を日本語に置き換えただけで、その意味を理解したような錯覚に陥りがちだから。（八〇字以内）

問三　若い哲学者たちが抽象名詞を避けて日常の言葉で具体例を通して哲学を語るのは、哲学は専門家だけのものではなく、すべての人のものだという考えに基づいているということ。（八〇字以内）

問四　グローバル化して行く世界のなかで、日本語や日本語で書かれた文学作品が独自の文学言語を所有しながらも意義を失っていくという水村の憂いが正しければ、哲学の国際化と国際共通語としての英語の独占的優位の確立と同じ時期に日常の言葉で明瞭に表現するための言語を獲得した哲学言語も、同じように不要とされていくかもしれないということ。（一六〇字以内）

問五　(a)変貌　(b)芝居　(c)漠然　(d)完璧　(e)膨大〔厖大・尨大〕

◆要　旨◆

水村美苗は「グローバル化」して行く世界のなかで、日本語や、日本語で書かれた文学作品が世界の文学全体のなかで意義をもちうるだろうかという問いを提起した。明治のはじまりの頃に、日本人は日常の言葉とは区別される特殊な語彙

//////////////////// · memo · ////////////////////

2021年度

解答編

解答編

英語

I **解答**　問 1．(A)―(イ)　(B)―(エ)　(C)―(ウ)　(D)―(イ)

問 2．ミツバチをダニから守るため，遺伝子操作したバクテリアの菌株を作る研究。(35 字以内)

問 3．方策がどの程度効果的かを静観すべきだという態度。(25 字以内)

問 4．全訳下線部参照。

◆全　訳◆

≪ミツバチの減少を食い止める方策≫

国連食糧農業機関（FAO）は，世界中の食料の 90％を供給する作物種が 100 種あって，このうちの 71 種はミツバチから受粉していると述べている。ヨーロッパだけでも，264 の作物種の 84％と 4,000 の植物種はミツバチによる受粉のおかげで生存しているのだ。

ヨーロッパでは，ミツバチの個体数と蜂蜜の貯蔵量が 2015 年以来，激減している――1 年あたり 30％減という地域もある。しかもアメリカ合衆国の養蜂家から得られた最新の統計では，安心できない状況に変わりはなく，養蜂情報組合の調査によると，昨年の冬はミツバチの蜂群の 37％が死に，それは例年の冬季死の平均値を 9％上回っている。しかし，なぜこれらの昆虫は姿を消しているのだろうか？

オレゴンでは，5 万匹のミツバチが，殺虫剤が引き起こした影響のせいで死んだが，これはさまざまな物質がどのような影響を与える可能性があるかを示す例である。欧州食品安全機関（EFSA）は，ヨーロッパにおけるミツバチの大量死の背後にある原因は特に，ネオニコチノイドと呼ばれる特定の種類の肥料の使用であることを正式に認めた。さまざまな物質が混じり合うと，昆虫の脳内の学習回路が阻害される。それらの物質のせいでミツバチは物覚えが悪くなったり，例えば花の香りと食べ物とを結びつけるといった，生存のための基本的な連想を完全に忘れたりする。ミツバチは餌を採ることができないので死んでしまうのだ。

2018 年に，欧州連合は，トウモロコシ，綿花，ヒマワリなどの作物に世界中で使用される頻度の高い，3種類のネオニコチノイド系殺虫剤の屋外での使用を完全に禁止する決定をした。さらに，欧州議会は，これらの殺虫剤の使用を削減することが，今後，共通農業政策（CAP）の重要な目標となるよう，すでに提言をおこなっている。

ミツバチヘギイタダニはミツバチの最も手ごわい敵の一つで，ミツバチが姿を消した最大要因の一つである。そのダニは昆虫の体内に侵入して，その血液を餌にし，また，巣にいる他のミツバチたちに，羽変形病ウイルスなどの致死性のウイルスを伝染させる外部寄生虫である。このダニは今までのところ，オーストラリアを除く，世界のほとんどの地域に広がっている。

米国のテキサス大学オースティン校の科学者のグループは，他に先駆けて遺伝子工学を利用し，ミツバチの健康を改善するためのプロジェクトを立案した。そのプロジェクトは，ミツバチの消化器官に棲みついて，蜂群の崩壊を引き起こすこの破壊的なダニからミツバチを守る，遺伝子操作をしたバクテリアの菌株を作り出すことを視野に入れている。

その研究によると，遺伝子操作をしたバクテリアを持つミツバチは羽変形病ウイルスに感染しても生き延びる可能性が 36.5％高くなる。こういうミツバチを餌にするダニは，何の処置も受けていないミツバチを餌にするダニよりも，死ぬ可能性が 70％高くなるのである。

大気汚染も花から放出される化学信号の強度を低下させ，これによってミツバチや他の昆虫も花のありかを探し出すのが一層難しくなる。気候変動によって状況はさらに悪化しているのだが，それは気候変動が雨季によって開花期や植物の量を変化させるためである。そのせいで花蜜の量と質に影響が出ている。

上記の点を踏まえると，ミツバチが姿を消せばまさしく食料危機を招くことになるだろう。商品作物の約 84％がミツバチの授粉に頼っている。例えば，アンダルシア（スペイン）では，1987 年に，ヒマワリの豊作が期待されていたが，ミツバチの群れがいなくて，豊作とはならなかった。これはミツバチヘギイタダニによるミツバチの減少に起因するものだった。

ミツバチヘギイタダニの駆除と殺虫剤の禁止に関しては，私たちもその方策がミツバチの減少を抑えるのにどの程度有効か，じっくり様子を見る必要があるだろう。気候変動や汚染と戦う対策を講じることで，日々の生活においてこの問題に立ち向かうことは可能だ。たとえそうしたとしても，私たちは次のような疑問に直面している。私たちは手遅れにならないうちにその問題を解決できるのだろうか，また，この現象を未然に防ぐことにも取り組むべきなのだろうか。最初はなくてはならないものとは思えないものの，その活動がなければ私たちが生活を思い描くことができないようなその他の動物たちも，姿を消しつつあるのだろうか。

◀解　説▶

▶問１．(A)直前の第２段第１文（In Europe, bee …）ではヨーロッパにおけるミツバチの減少について述べられており，空所を含む第２文では米国でも状況は同様だと述べていると判断できる。空所直前の not much more ～「あまり大差なく～でない」に注目すると，(イ)の reassuring であれば「安心させる，安心感を与える」という意味になり，文脈上適切。(ア)の depressing「気の滅入るような」，(ウ)の suggestive「示唆に富む」，(エ)の trustworthy「信頼できる」はいずれも文脈上不適。

(B)ミツバチの減少の原因について述べている部分であり，ミツバチの学習回路がどうなると生存できないかを考える。空所直後の with に注目すると，(エ)の interferes であれば interfere with ～で「～を妨げる」という意味になり，文脈上適切。(ア)の accords「一致する」，(イ)の cooperates「協力する」，(ウ)の copes「対処する」はいずれも文脈上不適。

(C)空所から insecticides までは that 節の主語となる動名詞句であり，殺虫剤の使用をどうすることが共通農業政策の目標となるかを考えると，(ウ)の reducing「～を減らすこと」が文脈上適切。(ア)の assuring「～を保証すること」，(イ)の developing「～を開発すること」，(エ)の supporting「～を支援すること」はいずれも文脈上不適。

(D)空所前後の In と of に注目すると，(イ)の light であれば in light of ～で「～の観点から，～を踏まえると」という意味になり，文脈上適切。the above は「上述のこと」という意味。(ア)の advance だと in advance of ～で「～に先立って」，(ウ)の order だと in order of ～で「～の順で」，(エ)の spite だと in spite of ～で「～にもかかわらず」という意味になり，文脈上不適。

▶問２．the study「その研究」の具体的な内容については，第６段第２文（The project involves …）の creating 以下の動名詞句に述べられている。かなり長い部分であり，目的と方法を 35 字という字数制限内に収めるには，どの部分を取りあげるべきかの判断が難しい。目的としては，ミツバチの蜂群を崩壊させるダニからミツバチを守ること，方法としては遺伝子を操作したバクテリアの菌株を作るという点を中心に，最後は「～研究」で終わる形で，可能な限りの内容を取り入れる工夫をすること。

▶問３．「さまざまな方策」とは最終段第１文（As for the elimination …）の中の the measures を指すと考えられるので，筆者の態度については，同文の we will have to 以下に述べられている内容をまとめるとよい。wait and see は「～を静観する，～の成り行きを見守る」という意味で，その目的語が how effective 以下の疑問詞節である。25 字という制限上，in 以下は入れずに how effective the measures are の部分のみの説明でよい。

▶問４．**Are other animals disappearing**

文全体の構造としては，この部分が中心であるが，主語の other animals が that 以下と without whose activity 以下の２つの関係代名詞節を伴って長いため，主語と関係代名詞節の間に述語動詞の disappearing が置かれた形となっている。この進行形は「姿を消しつつある」や「姿を消そうとしている」という訳が考えられる。

that at first do not seem to be essential

この部分は１つ目の関係代名詞節。at first「最初は」 seem to be ～「～のように思われる」 essential「不可欠な，なくてはならない」

yet without whose activity we could not conceive life?

この部分が２つ目の関係代名詞節。yet はその前の部分と逆接的に後続部分をつないでおり，「けれども，それにもかかわらず」という意味。without whose activity の whose は other animals' のことであり，この部分が条件節のはたらきをしているため，we could 以下が仮定法の帰結節の形となっている。activity は「活動，営み」という意味。conceive life は「生活を思い描く，生活（すること）を考える」という意味だが，主語と併せて「私たちの生活を思い描く」というような訳も可能。

●語句・構文●

（第1段）plant variety「植物種」 thanks to ～「～のおかげで」

（第2段）reserve「（複数形で）保存物，（石油などの）埋蔵量」 latest「最新の」 beekeeper「養蜂家」 poll「世論調査」

（第3段）due to ～「～が原因で」 pesticide「殺虫剤」 have an impact「影響を与える」 specifically「特に，具体的には」 neonicotinoid「ネオニコチノイド」 association「連想」 floral「花の」

（第4段）the European Parliament「欧州議会」 key objective「重要な目標，主要な目的」 common agricultural policy「共通農業政策」

（第5段）disappearance「消滅，姿を消すこと」 external parasite「外部寄生虫」 feed on ～「～を餌にする」 lethal「致死性の」 hive「ミツバチの巣」 so far「今までのところ」

（第6段）pioneer「～の先駆けとなる」 involve はここでは「～を視野に入れている」という意味。genetically modified「遺伝子を操作した，遺伝子組み換えの」 destructive「破壊的な，極めて有害な」 collapse「崩壊する」

（第7段）survive「～を切り抜けて生き残る」

（第8段）causing 以下は and causes … と考えて訳すとよい。locate「～のある所を探し出す」 flowering「開花（期）」

（第9段）a good harvest「豊作」

（最終段）as for ～「～に関しては，～はどうかというと」 elimination「駆除，除去」 ban「禁止」 take steps「対策を講じる」 work on ～「～に取り組む」

II 解答

問1．(a)―(あ)　(b)―(い)　(c)―(い)
問2．イ．女性は数学では男性より能力が劣る
ロ．女性が数学の試験を受けると，成績を正当に評価されないのではないかとか，成績が悪いとそのステレオタイプが裏付けられてしまう
問3．(え)
問4．全訳下線部参照。
問5．(あ)・(え)

◆全　訳◆

≪理数系分野で女性が活躍するには≫

女性や女の子は，科学，技術，工学，数学（STEM）の教育や職業では少数派である。STEM 分野で女性の数が少なすぎることに対するよくある説明の一つが，数学の成績における男女間の格差であり，特に空間能力では男性が優位に立つというものだ。研究では，数学の成績における男女間の格差は中学校や高校で表面化することを示唆している。しかし，メタ分析は，この格差がなくなったことを示している。

メタ分析から得られる証拠を考え合わせると，STEM 分野における女性の数が少ないことに対して，能力で説明づけるのはあまり妥当ではない。広範囲に及ぶ状況的要因（社会からの期待，親や仲間の影響，STEM 分野の専攻学科や STEM 分野の団体における風潮）や，女性の意欲，数学の能力の自己評価，さらには様々な選択を含む，他の多くの説明は，十分に根拠のあるものだ。社会文化的視点から，研究によって，男性が多数派を占める環境が，いかに女性や女の子たちに対する脅威となりかねないか，さらには，ステレオタイプによる脅威を生じさせかねないかが立証されており，その脅威によって女性たちのその分野への帰属意識が下がり，疎外感や孤立感を高め，結果的にその分野から身を引いてしまうことにつながりかねないのだ。

ステレオタイプによる脅威とは，ステレオタイプの枠にはめられた集団の構成員が，評価が行われる課題に対する自分たちの成績が，その分野における劣性を示す，負の集団ステレオタイプによって判断されるのではないかと心配する現象のことである。STEM 教育に関連するステレオタイプとは，女性や女の子は数学では男性や男の子ほど能力がないというものである。したがって，女性や女の子が数学の試験を受けると，自分たちの成績がこのステレオタイプによって評価されるのではないかと心配するかもしれないし，もし成績が悪いとそのステレオタイプを裏付けることになるのではないかと懸念するかもしれない。この脅威は，テスト成績の不振やその分野から離れるといったマイナスの結果につながりかねない。

ほぼ間違いないことだが，ステレオタイプによる脅威に関する文献において最も幅広い研究がなされた女性の学業成績結果は，数学のテスト成績である。それほどの頻度ではないが，他にも，その分野に対してさらに消極的な姿勢になっているとか，その分野の教育や専門職をそのまま続けようという思いがもっと低くなっているというような結果を研究したものもある。例えば，数学のテストを受けている女性は，そのテストが数学の能力の診断に役立つものだと言われた場合，そのテストは能力を診断するものではないと言われた場合より成績が悪くなることがわかった。能力を診断するテストという状況では，「女性は男性ほど数学ができない」というステレオタイプを裏付けることになるのではないかと懸念したために，成績が悪かったのだ。女性は，ある数学のテストで性別による差は出ていないと言われた場合，そのような情報が与えられなかった場合より，成績が良くなった。このようにして，ステレオタイプによる脅威は，数学で女性が実力を十分に発揮できない一因となっている。もし女性が，女性の数学の能力に関する性差によるステレオタイプを実証することになるのを心配しているなら，この余分の認知的負荷がかかることで，成績が下がり，数学分野では場違いに感じ，その領域から離れるという結果になるかもしれない。

これらの結果に見られるように，ステレオタイプによる脅威の研究で検証されている重要な変数が，性同一性，つまり，より大きな自己概念の一部として人が性に置いている中心性，重要性である。成人間の性同一性に関する研究によって，自分の性に対して強い一体感を持っている女性の方が，ステレオタイプによる脅威の悪影響を受けやすいことがわかっているが，それはおそらく，そういう人たちは女性全体のイメージを悪くするようなステレオタイプを裏付けることになるのを，一体感を持っていない人よりも心配するからだろう。成績へのプレッシャーや，女性の集団が面目を失うようなことをしたくない思いとか，集団レベルでのステレオタイプによる脅威が，性に対して高い同一感を持つ女性の成績不振につながるのである。

しかしながら，最近の研究では，ステレオタイプによる脅威は，教育という状況の中で生じるので，数学や科学の教育を推進する目的で介入することによって軽減することができるし，そうすることで教育の場でのパイプラインを改善し，STEM 分野における良い仕事につながる。教育者，親，専門家，政策立案者たちは，多くの公的にアクセス可能な情報源を通してステレオタイプによる脅威についてもっと多くのことを学び，社会科学者と手を組んでこういう介入を大規模に行うことができるのである。

◀解　説▶

▶問１．(a) prevalent は「広く行き渡った，よく見られる」という意味であり，(あ)の common「一般的な，誰でも知っている」が意味的に近い。
(い) exclusive「排他的な」 (う) immediate「即時の」 (え) possible「可能な」
(b) elicit は「～を引き起こす，～を生じさせる」という意味であり，(い)の give rise to「～を引き起こす」が意味的に近い。(あ) get rid of「～を取り除く」 (う) put up with「～を我慢する」 (え) be concerned about「～を心配している」
(c) vulnerable to は「～の影響を受けやすい，～に弱い」という意味であり，(い)の easily influenced by「～に簡単に影響される」が意味的に近い。
(あ) highly resistant to「～に対して高耐性の」 (う) relatively indifferent to「～に比較的無関心な」 (え) strongly encouraged by「～に強く勇気づけられる」
▶問２．This threat とは stereotype threat「ステレオタイプ（固定観念）による脅威」のこと。
［イ］はステレオタイプの内容であり，第３段第２文（The stereotype relevant …）の that 節で説明されているので，この部分をまとめる。be competent in ～「～に能力がある」
［ロ］は同段第３文（Thus, when women …）中の，they may worry に続く that 節と they may fear に続く動名詞句で述べられている２つの不安の内容をまとめる。１つ目の不安は自分の数学の成績の評価についてであるが，according to this stereotype「このステレオタイプに沿って（評価される）」というのは，ステレオタイプの影響がある状態で評価される，つまり不当に評価されるということである。「ステレオタイプの影響によって」と問題文に書いてあるので，この箇所は入れずに「成績が不当に評価される」などとすればよいだろう。２つ目については，もし成績が悪いと，そのステレオタイプが裏付けられてしまうのではないかと懸念するということである。confirm「～を裏付ける」
▶問３．女性の数学の能力に関するステレオタイプ（女性は数学では男性より能力が低いという固定観念）を実証することになるのではないか，という懸念が負担となって，どういう結果につながるかを考える。第２段第

２文（From a sociocultural …）の which can lower 以下の内容も参考になる。

A．performance はここでは数学の「成績」のこと。女性がステレオタイプに関する懸念を抱けば成績は下がるはずであり，lower が適切。

B．belonging「帰属意識」とは，ここでは自分が数学に合っているという意識のことであり，女性が懸念を抱けばそういう意識はなくなっていくはずなので，lack が適切。前述の第２段第２文の which can lower 以下の内容１つ目が参考になる。

C．domain「分野，領域」とは，ここでは数学分野のこと。成績が悪かったり自分に合わないと思うとそこから離れるはずであり，leaving が適切。前述の第２段第２文の which can lower 以下の内容３つ目が参考になる。

したがって，正しい組み合わせは(え)となる。

なお，(う)もA．「劣った」，B．「失敗」までは当てはまるように見えるかもしれないが，Cが「拒絶する」では，第２段第２文にある disengagement from「～から離れる，撤退する」の言い換えとしてふさわしくない。

▶問４．**because stereotype threat is triggered within educational contexts,**

stereotype「固定観念」や threat「脅威」については問２の問題文でそれぞれ「ステレオタイプ」や「脅威」と表記されており，そのまま使ってよい。stereotype threat は「ステレオタイプによる脅威，ステレオタイプの脅威」などの訳が考えられる。trigger「～を引き起こす，～をもたらす」 educational contexts「教育という状況，教育環境」

it can be reduced through interventions to promote mathematics and science education

it は stereotype threat を指すが，主語が同じなので訳さなくてもよい。reduce「～を軽減する，～を弱める」 through「～によって，～を通して」 intervention「介入」 to promote 以下は目的を表すと考えられるが，「～するための介入（措置）」というように interventions を修飾する形で訳してもよいだろう。promote「～を促進する」

▶問５．(あ)「教育への介入によって，女性が STEM 分野でやりがいのある仕事に就こうとする道を開くことができる」 最終段第１文（However, a recent …）に，数学や科学の教育を推進するよう介入することによって，パイプラインを改善し，STEM 分野における良い仕事につながると述べられており，一致。

(い)「STEM 分野における女性の数の少なさを説明する，ありうる要因は，比較的予想可能である」 第1段第2文（One prevalent explanation …）や第2段第1文（Given the evidence …）に女性が STEM 分野で少数派である説明として，複数の説が挙がっているが，それらが予想可能だとは述べられておらず，不一致。

(う)「幼児教育で表面化する数学の成績における男女間の格差は，時間と共に広がる傾向がある」 第1段最終文（Research suggests that …）に，男女間の格差は中学校や高校で表面化するが，この差はなくなったと述べられており，不一致。

(え)「男性優位の環境はステレオタイプによる脅威につながる可能性があり，女性の数学の成績が下がる結果となる」 第2段第2文（From a sociocultural …）の how 以下より，男性優位の環境が女性に対してステレオタイプによる脅威を引き起こすとわかる。また，第3段第3・4文（Thus, when women … from the domain.）に，女性は男性ほど数学ができないというステレオタイプによる脅威が要因となって，女性の数学の成績が悪くなるという内容が述べられており，一致。

(お)「疎外感を減らすことは，STEM 分野の専攻や仕事に対して女性が消極的な姿勢を身につけるのに極めて重要である」 第2段第2文（From a sociocultural …）には，ステレオタイプによる脅威が STEM 分野における疎外感を増すと述べられており，第4段第1文（Arguably, the most …）に，この脅威の結果として女性の消極的な姿勢が挙げられている。疎外感が増した結果，消極的になるということが読み取れる。この文脈であれば，疎外感を減らすことは積極的な姿勢を身につけるのに重要，となるはずなので，消極的とあるのはおかしい。不一致。

(か)「女性は自分の数学の能力が評価されていると知らされている場合，数学のテストで良い成績をとる可能性が高くなる」 第4段第2文（For example, it …）に，数学のテストが能力を評価するものだと言われると，成績が悪くなると述べられており，不一致。

●語句・構文●

(第1段) underrepresented「不当に数が少ない，比率が少ない，少数の」 career「(専門的) 職業」 favoring「～に都合がよい，～に有利に働く」 spatial skill「空間能力」

(第2段) Given「～を考えると」 plausible「説得力がある，妥当な」 contextual factor「状況的要因」 climate「風潮」 major「専攻学科，専攻学生」 self-assessment「自己評価」 well-supported「十分に根拠がある，信頼できる」 From a sociocultural perspective「社会文化的視点から (見れば)」 document「～を立証する」 dominated by ～「～が多数派を占める，～に偏っている」 threatening「脅迫的な」 disengagement「離脱，撤退」 domain「分野，領域」

(第3段) evaluative「評価が行われる」 competent「能力がある」 confirm「～を裏付ける」

(第4段) arguably「ほぼ間違いなく」 literature「文献，論文」 diagnostic「診断に役立つ」 underperformance「十分に実力を発揮しないこと，伸び悩み」 cognitive「認知の」

(第5段) As shown by ～「～に見られるように」 variable「変数」 gender identity「ジェンダー・アイデンティティ，性同一性 (本人が自分の性別をどう認識しているかという概念のこと)」 centrality「中心性，重要性」 self-concept「自己概念」 identify with ～「～に対して一体感を持つ」 reflect poorly on ～「～のイメージを悪くする」

(最終段) practitioner「実行者，専門家」 partner with ～「～と手を結ぶ，～と組む」 on a large scale「大規模に」

Ⅲ 解答

問1．全訳下線部参照。

問2．かつての環境への配慮と同様に，AI技術の使用に企業が責任を持ち始めるという変化。(40字以内)

問3．(a)―(い)　(b)―(え)　(c)―(え)

問4．(う)・(か)

◆全　訳◆

≪大学院のデジタル・トランスフォーメーションの授業にて≫

学生A：人工知能，つまりAIは強力な技術です。もし人類がAIを倫理的に規制して利用する方法を見つけることができれば，この技術は私たちの生活様式に比類なき進歩と恩恵をもたらすことになると，私は本心から信じています。

教授：一つ問題があって，それはそのたった一語の使用に付随している。それが，倫理的に，だよ。AI には驚くべき可能性があるかもしれないが，進歩の速い技術は，注意深く，よく考えて使う必要があるんだ。

学生Ａ：AI を規制しなければ，多くの害が出る可能性がありますからね。

教授：約 30 年の間，デジタル技術は歩みを止めることなく進歩し続け，多岐にわたる産業を作りかえ，潰しもしてきた。今日，デジタル方向に変身を遂げるための，さまざまな組織の努力を目の当たりにして，ここでは AI の倫理を調査したいくつかの事例を検証しようとしているんだ。

助教授：それは時宜にかなったテーマですよ。一般市民はアルゴリズムや AI の影響をますます自覚するようになっていると思います。デジタル・トランスフォーメーションは顧客の要望だけでなく，それが社会にもたらす結果に対しても敏感に対応すべきなんです。

学生Ｂ：AI はごく近い将来，事業経営の仕方を劇的に変えることになると思います。大企業，それに世界の人たちも，それ（＝AI）を広めるなら必ず責任を持ってやってほしいものです。

助教授：私たちはよく考えるべき段階にあるのです。動きはあります。企業は自分たちがこの技術をどう利用するかという点に責任を持つ必要があることに気づき始めています。この動きを持続可能性になぞらえてみましょう。約 20 年前に，企業は顧客の関心が高まってきたことで，自分たちが環境に与える影響について考えるようになりました。企業は持続可能性に目を向けなければなりませんでした。それは，企業が自社を売り込む方法の一部になったのです。私たちは技術面でも同様の変化を目にしようとしているわけです。

教授：それでも，いろいろ懸念はあるよ。一例として，さまざまな偏った見方がアルゴリズムに紛れ込むことがある。自動運転の車を支えている技術では，白人の歩行者を，白人以外の歩行者より簡単に識別することができるけど，それだと，白人以外の歩行者が衝突される危険性が高くなる。人種差別が銀行のアルゴリズムに織り込まれていて，有色の人たちの方が融資を受けるのが難しくなる可能性もある。

助教授：これらのシステムに組み込まれた自律性がその危険を増大させている。そういう自律性は，ある種の倫理的枠組みで構築されなければなりません。

教授：技術は非常に急速に進歩しているので，そこに影響力を及ぼすのは難しいかもしれない。

学生Ｂ：自分の中の楽観的な部分では，ほとんどの企業が，責任を持って技術を利用することで，消費者に対して大きな価値があるという点を理解していると思っていますが，法律がついていけそうにありません。

助教授：今回の議論はとてもうまく進みましたね。私は，うちの学生諸君は，社会的な責任やビジネスモデル設計を熟知しているから，今後表面化するこれらの問題について考えられるところまで，独自に来ていると信じていますよ。

学生Ａ：私はほんとうにワクワクしていますし，私たちが AI を善いことのために使うことができると楽観しています。でも，どんな技術もただの道具にすぎません。それは人類を隷属化させることも，あるいは人類に力を与えることもできる能力を持つ，諸刃の剣ですからね。

◀解　説▶

▶問１．**For some three decades, digital technology has continued its never-ending march of progress,**

For some three decades の some は「約，およそ」という意味。continue its never-ending march of progress は，直訳すると「終わることのない進歩という行進を続ける」だが，「歩みを止めることなく進歩し続ける」というような訳が考えられる。

remaking and disrupting a wide range of industries.

この部分は分詞構文であり，付帯状況を表す用法ととらえて，「～しながら」というように述語動詞より先に訳すことも可能だが，～, remade and disrupted … と考えて，述語動詞の後に続ける形で訳しても自然な訳になる。remake「～を作りかえる」 disrupt「～を破壊する，～を混乱させる」 a wide range of ～「広範囲に及ぶ～，多岐にわたる～」

▶問２．「技術における同様の変化」で，「同様の」と述べられているのは，助教授の同発言の第４文（Let me liken …）にある「持続可能性（のとき)」と比較してのことと考えられる。変化の具体的な内容は，第 3 文（Companies are starting …）にあるように，この技術，つまり AI 技術の使い方に責任を持たなければならないと気づき始めたことである。「同様の変化」なので，「環境への影響〔持続可能性〕に配慮し始めたときと同様の変化」というまとめ方にしてもよいだろう。

▶問 3．(a) unparalleled は「比類のない，前例のない」という意味であり，(い)の exceptional「並外れた」が意味的に近い。(あ) comparable「比較可能な」 (う) expected「予想された」 (え) explanatory「説明的な」

(b) stakes は raise the stakes で「危険を増大させる」という意味になり，(え)の risks「危険」が意味的に近い。(あ) charges「義務，料金」 (い) interests「利益」 (う) profits「収益，利益」

(c) legislation は「法律，立法行為」という意味であり，(え)の law「法律」が意味的に近い。(あ) court「法廷，宮廷，裁判」 (い) government「政府」 (う) justice「正義，司法」

▶問 4．(あ)「人は AI 技術の未来については楽観的になる必要がある」

教授の第 1 発言第 2 文（AI may have …）で，AI の可能性について言及しているが，その技術は注意深く，よく考えて使う必要があると述べており，楽観的な発言はしていないので，不一致。

(い)「政府は AI 技術を規制する規則を制定する際は，もっと慎重になるべきだ」 学生 A の第 2 発言（If AI is not …）で，AI を規制しないと，害が出る可能性があると述べているが，規則の制定に関して慎重になるべきという発言はなされておらず，不一致。

(う)「人は AI 技術を適切に利用する際に，必ず倫理を自覚しているべきだ」

学生 A の第 1 発言第 2 文（If humankind can …）で AI を倫理的に規制して利用する必要性にふれており，教授の第 1 発言第 1 文（There is a …）でも「倫理的に」をキーワードにしているので，一致。

(え)「AI 技術は人種差別のさまざまな問題の解決に貢献することになっている」 教授の第 3 発言第 3・4 文（The technology behind … to obtain loans.）で，AI 技術の導入で，人種差別が生じる可能性について具体例を挙げて言及している。AI 技術は人種差別問題を解決するというよりはむしろ助長する可能性があることがわかるので，不一致。

(お)「AI 技術を利用しようとする企業の努力は，結果的に環境への配慮を促すことになる」 助教授の第 2 発言第 3 ～ 6 文（Companies are starting … look at sustainability.）で，約 20 年前に，企業は顧客の関心が高まったために環境への影響を考えるようになったと述べられているが，これは sustainability「持続可能性」のことである。liken からわかるように，たとえ話で持ち出されているもので，AI 技術を利用しようとする企業の努力が環境へ配慮する結果になるわけではないので，不一致。

(か)「AI 技術には人間社会への影響という面では，マイナス面と同様にプラス面もある」 学生 A の第 3 発言最終文（It's a double-edged …）で，AI 技術には人を隷属させる能力も，人に力を与える能力もあると述べられており，一致。

●語句・構文●

（名称の後の数字は各人物の何回目の発言かを表す）

（学生 A 1）artificial intelligence（＝AI）「人工知能」 regulate「～を規制する」 ethically「倫理的に」

（教授 1）come with ～「～に付随している」 potential「可能性，潜在能力」 fast-moving「進歩の速い，移り変わりの激しい」

（教授 2）transform *oneself*「変身する」 case「事例」

（助教授 1）responsive「敏感に反応する」

（学生 B 1）drastically「劇的に」 roll out ～「（新製品）を製造〔公開・発売〕する」 responsibly「責任を持って」

（助教授 2）reflection「熟考」 phase「段階，局面」 liken *A* to *B*「*A* を *B* にたとえる，*A* を *B* になぞらえる」 sustainability「持続可能性」 concern「懸念，関心」 present *oneself*「自分を売り込む」

（教授 3）bias「偏見，先入観」 for one「ひとつには，一例として」 creep into ～「～に紛れ込む，～に忍び込む」 pedestrian「歩行者」 be baked into ～「～に織り込まれている」

（助教授 3）autonomy「自律性」 framework「枠組み」

（教授 4）reign in ～「～に影響を及ぼす」本文では in と it の位置が入れ替わっている。

（学生 B 2）there is no way ～「～する可能性はない，～するわけがない」 keep up「同じ速度で進む，ついて行く」

（助教授 4）be versed in ～「～を熟知している」 uniquely「独自に，他に類を見ないほどに」 be positioned to *do*「～するところまで来ている」
（学生 A 3）use *A* for good「*A* を善いことのために使う」 double-edged sword「諸刃の剣」 enslave「～を隷属させる」

Ⅳ　解答

(1)〈解答例 1〉"Inward-oriented tendency" among Japanese youth refers to their unwillingness to go into an unfamiliar situation. Nowadays, many students tend to go on to a local university because they are familiar with the area where the campus is located, thus clearly exhibiting this tendency.（40 語程度）
〈解答例 2〉The term "inward-oriented tendency" is used here to mean that Japanese young people are reluctant to take the risk of doing something new. For example, they prefer to talk only with a small group of friends than to make new friends.（40 語程度）
(2)〈解答例 1〉I agree with the experts' idea. Japanese young people are less willing to go into unfamiliar situations especially when they have linguistic anxiety. However, I think it is recommended for them to go abroad and acquire the ability to make their ideas known to the international community in a foreign language because they will face and have to survive greater globalization in future.（60 語程度）
〈解答例 2〉I disagree with the idea expressed by the experts. I think the decline in the number of young Japanese studying abroad is due to the fact that they have lost interest in studying abroad. Today, they can learn almost everything, including foreign languages, online, and they no longer find it necessary to pay a lot of money to study abroad.（60 語程度）

◀解　説▶

記事の抜粋の全訳：中国や韓国といった隣国の学生に比べて，日本の学生は留学にあまり興味を示さない。ユネスコのデータベースによると，日本は，2012 年に 33,494 人の高校卒業後の学生が留学していて，23 位だった。これと同年に，中国と韓国から留学した学生はそれぞれ，698,395 人と 121,437 人だった。多くの専門家は，留学する日本の若者の数が減っているのは，彼らに深く根差した「inward-oriented tendency」(日本語で「内向き志向」) に原因があるとしてきた。一部の学者はこの特徴は日本の若者だけに限ったことではないと主張するが，日本の学者や政治家の間で，日本の若者の間のこの傾向を理解することに強い関心が集まっている。

▶(1)　日本の若者の間の「内向き志向」の説明を留学以外の例を挙げて，40 語程度で説明する問題。「内向き志向」の説明としては，自分に馴染みのない状況や新しい環境を避けようとする，というような説明がよいだろう。具体例として，〈解答例 1〉では，学生が，よく知った地域にある地元の大学への進学を目指すという例を挙げた。〈解答例 2〉では，新しい友だちをつくるより，少数の友人とだけ話したがる例を挙げている。

refer to ～「～のことをいう」　be reluctant to *do*「～したがらない」

▶(2)　記事の下線部で述べられた考え方について，自分の意見を 60 語程度で述べる問題。〈解答例 1〉は専門家の意見に賛成の立場である。内向き志向を脱して海外に行き，自分の意見を外国語で述べる能力を身につける必要があるという意見を述べている。〈解答例 2〉は専門家の意見に反対の立場で，内向き志向が原因ではないとするもの。留学する日本の若者が減っている理由として，今では，留学しなくても何でもオンラインで学べる点を挙げている。

❖講　評

2020 年度は英作文が読解問題の中で出題され大問 3 題であったが，2021 年度は 2019 年度までと同じ構成に戻り，読解問題 3 題，英作文 1 題の計 4 題の出題であった。読解問題のうちの 1 題は，例年だと会話文主体の英文であったが，2021 年度は完全な会話文形式となった。ただし，会話文形式とはいっても，大学院での授業における議論の一部を取り上げたものであった。英作文は，2016～2020 年度と同様，条件付きの自由英作文の出題となっており，語数が合計約 100 語で，2020 年度より 30 語減少し，配点も例年より少なめであった。読解問題の英文量は，例年とほぼ同程度の約 1,700 語であった。設問は，記述式では英文和訳と内容説明がほぼ同数出題されている。内容説明に字数制限があるなど難度の高いものもある。空所補充，同意表現，内容真偽など，さまざまなタイプの選択問題も多い。

Ⅰ．読解問題。ミツバチの数の減少がテーマで，神戸大学では頻出の環境問題を取り上げた英文となっている。設問は内容説明（２問）と英文和訳が記述式，選択式は空所補充という構成だが，内容説明は字数制限があり，どの部分まで解答に組み込むべきかの判断が難しい問題となっている。英文和訳は 2020 年度より長めで，文法力も必要であった。空所補充は標準的。

Ⅱ．読解問題。理数系の分野で女性の数が少ないという現状をステレオタイプの影響という観点から論じた英文。設問は空所補充形式の内容説明１問と英文和訳が記述式，選択式の同意表現，空所補充，内容真偽が１問ずつという構成であった。内容説明は文脈の理解がカギとなる設問である。英文和訳では，日本語になりにくい箇所がある部分が出題されている。

Ⅲ．会話文問題。大学院での授業で，教授，助教授，学生２人の議論という形式となり，ややとまどった受験生もいただろう。話題はデジタル・トランスフォーメーションや AI に関するもので，よく取り上げられるテーマである。設問は英文和訳と内容説明が記述式で，内容説明では字数制限があるうえ，記述に盛り込むべき内容を特定しづらかった。同意表現と内容真偽が選択式となっている。

Ⅳ．英作文。記事を抜粋した英文を読んで，その内容に関する条件付きの自由英作文が２問出題された。「内向き志向」がテーマで，具体例や自分の意見が浮かびにくく，苦戦した受験生も多かったかもしれない。

全体的に見て，この英文の量と設問の難度に対して 80 分という試験時間は短く，2020 年度に続きやや難度の高い出題が続いている。

数学

1

◇発想◇　(1)　$(3+i)^n=(3+i)^{n-1}(3+i)$ を用いて順に計算する。
(2)　(1)から実部，虚部をそれぞれ 10 で割った余りが推測できるので，数学的帰納法を用いて，そのことを証明する。

解答　(1)　$(3+i)^2=9+6i+i^2=8+6i$　……(答)

$(3+i)^3=(3+i)^2(3+i)=(8+6i)(3+i)$

$=24+26i+6i^2=18+26i$　……(答)

$(3+i)^4=(3+i)^3(3+i)=(18+26i)(3+i)$

$=54+96i+26i^2=28+96i$　……(答)

$(3+i)^5=(3+i)^4(3+i)=(28+96i)(3+i)$

$=84+316i+96i^2=-12+316i$　……(答)

また，これらの虚部の整数を 10 で割った余りは，いずれも

6　……(答)

(2)　2 以上の整数 n について

「$(3+i)^n$ の実部，虚部はいずれも整数であり，実部，虚部を 10 で割った余りはそれぞれ 8，6 である」　……①

が成り立つことを数学的帰納法で証明する。

［Ⅰ］$n=2$ のとき

$(3+i)^2=8+6i$ の実部は 8，虚部は 6 であるので，①は成り立つ。

［Ⅱ］$n=k$（$k=2,\ 3,\ 4,\ \cdots$）のとき，①が成り立つと仮定する。

このとき，a，b を整数として，$(3+i)^k=(10a+8)+(10b+6)i$ とすると

$$(3+i)^{k+1}=(3+i)^k(3+i)=\{(10a+8)+(10b+6)i\}(3+i)$$
$$=(30a+24)+(10a+30b+26)i+(10b+6)i^2$$
$$=(30a-10b+18)+(10a+30b+26)i$$
$$=\{10(3a-b+1)+8\}+\{10(a+3b+2)+6\}i$$

よって，$(3+i)^{k+1}$ の実部，虚部はいずれも整数であり，実部，虚部を 10 で割った余りはそれぞれ 8，6 であるので，$n=k+1$ のときも①は成

り立つ。

［Ⅰ］，［Ⅱ］より，2 以上の整数 n について①が成り立つ。

したがって，n が 2 以上の整数のとき，$(3+i)^n$ の虚部は 0 ではないので，$(3+i)^n$ は虚数である。

また，$n=1$ のとき，$3+i$ は虚数であるので，n を正の整数とするとき，$(3+i)^n$ は虚数である。　（証明終）

◀解　説▶

≪複素数の虚部の整数を 10 で割った余り，$(3+i)^n$ が虚数であることの証明≫

▶(1)　順に求めていけばよい。

▶(2)　(1)の結果から，$n \geqq 2$ のとき虚部を 10 で割った余りはつねに 6 と予想されるが，数学的帰納法を用いて証明するので，実部を 10 で割った余りが 8 であることもあわせて証明する。なお，$n=5$ のとき，実部 $-12=10\times(-2)+8$ であるので，10 で割った余りは 8 である。$n=1$ のときは別であるので注意すること。

2

◇発想◇　(1)　完全平方式に変形する。

(2)　全体を $\frac{1}{2}$ でくくって変形する。あるいは，1 つの文字に着目し，平方完成する。

(3)　左辺を k の関数とみて(1)・(2)を利用する。x，y，z について平方完成をして示すこともできる。

解答　(1)　$k=2$ のとき

$$x^2+y^2+z^2+2(xy+yz+zx)=(x+y+z)^2 \geqq 0$$

（証明終）

等号成立は，$x+y+z=0$ のとき。　……(答)

(2)　$k=-1$ のとき

$$\begin{aligned} x^2+y^2+z^2-(xy+yz+zx) &= \frac{1}{2}(2x^2+2y^2+2z^2-2xy-2yz-2zx) \\ &= \frac{1}{2}\{(x^2-2xy+y^2)+(y^2-2yz+z^2) \\ &\qquad +(z^2-2zx+x^2)\} \end{aligned}$$

$$=\frac{1}{2}\{(x-y)^2+(y-z)^2+(z-x)^2\}\geqq 0$$

よって　　$x^2+y^2+z^2-(xy+yz+zx)\geqq 0$　　（証明終）

等号成立は，$x-y=0$ かつ $y-z=0$ かつ $z-x=0$,

すなわち，$x=y=z$ のとき。　……(答)

(3)　$x^2+y^2+z^2+k(xy+yz+zx)$ を k の関数とみて

$$f(k)=(xy+yz+zx)k+x^2+y^2+z^2$$

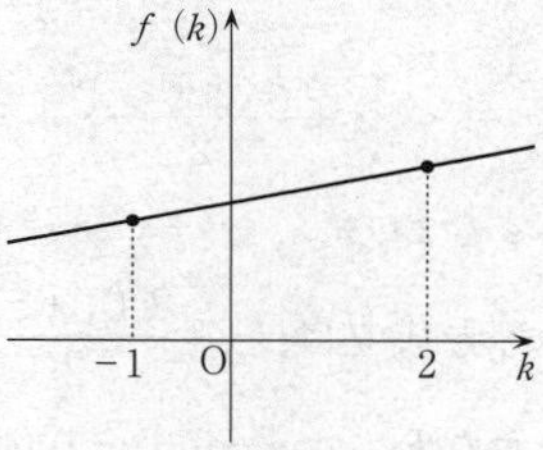

とおくと，$f(k)$ のグラフは直線であり

(1)，(2)より，$f(2)\geqq 0$，$f(-1)\geqq 0$ であるので

$-1<k<2$ のとき　　$f(k)\geqq 0$

よって　　$x^2+y^2+z^2+k(xy+yz+zx)\geqq 0$　　（証明終）

等号成立は，$f(2)=0$ かつ $f(-1)=0$ のとき。

したがって，$x+y+z=0$ かつ $x=y=z$,

すなわち，$x=y=z=0$ のとき。　……(答)

別解　(1)　$x^2+y^2+z^2+2(xy+yz+zx)=x^2+2(y+z)x+(y+z)^2$

$$=(x+y+z)^2\geqq 0$$

等号成立は，$x+y+z=0$ のとき。

(2)　　$x^2+y^2+z^2-(xy+yz+zx)$

$$=x^2-(y+z)x+y^2-yz+z^2$$

$$=\left(x-\frac{y+z}{2}\right)^2-\frac{(y+z)^2}{4}+y^2-yz+z^2$$

$$=\left(x-\frac{y+z}{2}\right)^2+\frac{3(y-z)^2}{4}\geqq 0$$

等号成立は，$x-\frac{y+z}{2}=0$ かつ $y-z=0$ のとき，すなわち $x=y=z$ のとき。

(3)　　$x^2+y^2+z^2+k(xy+yz+zx)$

$$=x^2+k(y+z)x+y^2+kyz+z^2$$

$$=\left\{x+\frac{k(y+z)}{2}\right\}^2-\frac{k^2(y+z)^2}{4}+y^2+kyz+z^2$$

$$=\left\{x+\frac{k(y+z)}{2}\right\}^2+\frac{1}{4}\{(4-k^2)y^2+2k(2-k)zy\}+\frac{4-k^2}{4}z^2$$

$$=\left\{x+\frac{k(y+z)}{2}\right\}^2+\frac{4-k^2}{4}\left(y+\frac{k}{2+k}z\right)^2-\frac{(4-k^2)k^2}{4(2+k)^2}z^2+\frac{4-k^2}{4}z^2$$

$$=\left\{x+\frac{k(y+z)}{2}\right\}^2+\frac{4-k^2}{4}\left(y+\frac{k}{2+k}z\right)^2+\frac{(2-k)(1+k)}{2+k}z^2$$

$-1<k<2$ のとき，$\dfrac{4-k^2}{4}>0$，$\dfrac{(2-k)(1+k)}{2+k}>0$ より

$$\left\{x+\frac{k(y+z)}{2}\right\}^2+\frac{4-k^2}{4}\left(y+\frac{k}{2+k}z\right)^2+\frac{(2-k)(1+k)}{2+k}z^2\geqq 0$$

すなわち　　$x^2+y^2+z^2+k(xy+yz+zx)\geqq 0$

等号成立は，$x+\dfrac{k(y+z)}{2}=0$ かつ $y+\dfrac{k}{2+k}z=0$ かつ $z=0$ のとき，

すなわち，$x=y=z=0$ のとき。

◀解　説▶

≪4つの文字を含む2次不等式の証明≫

▶(1)　$a^2+b^2+c^2+2ab+2bc+2ca=(a+b+c)^2$ は公式に準ずる等式である。

▶(2)〔別解〕のように1つの文字に着目して平方完成してもよいが，重要な因数分解 $x^3+y^3+z^3-3xyz=(x+y+z)(x^2+y^2+z^2-xy-yz-zx)$ にも登場する2次式であるので，〔解答〕のような変形も知っておくべきだろう。

▶(3)　x，y，z についての2次式であるので，〔別解〕のように平方完成を用いて示すこともできるが，k については1次式であるので，k の関数とみて(1)・(2)を利用するとよい。

3

◇発想◇　(1)　$\angle\mathrm{ABH}=\theta$ とおき，$\triangle\mathrm{ABH}$，$\triangle\mathrm{CBH}$ について余弦定理を用いる。

(2)　AH，BH，CH を PH で表し，(1)の等式を用いる。

(3)　(2)から，AH，BH，AB がわかるので，$\cos\theta$ を求めることができる。

解答　(1)　$\angle\mathrm{ABH}=\theta$ とおく。

$\triangle\mathrm{ABH}$ において余弦定理より

$$\mathrm{AH}^2=\mathrm{AB}^2+\mathrm{BH}^2-2\mathrm{AB}\cdot\mathrm{BH}\cos\theta\quad\cdots\cdots①$$

$\triangle\mathrm{CBH}$ において余弦定理より

$$\mathrm{CH}^2=\mathrm{BC}^2+\mathrm{BH}^2-2\mathrm{BC}\cdot\mathrm{BH}\cos(180^\circ-\theta)$$

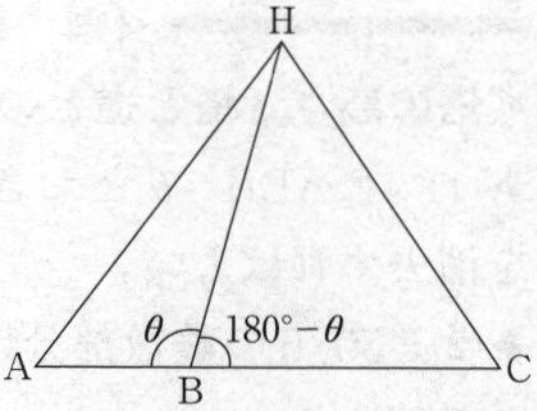

$BC=2AB$，$\cos(180°-\theta)=-\cos\theta$ より

$$CH^2=4AB^2+BH^2+4AB\cdot BH\cos\theta \quad \cdots\cdots②$$

①×2＋② より

$$2AH^2+CH^2=6AB^2+3BH^2$$

よって　$2AH^2-3BH^2+CH^2=6AB^2$

（証明終）

(2)　$AH\tan 45°=PH$ より　$AH=PH$

$BH\tan 60°=PH$ より　$\sqrt{3}BH=PH$　$BH=\dfrac{1}{\sqrt{3}}PH$

$CH\tan 30°=PH$ より　$\dfrac{1}{\sqrt{3}}CH=PH$　$CH=\sqrt{3}PH$

これらと $AB=100$ を(1)の等式に代入すると

$$2PH^2-3\cdot\frac{1}{3}PH^2+3PH^2=60000$$

$$PH^2=15000$$

$$PH=\sqrt{15000}=50\sqrt{6}$$

ここで，$122^2=14884$，$123^2=15129$ より

$$122<\sqrt{15000}<123$$

すなわち　$122<PH<123$

よって，PH の整数部分は　122　……(答)

(3)　(2)より　$AH=PH=50\sqrt{6}$，$BH=\dfrac{1}{\sqrt{3}}PH=50\sqrt{2}$

$AB=100$ であるので，①に代入すると

$$(50\sqrt{6})^2=100^2+(50\sqrt{2})^2-2\cdot100\cdot50\sqrt{2}\cos\theta$$

$$15000=15000-10000\sqrt{2}\cos\theta$$

$$\cos\theta=0$$

よって　$\theta=90°$

したがって，Hと道の距離は　$BH=50\sqrt{2}$

$50\sqrt{2}=\sqrt{5000}$ であり，$70^2=4900$，$71^2=5041$ より

$$70<50\sqrt{2}<71$$

ゆえに，Hと道との距離の整数部分は　70　……(答)

◀解　説▶

≪塔の高さ，塔と道との距離の測量≫

▶(1)　$\angle ABH=\theta$ とおき，$\triangle ABH$，$\triangle CBH$ において余弦定理を用い，θ を消去すればよい。

▶(2)　$50\sqrt{6}$ の整数部分については，$\sqrt{15000}$ を平方して，15000 に近い数を計算する。

▶(3)　①を用いて $\cos\theta$ を求める。本問では $\cos\theta=0$ となり $\theta=90°$ であったが，$\cos\theta=0$ でなくても，H と道との距離は $BH\sin\theta$ である。

❖講　評

2021 年度は，整数，数列，不等式の証明，図形と計量からの出題で，微・積分法，ベクトルからの出題はなかった。また，理系との共通問題は出題されなかったが，類似問題が出題された（**1**）。

1．複素数の n 乗が虚数であることの証明。(1)で虚部の整数を 10 で割った余りに着目するよう誘導されており，数学的帰納法により証明する。標準的ではあるが，実部を 10 で割った余りも同時に考える必要がある。

2．不等式の証明。(1)・(2)は基本的である。(3)で k の関数とみて，(1)・(2)を利用することに気付くかどうかがポイントとなる。(3)の出来・不出来で差がついたと思われる。

3．塔の高さや距離を三角比を用いて求める図形と計量についての標準的な問題である。整数部分を求める計算も特に問題ないだろう。

全体として，標準的な問題中心の出題である。小問を確実に解いていくと同時に，誘導となっていることを理解しなければならない。

明（理由説明）は、第一段落で重盛が見た夢の内容と、それに対する重盛の予想をまとめる。問三の箇所指摘と内容説明（「引出物」に込められた意図の説明）は、「引出物」が「無文の太刀」であることの理解は必須で、その太刀に込められた重盛の意図は、第三段落後半の重盛の言葉に沿ってまとめる。問四の文法と問五の文学史はごく基本レベルである。

三　漢文（随筆）　北宋時代の官僚沈括《しんかつ》による随筆『夢渓筆談』の一節で、絵を描く際の心得について述べた文章からの出題。設問は、口語訳、内容説明、書き下し文（読み）で、内容説明の二つの問いには、二〇字と七〇字の字数制限が設けられている。問一の口語訳は、返り点が付されていないが、「不可」「当」はともに頻出の基本句法である。問二の内容説明は、「大」「小」の意味を示して簡潔にまとめる。問三の内容説明は、波線部の前の「当画毛、蓋見小馬無毛」の意味を正しく理解することがポイント。問四の書き下し文（読み）は、「惟」「須」「而已」「若」のいずれも基本句法にあたるものである。

③「而已」は「のみ」と読み、限定を表す助詞。
④「若」は、副詞として用いられる場合は「若《も》し」と読んで仮定を表す。

❖講　評

一　現代文（評論）　責任概念の見直しに関する「非難から修正へ」という提言について、科学的認識や倫理と関係させつつ批判的に論じた、二〇一九年に出版された書籍からの出題。やや古い文章であった二〇二〇年度とは異なり、従来の神戸大学の出題傾向に戻った。本文の長さは二〇二〇年度よりも短く、二〇一九年度とほぼ同じである。ただ、本格的な思想系の文章であり、比較的読みやすいものが多かったここ数年とはちがい、難解に感じる文章であった。設問は、二〇二〇年度と同じく、先に字数制限つきの内容説明を置き、最後に書き取りという形式である。書き取りは入試に頻出のものを中心とした五問。間違えそうなものも含まれているが、確実に点を取っておきたい。内容説明の解答字数は例年どおりの、八〇字三問と一六〇字一問、総記述字数四〇〇字。問一を除いて残りの三問はすべて「どういうことか」という傍線部の内容を問うものであった。傍線部とその前後を見ていくことで解答の方向性はつかめるが、「本文全体の論旨」をふまえて解答する問四以外でも、解答要素が傍線部から遠いところにあったりするので注意が必要である。また、解答要素の中には、本文中に手かがりの少ないものもあった。語彙力を用いてどう解答をまとめあげるかを試していると思われる。全体としてみると、本文がやや短めというだけで、いつもどおりの神戸大学の現代文である。時間を無駄にしないよう、すばやく設問の意図を見抜いて、答えの作成にかかっていくことが大切である。

二　古文（軍記物語）　鎌倉時代の軍記物語『平家物語』の一節で、平重盛が霊夢を見て平家の滅亡や自らの死を予期し、父の葬儀に帯刀するための太刀を息子の維盛に託す場面を描いた文章からの出題。設問は、口語訳、内容説明、箇所指摘、文法、文学史で、内容説明の二つの問いには、五〇字と六〇字の字数制限が設けられている。問一の口語訳はおおむね標準レベルで、語句の意味や助動詞・助詞・敬語の意味用法などの基本知識が問われている。問二の内容説す」は〝描く〟ということ。傍線部(A)の前の「画馬、其大不過盈尺」（＝〝馬を描く際に、その大きさは一尺（＝約三〇・七二センチメートル）に満たないので〟）を踏まえると、傍線部(A)の「大」は実物の馬の大きさ、「小」は絵では小さく描くことを意味していると判断できる。書くべき内容は次の二点である。

①　実物は大きな馬を

②　絵では小さく描く

▼問三　波線部を逐語訳すると〝そのまままた実物通りに描かないのは、これは凡人が跡をそのまま真似ていて〟となる。前の「若画馬如牛・虎之大者、理当画毛」（＝〝もし馬を描く際に牛・虎の大きさと同じ（ように描く）ならば、道理としては毛を描かなければならないが〟）、「見小馬無毛」（＝〝（絵に描いた）小さな馬の毛がないのを見て〟）を踏まえると、「不摸」は馬の毛を描かないということ、「襲跡」は小さな絵には馬の毛が描かれていないのを真似るということを言ったものであると判断できる。設問文に、「庸人が馬を牛や虎の大きさで描く時に」と書かれているが、それは、小さな絵なら馬の薄い毛はあえて描かないのに対して、毛も描くことができるほどの大きさで描く場合を意味しているのである。書くべき内容は次の四点である。

①　毛が描ける大きさで馬を描くときには

②　毛を描かなければならないのに

③　馬の薄い毛があえて描かれていない小さな絵をそのまま真似て

④　毛を描かない

▼問四　①「惟」は「惟《た》だ」と読み、限定を表す副詞。

②「須」は「須《すべから》く〜べし」と読む再読文字で、〝〜必要がある、〜なければならない〟の意。「有」は動詞「有《あ》り」で、後の「別」がその主語にあたる。「須有別」で〝区別がある必要がある、区別しなければならない〟と解釈する。

く）ので、道理としてはまた毛を描き表すはずがないけれども、しかし牛・虎は深い毛で、馬は浅い毛であるので、道理として区別しなければならない。だから優れた画家は小さな牛や小さな虎を描く際に毛を描くけれども、ただだいたい筆や刷毛によって墨や絵具を軽く施すだけで、もし細かいところまで詳しく描こうとすると、かえって煩わしくなる。だいたい墨や絵具を軽く施すと、自然と絵画が真に迫って極めて優れた様子になって、輝くように生気にあふれる。（このようなことは）俗人と論じ得ることは難しいのである。もし馬を描く際に牛・虎の大きさと同じ（ように描く）ならば、道理としては毛を描かなければならないが、（絵に描いた）小さな馬の毛がないのを見て、そのまままた（毛を）実物通りに描かないのは、これは凡人が（優れた画家の）描き方をそのまま真似ているもので、同列に道理を論じることができるものではないと思われるのである。

読み　牛・虎を画《か》くに皆毛を画くも、惟《た》だ馬のみには画かず。余《よ》嘗《かつ》て以て画工に問ふに、工言はく「馬の毛は細くして、画くべからず」と。予之《よこれ》を難《なん》じて曰《いは》く「鼠《ねずみ》の毛は更《さら》に細きに、何の故《ゆゑ》に却《かへつ》て画くか」と。工対《こた》ふる能《あた》はず。大凡《おほよそ》馬を画くに、其《そ》の大《おほ》きさ尺《しやく》を盈《みた》すに過ぎざれば、此乃《これすなは》ち大《だい》を以《もつ》て小《せう》と為《な》す、毛細くして画くべからざる所以《ゆゑん》なり。鼠乃ち其の大きさのごとくならば、自《おのづか》ら当《まさ》に毛を画くべし。然《しか》るに牛・虎も亦《ま》た是《こ》れ大を以て小と為し、理亦た応《まさ》に毛を見《あら》はすべからざるも、但《ただ》し牛・虎は深き毛にして、馬は浅き毛なれば、理須《すべか》らく別有《べつあ》るべし。故に名輩は小牛・小虎を為《つく》るに毛を画くと雖《いへど》も、但《た》だ略払拭《ほぼふつしよく》するのみ、若《も》し詳密《しやうみつ》に務《つと》めれば、翻《かへつ》て冗長《じようちやう》と成《な》る。約略《ほぼ》払拭すれば、自ら神観《しんくわん》有りて、迥然《けいぜん》として生動《せいどう》たり。俗人《ぞくじん》と与《とも》に論《ろん》ずべきこと難《かた》きなり。若し馬を画くに牛・虎の大のごとくならば、理は当に毛を画くべくも、蓋《けだ》し小馬の毛無きを見て、遂《つひ》に亦た摸《うつ》さざるは、此庸人《これようじん》の跡《あと》を襲《おそ》ひて、与に理を論ずるべきに非《あら》ざるなり。

◀解　説▶

▼問一　(ア)「馬の毛は細くして、画《か》くべからず」と読む。「不可〜」は〝〜ことができない〟の意。

(イ)「当《まさ》に毛を画くべし」と読む。「当〜」は〝〜なければならない、〜にちがいない〟の意。

▼問二　「此乃《これすなは》ち大《だい》を以《もつ》て小《せう》と為《な》す」と読む。「以〜為…」は〝〜を…とする、〜を…と見なす〟の意で、ここでの「為

c、係助詞「こそ」の結びなので、已然形「けれ」とする。

▼問五『平家物語』は鎌倉時代に成立した軍記物語。同じ軍記物語は、室町時代に成立したとされるニの『太平記』である。イの『海道記』は鎌倉時代に成立した作者未詳の紀行文。ロの『源氏物語』は平安時代に紫式部が著した作り物語。ハの『国性爺合戦』は江戸時代に近松門左衛門が著した浄瑠璃。ホの『徒然草』は鎌倉時代に兼好が著した随筆。

三

出典　沈括『夢渓筆談』〈巻十七　書画〉

解答

問一　(ア)馬の毛は細いので、描くことができない

(イ)毛を描かなければならない

問二　実物は大きな馬を、絵では小さく描くこと。（二〇字以内）

問三　毛が描ける大きさで馬を描く時には毛を描かなければならないのに、馬の薄い毛があえて描かれていない小さな絵をそのまま真似て、毛を描かないこと。（七〇字以内）

問四　①ただ　②すべからくべつあるべし　③のみ　④もし

◆全　訳◆

牛・虎を描く際に皆毛を描くけれども、ただ馬だけには描かない。私は以前画家に尋ねたところ、画家が言うには「馬の毛は細いので、描くことができない」と。私がそのことを問いつめて言うには「鼠の毛はもっと細いのに、どうして逆に（細い鼠の毛は）描くのか」と。画家は答えることができなかった。総じて馬を描く際に、その（絵の）大きさは一尺（＝約三〇・七二センチメートル）に満たず、そこで大きいものを小さくする（＝実物は大きな馬を画面では小さく描く）のが、（馬の）毛が細くて描くことができない理由である。鼠の場合はその大きさの通り（に描く）ならば、自然と毛を描かなければならない。けれども牛・虎もまたそれは大きいものを小さくする（＝実物の大きさを画面では小さく描

者がいるので、事情を尋ねたところ、清盛の悪行が度を超しているため神が召し捕りなさったと答えたというもの。
夢から覚めた重盛は、平家は長い間栄華を極めているのに、清盛の悪行のせいで滅びようとしているのだろうと考え
て、涙にくれたというのである。五〇字以内に収まるように内容を整理して解答することがポイント。書くべき内容
は次の四点である。
①　清盛が過度の悪行のせいで
②　神に首を捕られた夢を見て
③　栄華を極めてきた平家一門が
④　滅びると悟った

▼問三　(1)傍線部(B)の後を見ると、貞能が袋から太刀を取り出し、維盛はそれを初めは「家に伝はれる小烏といふ太刀」
であろうかと思って見るが、そうではなくて、「大臣葬のとき用ゐる無文の太刀」であったとされている。「五字程
度」とのことなので、「無文の太刀」と解答する。
(2)重盛が維盛に無文の太刀を与える理由は、重盛の発言の「そのゆゑはいかにといふに」以降に述べられている。
「この太刀は……持ちたりつれども」は、無文の太刀は大臣の葬儀に用いるもので、父清盛が亡くなったときに自分
が身に着けようと思って持っていたということ。「今は重盛、入道殿に先立ち奉らんずれば、御辺に奉るなり」は、
自分は父清盛よりも先に死ぬだろうから、息子である維盛に与えるということ。書くべき内容は次の三点である。
①　父清盛の葬儀で自分が身に着けるつもりで持っていたが
②　清盛よりも先に自分が死ぬだろうから
③　自分の葬儀で息子の維盛に着用してもらいたい

▼問四　a、格助詞「が」が接続しているので、連体形「ける」とする。
b、係助詞「ぞ」の結びなので、連体形「ける」とする。

形。「じ」は打消推量の助動詞「じ」の連体形。「なれ」は断定の助動詞「なり」の已然形。「ば」は順接の接続助詞で、已然形に接続しているので確定条件の用法。「～じなれば」を厳密に訳すと〝～ないだろうことであるので〟となるが、自然な表現として、〔解答〕のように〝～ないだろうから〟としてよいだろう。助動詞「じ」に接続助詞が付くことはないため、ここでは「～じ」の後に断定の助動詞「なり」を置いた上で接続助詞の「ば」を用いたものと思われる。

③「いかにも」は、形容動詞「いかなり」の連用形「いかに」に、強調などを表す係助詞の「も」が接続した連語で、〝どのようにも、どのようでも〟の意。「おはせ」はサ行変格活用動詞「おはす」の未然形で、〝いらっしゃる〟と訳す尊敬語。「いかにもおはす」は、〝どのようにでもある、どのようにでもなる〟という状況を突き詰めてとらえ、〝死ぬ〟ことを婉曲に表す「いかにもあり」や「いかにもなる」の尊敬表現にあたる。「ん」は助動詞「ん」（「む」）の婉曲・仮定の用法。

④「引きかづき」は、衣などを頭からかぶるという意味のカ行四段活用の動詞「引きかづく」の連用形で、悲嘆や羞恥などのためにうつ伏せになったり顔を隠したりする動作を表す。「ぞ」は強調を表す係助詞で、訳出は不要。「ふし」はサ行四段活用の動詞「ふす」（「伏す」「臥す」）の連用形。傍線部④の前に、「少将これを聞きたまひて、とかくの返事にも及ばず、涙にむせびうつぶして、その日は出仕もしたまはず」とあり、「涙にむせびうつぶして」の「うつぶす」は〝顔を下に向ける、（その場に）倒れ込む〟ということで、その後の「その日は出仕もしたまはず、引きかづきてぞふしたまふ」は、維盛が父重盛のもとから辞去して自宅へ戻ってからの様子を述べたものと考えられる。したがって、「ふす」は、〝顔を下に向ける、うつ伏す〟というよりも、〝床に臥す、寝込む〟といった意味でとらえるのがよいだろう。「たまふ」は尊敬語補助動詞。

▼問二　傍線部(A)は重盛が涙にむせぶということで、その理由は、不思議な夢を見たことと、目覚めてからその夢について考えたことにある。夢の内容は、春日大社の鳥居のもとに大勢集まっている人の中に法師の首をかかげ持っている

いか。少将に酒を勧めよ」とおっしゃるので、貞能が御酌に参上した。（大臣は）「この杯を、まず少将に取らせたいけれども、親より先にはまさかお飲みにならないだろうから、（私）重盛がまず取り上げてから、少将に注ごう」と思って、三度（自分が先に杯を）受けてから、少将にお注ぎになった。少将がまた三度（杯を）お受けになるとき、（大臣は）「おい貞能、贈り物を出せ」とおっしゃるので、（貞能は）謹んで聞き申し上げ、錦の袋に入れてある御太刀を取り出す。（少将が）「ああ、これは家に伝わっている小烏という太刀であろうか」などと、実にうれしそうに思って御覧になるけれども、そうではなくて、大臣の葬儀のときに用いる無文の太刀であった。そのとき少将は表情が変わって、実に不吉そうに御覧になったので、大臣は涙をはらはらと流して、「おい少将、それは貞能の過ちでもない。その理由はどのようかというと、この太刀は大臣の葬儀のときに用いる無文の太刀である。入道がお亡くなりになるようなとき、（私）重盛が身に着けて（葬送の）お供をしようと思って持っていたけれども、もはや（私）重盛は、入道殿に先立ち申し上げるだろうから、そなたに差し上げるのである」とおっしゃった。少将はこれをお聞きになって、あれこれの返事もできず、涙にむせんで倒れ込んで、その日は出仕もなさらず、衣を頭からかぶって床につきなさる。その後大臣は熊野神社へ参詣し、戻ってから病気になり、それほどの間もなくて、とうとうお亡くなりになったことによって、（少将は）なるほどと思い知らされたのだ。

◀解　説▶

▼問一　①「御前」は、貴人の前やそばを指したり、貴人本人を敬って呼んだりする言葉で、ここでは、話し手の兼康が聞き手の重盛に対して、〝（あなたの）おそば〟と言っているものである。「のけ」はカ行下二段活用動詞「のく」（「退く」）の未然形で、〝立ちのかせる、退かせる、下がらせる〟の意。「られ」は助動詞「らる」の連用形で尊敬の用法。「候へ」は丁寧語補助動詞「候ふ」の命令形。

②「より」は格助詞で、ここでは比較の基準を表す用法としてそのまま〝より〟または〝よりも〟とする。「よも」は打消推量を強調する副詞で、〝まさか、とうてい、決して〟と訳す。「たまは」は尊敬語補助動詞「たまふ」の未然

◆全　訳◆

生まれつきこの大臣（＝平重盛）は不思議な人で、未来のことをも、前もって悟りなさったのであろうか、先の四月七日の夢に見なさったことは不思議だ。具体的に言うなら、どことも知らない浜辺をはるばると歩いてお行きになるときに、道のそばに大きな鳥居があったのを、「あれはどのような鳥居であろうか」とお尋ねになると、「春日大明神の御鳥居である」と申し上げる。人が多く群れ集まっている。その中に法師の首を一つかかげ持っている。「それであの首はどういうことか」とお尋ねになると、「これは平家太政入道（＝重盛の父である平清盛）殿が、悪行が度を超しなさっていることによって、当社大明神が召し捕りなさっています」と申し上げると思われて、夢がふと覚め、「我が平家は保元・平治から今まで、何度もの朝敵を平定して、褒美は身に余るほどで、恐れ多くも天皇の御外戚として、一族の昇進は六十数人、二十数年来は、富み栄え、何とも申しようがないほどだったのに、入道の悪行が度を超していることによって、一門の運命がもはや尽きようとしているのである」と、過去や将来のさまざまなことを次から次へとお思いになって、御涙にむせびなさる。

ちょうどそのとき、妻戸をとんとんと打ち叩く。「誰か。あの（戸を叩いている）者（の名）を聞け」とおっしゃると、「瀬尾太郎兼康が参上しております」と申し上げる。「どうして、何事か」とおっしゃると、「たった今不思議なことがございまして、夜が明けますようなことが遅く思われますので、申し上げるようなことのために参上しております。おそばの人を立ちのかせてくださいませ」と申し上げたので、大臣は、人を遠くに立ちのかせて、御対面がある。そうして兼康が見ていた夢の内容を、始めから終わりまで詳しく語り申し上げたのだが、大臣が御覧になっていた御夢と少しも異ならない。そこで、瀬尾太郎兼康を、神霊にも通じている者であったなあと、大臣も感動なさった。

その翌朝、（重盛の）嫡子権亮少将維盛が、院の御所へ参上しようとしてお出かけになっていたのを、大臣が呼び申し上げて、「人の親の身として、このようなことを申し上げると、この上なく愚かしいけれども、そなたは、人の子たちの中では優れてお見えになるのである。しかしこの世の中の有様は、どうであるだろうかと、不安に思われる。貞能はいなす〟という意味もある。

(c)第三段落の「彼の脳には……腫瘍が見つかる」と関連づけて、〝病気〟という意味になることをつかむ。

(d)本来は〝やぶりすてる〟ということだが、この部分は〝取り消す→ないことにする・無視する〟くらいの意味で用いられている。

(e)前後関係から〝含む〟に通ずる意味の語であろうと予測していく。

二

出典　『平家物語』〈巻第三　無文《むもん》〉

解答

問一　①おそばの人を立ちのかせてくださいませ

②親より先にはまさかお飲みにならないだろうから

③お亡くなりになるようなとき

④衣を頭からかぶって床に臥しなさる

問二　父清盛が過度の悪行のせいで神に首を捕られた夢を見て、栄華を極めてきた平家一門が滅びると悟ったから。（五〇字以内）

問三　(1)無文の太刀

(2)父清盛の葬儀で自分が着用するつもりでいたが、清盛よりも先に死ぬだろう自分の葬儀で、息子の維盛に着用してほしいという意図。（六〇字以内）

問四　a、ける　b、ける　c、けれ

問五　ニ

した部分である。ここにある「未来志向的な効果」については、第十一段落に「もし、この問いへの答えが『イエス』なら、未来志向的に考えた場合にも、非難は効果的であることになる」という部分にありはするが、これは犯罪に関する「見せしめの効果」（第十一段落）について述べた部分なので使うことはできない。イーグルマンが「十分に考慮してはいない」内容に触れた第十九段落の、「社会制度」や「倫理」といった言葉に注目して、「人間集団の存続・拡大」さらには「未来志向的な効果」という部分を辞書的に言い換える。以上の内容は、イーグルマンの提言を批判してさらに先に議論を進めていこうという「本文全体の論旨」をふまえていくことにもなる。解答要素は以下のとおりである。

①「現状の倫理を支えている過去志向的な認識は」

a、非難を基盤にした倫理

b、行為の責任を行為者その人に負わせて非難や処罰をする

②「たとえそれ自体としては虚偽を含んでいたとしても」

a、たとえ……としても

b、科学的認識と相容れない

c、［科学的認識の中身］人間の行為は遺伝と環境の結果であり、ほかの行動をとることができなかったものとして扱われるべき

③「人間集団の存続・拡大にとって未来志向的な効果をもちうる」

a、社会制度全般や倫理などにおいて

b、人間社会を未来に向けて持続・発展させていくことができる

▼問五 (a) 〝たびたび繰り返される様子〟を表す。

(b) 直前の「犯罪者を」との関連で考える。〝拘束を解いて自由にする〟という意味で、「免」という文字には〝ゆる

①「イーグルマンの提言」

a、科学的根拠　＝　遺伝と環境　遺伝的・環境的要因

b、非難に値するか否かは科学的には不確定

②「非難の領域を残す」

非難の可能性を残す　非難していく

③「欺瞞や恣意性の入り込みやすい困難な作業である」

自分勝手な〔主観的な・正当性を欠く〕判断になりやすい

▼問四　この設問も傍線部が「どういうことか」ということが問われているので、まず傍線部を、①「現状の倫理を支えている過去志向的な認識は」、②「たとえそれ自体としては虚偽を含んでいたとしても」、③「人間集団の存続・拡大にとって未来志向的な効果をもちうる」と分ける。①にある「過去志向的」は第七段落で筆者が「後ろ向き」を言い換えたことばであり、第五段落に「非難に値するかどうかは後ろ向きの概念」とあるので、①「現状の倫理を支えている過去志向的な認識」は、傍線部(エ)の直前にある「非難を基盤にした倫理」と言い換えられる。第一段落にある「行為の責任を行為者その人に負わせて非難や処罰をする」なども利用できる。②にある「虚偽（＝〝真実でないこと〟）を含んでいる」については、「非難から修正へ」変えていこうとしたイーグルマンの考えを手がかりに、「非難」＝「過去志向的な認識」の〈欠陥〉にあたる部分を探していく。第六段落の「ほかの行動をとることができなかったものとして扱われるべき」などが利用できるので、これを一般化する。傍線部(エ)の直前の文に「非難を基盤にした倫理がもし科学的認識と相容れなくても」とあるが、今あげた内容は第六段落の「遺伝と環境、その結果としての脳の状態」つまり〈イーグルマンの提言の背景にある科学的根拠〉から導かれる部分なので、このことも解答に含める。そして「たとえ……としても」とあるので、〈②のような欠陥があったとしても③になる〉という形でつなげる。③は「非難を基盤にした倫理」を否定したイーグルマンの提言に「疑念をもっている」（第十八段落）筆者の考えを示

　過去の殺人を「仕方がなかった」と考える
「それをすべきではなかった」と言うのは意味がよくわからない

②「イーグルマンのあの提言」
　犯罪者はほかの行動をとることができなかったものとして扱われるべきである

③「明確な矛盾を見出すことは難しい」
　大きな違いはない

▼問三　「どういうことか」が問われているので、問二と同じく傍線部を別の言葉に言い換えていくことを考える。傍線部(ウ)は、「彼の提言」つまり「イーグルマンの提言」について述べている。また、傍線部(ウ)は「彼（＝イーグルマン）の提言の背景にある科学的根拠を直視したとき」のことである。イーグルマンの「科学的根拠」は、第五段落の「遺伝と環境のがんじがらめ」や第六段落の「遺伝と環境……『どんな場合も……扱われるべきである』と主張する」などから、「遺伝と環境」を指していると考えられる。ただ、第八段落に「過去のある犯罪について……線引き困難であり、科学がこのまま発展すれば、線引きの基準はどんどん変化する……これはつまり、ある犯罪者が非難に値するか否かは不確定だということ……」とあるように、〈イーグルマンの提言の背景にある「遺伝と環境」という科学的根拠で「非難に値するか否か」を決めることはできない〉。このように科学的根拠によって〈決められない〉のに「非難の領域を残す」つまり〈非難しうる可能性を残す〉ということは、たとえ「適度なバランス調整のもと」であったとしても、〈非難という判断そのものが科学的なものとはいえない〉ことになる。言い換えれば、客観性を欠いた主観的なものとなる。そのことを傍線部(ウ)では「欺瞞（＝〝人をあざむきだますこと〟）や恣意性（＝〝自分勝手な、思いつくままである様子〟）の入り込みやすい困難な作業」といっているのである。解答は、「イーグルマンの提言」に触れたうえで、「非難の領域を残す」と「欺瞞や恣意性の入り込みやすい困難な作業である」とをそれぞれを言い換えてまとめていく。

てしまうのではないか？」と、〈「非難」がなくなると抑止力もなくなってしまう〉ともいっている。これが筆者の提示する「議論」にあたるので、「それ」の指す内容を明らかにしたうえで、その〈良くない結果〉を第十一段落の内容を用いてまとめていく。解答要素は、以下のとおりである。

①「それ」＝「非難から修正へ」

a、過去を非難する（から）

b、修正可能である　未来を考慮する（へ）

②①による良くない結果の可能性

a、犯罪傾向のある人々の自制心が損なわれる

b、他の人々による未来の犯罪を抑止する効果が失われる

▼問二　「どういうことか」が問われた場合は、傍線部を別の言葉に言い換えていく。この設問の場合は、①「その態度」、②「イーグルマンのあの提言」、③「明確な矛盾を見出すことは難しい」と分けて、それぞれを言い換えたうえで、傍線部の構文を生かして組み合わせていけばよい。①は傍線部(イ)の前に書かれている「殺人犯のこのような態度」のことであり、さらにその前にある「過去のその殺人のトークン（＝個別の事象としての過去の殺人）を「仕方がなかった」と考える」や「トークン（＝個別の事象）として『それをすべきではなかった』と言うのは……意味がよくわからない」などを利用する。②は、①と〈「明確な矛盾を見出すこと」が「難しい」〉（＝③）というのであるが、この③には言い換えとなる表現が本文中には見あたらない。辞書的な意味を利用して言い換えると、〈大きく食い違うところが見つけられない↓大きな違いはない〉となる。〈①と違わない②〉を「イーグルマンの提言」について書かれたところから探していくと、第六段落にある「どんな場合も犯罪者は、ほかの行動をとることができなかったものとして扱われるべきである」が内容的に最も近い。以上の内容を整理すると次のようになる。

①「その態度」

←　だが
非難の領域を残すのは、欺瞞《ぎまん》や恣意性の入り込みやすい困難な作業（問三）
＋
19　人間の行為は環境と遺伝の産物である
すべての行為について言える
過去の行為のすべてがそのようでしかありえなかったもの
←
社会制度の全般に影響
倫理に与える全面的な影響
⇦　イーグルマンは考慮していない
20　現状の倫理を支えている過去志向的な認識は、人間集団の存続・拡大にとって未来志向的な効果をもちうる（問四）
21　認識における未来志向性を、効果における未来志向性と混同しないことが重要

▼問一　傍線部(ア)にある「それ」は直前の〈「非難から修正へと私たちの関心を移」す〉ことを指している。これは第五段落の「『非難に値する』の代わりに用いるべきなのが『修正可能である』という概念である」というイーグルマンの言葉に対応している。また、「本当に未来を良くするのかどうかは、議論の余地がある」ということは、〈良くならない〉可能性がありうるということである。これを筆者は、傍線部(ア)に続けて「とりわけ、ある特定の犯罪者がより良い人物になるかどうかではなく……どのようなふるまいをするかに関して」と、「周囲で見ていた人々」に関することだと述べている。そして第十一段落で「犯罪者を非難し……抑止する効果があるのではないか？」と、〈「非難」が抑止効果を生んでいる〉といっている。さらに「言い換えるなら、非難から修正への移行が……自制心は損なわれ

（1）未来志向的な観点から内在的に批判する
（2）過去志向的な観点から外在的に批判する

（1）
10　非難から修正へと私たちの関心を移す → 本当に未来を良くするのかどうかは、議論の余地がある（問一）
　　犯罪者の扱われ方を周囲で見ていた人々が、どのようなふるまいをするか
　　＝
11　見せしめの効果
　　↓
　　未来志向的に考えた場合にも、非難は効果的である
　　＋
（2）
12　私たちの倫理　　過去志向的
　　⇄
13　イーグルマンの提言　　未来志向的
　　↓
14　身勝手な殺人をなした人物 → 過去の殺人のトークンを「仕方がなかった」と考える（問二）
　　↓
　　多くの反発を招く（＝私たちの倫理の実践と調和できない）
15～17　（幼児の倫理的教育《しつけ》）
18　イーグルマンの提言に必ずしも反対ではない

て、犯罪者を非難し処罰することは他の人々による未来の犯罪を抑止する効果があり、修正へ移行すると犯罪傾向のある人の自制心が損なわれるという批判がある。また、人間の行為が環境と遺伝の産物だとすれば、それはすべての行為について言えるため、社会制度や倫理に全面的な影響が及ぶ。現状の倫理を支えている過去志向的な認識は、人間集団の存続・拡大にとって未来志向的な効果をもちうる。認識における未来志向性を、効果における未来志向性と混同しないことが重要である。

◀解　説▶

本文全体の構造を示す。1・2…は段落番号である。なお、「　」に入った部分も一つの段落とする。

1　脳研究の進歩　→　責任概念の見直し
　＝人間のあらゆる行為が脳によってひき起こされているなら、行為の責任を行為者その人に負わせて非難や処罰をすることには疑問がある

2～7　イーグルマン
　悪事をなした人物が「非難に値する」かどうかは重要な問題ではない
「非難に値する」の代わりに用いるべきなのが「修正可能である」という概念
「どんな場合も犯罪者は、ほかの行動をとることができなかったものとして扱われるべきである」

8　イーグルマンの提言
　未来志向的　→　これからの社会をどうするかに目を向ける
　　ある犯罪者が非難に値するか否かは不確定
　　過去ではなく未来を考慮しよう

9　8の提言への批判

国語

一

出典 青山拓央『心にとって時間とは何か』〈第六章 〈責任〉：それは、だれかのせいなのか 第3節 非難から修正へ〉（講談社現代新書）

解答

問一 犯罪者に対し過去を非難しないで未来を考慮していこうとすると、犯罪傾向のある周囲の人々の自制心が失われて、未来の犯罪を抑止できなくなるのではないかという議論。（八〇字以内）

問二 殺人者が自分の行為を仕方がなかったことと考えることと、犯罪者はほかの行動をとれなかったのだとするイーグルマンの提言とのあいだに、大きな違いはない、ということ。（八〇字以内）

問三 遺伝と環境という科学的根拠によっては非難に値するかを決められないのに非難の可能性を残していくと、正当性を欠いた、自分勝手で主観的な判断になりかねないということ。（八〇字以内）

問四 行為の責任を行為者自身に負わせて非難や処罰をする、非難を基盤にした倫理は、どんな場合も人間はほかの行動をとることができなかったものと扱われるべきだとする環境と遺伝に基づく科学的認識とは相容れないが、たとえそうだとしても社会制度全般や倫理の面で人間社会を未来に向けて持続させ発展させていくことのできるものであるということ。（一六〇字以内）

問五 (a)頻繁 (b)放免 (c)疾患 (d)破棄 (e)包摂

◆要 旨◆

イーグルマンは、悪事をなした人物はほかの行動をとることができなかったものとして扱われるべきであり、「非難に値する」かは重要な問題ではなく、代わりに「修正可能である」という概念を用いるべきであると主張する。これに対し

2020年度

解答編

解答編

英語

I **解答** 問１．自然界には多様な生物がいるが，その中のわずか数種類の種が総個体数の大半を占めているということ。（50 字以内）

問２．a seemingly contradictory conclusion

問３．全訳下線部(3)・(4)参照。

問４．A―(い)　B―(う)　C―(お)　D―(あ)

問５．〈解答例１〉 When considering the conservation of living creatures, we must not forget the fact that common species are disappearing at a much faster pace than we can imagine. So we must pay enough attention not only to rare species but also to common ones. We must also bear in mind that both national and international governmental efforts are required to protect the environment.（60 語程度）

〈解答例２〉 Major threats to wildlife include habitat destruction, over exploitation, pollution or climate change, all of which lead to the extinction of rare species and common ones as well. Actually, as recent studies show, common species are disappearing in incredibly large numbers. So, when it comes to the conservation of living creatures on earth, we must pay much more attention to common species.（60 語程度）

◆全　訳◆

≪一般的な種の保護の重要性≫

自然界はグラノーラのようなものだ。素材のリストは長々としたものだが，ボウルを一杯にしているのは，大部分がそのうちのわずか数種類の素材だ。例えば，イギリスは，野生動物を１匹ずつ数えるほどに動物や鳥たちのことで頭がいっぱいなのだが，同国内 58 種の陸生哺乳動物の個体数の概算は，見慣れたものから全く馴染みのないものに至るまで，合計で約 1 億 7300 万匹となっている。しかし，わずか 3 種，つまり，どこにでもいるトガリネズミとウサギとモグラが，その個体数の半数を占めていた。結局のところ，イギリスに生息する哺乳動物種のうち，最も一般的な 25 パーセントの種で，総個体数の 97 パーセントに達するのだ。陸上でも海でも同じようなパターンとなっており，それは，地元の公園だろうが大陸全体だろうが，また，カブト虫，甲殻類，熱帯の木のいずれを数えていようが同じなのだ。米国やカナダで最もよく目にする陸鳥は，春告げ鳥とも呼ばれるコマツグミである。コマツグミだけでも，両国に生息する 277 種の最も珍しい鳥類を合わせた数と同じだけいるのである。

その信じられないほど個体数の多い種が，ベンガルハゲワシと同じくらいの速さで数を減らしうるという事実は，(3)一般的な種も希少種と全く同じくらい保護する必要があるかもしれないという，保護という面では経験則に合わない考えを示唆している。

一般的な種の保護を最初に提唱した科学者は，ほぼ完璧にそうだといえるのだが，『希少性』という名の本の著者である。英国にあるエクセター大学の生態学者であるケビン=ガストンは，一部の種が希少種となった原因を 20 年にわたって研究したことで，なぜ他の種は広く分布し，数も多いのかを疑問に思うようになった。彼はほどなく，一見矛盾するように思われる結論に至った。それは，「どこにでもいるという状態が珍しい」というものである。一般的な種ならどれも多くの個体数からなるのだが，一般的だといえるのはごく少数の種だけなのだ。

ガストンの研究は，2011 年に『バイオサイエンス』誌上に掲載された「一般生態学」という論文へと結実したが，そこでは，一般的であるということは十分な研究がなされた現象ではなく，「多くの一般的な種は，多くの希少種と同様にほとんど研究されていない」ということが明らかにされた。その論文は，研究が静かな広がりをみせるきっかけとなった。2014 年の研究は，これまで見落とされてきたのがどれくらいの規模かを示唆するものとなっている。その著者たちが明らかにしたのは，ヨーロッパで巣作りをする鳥の数は，1980 年以来，4 億 2100 万羽減少したが，それは大陸にいる鳥の個体数のまるまる 5 分の 1 に相当するという点と，こうした鳥類単体にみられる減少は，一般的な種にほぼすべてを占められており，そこにはヒバリのように誰でもよく知っている名前の種が含まれているという点である。

(4)ヨーロッパで鳥が姿を消しつつある責任の多くは工業型農業にある。「生け垣を取り除き，木を引き抜き，農地を拡大して，ますます多くの農薬を投入してきたのですからね。それは本質的に，野生生物がそういう環境で生きるチャンスをなくしていく行為なのです」とガストンは私に語った。「私たちはまさに莫大な喪失の話をしているのですよ」

しかし，ムクドリやイエスズメのように最も人間社会に適応し都会に住む鳥たちでさえ，急速に数を減らしている。実際，その２種類のまさに一般的といえる鳥が，個体数が減少している上位５種の鳥の中に入っているのだ。ヨーロッパで最も希少な鳥の大半は，まだ人目にはつかないものの，今のところ，保護努力がうまくいっているおかげで，実は数が増えている。その一方で，一般的な鳥の大半が希少となる方向に向かって数を減らしつつある。「最終的に行きつく先は，すべてが希少であるということなのです」とガストンは語った。

◀解　説▶

▶問１．Nature is like granola「自然界はグラノーラのようなものだ」の具体的な内容については，直後のグラノーラがどういうものかを説明する文（The list of …）に続いて，第１段第２～５文（Take England, for … or tropical trees.）で，生物に関してさらに具体的な内容の説明がなされている。そこから，「少数の種が，実に多くの個体数を占めている」という趣旨をとらえることがポイント。50 字という字数制限があることから，グラノーラには多くの素材が入っているが，中身の大部分はそのうちのわずか数種類の素材だというシンプルな表現を利用する形で，自然界の仕組みに置き換えて説明するとよい。グラノーラの説明にある多くの種類の ingredients「原材料，素材」は，自然界では多くの種の wildlife「野生生物」に相当し，the bowl is mostly filled with just a few of them「（グラノーラの入った）ボウルを一杯にしているのは，大部分がそのうちのわずか数種類の素材だ」という部分が，第４文（All told, the …）の内容に相当しているという点を押さえて説明すること。all told「結局のところ，全体で」 add up to ～「合計～になる，結局～になる」

▶問２．a counter-intuitive idea「直観と相容れない考え，経験則にそぐわない考え」に近い意味を持つ語句を本文中から抜き出す問題。in conservation の後の that 節が a counter-intuitive idea の具体的な内容（普通種を保護することの必要性）であることがわかる。第３段第３文（He soon came …）には，このことに最初に気づいた生態学者のケビン＝ガストンがたどりついた結論として a seemingly contradictory conclusion「一見相反するように思える結論」という語句があり，これが正解。

▶問３．(3) **common species may need protection**

この文の主語である common species は「一般的な種，普通種，普通にいる種」などの訳が考えられる。need protection「保護を必要としている，保護が必要である」

just as much as rare ones do

rare ones の ones は species を指すので，「希少種」という訳が適切。do は代動詞で，直前の need protection の繰り返しを避けるために用いられており，「希少種と全く同じくらい（十分に）」というような訳が適切。

(4) **Industrial agriculture carries much of the blame for Europe's disappearing birds.**

まず，この文全体が，主語が原因を表し，for 以下に結果が述べられているという点を押さえておく必要がある。industrial agriculture は「工業型農業，産業農業」などの訳が考えられ，農作物を工業的に生産する近代的農業を指す。blame には「責任，責め，非難」などの意味があるので，carry much of the blame for ～ で「～に対する責め〔責任〕の多くを負っている」という意味になるが，本文では鳥の数が減っているという点を問題にしているので，「～に対する責任の多くは工業型農業にある」という訳がわかりやすい。Europe's disappearing birds は直訳すると「ヨーロッパの姿を消しつつある鳥」となるが，この部分は結果を述べていることから，「ヨーロッパで鳥が姿を消しつつある」という訳が考えられる。

▶問４．選択肢の訳は以下の通り。

(あ)「すべてが希少である」

(い)「多くの一般的な種は，多くの希少種と同様にほとんど研究されていない」

(う)「ヨーロッパで巣作りをする鳥の数は，1980 年以来，4 億 2100 万羽減少したが，それは大陸にいる鳥の個体数のまるまる 5 分の 1 に相当する」
(え)「種は正常な状態に戻っている」
(お)「こうした鳥類単体にみられる減少は，一般的な種にほぼすべてを占められており，そこにはヒバリのように誰でもよく知っている名前の種が含まれている」
A．まず，空所を含む文の found の目的語が 2 つの that 節である点を押さえておくこと。1 つ目の that 節は found 直後の commonness was not a well-studied phenomenon「一般的であるということは十分な研究がなされた現象ではない」。この節と，続く that 節は等位接続詞の and でつながれているので，同様の内容が入ると予測できる。一般的な種の研究がなされていない点に触れている(い)が正解。
B．直前の第 4 段第 3 文（A study from …）では，一般的な種において大規模な減少が生じていることを示唆する 2014 年の研究に触れている。この文脈から，ヨーロッパで巣作りをする鳥の数の減少数を述べている(う)が正解。
C．この部分は空所 B に続く 2 つ目の that 節。B と同じく，鳥の数の減少について触れた 2014 年の研究内容に言及した(お)が正解。(お)の冒頭の this decline もヒントになる。
D．この部分は，空所を含む文の The inevitable place you end up という主語に対する補語となる that 節の内容。主語は直訳すると「あなたがそれで終わる必然的な場所」だが，ここでは「最終的に行きつく先は，どうしても行きつくところは」というような訳が考えられる。本文の主旨に相当する内容であることから，希少種はもちろん一般的な種を含めて everything「すべて」が主語となっている(あ)が正解。
▶問 5．種の保護についてどう行うべきかについて自分の意見を述べる形の自由英作文だが，「本文の内容をふまえ」という条件がついていることから，希少種だけでなく一般的な種の保護の必要性について述べなければならない。〈解答例 1〉では，普通種の数が急速に減少している点について触れ，種の保護のためには，各国の政府が国の枠組みを越えて取り組む必要があると述べている。〈解答例 2〉では，種の数が減っている要因を挙げ，それが希少種だけでなく普通種の減少にもつながる点を述べている。

60語程度という条件なので，55語以上，65語以下が望ましい。threats to wildlife「野生生物にとっての脅威，野生生物を脅かすもの」 habitat destruction「生息地の破壊」 over exploitation「過剰な開発」 pollution「汚染」

●語句・構文●

（第1段）ingredient「原材料，素材」 be obsessed with ～「～を絶えず心配する，～で頭がいっぱいである」 to count 以下は直前の is obsessed enough with … の enough からつながるので，「…を心配するあまり～を数える」という訳が考えられる。population「個体数」 estimate for ～「～の見積もりをする，～の概算をする」 mole「モグラ」 account for ～「～を占める」 shellfish「甲殻類」 American robin「コマツグミ」

（第2段）point to ～「～の証拠となる」

（第3段）ecologist「生態学者」 come to a conclusion「結論に至る」 any given ～「任意の～，どの～」

（第4段）culminate in ～「～に至る，～となる」

（第5段）hedgerow「生け垣」 squeeze out ～「～を締め出す」

（最終段）human-adapted「人間（社会）に適合した」 meanwhile「その一方で」

II 解答

問1．ミュリエルがアリス役をするには髪は金髪でないといけないという問題。(30字程度)

問2．A―(あ)　B―(え)　C―(か)　D―(う)

問3．Mrs. Spear：ミュリエルの母親は他の母親と違い，協力的で助かると考えた。(30字程度)

Muriel：金髪にして変に目立つのは嫌だからアリス以外の役でいいと考えた。(30字程度)

問4．全訳下線部参照。

問5．(お)・(か)

◆全　訳◆

≪役柄に合う髪色に染める話にとまどう少女≫

私は一度に2段ずつ，玄関ポーチをトントンと駆け上がり，網戸をバタンと開けて，中へ転がり込んだ。

「ママ！　ママ！　ちょっと聞いて！」

「何なの，ミュリエル？　ドアをバタンバタンやらないでほしいわ」

「私，学校のオペレッタでアリスの役に選ばれたの！」

「まあすごいわ！」 ママは計算途中だった帳簿から顔を上げ，メガネを人差し指で押し上げた。ママはぎこちなく私の肩をポンとたたいた。「ほんとによくやったわね。あなたはとっても素敵な声をしてるから，これでみんなにあなたの歌声を聴いてもらえるわ。お父さんにも電話しなくちゃね」

「明日，放課後に母親向けの集まりがあるの。大丈夫？」 私は一房の髪の毛を軽くかんだ。

「もちろんよ，あなた」とママは言った。「時間きっかりに行くわ」

ママは，よそ行きのハンドバッグにパンプスといういでたちで，時間きっかりにやって来た。髪をカーラーで巻いていたから，大きく膨らんだカールのせいで，髪の毛が実際より２倍はかさばって見えた。眉毛はあらたに引っこ抜いて，ペンシルでもとの色よりも濃く描いていた。

「お越しくださって本当にありがとうございます，トン=カス夫人。私たちはミュリエルちゃんを本当に誇りに思っていますの。とっても素晴らしい歌声ですわ。本当に思いもよりませんでした」 スピア先生はママに輝くばかりの笑顔を見せた。彼女はママの肘を引っ張って，脇に引き寄せた。それから白目をくるくる動かしてあちこち横目で見回し，声をひそめてささやいた。私は少しずつにじり寄った。

「お母様にお話ししたい，ちょっと扱いの難しい問題がありますの」

「よろしいですよ」と，ママは微笑みながら答えた。

「ええとですね，それはお嬢様の髪の毛の問題なんです。ほら，彼女が演じようとしている役ですが，お母様は『不思議の国のアリス』というお話はご存知ですよね？」

ママは申し訳なさそうに首を横に振った。

「それがその，アリスはイギリス人の女の子のお話でしてね。きれいな金髪のイギリス人の女の子なわけで。それで，劇に忠実にやろうとしますと，ご理解いただけますよね，ミュリエルは金髪でなければならないでしょうし，でないと，誰も彼女がどの役を演じてるかわからないでしょう。ともかくアリスが黒髪というわけにはいきませんものね」

「当然ですわ」と，ママはうなずき，私はだんだん怖くなってきた。「それは，劇場とか衣装からすると当然そうなる，ってことですよね？」

「おっしゃる通り！」と，スピア先生は顔を輝かせた。「私は，お母様ならご理解いただけるものとわかっていましたわ。私，素敵な金髪のカツラはどうかなと思っていましたの。最近のカツラはとってもよくできていて，誰もカツラだと気づかないでしょう。もちろん，みんな，スターになれる逸材の新入生が学校にいると思うでしょうね！　お母様も本当に自慢に思うに違いありません」

「うちであの子の髪を染めることもできますわ。たしか，数カ月かそこらで洗い落とせる毛染めがいろいろあると思いますし。そうすれば，ミュリエルは本当の意味でアリスの役になりきることができます。上演初日の夜を迎えるまでには，実生活でもアリスになれていますわ！」

「トン=カス夫人！　あなたは本当に協力的でいらっしゃる。他のお母様方も，もっとあなたのようだといいのですけれど。なんとまあ，ロゴスキー夫人なんて，おたくのお嬢さんは劇が始まるまでに少なくとも 10 ポンドはやせるべきですよと申し上げていただけですのに，怒って席を立って出て行かれました。お嬢さんを引きずるようにして。かわいそうに，あの子は劇に出るのを本当に楽しみにしていたところでしたのに」

私はぞっとした。ママとスピア先生はぺちゃくちゃおしゃべりしながら，私のきれいな黒髪を金髪に染めようとしてるわけ？　金髪の私がアリスの役で生活する？　この町で？　ママはいったい何を考えてるの？　私は滑稽に見えて，奇人変人のように人目につくだろう。

「ママ！」と私はささやいた。「ママ，私，気が変わったの。もうアリスはやりたくない。マッド・ハッターになるわ，そうすれば帽子をかぶるだけでいいもの。そうじゃなきゃ，チェシャー・キャット！　ネコって斜視よね。それならうまくいくわ。ねえママ？」

彼女は私を全く無視して，スピア先生と，衣装や毛染めや俳優向きの食事の話をしていた。学校からの帰り道，ママはドラッグストアに立ち寄り，私を店内に引っ張り込んで，その店のオーナーのポッツ夫人と，ヘナよりもヘアーリンスの方がいろいろ利点があるのではないかと話し合った。

◀解　説▶

▶問１．a delicate matter は直訳すると「微妙な問題，扱いの難しい問題」という意味。第 4 段（“I've been chosen …）で，ミュリエルがアリス役に選ばれていることを確認しておく。下線部以下を読み進めると，第 12 段第 1 文（“Well, it's the …）で，問題なのはミュリエルの髪の毛だとわかる。さらに第 14 段（“Well, Alice is …）で，スピア先生は「アリスは金髪なので，黒髪のミュリエルがアリス役をするには金髪である必要がある」という旨を述べている。以上の点を 30 字程度に要領よくまとめること。

▶問 2．選択肢の訳は以下の通り。

(あ)「ちょっと聞いて！」

(い)「見つけた！」

(う)「あなたならご理解いただけるものとわかっていました」

(え)「ほんとによくやったわね」

(お)「それは残念です」

(か)「いったい誰がそんなことを考えたでしょう」

A．ミュリエルは急いで帰宅しており，このあと，自分がアリス役に選ばれたことを母親に伝えていることから判断して，(あ)が正解。

B．自分の娘が学校のオペレッタの主役に選ばれたとわかった母親の発言であることから，(え)が正解。I'm so proud of you. は直訳すると「私はあなたのことをとても誇りに思う」だが，子どもをほめるときによく使われる表現で，「よくやったわね，えらかったわね」という意味。

C．スピア先生はミュリエルの歌声をほめた直後に空所の発言をしていることに着目。(か)の Who would have thought ? は仮定法を用いた反語の修辞疑問文で，「いったい誰がそんなことを考えたでしょう（いや，誰も考えなかった)」という驚きを伝える表現。ミュリエルの歌声の素晴らしさは誰も想像していなかった，となるのでこれが適切。

D．第 15 段（“Of course,” Mom …）でミュリエルの母親は，スピア先生の発言を全面的に支持していることから判断して，スピア先生が理解してもらえたことを喜んでいる発言となる(う)が正解。

▶問 3．Mrs. Spear：ミュリエルの母親は，自分から娘の髪を染めるという提案をしている。スピア先生は，第 18 段第 2 ～ 4 文（You are so … left in anger.）で，ミュリエルの母親が協力的であること，他の母親もそうあってほしいと述べたあと，怒って帰った母親の話もしていることなどから判断して，その心情をまとめるとよい。
Muriel：第19段（I was horrified, …）にはミュリエルの心の動きが述べられており，金髪にして目立つのを嫌がっていることがわかる。第20段（“Mom!” I hissed. …）では，母親に自分はアリス以外の役でいいと伝えている点も加味しながらまとめること。

▶問4．**Muriel can really grow into her role as Alice**

問題文では個人名は英語表記のままだが，和訳する際はカタカナ表記にした方が無難であろう。grow into～は「～に成長する，成長して～になる」という意味だが，あとに続く語がher role as Alice「アリスとしての役，アリスの役」なので，「～になりきる，～の役ができるようになる」というような訳が考えられる。growは時の経過とともに何らかの状態になる場合に用いるので，「だんだん～になりきる」という訳も可能。

▶問5．(あ)「ポッツ夫人は，ミュリエルがイギリス人の女の子に見えるよう，髪の毛を金髪に染めることを勧めている」　第17段（“We could dye …）から，金髪に染めることを提案したのはミュリエルの母親なので，不一致。最終段第2文（On the way …）では，ミュリエルの母親とポッツ夫人が2種類の毛染め剤について話をしていることは述べられているが，ポッツ夫人が金髪にするよう勧めている記述はない。

(い)「ロゴスキー夫人は自分の娘が劇に出る前に減量する必要があるという点に同意している」　第18段第4文（Why, I was …）から，ロゴスキー夫人はスピア先生から娘が減量する必要があると告げられて怒って出て行ったことがわかるので，不一致。

(う)「スピア先生は学校のオペレッタに出演する予定の生徒たちの母親と楽に意思の疎通をはかっている」　第18段第2・3文（You are so … more like you.）で，スピア先生は，ミュリエルの母親が協力的だと言いつつ，他の母親たちもそうあってくれればとも語っているので，他の母親たちはそれほど協力的ではないと判断でき，不一致。

(え)「ミュリエルはチェシャー・キャットという役柄が好きなので，アリスを演じることについては考え直す」　第19段（I was horrified, …）から，アリス役をするためには自分の黒髪を金髪に染めなければならないという状況にぞっとしており，第20段（“Mom!” I hissed. “Mom, …）では，そういう事態を避けようと，マッド・ハッターやチェシャー・キャットの役へ変わりたいと述べていることがわかるので，不一致。

㈮「ミュリエルは美声の持ち主で，学校のオペレッタで歌うことを楽しみにしていた」 第1段～第4段にかけて，ミュリエルは自分が学校のオペレッタでアリス役に選ばれたことを喜び勇んで母親に伝えている。彼女は第5段第5文（You have such …）では母親から，第9段第3文（Such a lovely …）ではスピア先生からも美しい歌声をほめられていることから，一致。

㈹「ミュリエルの母親は，ワクワクしつつ不安でもあるので，着飾って学校の会合に時間きっかりにやってくる」 第5段（“Oh how wonderful!”）以降のミュリエルの母親の反応から，娘が学校のオペレッタの主役に選ばれたことに有頂天になっている様子がうかがえる。第8段第1文（Mom came right …）には，母親がよそ行きのハンドバッグとパンプスで時間通りに学校に来たことが述べられている。また，第13段（Mom shook her …）から，母親は実は，劇の原作である『不思議の国のアリス』を知らないことがわかり，不安も感じているものと判断できるので，一致。

●語句・構文●

（第1段） thump は「ドシンドシンと歩く」という意味だが，ここでは階段を1段とばしに駆け上がっている様子を述べている。at a time「一度に」 slam「～をバタンと開ける，バタンと閉める」 screen door「網戸」 tumble inside「転がり込む」

（第5段） account「会計（の計算）」 awkwardly「ぎこちなく」

（第6段） nibble「～をかじる，口に運ぶ」

（第7段） on time「時間通りに」

（第8段） going-out「外出用の」 pluck「～の毛をむしりとる」

（第9段） beam at ～「～に輝くような笑顔を見せる」 tug「～を強く引く」 look sideways「横目で見る」 edge in「少しずつ詰め寄る」

（第13段） apologetically「申し訳なさそうに，弁解がましく」

（第19段） ridiculous「おかしい，滑稽な」 stand out「目立つ」 freak「変人，奇人，薬物中毒者」

（第20段） hiss「ささやく」

Ⅲ　解答

問１．禅宗の高僧自身が禅画や書の制作をしたということ。(25 字程度)

問２．(2)―(え)　(3)―(う)　(5)―(あ)　(7)―(あ)　(8)―(え)

問３．全訳下線部参照。

問４．A―(え)　B―(あ)　C―(う)　D―(お)

問５．〈解答例１〉 I would interpret this expression as a message implying that there are things in our life we cannot achieve, however hard we may try. Since a human being is a small and helpless creature in this world, we should not have a misleading sense of confidence that we can achieve anything if only we do our very best. It is important to know our own limitations and try to avoid reckless actions. (70 語程度)

〈解答例２〉 In my opinion, "The Mosquito" symbolizes a human being and "The Iron Bull" a tough condition that seems impossible to overcome. Literally, this expression seems to tell us that we sometimes try to achieve what is beyond our ability. But I think this calligraphy can be interpreted as a message that we should not give up tackling a difficult problem in life regardless of however hard solving it may seem. (70 語程度)

◆全　訳◆

≪日本の禅の歴史と書画との関係≫

禅画や書は，千年以上前となると作品は残っていないものの，禅の歴史のごく初期に始まった。それ以前の文書による記録が，中国の禅の高僧が実際に画と書の両方を描いていたことを裏付けている。それは，ときには紙に筆で，ときには地面に棒切れで，ときには空中に身振りでということさえあった。禅が日本にもたらされるにともない，中国王朝の宋と元から中国の禅の作品が輸入されたことが，今日にいたるまで力強く綿々と受け継がれている，日本における禅の画法の伝統へとつながった。15 世紀と 16 世紀の間に，禅画の人気が日本の社会で非常に高まったので，主要な僧院では工房を構えるようになり，一部の僧が絵のスペシャリストとなったことで，禅の美術はやや専門化した。

しかしながら，1600 年以降，禅に対する幕府の支援が弱まるにつれ，僧院の工房がもはや必要とされなくなったので，主だった禅の高僧自身が，通常は信者への贈り物として，禅画や書を制作するようになった。西洋美術にはこれに類似するものはない。もし，教皇ユリウス２世が，システィーナ礼拝堂の天井に絵を描いてくれるようミケランジェロに依頼せずに，自分でそれを描いたとしたらどうか思い浮かべてみなさい。大きな違いは，禅の高僧は子どもの頃に読み書きを学んだとき，筆の使い方も教わっていたので，絵を描く手段を握っていたのに対し，教皇ユリウスはフレスコ画法の手ほどきなど受けていなかったという点である。

禅の高僧が独自の美術を創り出した結果として，その作品は，禅の教えに触発された画家たちが描いた初期の優雅な水墨山水画に比べて，一般的にはより簡素で，個人的，かつ力強いものとなった。もう一つの結果は，日本の禅における主要な歴史的な流れが禅の美術にますます繰り返し反映されるようになったことである。例えば，幕府からの支援がなくなったことに対する僧侶側の反応は基本的に３つあった。１つ目は，日本社会の位の高い人たちと，多くの場合，茶道を通してつながりを持ち続けることだった。京都の大徳寺の禅の高僧たちの手による作品は，宮中と強いつながりがあったことから，玉舟の手による一幅の書の「蚊子咬鐵牛（ぶんすてつぎゅうをかむ）」のように，茶会で飾るものとして特に人気があった。それは人の想像をかき立てる禅書であるだけでなく，その力強い筆使いは，泡立てられた緑茶を儀式的にすする間に交わされる話題ともなっていたのだろう。

17 世紀の間の禅における２つ目の流れは，社会に対する政府の制約を無視して，自らが為すことに集中することだった。この実例となっているのが，自分の寺を出て山中の洞穴に住んだ風外慧薫である。彼が描いた，放浪する僧である布袋の肖像画は，その極めて簡素な構図と布袋本人への劇的な焦点化を通して，風外の並外れた精神統一ぶりを伝えている。

しかしながら，３つ目の流れは，後の日本の禅において最も重要なものとなった。それは，それ以前にはなかったほど日本社会のあらゆる側面に及んだということである。白隠慧鶴は，一般にはここ 500 年間で最も重要な禅の高僧とみなされており，あらゆる階層の人々と心を通わせる非凡な才能があった。例えば，彼は多くの弟子たちを指導しただけでなく，世人にも教えを授け，その人たちに自作の「片手ではどんな音がするか」という禅問答を投げかけた。

白隠はまた，日本のいたる所で大衆向けの禅の集会において説話をし，そして彼が記した幾多の書物の中には，自伝的な物語や，禅書の注釈，尼僧から商人にいたるまで誰彼なしに送った手紙，漢詩や日本語の詩，禅歌などがあった。彼はまた，驚くべき量の禅画や書を残した。白隠は，禅の創始者の菩提達磨のように昔からよく知られた禅の題目を描いただけでなく，禅を伝えるための全く新しい視覚的な表現手段を編み出した。この中には，人間の状態を様々に表現したもの，民話，鳥や昆虫や動物の絵，自らが考案した様々なユーモラスな主題などがある。白隠は自らの教えの中で，禅の修行を日常生活のあらゆる面に取り入れる重要さを強調した。

白隠の教えは臨済禅や黄檗禅の伝統のどちらにも広範囲に影響を及ぼし，画家としての彼の手本も同様に，後の僧侶たちに大きな影響を及ぼした。仙厓のような禅の高僧はその後もずっと，新たな，往々にしてユーモラスな画題を編み出した。一方，白隠や蘇山の直弟子や又弟子は白隠が自らの画法において磨きあげた，洗練された方向性に倣った。南天棒のような 20 世紀の僧侶の画家も，引き続き白隠の影響を受けたが，それは南天棒が手を墨の中に浸して，紙に手形を押し，その上に「さあ聞け」と記した作品に見て取ることができる。

◀解　説▶

▶問１．this は直前の第２段第１文（After 1600, however, …）後半の it became から calligraphy までを指す。下線部を含む文（There is no …）では，ヨーロッパではカトリック最高位の教皇が礼拝堂を飾る絵を自ら描くことなどあり得ない，という内容が述べられている。ここから，西洋美術には類するものがないという日本の禅画の特殊性は，絵画や書の制作を画家や書家に依頼したのではなく，禅宗の高僧自身が描いたという点であることを押さえる。it became ~ who created … は強調構文の一種と考えるとよい。Zen master は「禅の指導者，禅宗の高僧」などの訳が考えられる。Zen painting「禅の絵画，禅画」 calligraphy「書，書跡」

▶問２．(2) medium には「媒体，伝達手段」などの意味があるが，ここでは，禅僧が禅画や書を描くときの手段のことであり，(え)の「美術作品用の道具や素材」が正解。

(3) echoed はここでは受動態なので，「～を反響させる，～をそのまま繰り返す」という意味の他動詞の echo だとわかる。禅美術の中に日本の禅の精神が反映されているという内容なので，(う)の「双方で同様の効果が生じるように繰り返されて」が正解。both は Japanese Zen と Zen art を指す。

(5) sipping の sip は「～を少しずつ飲む，～をすする」という意味で，(あ)の「一度にほんの少しずつ口に入れるようにして飲むこと」が正解。

(7) language は「言語」という意味だが，ここでは白隠が伝統的な禅画とは異なる独自の禅画の手法を編み出したという文脈なので，(あ)の「特有の形式，あるいは表現の型」が正解。whole new「全く新しい」 visual「視覚的な，視覚に訴える」

(8) pervasive は「(いたる所に) 広がる」という意味の形容詞であり，(え)の「ある分野や人々の集団に広く広がっている」が正解。

▶問 3．**to reach out as never before to every aspect of Japanese society**

このto 不定詞は，直前の the most significant in later Japanese Zen の内容を具体的に述べた部分。reach out は「(ある人や集団に) 接触する，訴える，手を伸べる」という意味で，to every aspect of Japanese society につながっているが，ここではこの部分全体が，直後の文中の connect with people of all ranks of life とほぼ同意であることがわかるので，その点を反映させた「日本社会の全階層の人々と接すること」という訳も可能。as never before「それ以前にはないほど，かつてないほど」

▶問 4．(あ)「例えば，彼は多くの弟子たちを指導しただけでなく，世人にも教えを授け，その人たちに自作の『片手ではどんな音がするか』という禅問答を投げかけた」

(い)「さらに，筆跡は技術的な熟練ぶりを示すより，むしろそれを隠している場合が多いが，高僧一人一人の個性を通して，経典の神髄を非常に明確に表現している」

(う)「この中には，人間の状態を様々に表現したもの，民話，鳥や昆虫や動物の絵，自らが考案した様々なユーモラスな主題などがある」

(え)「この実例となっているのが，自分の寺を出て山中の洞穴に住んだ風外慧薫である。彼が描いた，放浪する僧である布袋の肖像画は，その極めて簡素な構図と布袋本人への劇的な焦点化を通して，風外の並外れた精神統一ぶりを伝えている」

(お)「南天棒のような20世紀の僧侶の画家も，引き続き白隠の影響を受けたが，それは南天棒が手を墨の中につけて，紙に手形を押し，その上に『さあ聞け』と記した作品に見て取ることができる」

A．この段落では17世紀の禅の2つ目の傾向を述べている。空所の直前の concentrate on one's own practice「自分が為すことに集中する」に注目すると，集中力の高さを有する人物の例が挙げられている(え)が正解。

B．空所の直前の his abilities to connect with people of all ranks of life「あらゆる階層の人々と心を通わせる彼の能力」に注目すると，弟子だけでなく，世人も教え導いた人物像を述べている(あ)が正解。

C．空所の直前の a whole new visual language「全く新しい視覚的な表現手段」に注目すると，その表現手段の様々な実例が挙げられている(う)が正解。

D．最終段第1文末尾の a great influence on later monks「後の僧侶たちに与えた大きな影響」に注目すると，白隠の影響を受けた20世紀の僧侶の画家である南天棒について述べている(お)が正解。

▶問5．玉舟の書「蚊子咬鐵牛（ぶんすてつぎゅうをかむ）」の解釈を70語程度で書くという形の自由英作文。この書は，自分の実力を考えずに無謀な行動をすることのたとえであるが，解釈としては，常識や分別に縛られず，不可能に思えることにもあきらめずに挑戦すべきだ，という教えととることも可能。〈解答例1〉では，文字通り，無謀な行動は避けるべきだ，と解釈している。〈解答例2〉では，文字通りの解釈を示しつつも，ときには無謀と思えることにも挑戦すべきだというメッセージとも受け取れると述べている。have a misleading sense of confidence「過信する」 literally「文字通りに（言うと）」

●語句・構文●

（第1段）Zen painting「禅の絵画，禅画」 calligraphy「書，書道，書跡」 confirm「～を裏付ける」 Zen Master「禅の高僧，禅師」 brushwork「画法，筆遣い」

（第2段）decline「衰退，減少」 pope「教皇，法王」

（第3段）ink landscape「水墨山水画」 imperial court「宮中，皇室」 whisk「～を泡立てる」

(第4段) exemplify「～の実例を挙げる」

(第5段) lay people「俗人，一般人」 riddle「なぞなぞ」は，ここでは「禅問答(公案)」のこと。

(第6段) voluminous「大量の」 autobiographical「自伝的な」 narration「物語」 array「大量」

(最終段) direct pupil「直弟子」 as can be seen in ～「～からわかるように」 dip「～を浸す」

❖講　評

例年は独立した大問であった英作文が，2020年度は意見論述の形で2問が読解問題2題の中にそれぞれ組み込まれ，全体としては読解問題3題という構成となった。意見論述は，過年度と同様，条件付きの自由英作文であり，語数が合計130語であった。配点としては，読解問題全体の配点から考えて，例年並みであったと考えられる。読解問題の英文量は2019年度より300語近く増加して約1,680語となり，英文の内容もやや難解なものが多かった。設問は記述式の部分は英文和訳と内容説明がほぼ同数出題されているが，2020年度は内容説明に字数制限があったり，難度の高いものがある一方で，和文英訳は非常に短い箇所の和訳ばかりとなった。空所補充，同意表現，内容真偽など，様々なタイプの選択問題も多くみられた。

Ⅰ．読解問題。一般的な種の保護の重要性がテーマで，あまりよく知られていない視点から環境問題を取り上げた英文となっている。設問は内容説明と同意表現，英文和訳（2箇所），意見論述が記述式，空所補充が選択式という構成だが，内容説明はどの部分まで解答に組み込むべきか迷う設問となっている。英文和訳は構文的にもシンプルで訳しやすく，空所補充も標準的だが，意見論述は，「本文の内容をふまえ」「あなたの意見」を述べる，という2つの条件を60語程度で満たすのはかなり難しく，いずれもシンプルに答えるしかないだろう。

Ⅱ．読解問題。例年であれば，第3問になる会話文の多い英文である。せっかくオペレッタの主役に選ばれたのに，母親と教師の間で自分の髪を役に合う色に染める話が進んでいく事態にとまどう少女の物語。設問は内容説明2問と英文和訳1問が記述式，選択式の空所補充と内容真偽が1問ずつという構成であった。空所補充はその場の状況の読み取りがカギとなる設問である。英文和訳は短いながら日本語になりにくい箇所が出題されている。

Ⅲ．読解問題。禅の美術史という非常に高度な内容の英文で，抽象的な表現や難解な固有名詞が多いこともあって，面食らった受験生も多かったかもしれない。設問は内容説明と英文和訳および意見論述を求める自由英作文が記述式，同意表現と空所補充が選択式となっている。空所補充がかなり長い英文の補充であり，空所の前のキーワードを素早くとらえる必要があった。意見論述は，難解な禅の解釈を英語で書くというもので，様々な解答が考えられ，どう書こうか迷っているうちに時間切れになる恐れもある。

全体的にみて，この英文の量と設問の難度に対して80分という試験時間はあまりに短く，近年では最も難度の高い出題となった。

数学

1

◇発想◇　(1)　x^3+ax^2+bx+c を $(x-p)^2$ で実際に割り算し，商と余りを求める。

(2)　(1)より，$f(x)$ を a，p で表し，$f'(x)$ を求める。

(3)　$y=f'(x)$ は 2 次関数であるので，公式 $\displaystyle\int_\alpha^\beta (x-\alpha)(x-\beta)\,dx=-\frac{1}{6}(\beta-\alpha)^3$ を用いることができる。x^2 の係数に注意。

解答　(1)　$f(x)=x^3+ax^2+bx+c$ を $(x-p)^2=x^2-2px+p^2$ で割ると商は $x+a+2p$，余りは $(b+2ap+3p^2)x+c-ap^2-2p^3$ となる。

$(x-p)^2$ で割り切れることより

$$b+2ap+3p^2=0 \quad \text{かつ} \quad c-ap^2-2p^3=0$$

よって

$$b=-2ap-3p^2,\ c=ap^2+2p^3 \quad \cdots\cdots(\text{答})$$

(2)　(1)より

$$f(x)=x^3+ax^2-(2ap+3p^2)x+ap^2+2p^3$$

$$f'(x)=3x^2+2ax-2ap-3p^2$$

よって

$$f'\left(p+\frac{4}{3}\right)=3\left(p+\frac{4}{3}\right)^2+2a\left(p+\frac{4}{3}\right)-2ap-3p^2$$

$$=\frac{8}{3}a+8p+\frac{16}{3}$$

$f'\left(p+\frac{4}{3}\right)=0$ より

$$\frac{8}{3}a+8p+\frac{16}{3}=0 \qquad \therefore\ a=-3p-2 \quad \cdots\cdots(\text{答})$$

(3)　$p=0$ とすると，(1)，(2)より

$$a=-2,\ b=0,\ c=0$$

$$f(x)=x^3-2x^2,\ f'(x)=3x^2-4x$$

$f(x)=f'(x)$ とおくと

$$x^3-2x^2=3x^2-4x \qquad x^3-5x^2+4x=0$$

$$x(x-1)(x-4)=0 \qquad \therefore \quad x=0,\ 1,\ 4$$

よって　　A$(0,\ 0)$，B$(1,\ -1)$，C$(4,\ 32)$

直線 AB の方程式は　　$y=-x$

直線 BC の方程式は　　$y=11x-12$

$y=3x^2-4x$ の概形は下図のようになるので

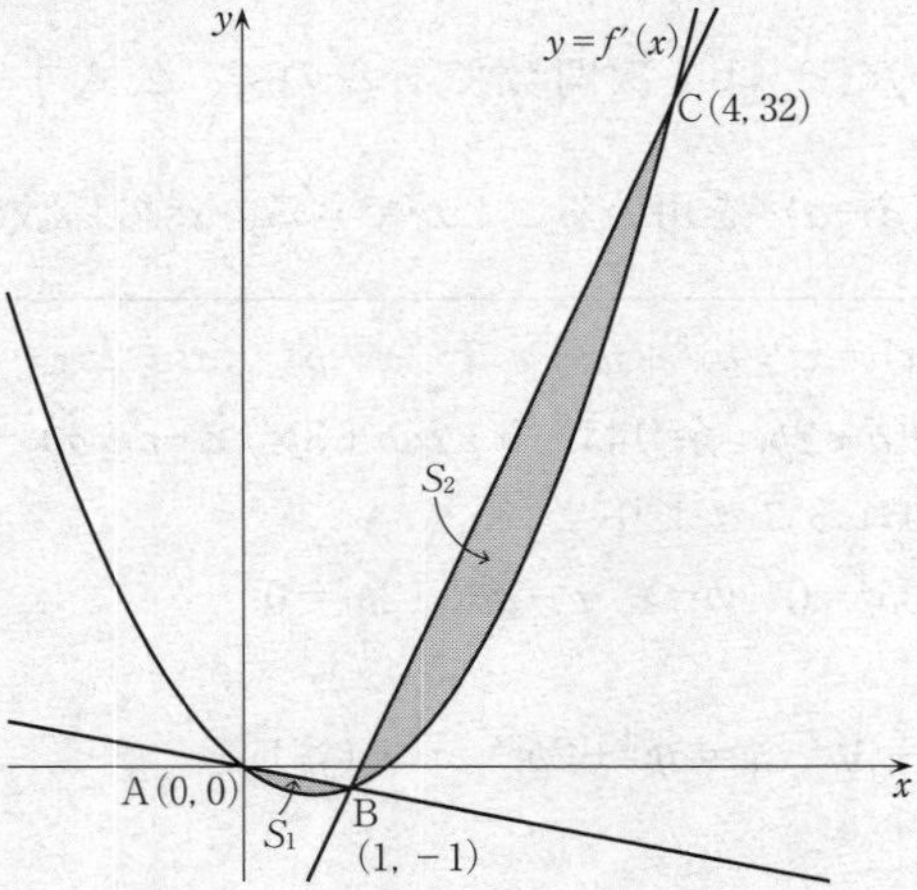

$$S_1+S_2=\int_0^1\{-x-(3x^2-4x)\}\,dx+\int_1^4\{(11x-12)-(3x^2-4x)\}\,dx$$

$$=-3\int_0^1 x(x-1)\,dx-3\int_1^4 (x-1)(x-4)\,dx$$

$$=-3\left\{-\frac{1}{6}(1-0)^3\right\}-3\left\{-\frac{1}{6}(4-1)^3\right\}$$

$$=14 \quad \cdots\cdots(\text{答})$$

◀解　説▶

≪整式の除法，微分の計算，放物線と直線で囲まれた部分の面積≫

▶(1)　割り算を実行すると余りが x の 1 次式

$$(b+2ap+3p^2)x+c-ap^2-2p^3$$

となる。割り切れるということは

$$(b+2ap+3p^2)x+c-ap^2-2p^3=0$$

が x の恒等式となることであるので，2 つの等式

$b+2ap+3p^2=0$，$c-ap^2-2p^3=0$

をみたす。

▶(2)　(1)より，$f(x)$ は a と p で表すことができるので，それを微分して，$f'\left(p+\dfrac{4}{3}\right)$ を計算すればよい。

▶(3)　$f(x)=f'(x)$ を解き，交点A，B，Cの座標，直線AB，BCの方程式を求める。

$$S_1=\int_0^1\{-x-(3x^2-4x)\}dx=\int_0^1(-3x^2+3x)\,dx$$
$$=-3\int_0^1 x(x-1)\,dx$$

となるので，$\displaystyle\int_\alpha^\beta(x-\alpha)(x-\beta)\,dx=-\frac{1}{6}(\beta-\alpha)^3$ を用いるとき，x^2 の係数が -3 であることに注意しなければならない。S_2 についても同様である。

2

◇発想◇　(1)　数学的帰納法を用いる。

(2)　(1)の計算から，数列 $\{b_n\}$ についての漸化式が得られる。

(3)　(1)，(2)から，数列 $\{a_n\}$ についての漸化式が得られる。

解答　(1)　すべての自然数 n について

$$a_n>0 \quad かつ \quad b_n>0 \quad \cdots\cdots①$$

であることを，数学的帰納法により証明する。

〔Ⅰ〕　$n=1$ のとき

条件(i)より，$a_1=b_1=1>0$ であるので，①は成り立つ。

〔Ⅱ〕　$n=k$ のとき，①が成り立つと仮定する。

すなわち，$a_k>0$ かつ $b_k>0$ であると仮定すると

条件(ii)より

$$f_k(x)=a_k(x+1)^2+2b_k$$

であるので，$a_k>0$ であることから，$y=f_k(x)$ は下に凸な放物線で，軸は $x=-1$ である。

よって，$-2\leqq x\leqq 1$ における $f_k(x)$ は

最大値が　$f_k(1)=4a_k+2b_k$

最小値が　$f_k(-1)=2b_k$

ゆえに　　$a_{k+1}=4a_k+2b_k$，$b_{k+1}=2b_k$

$a_k>0$ かつ $b_k>0$ であるので　　$a_{k+1}>0$　かつ　$b_{k+1}>0$

したがって，$n=k+1$ のときも①は成り立つ。

〔Ⅰ〕，〔Ⅱ〕より，すべての自然数 n について，$a_n>0$ かつ $b_n>0$ である。

（証明終）

(2)　(1)より，数列 $\{b_n\}$ は

$$b_1=1,\ b_{n+1}=2b_n$$

をみたすので，初項1，公比2の等比数列である。

よって，一般項は　　$b_n=2^{n-1}$　……（答）

(3)　(1)より，数列 $\{a_n\}$ は

$$a_1=1,\ a_{n+1}=4a_n+2b_n$$

をみたし，$b_n=2^{n-1}$ であることから

$$a_{n+1}=4a_n+2^n \quad \cdots\cdots②$$

②の両辺を 2^{n+1} で割ると

$$\frac{a_{n+1}}{2^{n+1}}=2\cdot\frac{a_n}{2^n}+\frac{1}{2}$$

よって　　$c_{n+1}=2c_n+\dfrac{1}{2}$

変形すると　　$c_{n+1}+\dfrac{1}{2}=2\left(c_n+\dfrac{1}{2}\right)$

ゆえに，数列 $\left\{c_n+\dfrac{1}{2}\right\}$ は公比2の等比数列であり，初項は

$$c_1+\frac{1}{2}=\frac{a_1}{2^1}+\frac{1}{2}=1$$

したがって

$$c_n+\frac{1}{2}=2^{n-1} \qquad \therefore\quad c_n=2^{n-1}-\frac{1}{2} \quad \cdots\cdots（答）$$

◀解　説▶

≪2次関数の最大値・最小値，漸化式と数列の一般項≫

▶(1)　数学的帰納法により証明する。帰納法の仮定 $a_k>0$ かつ $b_k>0$ において，$a_k>0$ より $y=f_k(x)$ は下に凸な放物線であるので，軸が $x=-1$ であることから，$x=1$ で最大，$x=-1$ で最小であるといえる。また，$b_k>0$ であることから，いずれの値も正であるといえる。

▶(2)　(1)の〔Ⅱ〕により，漸化式 $b_{n+1}=2b_n$ が成り立つことがわかる。

▶(3)　(1)の〔Ⅱ〕により，$a_{n+1}=4a_n+2b_n$ が成り立ち，$b_n=2^{n-1}$ を代入して，$\{a_n\}$ についての漸化式 $a_{n+1}=4a_n+2^n$ が得られる。両辺を 2^{n+1} で割ることにより，$\{c_n\}$ の漸化式 $c_{n+1}=2c_n+\dfrac{1}{2}$ が得られる。

一般に，$a_{n+1}=pa_n+q$ $(p\neq 1)$ の形の漸化式は，$\alpha=p\alpha+q$ をみたす α を用いて，$a_{n+1}-\alpha=p(a_n-\alpha)$ と変形できるので，等比数列に帰着させることができる。

3

◇発想◇　(1)　$x+y=30$ をみたす自然数の組 $(x,\ y)$ を具体的に数える。

(2)　$x+y+z=30$ をみたす自然数の組 $(x,\ y,\ z)$ について，$x=k$ を固定すれば，(1)と同様に，組 $(y,\ z)$ の個数を k で表すことができる。

(3)　(2)のうち，同じ数を含むものの個数を求め，並べ替えによる重複を考える。

解答　(1)　2つの自然数を $x,\ y$ とすると　$x+y=30$

これをみたす組 $(x,\ y)$ は

$$(x,\ y)=(1,\ 29),\ (2,\ 28),\ (3,\ 27),\ \cdots,\ (29,\ 1)$$

の29個。

よって，求める順列の総数は　29　……(答)

(2)　3つの自然数を $x,\ y,\ z$ とすると　$x+y+z=30$

$x=k$ $(k=1,\ 2,\ 3,\ \cdots,\ 28)$ のとき　$y+z=30-k$

これをみたす組 $(y,\ z)$ は

$$(y,\ z)=(1,\ 29-k),\ (2,\ 28-k),\ \cdots,\ (29-k,\ 1)$$

の $29-k$ 個。

よって，$x+y+z=30$ をみたす組 $(x,\ y,\ z)$ の個数は

$$\sum_{k=1}^{28}(29-k)=\frac{1}{2}\cdot 28\cdot(28+1)=406$$

したがって，求める順列の総数は　406　……(答)

(3)　(2)で求めた順列において

3つの数が等しい組合せは，{10，10，10} の1個。

3つの数のうち，2つの数だけが等しい組合せは

$\{1,\ 1,\ 28\}$，$\{2,\ 2,\ 26\}$，$\{3,\ 3,\ 24\}$，…，$\{14,\ 14,\ 2\}$

の14個から {10，10，10} を除いた13個あり，順列としては

$13\times 3=39$ 個

よって，(2)で求めた順列のうち，3つの数が異なるものの個数は

$406-1-39=366$

したがって，3つの数が異なる組合せは　$\dfrac{366}{3!}=61$ 個

以上より，求める組合せの総数は

$1+13+61=75$　……(答)

別解　(1)　30個の○を1列に並べ，○と○の間29箇所のうちの1箇所に | を入れると，和が30となる2つの自然数からなる順列が1つ得られ，| を入れる箇所が異なれば異なる順列となる。

例えば，右のように | を入れるとき，順列 (3，27) を表していると考える。

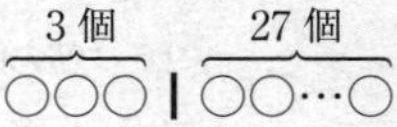

よって，求める順列の総数は　${}_{29}\mathrm{C}_1=29$

(2)　(1)と同様に，30個の○の間29箇所のうちの異なる2箇所に | を入れると考えればよいので，求める順列の総数は　${}_{29}\mathrm{C}_2=406$

(3)　x，y，z を自然数とするとき，$x+y+z=30$，$x\leqq y\leqq z$ をみたす組 $(x,\ y,\ z)$ の総数が，求めるものである。

$x+x+x\leqq x+y+z=30$ より　$3x\leqq 30$

したがって　$1\leqq x\leqq 10$

(i)　$x=2k$ $(k=1,\ 2,\ 3,\ 4,\ 5)$ のとき

$y+z=30-2k$

であるので

$y+y\leqq y+z=30-2k$ より　$y\leqq 15-k$

よって　$2k\leqq y\leqq 15-k$

この範囲の y に対して条件をみたす z が決まるので，組 $(y,\ z)$ の個数は

$(15-k)-2k+1=16-3k$

(ii)　$x=2k-1$ $(k=1,\ 2,\ 3,\ 4,\ 5)$ のとき

$$y+z=30-(2k-1)=31-2k$$

であるので

$2y \leqq 31-2k$ より　$y \leqq \dfrac{31}{2}-k$

y は自然数であるので　$2k-1 \leqq y \leqq 15-k$

よって，組 $(y,\ z)$ の個数は

$$(15-k)-(2k-1)+1=17-3k$$

(i)，(ii)より，求める総数は

$$\sum_{k=1}^{5}(16-3k)+\sum_{k=1}^{5}(17-3k)=\sum_{k=1}^{5}(33-6k)$$

$$=\frac{1}{2}\cdot 5\cdot(27+3)=75$$

◀解　説▶

≪和が 30 になる 3 つの自然数の順列と組合せの総数≫

▶(1)　具体的に数えればよい。〔別解〕のように○と❙の並べ方として考えることもできる。

▶(2)　$x=k$ を固定して，$y+z=30-k$ をみたす組 $(y,\ z)$ の個数を k で表し，$k=1,\ 2,\ \cdots,\ 28$ についての和を Σ の計算で求めればよい。なお，$\displaystyle\sum_{k=1}^{28}(29-k)$ については，$29-k$ が k の 1 次式であることから等差数列の和であるので，公式 $\dfrac{1}{2}\times$(項数)$\times$\{(初項)$+$(末項)\} を用いるとよい。〔別解〕のように○と❙の並べ方として考える方法もある。

▶(3)　(2)で求めた順列において，3 数のうち同じ数がいくつあるかにより，並べ替えによる重複を考えて求める。〔別解〕は $x+y+z=30$，$x \leqq y \leqq z$ をみたすものを，〔解答〕(2)と同様に x を固定して求めているが，x の偶奇により場合分けが必要となる。

❖講　評

2020 年度は，微・積分法，２次関数と数列，場合の数からの出題で，ベクトルからの出題はなかった。また，理系との共通問題は**3**のみであった。

1．整式の割り算と微分法，放物線と直線で囲まれた部分の面積を求める標準的な問題である。割り算の計算，積分の計算でミスのないようにしたい。

2．２次関数の最大値・最小値により，数列が定められる問題である。(1)で数学的帰納法による証明がきちんとできたかどうかがポイントとなる。(1)ができれば，(2)，(3)の漸化式は典型的であるから難しくないだろう。

3．和が 30 になる自然数の順列，組合せについては，(1)，(2)は標準的である。(3)は，順列と組合せの違いをきちんと理解した上で，(2)を同じ数の個数により場合分けすることができたかどうかがポイントとなる。

全体として，標準的な問題が中心であり，基本的な小問をミスなく確実に解いていくことが大切である。

「不能」「令」「須」などの基本句法の知識が問われているが、訓点が付されていないものもあるので、やや難しい。問三の内容説明は、傍線部の前に書かれている内容を素直にまとめればよい。問四の内容説明は、設問で「本文全体をふまえ」と指示されているので、傍線部の直前の内容だけを書いて済ませないように注意しなければならない。

に戻っている。設問は、書き取りが問一から最後の問五に移動したが、例年どおりの書き取りと字数制限つきの内容説明という構成。解答字数も例年どおりの、八〇字三問と一六〇字一問、総記述字数四〇〇字。内容説明の設問は、問二が「なぜか」という理由説明になっているほかは、「どういうことか」という傍線部の内容を問うものである。そして、問一で一つ目のまとまり、問二で二つ目のまとまりの内容理解をたずね、問三で三つ目のまとまりの中の比喩表現について問い、問四で三つ目のまとまりの内容を踏まえつつ全体を見ていく、という設問構成になっていて、八〇字の三問で部分をたずね、最後の一六〇字の一問で全体を問う、これも例年どおりのかたちである。記述量が時間（現代文にあてられる時間は五〇分前後）に比べて多く、いつもどおりの神戸大学の現代文である。すばやく本文の内容と設問の意図を見抜いて、解答作成にかかっていくことが大切である。

二　古文（日記）　平安時代に讃岐典侍（藤原長子）が著した『讃岐典侍日記』の一節で、故堀河天皇を追慕する様子を綴った文章が出題された。設問は、文学史、文法、主語を明示しての口語訳、内容説明で、内容説明の二つの問いには、五〇字と七〇字の字数制限が設けられている。問一の文学史は、選択肢に挙げられた各日記のおおまかな内容を知らないと答えられない。問二の文法はごく標準レベルといえる。問三の主語を明示しての口語訳もおおむね標準レベルで、語句の意味や助動詞・助詞・敬語の意味用法の知識に基づくものであるが、作者が鳥羽天皇に仕え始めた頃のことを綴る中に、故堀河天皇の回想が交えられているので、注意深く主語を見極める必要がある。問四の内容説明は、どのような状態からどのような理由でどのような状態になったかということがわかるように、要素を漏らさずにまとめなければならない。問五の内容（理由）説明は、傍線部の前までに書かれている鳥羽天皇の言動と作者の心情を丁寧に読み取ることが求められている。

三　漢文（思想）　唐の太宗が、主君として国を保っていくためには臣下からの諫言が必要だと考えていたことを述べた文章が出題された。設問は、読み、書き下し文、口語訳、内容説明で、内容説明の問いの一つには、五〇字の字数制限が設けられていた。問一は、「若」「嘗」「豈」「可」「乎」などの頻出の語で確実に得点したい。問二の口語訳も、

② 臣下は何も言わず、煬帝に過ちを指摘することもなかったため
③ 結局隋は滅び
④ 煬帝の寵臣たちも処刑された

▼問四　波線部の逐語訳は〝人が何かを奏上するのを見るたびに、必ず表情を和らげ〟で、まず、その理由として、波線部の前に、太宗は容姿が立派で威厳に満ちていたために、臣下の官僚たちが太宗の前ではうろたえて普通の立ち居振る舞いができなくなることに気付いたということが書かれている。したがって、波線部の行為は、臣下が自分に萎縮しないようにするためだと考えられる。本文全体をみると、波線部の後に、太宗は臣下からの諫言を聞いて政治を行いたいと願っていたとあり、臣下の官僚に対して、主君は自分の過ちを知らなければならず、そのためには臣下からの諫言が必要で、諫言がなければ国家は滅亡してしまうという見解を述べ、必ず諫言してほしいと求めたことが書かれている。以上をふまえ、書くべき内容は次の四点である。
① 自分の過ちを知って
② 政治を正し国を保っていくために
③ 臣下が萎縮せず
④ 諫言できるようにする

❖講　評

一　現代文（評論）　日本古代文学史について論じた本の序文にあたる部分からの出題。神戸大学は今現在活躍している著者の文章を取り上げることが多いが、二〇二〇年度は初版が一九五一年に出た著作（本文は一九九六年に改訂されたもの）からの出題で、やや古めである。本文自体は大きく分かれた三つのまとまりごとに読み進めていくことができるので、内容はつかみやすい。本文の長さは二〇一九年度に比べて一〇〇〇字以上増えて約五〇〇〇字で、例年程度

のもとでは国も滅びるという内容に続き、臣下の者もそれぞれの家を保っていくことができないということを述べた部分である。

(イ)「卒に其の過ちを聞かざらしめ」と読む。「卒」は〝最後まで・結局〟の意の副詞。「令」は使役の助動詞。「不」は打消の助動詞。「其」は煬帝を指す。「過」はここでは〝過ち・過失〟の意の名詞。逐語訳すると〝最後まで煬帝の過ちを聞かないようにさせ〟となるが、本文に即して言えば、臣下の者が、暴虐な主君である煬帝に対して何も言わず、徹頭徹尾、煬帝の過ちを煬帝自身が聞くことがないようにさせた（＝煬帝に過ちを指摘するような進言などをしなかった）ということ。現代語訳の問いなので、使役の構文は崩してはならないが、わかりやすい表現で解答したい。

(ウ)「人に利《り》ならざる有《あ》らば、必ず須《すべか》らく極言《きよくげん》規諫《きかん》すべし（と）」と読む。「不利」は〝有益ではないこと・不利益なこと〟の意。「於」は対象を表す置き字。「人」は〝人民〟のこと。「有不利於人」は、後に述べることの前提となる仮定条件を示していると見る。「必」は確定的な様子を表す副詞で、〝必ず〟でよい。「須」は必然性や義務を表す再読文字で、〝～なければならない〟と訳す。「極言」は注にある通り、〝思う存分に言う・言葉を尽くして言う〟。「規諫」は〝正し戒める・諫める〟の意。傍線部(ウ)を含む一文は、太宗が、煬帝に臣下が諫言しなかった前例を挙げた後で、自分の臣下の者に対しては諫言を強く求めている言葉で、「極言規諫」の対象は太宗と考えられるので、〝私を〟または〝私に〟を添える。

▼問三　傍線部(A)は「前事《ぜんじ》遠《とほ》からず」と読み、〝以前の出来事は遠い昔のことではない〟の意。「前事」とは、その前に書かれている隋の煬帝の出来事を指している。「隋煬帝暴虐」は、隋の煬帝が暴虐であったということ。「臣下鉗口、卒令不聞其過」は、注の説明と傍線部(イ)で考察した内容から、臣下が何も言わず、煬帝に過ちを指摘しなかったということ。「遂至滅亡」は、結局隋が滅んだということ。「虞世基等、尋亦誅死」は煬帝の寵臣たちも処刑されたということ。書くべき内容は次の四点である。

①　煬帝が暴虐なので

はない。あなたがたは何かを見るたびに、人民に有益ではないことがあったならば、必ずや言葉を尽くして（私を）正し戒めなければならない」と。

読み　太宗《たいそう》威容《ゐよう》厳粛《げんしゆく》なれば、百僚《ひやくれう》の進み見《まみ》ゆる者、皆《みな》其《そ》の挙措《きよそ》を失ふ。太宗其の此《かく》のごとくなるを知り、人の事を奏《そう》するを見る毎《ごと》に、必ず顔色《がんしよく》を仮借《かしやく》し、諫諍を聞き、政教《せいけう》の得失《とくしつ》を知らんことを冀《こひねが》ふ。貞観《じやうぐわん》の初め、嘗《かつ》て公卿《こうけい》に謂《い》ひて曰《いは》く「人自《みづか》ら照らさんと欲すれば、必ず明鏡《めいきやう》を須《もち》ふ。君過ちを知らんと欲すれば、必ず忠臣に藉《よ》る。若《も》し君自ら賢聖《けんせい》を恃《たの》めば、臣匡正《しんきやうせい》せず。危敗《きはい》せざらんと欲するも、豈《あ》に得《う》べけんや。故《ゆゑ》に君其の国を失ひ、臣も亦《ま》た独《ひと》り其の家を全《まつた》くする能《あた》はず。隋《ずい》の煬帝《やうだい》の暴虐なるがごときに至りては、臣下鉗口《かんこう》し、卒《つひ》に其の過ちを聞かざらしめ、遂《つひ》に滅亡に至る。虞世基等《ぐせいきら》、尋《つ》いで亦た誅《ちう》せられて死す。前事遠《ぜんじとほ》からず。公等《こうら》事を看《み》る毎に、人に利《り》ならざる有らば、必ず須《すべか》らく極言規諫《きよくげんきかん》すべし」と。

◀解　説▶

▼問一　①「若」はここでは「（～の）ごとくなり・（～の）ごとし」を基本形とする助動詞で、比況を表す。「此」は指示代名詞で、状態を指す場合は「かく」と読む。返り点を付けると「若ㇾ此」となり、送り仮名の「ヲ」につながるので、「若」は連体形「ごとくなる・ごとき」とする。

②「嘗」は〝かつて・以前に〟の意の副詞で「かつて」と読む。

③「豈～乎」は反語を表し、「豈《あ》に～んや」と読む。「可」は「べし」を基本形とする助動詞で、可能や当然を表す。「得」は「得《う》」を基本形とする動詞で、〝できる・可能である〟の意。返り点を付けると「豈可ㇾ得乎」となり、「得」は「可」（＝助動詞「べし」）に接続するので終止形「得《う》」とする。「可」「乎」は「べけんや」と読む。全体で、〝どうしてできるはずがあろうか、いや、できるはずがない〟の意。

▼問二　(ア)「臣《しん》も亦《ま》た独《ひと》り其《そ》の家《いえ》を全《まつた》くする（こと）能はず」と読む。「臣」は「君」の対義語で〝臣下・臣下の者〟の意。「亦」は並立や累加を表す副詞。「不能」は不可能を表す。「独」は他の助けなしに自分だけで行う様子を表す副詞。「全」は完全な状態に保つことを表す動詞で、「全其家」は、〝自分の家を無事に保つ〟ということ。愚かな主君

三

解答

出典　呉兢『貞観政要』〈巻第二　求諫第四〉

問一　①かくのごとくなるを〔かくのごときを〕　②かつて　③あにうべけんや

問二　(ア)臣下もまた自分だけで自分の家を無事に保っていくことができない

(イ)最後まで煬帝の過ちを煬帝自身の耳に入らないようにさせ

(ウ)人民に有益ではないことがあったならば、必ずや言葉を尽くして私を正し戒めなければならない

問三　暴虐な煬帝に対して、臣下は何も言わず、煬帝に過ちを指摘することもなかったため、結局隋は滅び、煬帝の寵臣たちも処刑されたこと。

問四　自分の過ちを知って政治を正し国を保っていくために、臣下が自分に萎縮せずに諫言できるようにする意図。（五〇字以内）

◆全　訳◆

太宗は容姿が立派で威圧感があったので、多くの官僚で進み出て謁見する者は、皆普通の立ち居振る舞いができなくなった。太宗は彼らがそのような様子であることに気付き、人が何かを奏上するのを見るたびに、必ず表情を和らげ、強く目上の人をいさめること（＝皇帝である自分への諫言）を聞き、政治教化の利益と損失を知りたいと望んだ。貞観の初め、その当時公卿に言うには「人が自分で自分を映し見たいなら、必ず澄んだ鏡を必要とする。主君が過ちを知りたいなら、必ず忠義の臣下に頼る。もし主君が自分で自分を知徳の優れた人物だと思い上がったならば、臣下は正さない。危機や滅亡を免れたいと思っても、どうしてそうすることができるはずがあろうか、いや、できるはずがない。だから主君は自分の国を失い、臣下もまた自分だけで自分の家を無事に保っていくことができない。隋の煬帝《ようだい》のように暴虐な主君の類に至っては、臣下は口を閉じてものを言わず、最後まで（主君である）煬帝の過ちを（本人が）聞かないようにさせ、とうとう滅亡に至った。（煬帝の寵臣である）虞世基《ぐせいき》たちが、すぐにやはり処刑されて死んだ。以前の出来事は遠い昔のことで

様に鳥羽天皇を指す。「御前に」の「に」は、〝〜におかれては〟と貴人を遠回しに主語とする用法で、要するに、鳥羽天皇が作者のもとにやって来たということ。まだ幼い鳥羽天皇が抱っこをせがんできたため、追慕の情に浸っていた作者は現実に戻され、鳥羽天皇を抱き上げて部屋の絵を見せて回るという展開になっている。書くべき内容は次の三点である。

① 故堀河天皇を追慕していた作者が
② 鳥羽天皇に話しかけられたことによって
③ 一気に現実に引き戻された

▼問五 「うつくしう」は〝かわいらしい・いじらしい〟の意の形容詞「うつくし」で、鳥羽天皇の様子を言っている。具体的に鳥羽天皇の言動を確かめると、故堀河天皇を思い出して涙ぐんでいた作者を、鳥羽天皇が不思議そうに見たため、作者は泣いていることを気付かれないようにごまかそうとしたが、鳥羽天皇は「みな知りてさぶらふ」（＝〝すべて知っています〟）と言い、作者がどうして知っているのかと尋ねると、「ほ文字のり文字のこと思ひ出でたるなめり」（＝〝ほ文字、り文字のことを思い出しているのであるようだ〟）と答えている。「ほ文字」「り文字」は注に「笛の楽譜の音を表す文字」とあり、作者が見ていた笛の楽譜を指すが、それは生前の堀河天皇が書いて貼っていたものなので、鳥羽天皇は、作者が泣いているのは堀河天皇を思い出したからだということを遠回しに伝えていることになる。傍線部⑵の前の作者の心内文「堀河院の御事とよく心得させ給へると思ふも」は、〝（私が泣いているのは）堀河院（＝堀河天皇）の御事だと（鳥羽天皇は）よくおわかりになっている〟と感心し、鳥羽天皇の気遣いや機転を恐れ多くも感じながらいじらしく思っているものと読み取れる。

よう。「させ給は」は、助動詞「さす」の尊敬の用法と尊敬の補助動詞「給ふ」による二重尊敬で、〝〜なさる・お〜になる〟と訳す。傍線部②は作者の心内文で、非現実的なことを表す反実仮想の文であることや、後の「萩の戸に…」の和歌で「昔をしのぶ」と詠み、今は亡き堀河天皇を偲んでいることから、「御覧ぜ」「めで」の主語は堀河天皇である。

③「局」は宮中や貴人の邸宅に仕える女房の私室。「おり」はラ行上二段活用動詞「おる」（「下る」）の連用形で、ここでは主人のもとから私室に行くということで、〝下がる〟と訳すのがよい。「たり」は完了（存続）の助動詞「たり」の連用形、「し」は過去の助動詞「き」の連体形。「に」は時や場所を表す格助詞として〝〜ときに・〜ところに〟または単純接続を表す接続助詞として〝〜ところ〟と訳す。主語は作者自身なので、〝私が〟とする。

④「心得《こころえ》」は、理解したり認識したりすることを表すア行下二段活用動詞「心得《こころう》」、「させ」は助動詞「さす」の使役の用法、「まゐらせ」は、謙譲の補助動詞の用法の「まゐらす」、「じ」は助動詞「じ」の打消意志の用法で、「心得させまゐらせじ」の逐語訳は〝理解させ申し上げないようにしよう〟となる。これは作者の心内文で、主語は作者自身。涙を流して泣いている自分を鳥羽天皇が不審に思って見ていた際の気持ちなので、「心得させ」は、〝鳥羽天皇に気付かせ〟等の表現でわかりやすく訳すのがよい。「さりげなく」は〝何気ない・平然としている〟という意味の形容詞「さりげなし」の連用形。「もてなし」は状況に応じた行動をすることを表す動詞「もてなす」で、〝振る舞う〟と訳す。主語は「心得させまゐらせじ」と同じく作者自身である。

▼問四　「よろづさむる心地」は、〝すっかり現実に戻る気持ち〟の意で、前書きに「故堀河天皇のことが思い出されて仕方がない作者の様子」とあり、この段落でも、自分に非常に親しく接してくださった生前の堀河天皇のことを思い出していた作者が、その追慕の情から一気に現実に引き戻された状態のことを言っている。そうなった原因は、傍線部(1)の前に「御前におはしまして、『われ抱きて障子の絵見せよ』と仰せらるれば」（＝〝鳥羽天皇におかれては〈私のもとに〉いらっしゃって、「私を抱いて障子の絵を見せろ」とおっしゃるので〟）である。「御前」は、傍線部①と同

▲解　説▼

▼問一　選択肢に挙げられているのはすべて女性の手による日記作品。イ、『蜻蛉《かげろう》日記』は、平安時代に藤原道綱母《ふじわらのみちつなのはは》が著したもので、夫である藤原兼家《かねいえ》との結婚生活や上流貴族との交流のさまなどが書かれている。ロ、『紫式部日記』は、平安時代に紫式部が著したもので、中宮彰子の女房として宮中に出仕していた日々のことなどが書かれている。ハ、『十六夜《いざよい》日記』は、鎌倉時代に阿仏尼が著したもので、所領地の訴訟のために京都から鎌倉へ出向く道中の記事を中心とし、紀行文的な性格をもつ。宮廷貴族の生活を主題にしているとは言えないので、これを正解として選ぶ。ニ、『弁内侍《べんのないし》日記』は、鎌倉時代に弁内侍が著したもので、後深草天皇の内侍として宮中に出仕していた日々のことが書かれている。ホ、『和泉式部日記』は、平安時代に和泉式部が著したもので、敦道親王との恋愛の様子が書かれている。

▼問二　(a)直後の助動詞「ぬ」は「べけれ」に接続することから終止形であり、完了・強意の助動詞「ぬ」である（ここでは強意）。よって連用形の「られ」とする。

(b)文末にあり、係り結びなどもないので、終止形の「らる」とする。

(c)後の接続助詞「ば」は順接確定条件を表していると考えられるので、已然形の「られ」とする。

(d)文末にあり、係助詞「ぞ」による係り結びが成立するので、連体形の「らるる」とする。

▼問三　①「御前」は鳥羽天皇を指す。「の」は格助詞「の」の主格の用法。「おはしまし」は尊敬語で、ここでは動詞「来」の尊敬表現として〝お越しになる・いらっしゃる〟と訳す。

②「御覧ぜ」は「見る」の尊敬語で〝御覧になる〟と訳す。「…ましかば…、いかに…まし」は、反実仮想を表す「〜ましかば、〜まし」の推量の部分に副詞「いかに」による強調の意味が加えられているので、〝（もし）〜たならば、どんなに〜だろうか・（もし）〜なら、どんなにか〜だろうに〟と訳す。「めで」は、〝賞美する・愛好する〟の意の動詞「めづ（愛づ）」の未然形。庭先の花の風情ある様子を「めづ」という文脈に合う表現で訳すことに注意し

思ってみると、そうして（以前と）同じ様子で（内裏を）歩き回っていらっしゃるあなたさえ、そのようにお思いになるのである。まして、しみじみと気が紛れることがなくあれこれと思っているような私は、容易に推察できる様子で、と書いてある。このようである（＝宮中に出仕している）私は、（その人よりも）もう少し思い出さずにいられない。

　こうして九月になった。九日、御節句のお食事を差し上げたりして、十日過ぎにもなった。何をするでもない昼頃、暗部屋の方に目を向けると、（堀河天皇が生前）御経を教えてくださるということで、「（私が）読んだ経を、きちんと清書して与えよう」とおっしゃって、御勤行の際に二間《ふたま》（＝清涼殿の部屋の名）で、出向いていらっしゃって、ご用意なさって、（私が）私室に下がっていたときに、御経を清書して持って行って笑われようとお思いになって、身に余るほどまで大切にしてくださった御事は、（どうしても）思い出されると、鳥羽天皇におかれては（私のもとに）いらっしゃって、「私を抱いて障子の絵を見せろ」とおっしゃるので、すっかり現実に戻る気持ちがするけれども、朝餉間《あさがれいのま》の御障子の絵を、御覧に入れながら歩き回るときに、夜御殿《よるのおとど》の壁に、（生前の堀河天皇が）いつも見るのを習慣にして覚えようとお思いになっていた楽譜を書いて、貼り付けていらっしゃった笛の楽譜が、貼られている跡が、壁にあるのを見つけたのはしみじみ悲しい。

　笛の楽譜が貼られた壁の跡を見ると、過ぎてしまったことは夢と思われる悲しくて袖を顔に押し当てるのを、（鳥羽天皇が）不思議そうに御覧になるので、（私は）気付かせ申し上げないようにしようと思って、何気なく振る舞いながら、「ふとあくびをして、このように目に涙が浮かんでいる」と申し上げると、（鳥羽天皇は）「すべて知っています」とおっしゃるので、しみじみかわいらしくも恐れ多くも（大人から見て）思われなさるので、「どのようにおわかりになっておられるのか」と（私が）申し上げると、（鳥羽天皇が）「ほ文字、り文字のこと（＝笛の楽譜を書いて貼っていた堀河天皇）を思い出しているのであるようだ」とおっしゃるのは、堀河院の御事とよくおわかりになっていると思うのも、いじらしくて、しみじみした思いも現実に戻る気持ちがしてにっこり笑わずにいられない。こうして九月もあっけなく過ぎた。

を恐れ多くもいじらしく思ったから。（七〇字以内）

◆全　訳◆

夜が明けたので、早々と起きて、女房たちが「目新しいあちこちの場所を見よう」と言うけれども、連れて歩き回ったならば、どれほどかあれこれひたすらきっと思い出さずにいられないにちがいないので、ただぼんやりして座っていると、鳥羽天皇がお越しになって、「さあさあ、黒戸《くろど》への道を私が知らないので、教えろ」とおっしゃって、引っ張って立たせなさる。参上して見ると、清涼殿や、仁寿殿《じじゅうでん》は昔と変わらない。台盤所や、昆明池《こんめいち》の御障子を、今見ると、（かつて）一緒に過ごした人に会っている気持ちがする。弘徽殿に皇后宮がいらっしゃったのが、殿の御宿直所《とのいどころ》になってしまっている。黒戸の小半蔀《こはじとみ》の前に以前お植えになった前栽が、存分にすくすくと生い茂って、御春《みはる》の有輔《ありすけ》（＝歌人の名）が、

あの方が植えたひとむらの薄《すすき》が、虫の鳴き声がしきりにする野辺ともなってしまったなあ

と詠んだとかいうのも思い出さずにいられない。

御溝水《みかわみず》の流れに並んで立っているさまざまな色の多くの花が、たいそうすばらしい中でも、萩の色濃い花が咲き乱れて、朝の露が宝玉のように端から端まで並び、夕暮れの風になびく様子は、格別に見える。これを見るにつけても、（亡き堀河天皇が）御覧になったならば、どれほど賞美なさっただろうかと思うと、

萩の戸に（以前と）様子が変わらない花を見ても、昔を懐かしく思い出す袖が露でひどく濡れる（＝私は亡き堀河天皇を思ってひどく涙が流れる）

とずっと思っているのを、人に言うようなことも、同じ気持ちである人もいないのに、加えて、事の初め（＝鳥羽天皇が内裏にお住まいになる初め）に漏れて人の耳に届くのも、都合が悪いので、承香殿《しょうきょうでん》に目を向けるにつけても、（ある人のことを）思い出さずにはいられないので、自宅でしみじみとあれこれお思いになっていらっしゃるだろうと推察して、これ（＝「萩の戸に…」の歌）を差し上げたところ、（その人からの返事に）

想像してくれ。（私も）心が乱れる。（あなたと）一緒に見た萩の戸の花のことを聞くにつけても

▼問五　↓　動的展開をとらえる

(a)「次第に」の形をとる副詞で〝少しずつ〟という意味を表す。直後の「どしどし」と対比関係にある。

(b)〝世の中のなりゆき・いきおい〟という意味で「時勢」。〝世の中の状態〟という意味の「時世」と迷うが、「おくれ」が後に続いているので、「時勢」が適切である。

(c)〝あこがれ〟という意味で「憧憬」。「どうけい」という読み方もある。

(d)「便乗」で、〝他人といっしょの乗り物に乗る〟という意味から転じて〝機会をとらえてうまく利用する〟という意味を表す。

(e)〝人や物事のその時々の様子〟という意味で「消息」。

二

出典　藤原長子『讃岐典侍日記』〈下〉

解答

問一　ハ

問二　(a)られ　(b)らる　(c)らるれ　(d)らるる

問三　①鳥羽天皇がお越しになって

②堀河天皇が御覧になったならば、どれほど賞美なさっただろうか

③私が私室に下がっていたときに

④私は鳥羽天皇に気付かせ申し上げないようにしようと思って、何気なく振る舞いながら

問四　故堀河天皇を追慕していた作者が、鳥羽天皇に話しかけられたことによって、一気に現実に引き戻された状態。

（五〇字以内）

問五　作者が故堀河天皇を思い出して泣いていることを幼いながらも察し、それを遠回しに言う鳥羽天皇の機知や気遣い

② 似ているという理由で同じように考えて、ジャンルを考えずによんでいく

③ ジャンルのもっている固有の機能を考えないことになってしまう／機能の違いを混同することになってしまう

▼問四　この設問も「どういうことか」が問われているので、傍線部を言い換えていくことを考えていく。傍線部の直前に「いいかえれば」とあるので、さらにその前にある「諸ジャンルがそれぞれ異なる時期に発生するその過程と意味、また相互のつながりやその拮抗関係、これらを一貫的に見てとること」が傍線部の言い換えになっている。ただこのままでは傍線部にある「個々の作品のよせ集めとしてではなく」の部分が含まれないが、本文には適当な言い換え箇所がない。自分の言葉で言い換えていく必要がある。「全体として理解する」の部分については、同じ段落の「……この方（＝筆者による古代文学史の分け方）が……動的展開をとらえるのに役だつ……」より、筆者が古代文学史の〈動的展開をとらえようとしている〉ことが読み取れるので、そのことも加えておきたい。問三で考えた「それぞれのジャンルが固有な機能をもっている」ことも入れておくとわかりやすくなる。そのうえで、設問にある「古典と文学史に関する著者の考え方を踏まえた上で」という条件に注目して、そのことが述べられている傍線部(ア)の前後を加えるかたちで全体をまとめていく。

〈古典と文学史に関する著者の考え方〉

① 古典　…作られた時代とともに滅びず、現代人に対話をよびかけてくるもの　（問一）

② 文学史…古典を複雑に入りくんだ歴史的人間活動としてとらえようとする

〈傍線部〉

③ 「個々の作品のよせ集めとしてではなく」の言い換え　→　作品を並べただけのものではなく、等

④ 「全体として理解する」の言い換え

→　諸ジャンルがそれぞれ異なる時期に発生する過程と意味、相互のつながりや拮抗関係を一貫的に見てとる

→　諸ジャンル…固有の機能をもっている　（問三）

までおこなっていない〉ということでもあり、〈古代文学史とよべるものが西欧にあまりないような状況の中、日本が古代文学史の記述をおこなう〉という流れと合致する。書くべき内容は以下のようになる。

① A↓ 日本の古代文学史をどのように記述するかは／日本の古代文学史の記述は

② C↓ 「連続性」という基準での日本と西欧との対比

③ B「実験的」の意味↓ 今までおこなわれていない／前例のない試み

▼問三 「どういうことか」が問われているので、問一と同様、傍線部を言い換えていけばよい。傍線部のようになるのは「抒情詩をよむように小説を、……小説をよむように神話をよむ」ときである。さらに傍線部を含む文が「だから」という接続詞で始まっているので、その前に書かれている「それぞれのジャンルが固有な機能をもっている」ことが、傍線部を含む文の理由になっている。しかし傍線部の直前は〈ジャンルを違えている〉ことのみで「機能」のことに言及していない。傍線部が「機能」のことをいっていると考えられる。そしてその傍線部には「将棋盤の上で碁をうつ」という比喩表現が使われている。比喩を考えていく際には、〈何にたとえられているか〉ということに注意しなければならない。この場合は「将棋」と「碁」である。将棋をうつ「将棋盤」と碁をうつ「碁盤」とはマス目の数のちがいはあるが、見た目はよく似ている。しかし「将棋」と「碁」なので、〈よく似ていても盤としての「機能」はちがう〉。端的にいってしまうと、傍線部は〈機能の違いを考えていない〉ということをいっているのである。以上の内容を、同じ段落に「諸ジャンルのあいだが線でしきられているわけではなく、混淆する例も少なくなく」という表現もあるので、〈類似性〉〈近似性〉ということにもふれたうえでまとめていく。傍線部の最後にある「仕儀」という語は〝事のなりゆき〟という意味で、〈結果の思わしくない場合〉によく使われる。解答にいかすのは難しいので、「こと」と言い換えておけばよいだろうが、自分の解答が「否定的＝よくないこと」になっているかどうかの確認だけはしておきたい。解答要素は以下のとおりである。

① それぞれのジャンルには固有の機能がある

ことにはならない。Ｉの第三段落の「魅力を与える」やＩの第四段落にある「享受」などで言い換えていく。Ｃの「のみ」は辞書的にとらえて〈だけ〉のように、Ａ・Ｂの部分を強調する言葉として解答に添えていく。以上の内容をまとめていくと次のようになる。

①　Ａ→　現代に至るまで読まれつづけている

②　Ｂ→　手持ちでないが持ちたいと欲する何かが潜在していて、われわれに魅力を与える／われわれが享受する

③　Ｃ→　だけ

▼問二　「なぜか」と理由がたずねられている。

ＡはＢである、なぜか　→　ＡはＣだから（Ｂである）。

という形を想定して、Ｃにあたる要素を本文から探していけばよい。この設問の場合、

Ａ　日本の古代文学史をどのように記述するか

Ｂ　一つの実験的な意味をもつ

となるが、傍線部の冒頭に「その点」とあり、この指示語は直前文の「古典的古代文明を有する……古代文学史とよべるものがまともに成りたつところはあまりない」という部分を指している。この内容はその二文前にも「西欧人が古典というのは……『平家物語』に相当するものあたりから」と書かれている。一方、日本については同段落前半に「自国の古代の古典と……因縁あさからぬ国民」、「異民族の武力的な侵入によって……独特な展開をしてきた」とあって、「日本にみられるような連続」と短くまとめられている。この対比を図式化すると

ギリシャ・ラテンの周辺に棲む西欧の諸民族　…　古典との連続性がない　→　古代文学史が成り立たない

古典的古代文明（※）の周辺に棲む日本　…　同質性・連続性がある　→　自国の古代文学史が成り立つ

（※は本文に明記されてはいないが、「中国」のことを想定していると考えてよい）

となる。Ｂにある「実験的」という語は〝どうなるか試しにおこなってみるさま〟という意味であるが、これは〈今

「あはれ、あはれ、…」（賀茂真淵『歌意考』）

　ああ、ああ、上代（＝奈良朝以前）においては、人の心も一途でまっすぐであった

「設けず、作らず、…」（賀茂真淵『歌意考』）

　前もって準備をしたり、手を加えて作ったり、事実を曲げたり、人に注意を与えて導いたりすることはせず、この世のあり方にあわせて

▼問一「どういうことか」とたずねられているので、傍線部を言い換えていくことを考えていく。「…が古典である」と、傍線部は「古典」の定義を述べた内容になっているので、「古典」という語は残して〈～が古典である、ということ。〉あるいは〈古典とは～である。〉という形の解答を組み立てていく。傍線部の「古典」の定義にあたる部分は、

　A　その作られた時代とともに滅びず

　B　現代人に対話をよびかけてくる潜勢力をもったもの

　C　のみ

に分けられる。Aについては傍線部の二つ前の文にある「古典と呼ばれるものは……過去と現代のあいだ、つまり過去にぞくするとともに現代にもぞくする」が手がかりとなるが、ややわかりにくい。Ⅰの第四段落にある「かりにある作がずっと読まれつづけてきたにせよ」などを用いて〈今に至るまで読まれつづけている〉のようにしていく。Bにある「潜勢力」という語は〝内にひそんでいて表面に表れない力〟という意味。Ⅰの第三段落の「古い作品がわれわれに魅力を与えるのも……新しい何かが、時としてそこに潜在している」にある「潜在」という言葉が言い換え表現になる。「対話をよびかけてくる」の部分は傍線部の直前の文にある「文学として訴えて」が手がかりとなるが、〈文学として訴える〉がどういうことなのかわかりにくい。先にも挙げたⅠの第三段落の「われわれの手持ちでない、だが持ちたいと欲する新しい何かが……潜在している」がヒントになるが、「潜在している」では「よびかけてくる」

6　「だが、…連続性がつよいからといって、古代人の世界がたんなる心情や肉眼で見えるはずがない」

↓

「古代人とは何かという問題に、文学史もそれなりにこたえるところがなくてはなるまい」

Ⅲ（原文の見出し「文学ジャンル」）

1　「文学ジャンル」

「全円的に一斉に成長し開花するというかたちをとら」ない

2　「現象は複雑で多様」

↓

3　「大事なのは、また困難なのは」

「諸ジャンルがそれぞれ異なる時期に発生するその過程と意味、また相互のつながりやその拮抗関係、これらを一貫的に見てとること」

＝「いいかえれば」

「古代文学史を個々の作品のよせ集めとしてではなく全体として理解すること」（問四）

↓

「文学史という学問が成り立つかどうか、成り立つとすればどのように成り立つか、という難問とも…かさなる」

【引用文の全訳】

Ⅰの第二段落

「遠くて近きもの。…」（清少納言『枕草子』〈遠くて近きもの〉）

遠くて近いもの。（それは）極楽、船の道中、男女の間柄

Ⅱの第一段落

2
「古代の文学」
　「特殊性をもっている」
　　「民族の歴史で二度と経験できぬ一回きりの段階」
　　「詩的生産にかんするかぎり、時のめぐみがまるでちがっていた」
←
「万葉を規範として意識し、それにもどることが自己更新であるようなつきあいかた」が生まれる
3
　「日本的現象にすぎぬと片づけるのは浅はか」（例：「文芸復興《ルネッサンス》」）
←
「なぜ近代のある時期におけるある種の文学運動が古代を想起せざるをえなかったか」
4
←
5
「自国の古代の古典とわれわれほど因縁あさからぬ国民も少ない」
←
「民族としての同質性をほぼ保ちながら、農耕を中心に…近代まで独特な展開をしてきた…民族の歴史」
　「歴史上の事実の問題として…稀有《けう》の例」
⇄
〈西欧〉　古典…「おもにギリシャ・ラテンのもの」
　「日本にみられるような連続はな」い
　「古代文学史とよべるものがまともに成りたつところはあまりない」
←
「日本の古代文学史をどのように記述するかは、一つの実験的な意味をもつ」（問二）

に入りくんだ歴史的人間活動としてとらえようとするのが文学史の役目である。

古代の文学は特殊性をもっていて、近代のある時期のある種の文学運動は古代を想起する。しかし西欧の古典に日本にみられるような連続はない。日本の古代文学史をどのように記述するかは一つの実験的な意味をもつ。

文学ジャンルにはそれぞれ固有の機能がある。諸ジャンルが異なる時期に発生する過程と意味、相互のつながりやその拮抗関係を一貫的に見てとることは、文学史という学問が成り立つかという難問ともかさなるであろう。

◀解　説▶

本文の一行空きのところで、大きくⅠ・Ⅱ・Ⅲと分けていくこととする。1・2…は段落番号である。

Ⅰ（原文の見出し「遠くて近きもの」）

1　「文学がかわっていかない」

2　「何が新しく何が古いかは、文学上、かなり厄介な問題」

3　「ある時代の文学」

「あるものを失うことによってあるものが得られる」→「古い作品がわれわれに魅力を与える」

4　「古典」

「何をどのように古典として設定するか、…その選択と解釈は、…時代によって変容をうける」

5　「作られた時代とともに滅びず、現代人に対話をよびかけてくる潜勢力をもったもの」（問一）

「文学史」…（古典を）「複雑に入りくんだ歴史的人間活動としてとらえようとする」

↓

「一筋縄ではいかぬ厄介さがつきまとう」

Ⅱ（原文の見出し「古代と近代と」）

1　「斎藤茂吉」「（賀茂）真淵」

国語

一

出典　西郷信綱『日本古代文学史』〈序　古典とは何か　「遠くて近きもの」　古代と近代と　文学ジャンル〉（岩波現代文庫）

解答

問一　今に至るまで読まれつづけ、時の流れの中で失われてしまっているが現代人が持ちたいと願う新しいものを潜在させて、人々を魅了するものだけが、古典であるということ。（八〇字以内）

問二　古典的古代文明を持つ大国の周辺にありつつ同質性を保ってきた日本での古代文学史の記述は、西欧に同じような古代文学史が存在しないため、今までにない試みといえるから。（八〇字以内）

問三　文学のそれぞれのジャンルには固有の機能があるが、似ているという理由で同一視してジャンルを無視すると、ジャンルのもつ機能をも無視することになってしまうということ。（八〇字以内）

問四　古代文学史を、現代人の持ちたいと願うものを潜在させて対話を呼びかけてくる古典を時代順に並べたものとするのではなく、複雑に入りくんだ歴史的人間活動としてとらえながら、固有の機能をもつ文学の諸ジャンルが異なる時期に発生する過程と意味、ジャンル相互のつながりや拮抗関係など、その動的展開を一貫的に見てとるということ。（一六〇字以内）

問五　(a)次第　(b)時勢　(c)憧憬　(d)便乗　(e)消息

◆要　旨◆

文学において何が新しく何が古いかは厄介な問題である。何をどのように古典として設定するかは時代によって変容をうける。古典とは作られた時代とともに滅びず、現代人に対話をよびかけてくる潜勢力をもったものであり、これを複雑

· memo ·

////////////////////// · memo · //////////////////////

大学赤本シリーズ

神戸大学

文系－前期日程

文・国際人間科〈文科系〉・
法・経済・経営・海洋政策科〈文系〉学部

別冊問題編

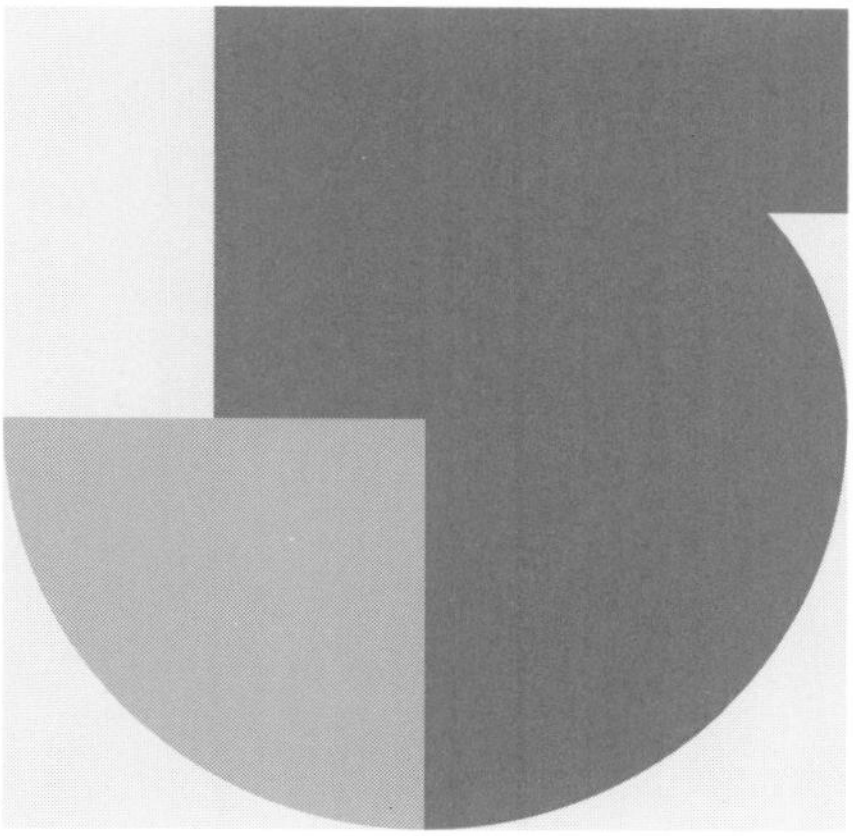

2025

矢印の方向に引くと
本体から取り外せます

教学社

目　次

問題編

2024 年度

●前期日程

英　語 …… 6　数　学 …… 16　国　語 …… 30

2023 年度

●前期日程

英　語 …… 6　数　学 …… 18　国　語 …… 32

2022 年度

●前期日程

英　語 …… 6　数　学 …… 16　国　語 …… 31

2021 年度

●前期日程

英　語 …… 6　数　学 …… 16　国　語 …… 28

2020 年度

●前期日程

英　語 …… 5　数　学 …… 14　国　語 …… 28

2024年度

問題編

前期日程

問題編

▶試験科目・配点

<table>
<tr><th colspan="3">学部・学科等</th><th>教　科</th><th colspan="2">科　　　目</th><th>配　点</th></tr>
<tr><td colspan="3" rowspan="3">文</td><td>外国語</td><td colspan="2">コミュニケーション英語基礎・Ⅰ・Ⅱ・Ⅲ，英語表現Ⅰ・Ⅱ，英語会話</td><td>125 点</td></tr>
<tr><td>数　学</td><td colspan="2">数学Ⅰ・Ⅱ・A・B</td><td>75 点</td></tr>
<tr><td>国　語</td><td colspan="2">国語総合・現代文B・古典B</td><td>150 点</td></tr>
<tr><td rowspan="13">国際人間科</td><td colspan="2" rowspan="3">グローバル文化</td><td>外国語</td><td colspan="2">コミュニケーション英語基礎・Ⅰ・Ⅱ・Ⅲ，英語表現Ⅰ・Ⅱ，英語会話</td><td>160 点</td></tr>
<tr><td>数　学</td><td colspan="2">数学Ⅰ・Ⅱ・A・B</td><td>80 点</td></tr>
<tr><td>国　語</td><td colspan="2">国語総合・現代文B・古典B</td><td>160 点</td></tr>
<tr><td colspan="2" rowspan="4">発達コミュニティ，子ども教育</td><td>外国語</td><td colspan="2">コミュニケーション英語基礎・Ⅰ・Ⅱ・Ⅲ，英語表現Ⅰ・Ⅱ，英語会話</td><td>175 点</td></tr>
<tr><td>数　学</td><td colspan="2">数学Ⅰ・Ⅱ・A・B</td><td>75 点</td></tr>
<tr><td>国　語</td><td>国語総合・現代文B・古典B</td><td rowspan="2">から1教科選択</td><td rowspan="2">150 点</td></tr>
<tr><td>理　科〈省略〉</td><td>「物理基礎・物理」，「化学基礎・化学」，「生物基礎・生物」，「地学基礎・地学」から2科目選択</td></tr>
<tr><td rowspan="6">環境共生</td><td rowspan="3">文科系受験</td><td>外国語</td><td colspan="2">コミュニケーション英語基礎・Ⅰ・Ⅱ・Ⅲ，英語表現Ⅰ・Ⅱ，英語会話</td><td>200 点</td></tr>
<tr><td>数　学</td><td colspan="2">数学Ⅰ・Ⅱ・A・B</td><td>100 点</td></tr>
<tr><td>国　語</td><td colspan="2">国語総合・現代文B・古典B</td><td>150 点</td></tr>
<tr><td rowspan="3">理科系受験</td><td>外国語</td><td colspan="2">コミュニケーション英語基礎・Ⅰ・Ⅱ・Ⅲ，英語表現Ⅰ・Ⅱ，英語会話</td><td>200 点</td></tr>
<tr><td>数　学〈省略〉</td><td colspan="2">数学Ⅰ・Ⅱ・Ⅲ・A・B</td><td>150 点</td></tr>
<tr><td>理　科〈省略〉</td><td colspan="2">「物理基礎・物理」，「化学基礎・化学」，「生物基礎・生物」，「地学基礎・地学」から2科目選択</td><td>200 点</td></tr>
</table>

法		外国語	コミュニケーション英語基礎・Ⅰ・Ⅱ・Ⅲ，英語表現Ⅰ・Ⅱ，英語会話	150点
		数　学	数学Ⅰ・Ⅱ・A・B	75点
		国　語	国語総合・現代文B・古典B	150点
経済	数学選抜	数　学	数学Ⅰ・Ⅱ・A・B	400点
	英数選抜	外国語	コミュニケーション英語基礎・Ⅰ・Ⅱ・Ⅲ，英語表現Ⅰ・Ⅱ，英語会話	200点
		数　学	数学Ⅰ・Ⅱ・A・B	200点
	総合選抜	外国語	コミュニケーション英語基礎・Ⅰ・Ⅱ・Ⅲ，英語表現Ⅰ・Ⅱ，英語会話	150点
		数　学	数学Ⅰ・Ⅱ・A・B	125点
		国　語	国語総合・現代文B・古典B	125点
経　営		外国語	コミュニケーション英語基礎・Ⅰ・Ⅱ・Ⅲ，英語表現Ⅰ・Ⅱ，英語会話	150点
		数　学	数学Ⅰ・Ⅱ・A・B	100点
		国　語	国語総合・現代文B・古典B（漢文を除く）	100点
海洋政策科	文系科目重視型	外国語	コミュニケーション英語基礎・Ⅰ・Ⅱ・Ⅲ，英語表現Ⅰ・Ⅱ，英語会話	200点
		数　学	数学Ⅰ・Ⅱ・A・B	150点
		国　語	国語総合・現代文B（古文，漢文を除く）	150点
	理系科目重視型	外国語	コミュニケーション英語基礎・Ⅰ・Ⅱ・Ⅲ，英語表現Ⅰ・Ⅱ，英語会話	150点
		数　学〈省略〉	数学Ⅰ・Ⅱ・Ⅲ・A・B	150点
		理　科〈省略〉	「物理基礎・物理」必須。「化学基礎・化学」，「生物基礎・生物」，「地学基礎・地学」から1科目選択	200点

▶備　考

- 数学Ｂでは，「数列」及び「ベクトル」の２分野を出題範囲とする。
- 各教科・科目の試験の配点は，外国語125点，数学（文系）75点，国語150点（経営学部は120点，海洋政策科学部文系科目重視型は80点）である。ただし，各学部・学科等の入学者選抜のための配点は，上の表に示した傾斜配点による点数を使用する。

- 経済学部は「数学選抜」「英数選抜」「総合選抜」の３区分から１つを選択する。

英　語

（80 分）

I 次の文章は，人の意見の持ち方に関する調査について書かれたものである。この文章を読んで，問 1 ～ 5 に答えなさい。（配点 35 点）

Do you ever feel like everyone on social media has a more extreme viewpoint than your own? We often blame social media companies for the flood of politically extreme opinions around us. After all, these companies are generally motivated to promote the most emotionally potent and attention-grabbing content and perspectives.

But my colleagues and I have conducted research that suggests these platforms' users share some of (1)the responsibility. In several studies, we found that people prefer connecting with others who are, on average, more politically extreme than themselves.

Until recently, researchers believed that the main principle involved in how we select our social (a)ties has been what the ancient Greeks called *homophily*, or love of the similar. Political homophily — love of those who are politically similar — is one of the strongest and best-documented phenomena in social science. It influences how we choose the city we live in, our schools, our partners, our hobbies and even our music. Homophily leads to political segregation, which in turn intensifies hostility and polarization*.

But homophily is not the only (b)driver of this segregation. In our research, we found that people are not only attracted by those who are politically similar but also attracted by those who hold more politically extreme versions of their views. This tendency is called *acrophily*, or love of extremes.

In a series of studies, we asked more than 1,200 Americans to rate their responses to diverse political situations. For example, participants reported their emotions upon seeing pictures of police brutality and expressed their views on topics such as gun control, hunting and increasing military spending. In between each prompt*, we asked participants for their emotional response. Then we showed them the responses of six "peers." These responses came from a pool of separate participants with varied political views who had talked about these topics and images in an earlier study. We then asked participants to choose the peers whose viewpoints they would like to see in subsequent rounds of the experiment. Results suggested that people generally prefer to read about the emotional responses of those with similar views (political homophily) and are attracted to extremes (political acrophily). Whether liberal or conservative, participants tended to choose peers whose views were more extreme than their own.

Many factors may drive attraction to extremity. Individuals who hold zealous or intensely felt views may provide us with sharper arguments for the next online political discussion or Thanksgiving dinner debate. In addition, people who are more extreme may be more vocal and seem more coherent — that is, they have opinions across a range of issues (c) that are more consistently in line with a single political ideology. Those traits can be attractive. In research published last year, Argentine social scientist Federico Zimmerman and his colleagues asked 2,632 people to have a political discussion with a stranger and then rate how much they liked that person. (2) Participants showed a strong preference for conversation partners who expressed more confident and ideologically consistent political views as opposed to those who did not hold firm opinions.

We have found an additional pattern (3) that could help explain political acrophily. In one of our studies, we asked people to identify the viewpoints that they believed were most typical of their political group. The participants with a greater tendency to prefer people who possess extreme opinions also tended to think that the typical member of their political group was much more extreme than themselves. These participants may be attracted to extremes because they believe those intense viewpoints are more representative of their political group overall.

These findings suggest that correcting people's biased impressions about their own political leanings might help reduce acrophily. In the big picture (d), we know that the most extreme members of a given group are unlikely to reflect the "average" perspective within that community. Yet some people in our study genuinely believed that to be the case.

出典追記：Extreme Views Are More Attractive Than Moderate Ones, Scientific American on April 19, 2023 by Amit Goldenberg

注 polarization 二極化，分裂
prompt 刺激

問 1 下線部(1)の表す内容を，日本語で具体的に説明しなさい。

問 2 下線部(a)～(d)の語（句）について，本文中における意味に最も近いものを，それぞれの選択肢から一つ選び，記号で答えなさい。

(a) ties
(あ) media
(い) functions
(う) issues
(え) connections

(b) driver of
(あ) motorist in
(い) example of
(う) cause behind
(え) hit within

(c) a range of issues
(あ) a variety of debates
(い) a number of volumes
(う) a period of time
(え) a matter of fact

(d) In the big picture
(あ) In the meantime
(い) In the future
(う) On the one hand
(え) On the whole

問 3　1,200 名以上のアメリカ人を対象に行われた心理実験の手順をまとめた以下の(a)〜(c)を正しい順序に並べ替えなさい。

(a) The researchers showed the participants the political opinions of people which had been collected in an earlier study.

(b) The researchers requested the participants to choose the people whose opinions they would like to hear more of.

(c) The researchers measured the participants' stances by asking them to react to photos and talk about political topics.

問 4　下線部(2)を日本語に訳しなさい。

問 5　下線部(3)が指す内容を 70 字程度の日本語で説明しなさい。ただし，句読点も 1 字に数えます。

Ⅱ　次の文章は，音楽と認知能力の関係について書かれたものである。この文章を読んで，問 1 〜 5 に答えなさい。（配点 35 点）

From strumming a guitar next to a campfire to entertaining guests with a piano piece at a formal dinner, being able to play a musical instrument is unquestionably rewarding. Yet, evidence suggests that the rewards go far beyond the elation (a) of performing well in front of others — those who play instruments have often been found to perform better on cognitive tests too.

(b) Enhanced cognition is well known to be linked to a range of positive life outcomes such as getting a better job and enjoying better health. However, it has remained unclear whether these enhanced cognitive skills are just temporary. New research published in *Psychological Science* suggests that the benefits of musical instruments remain for decades.

Studies comparing the mental abilities of musicians and non-musicians often show that musical training is related to small, but significant, cognitive benefits even when other factors, such as socioeconomic status, are accounted for. Findings from experimental studies with children have also lent (A) to the idea that musical training might cause an improvement in cognitive ability. Indeed, there is evidence that just two years of such training enhances cognition.

Unfortunately, a major limitation of these studies is their duration. They almost always have short monitoring periods. This is not because psychologists do not yearn to monitor their participants for longer. It is more a matter of time and resources. Running experiments over the course of several decades is challenging and expensive. (1)This has made it impossible to determine if cognitive changes associated with learning how to play an instrument remain throughout a person's lifetime.

In their latest study, Judith Okely at Edinburgh University and her colleagues, Ian Deary and Katie Overy, identified a solution to that age-old problem: the Lothian Birth Cohort*. On a single day in 1947, the Scottish government tested the intelligence of almost every 11-year-old child who attended school in the country. In 1997 Dr. Deary contacted 1,091 of those people and tested them once more between 2004 and 2007. The study is still ongoing(c) with participants returning for further cognitive testing every three years.

Although information about musical ability was not initially collected as part of the study, while pondering(d) the question of how learning an instrument shaped cognition over time in early 2017, Dr. Overy, a researcher at Edinburgh University's Reid School of Music, realized it was not too late to ask the original participants about their musical experiences.

The researchers worked together to develop a questionnaire that collected information about lifetime musical experience. This was (B) by the surviving cohort members who returned to the study for further testing at age 82. The participants were asked how many instruments they played and what their training was like. They were also asked to record how many years of regular practice they had and what performance level (for example beginner, intermediate or advanced) they had reached. A total of 366 cohort members responded and 117 revealed that they had some degree of experience with musical instruments.

Overall, the researchers found that a significant positive relationship existed between playing an instrument and change in cognitive ability over time. (2)More specifically, the more years and more hours of practice with an instrument that a person had, the more likely they were to show a positive cognitive change over the course of their life. The effect was small but it remained significant even when the findings were adjusted to take into account other factors like years of education and socioeconomic status.

Precisely why learning to play a musical instrument has these effects remains unclear. The researchers theorize that driving people to regularly use a mix of focused attention, co-ordination, auditory-motor skills and memory results in (　C　) cognitive changes. Yet another reward, then, from a love of music.

注　birth cohort　同じ出生年の人の集団

問１　下線部(a)〜(d)の語について，本文中における意味に最も近いものを，それぞれの選択肢から一つ選び，記号で答えなさい。

(a)　elation

(あ)　hope

(い)　value

(う)　stress

(え)　joy

(b)　Enhanced

(あ)　determined but destined

(い)　restricted but related

(う)　increased and improved

(え)　encouraged and engaged

(c)　ongoing

(あ)　in demand

(い)　in progress

(う)　under construction

(え)　under review

(d) pondering

(あ) thinking over

(い) arguing about

(う) finding out

(え) shooting at

問 2 本文中の(A)～(C)の空所に入る最も適切な単語の組み合わせはどれか。選択肢(あ)～(え)から一つ選び，記号で答えなさい。

	(A)	(B)	(C)
(あ)	evidence	criticized	successive
(い)	funds	supported	remarkable
(う)	space	distributed	predictable
(え)	support	completed	advantageous

問 3 下線部(1)を，This の内容を明らかにしたうえで，日本語に訳しなさい。

問 4 下線部(2)を日本語に訳しなさい。

問 5 本文の内容と合致する文を選択肢の中から二つ選び，記号で答えなさい。

(あ) Playing a guitar next to a campfire is far more entertaining than playing a piano at a formal dinner.

(い) The researchers at Edinburgh University found that higher education and socioeconomic status are strongly associated with higher levels of musical performance.

(う) In 1997 Dr. Deary got in touch with 1,091 eleven-year-old children.

(え) Information about the cohort members' musical abilities was originally collected in 1947 to investigate the relationship between musical experiences and cognitive abilities.

(お) Nearly a third of the respondents to the questionnaire developed by the researchers at Edinburgh University reported that they had musical experience to some extent.

(か) The researchers have yet to discover the exact reason why musical training produces long-term positive cognitive changes.

Ⅲ　次の文章は，ある物語の一節である。これを読んで，問1～4に答えなさい。(配点30点)

For reasons I still didn't understand, (1) my parents hadn't been nearly as thrilled as I thought they'd be when I'd called to tell them about the trip.

"Oh, really?" my mother asked in that special way of hers that implied so much more than those two little words really meant. "You're going to Paris now?"

"(　　a　　)"

"Well, it just doesn't seem like the best time to be jetting off to Europe, is all," she said vaguely, although I could tell that an avalanche of mother guilt was ready to begin its slide in my direction.

"And why is that? (　　b　　)"

"Don't get upset, Emma. It's just that we haven't seen you in months — not that we're complaining, Dad and I both understand how demanding your job is — but don't you want to see your new nephew? He's a few months old already and you haven't even met him yet!"

"Mom! Don't make me feel guilty. I'm dying to see Isaac, but you know I can't just —"

"You know Dad and I will pay for your ticket to Houston, right?"

"Yes! You've told me four hundred times. I know it and I appreciate it, but it's not the money. I can't get any time off work and now with Jane out, I can't just up and leave — even on weekends. Does it make sense to you to fly across the country only to have to come back if my boss Linda calls me on Saturday morning to pick up her dry cleaning? (　　c　　)"

"Of course not, Emma, I just thought — we just thought — that you might be able to visit them in the next couple weeks, because Linda was going to be away and all, and if you were going to fly out there, then Dad and I would go also. But now you're going to Paris."

She said it in the way that implied what she was really thinking (2). "But now you're going to Paris" translated to "But now you're jetting off to Europe to escape all of your family obligations."

"Mother, let me make something very, very clear here. I am not going on vacation. I have not chosen to go to Paris rather than meet my baby nephew. It's not my decision at all, as you probably know but are refusing to accept. It's really simple: either I go to Paris with Linda in three days or I get fired. (d) Because if so, I'd love to hear it."

She was quiet for a moment before she said, "No, of course not, honey. You know we understand. I just hope — well, I just hope that you're happy with the way things are going."

"What's that supposed to mean?" I asked nastily.

"Nothing, nothing," she rushed to say. "It doesn't mean anything other than just what I said: your dad and I only care that you're happy, and it seems that you've really been, um, well, uh, pushing yourself lately. (e)"

I softened a bit since she was clearly trying so hard. "Yeah, Mom, everything's fine. I'm not happy to be going to Paris, just so you know. It's going to be a week of sheer hell, twenty-four-seven. But my year will be up soon, and I can put this kind of living behind me."

"I know, sweetie, I know it's been a tough year for you. I just hope this all ends up being worth it for you. That's all."

"I know. So do I. (3)"

問 1 下線部(1)を日本語に訳しなさい。

問 2 空所(a)~(e)に入れるのに最も適切なものを，下からそれぞれ一つ選び，記号で答えなさい。ただし，同じ記号は一度しか使えません。

(あ) Do you see a choice here?

(い)　When *would* be a good time?

(う)　Is everything OK?

(え)　Does it?

(お)　What do you mean, ‘now’?

問 3　下線部(2)の内容を日本語で具体的に説明しなさい。

問 4　下線部(3)を，So do の内容を明らかにして，日本語に訳しなさい。

Ⅳ　The figure below shows the food supply chain, and where loss and wastage of food takes place.（配点 25 点）

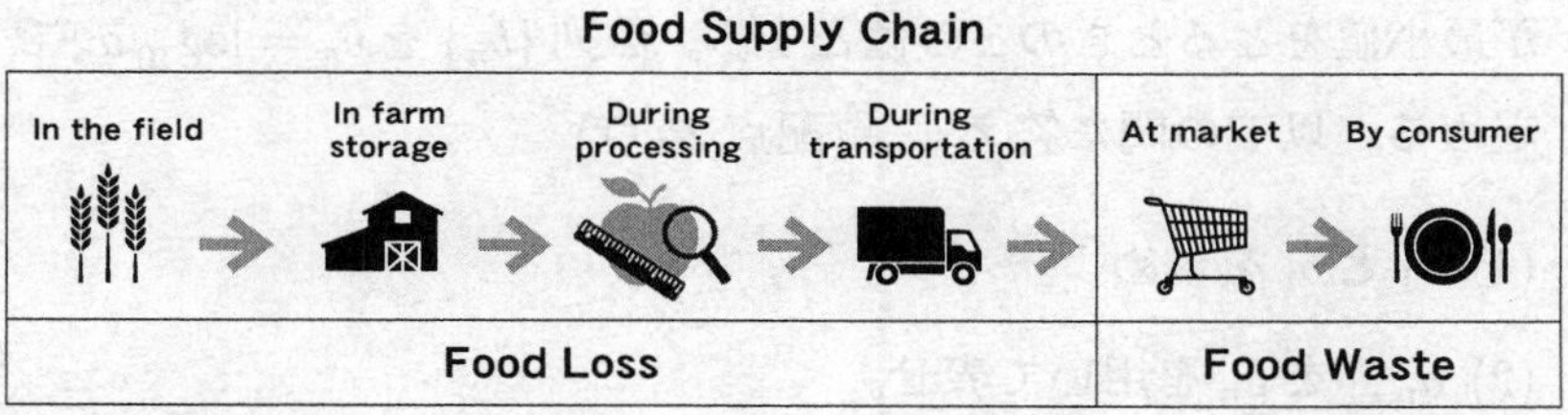

(1)　Choose one of the types of **food loss**. Based on your own ideas, give reasons why this loss might happen. Write in English (around 40 words).

(2)　What can people do to reduce **food waste**? Write a paragraph suggesting one or more examples to support your opinion. Write in English (around 60 words).

数 学

(80 分)

1. 各項が正である数列 $\{a_n\}$ を次のように定める。a_1 は関数

$$y=\frac{1}{3}x^3-10x \qquad (x \geqq 0)$$

が最小値をとるときの x の値とする。a_{n+1} は関数

$$y=\frac{1}{3}x^3-10a_nx \qquad (x \geqq 0)$$

が最小値をとるときの x の値とする。数列 $\{b_n\}$ を $b_n=\log_{10} a_n$ で定める。以下の問に答えよ。(配点25点)

(1) a_1 と b_1 を求めよ。

(2) a_{n+1} を a_n を用いて表せ。

(3) b_{n+1} を b_n を用いて表せ。

(4) 数列 $\{b_n\}$ の一般項を求めよ。

(5) $\dfrac{a_1a_2a_3}{100}$ の値を求めよ。

2. n を自然数とする。以下の問に答えよ。(配点 25 点)

(1) 1 個のサイコロを投げて出た目が必ず n の約数となるような n で最小のものを求めよ。

(2) 1 個のサイコロを投げて出た目が n の約数となる確率が $\dfrac{5}{6}$ であるような n で最小のものを求めよ。

(3) 1 個のサイコロを 3 回投げて出た目の積が 20 の約数となる確率を求めよ。

3. a, b, c は実数で，$a \neq 0$ とする。放物線 C と直線 ℓ_1, ℓ_2 をそれぞれ

$$C \,:\, y = ax^2 + bx + c$$

$$\ell_1 \,:\, y = -3x + 3$$

$$\ell_2 \,:\, y = x + 3$$

で定める。ℓ_1，ℓ_2 がともに C に接するとき，以下の問に答えよ。(配点 25 点)

(1) b を求めよ。また c を a を用いて表せ。

(2) C が x 軸と異なる 2 点で交わるとき，$\dfrac{1}{a}$ のとりうる値の範囲を求めよ。

(3) C と ℓ_1 の接点を P，C と ℓ_2 の接点を Q，放物線 C の頂点を R とする。a が (2) の条件を満たしながら動くとき，△PQR の重心 G の軌跡を求めよ。

問三　傍線部(A)を、平易な現代語に訳しなさい。

問四　師襄子が、傍線部(B)に書かれたように敬意をあらわした理由を、本文に即して五〇字以内で説明しなさい。

○琴 —— 七弦琴。聖人の伏羲《ふくぎ》氏《し》あるいは神農《しんのう》氏《し》が造った楽器とされ、君子の学ぶべき教養として儒家で重んぜられた。
○師襄子 —— 魯国あるいは衛国の音楽家であり、琴や「磬《けい》(石製の体鳴楽器)」の名手であったとされる。
○益 —— 増やす。この場合は、次の曲に進むの意味。
○丘 —— 孔子の名。ここでは一人称。
○数 —— 拍節・テンポ。
○穆然 —— 落ちついたさま。
○怡然 —— 楽しみ喜ぶさま。
○黯然 —— 色黒いさま。
○幾然 —— 背の高いさま。
○望羊 —— 遠くを望み見るさま。遠い目つき。
○文王 —— 周の文王。暴君である殷の紂王《ちゅうおう》に対抗し、新たな王朝「周」の基礎を築いた。儒家における理想的人物の一人。
○辟席 —— 座布団のような敷物からおりる。謙遜をあらわす動作。
○操 —— 琴の楽曲を意味する。

問一　傍線部①「已ニ」、②「為リレ人ト」、③「蓋シ」の読み方をすべて平仮名で書きなさい。

問二　傍線部(ア)、(イ)をすべて平仮名で書き下しなさい(現代仮名遣いでよい)。

三　次の文章は、思想家の孔子が、音楽家の師襄子から琴を学んだときのエピソードを記したものである。これを読んで、問一～四に答えなさい（設問の都合で返り点や送り仮名、振り仮名を省略した部分がある）。（配点三〇点）

孔子学ビ二鼓スルヲレ琴《きん》ヲ師《し》襄《じゃう》子《し》ニ一、十日不レ進マ。師襄子曰ク「(ア)可以益《ま》ス矣。」孔子曰ク「丘①已ニ習ヘリ二其ノ曲ヲ一矣、未得其数也。」有リテレ間《しばら》ク曰ク「已ニ習ヘリ二其ノ曲ヲ一、可以益矣。」孔子曰ク「丘(イ)未得其志也。」有リテレ間ク曰ク「已ニ習ヘリ二其ノ志ヲ一、可以益矣。」孔子曰ク「丘未得其為人也。」有リテレ間ク曰ク「有リレ所二穆《ぼく》然《ぜん》トシテ深思スル一焉。有リレ所二怡《い》然《ぜん》トシテ高ク望ンデ而遠ク志ス一焉。」曰ク「丘得タリ二其ノ②為リヲレ人ト。黯《あん》然《ぜん》トシテ而黒ク、幾《き》然《ぜん》トシテ而長《たけたか》ク、眼ハ如ク二望《ばう》羊《やう》ノ一、如シレ王タルガ二四国ニ一。(A)非ズンバ二文王ニ一、其レ誰カ能ク為《つく》ランヤレ此ヲ也。」師襄子辟《さ》ケテレ席ヲ(B)再拝シテ曰ク「師ハ③蓋シ云フ二文王ノ操ト一也。」

（司馬遷『史記』より）

〔注〕○鼓――（楽器を）弾くという動詞。

ハ　打消の助動詞「ず」の連体形
ニ　完了の助動詞「ぬ」の終止形
ホ　完了の助動詞「ぬ」の已然形の一部

問二　傍線部(ア)〜(エ)を現代語訳しなさい。

問三　傍線部(1)について、「さること」の内容を明らかにしながら現代語訳しなさい。

問四　筆者が、「あまの河」の和歌を傍線部(2)のように捉えた理由を、五〇字以内で説明しなさい。

問五　傍線部(3)はどのようなことを述べているのか。「歌」についての筆者の解釈を補いながら、八〇字以内で説明しなさい。

問六　傍線部(A)の人物の作品として正しいものを一つ選び、記号で答えなさい。

イ　『讃岐典侍日記』　ロ　『土佐日記』　ハ　『更級日記』　ニ　『十六夜日記』　ホ　『蜻蛉日記』

つかは、月、山より出でて、山には入る。されども、うち見るが、さ見ゆるを、「さこそおぼゆれ」とはいはで、ひとへに、山より出づるやうに詠むなり。これのみかは。花を、しら雲に似せ、紅葉を、錦に似せなどするも、ひとへに、それにこそはなすめれ。ことたがふもの、人の物いふは、似たる物をも、ひとへになし、聞かぬ事をも、聞きたるやうにこそはいふめれ。それがやうに、(3)歌も、逢ひながら、逢はずとはいふなり、とこそ承はりしか。

（『俊頼髄脳』より）

〔注〕
○星宿 —— 星座のこと。
○わたしもり —— 渡し舟の船頭。
○楫 —— 舟をこぐのに用いる道具。
○古今 —— 『古今和歌集』。日本初の勅撰和歌集。
○躬恒 —— 凡河内躬恒《おおしこうちのみつね》。生没年未詳。平安前期の歌人。
○延喜の聖主 —— 醍醐天皇（八八五〜九三〇）。
○ことたがふもの —— 人以外の生物。

問一　傍線部(a)〜(c)の「ぬ」の文法的な説明として正しいものを次の中から選び、記号で答えなさい。同じものを二回以上選んでもよい。

イ　完了の助動詞「ぬ」の連体形の一部
ロ　動詞の活用語尾

二　次の文章は、織姫と彦星が七夕に逢《あ》うという伝説を題材として詠まれた和歌についての評論である。これを読んで、問一〜六に答えなさい。（配点四〇点）

あまの河あさせしら波たどりつつ(ア)わたりはてねばあけぞしにける

この歌の心は、あまの河の深さに、あさせ白波たどりて、河の岸に立てるほどに、明け(a)ぬれば、「今はいかがはせむ」と、逢はでかへり(b)ぬるなり。(1)さることやはあるべき。ただの人すら、ひととせを、夜昼恋ひくらして、たまたま、女逢ふべき夜なれば、いかにしても、(イ)かまへて渡るらむものを。まして、たなばたと申す星宿には、おはせずや。あまの河、深しとて、かへり給ふべきにあらず。いかにいはむや。その河には、かささぎありて、「紅葉をはしに渡し」ともいひ、「わたしもりふねはや渡せ」ともいひ、「君渡りなば楫《かぢ》かくしてよ」とも詠めり。かたがたに、渡らむことは、さまたげあらじ。わたしもりの、人を渡すは、知る知らぬはあるべき。七夕の、心ざしありて、渡らむとあらむに、わたしもり、などてかいなび申さむ。また、河も、さまでやは深からむ。かたがたに、心得られぬことなり。また、(2)ひがごとを詠みたらむ歌を、古今に、躬恒・(A)貫之、まさに入れむやは。たとひ、かの人々こそ、あやまちて入れめ、延喜の聖主、のぞかせ給はざらむやは。もし、古今の書きあやまりかと思ひて、あまたの本をみれば、みな、「わたりはてねば」とあり。おろさかしき人の、書きたる本にやあらむ、「わたりはつれば」と書ける本もあり。(ウ)おぼつかなさに、人に、尋ね申ししは、なほ、「わたりはてねば」とあるべきなめり。「わたりはつれば」とあるは、あしきなめり。かやうのことは、古き歌の、ひとつの姿なり。恋ひかなしみて、立ちゐ待ちつることは、ひととせなり。たまたま、待ちつけて、逢へることは、ただ、ひと夜なり。その程の、まことにすくなければ、まことには、逢ひたれど、(エ)中々にて、逢は(c)ぬかのやうにおぼゆるなり。されば、程のすくなきに、「逢はぬ心ちこそすれ」と詠むべけれど、歌のならひにて、さもよみ、また、逢ひたれど、ひとへに、まだ逢はぬさまに詠めるなり。たとへば、月の、山のはに出でて、山のはに入る、と詠むがごとし。い

問一　傍線部(ア)「そうしたことが暴力の成立に深くかかわっている」とあるが、どういうことか。八〇字以内で説明しなさい。

問二　傍線部(イ)「暴力があるからこそ他者がいる」とあるが、どういうことか。八〇字以内で説明しなさい。

問三　傍線部(ウ)「特異点としての暴力は、その背景であるノーマルな秩序に対立するものというより、むしろそれとの連続性にある」とあるが、どういうことか。八〇字以内で説明しなさい。

問四　傍線部(エ)「暴力は私たちの世界に深く食い込み、つながれている」とあるが、どういうことか。本文全体の論旨をふまえたうえで、一六〇字以内で説明しなさい。

問五　傍線部(a)〜(e)を漢字に改めなさい。はっきりと、くずさないで書くこと。

しばしばそこには暴力性が感受される。そしてこのような度合いをもった連続性は、顕在的な力の暴力としての発現が、通常の秩序を構成している潜在的な力のネットワークとひとつながりであることを示唆する。暴力はこの面でも、この世界のありようそのものに深くつながれているのである。

以上二点の「哲学的問題」としての暴力のありようをまとめれば、要は(エ)暴力は私たちの世界に深く食い込み、つながれているというヴィジョンである。この世界の可能性の一部は、そのままで暴力の可能性そのものでもある、という認識である。これはひどくネガティヴな、救いようのない考えに見えるかもしれない。しかし私たちは、こういう地点から始めることこそが、リアリティのある姿勢だと考える。すくなくとも、暴力を文字通り特異な特異点として例外視し、その克服や撲滅を制度的、技術的、操作主義的な視点で語るようなスタンスに比べれば、余程そうである。だから私たちは、もちろんときに暴力へどう対処すべきかを語ることはあるにせよ、それは撲滅などといった歯切れのよい言葉ではなく、回避や対応といった語彙を軸にしたものになるだろう。「折り合いをつける」と言ってしまえばあまりに弱腰に聞こえるかもしれないが、しかし技術的な対処などそうやすやすとはできまいという立ち位置は、暴力の根深さ、その現れの多様性、その概念的多層性などをリアルに見すえていく拠点になるはずである。

（飯野勝己「暴力はいかにして哲学の問題になるのか」より）

〔注〕○枢軸時代 ―― 後世のさまざまな宗教や哲学の源流となる考えが世界各地で同時並行的に登場したとされる、紀元前五○○年前後の時代。

不安定は安定を、無秩序は秩序を背景にして成り立つ。すべてが不安定や無秩序の混沌《こんとん》に陥ったなら、それはその世界の(d)キチョウとしてノーマルなものになってしまうか、あるいはその世界そのものがもたなくなり、不安定も何もなくなってしまうかのどちらかだろう。どんなに暴力に満ちた社会であろうと、暴力が暴力として際立つかぎり、秩序や平穏といったものがその背景として、あるいはすくなくとも隣接する比較対象として、存在するのである。

そして第二に、これはより重要と思えることだが、(ウ)特異点としての暴力は、その背景であるノーマルな秩序に対立するものというより、むしろそれとの連続性にあるということだ。物理的にも社会的にも、この世界はさまざまな力に満ちている。たとえば、建物を考えてみよう。一見ゆるぎなく、静かに佇《たたず》んで見える建物でも、そこには絶え間なく強大な力がみなぎり、働いている。ただ通常、それらは精密な構造計算や建築技術のもと、秩序立ったバランスを保っているだけである。屋根や上層階が四六時中柱に荷重をかけつづける一方で、柱はそれを受けとめ、逆方向の力を拮抗《きっこう》させている。そうした見えざる潜在的な力は、たとえば大地震でバランスを揺るがされることによって顕在化し、建物を損傷や倒壊へ導く。損傷や倒壊はもちろんイレギュラーな事態には違いないが、しかしそれをもたらす「力」の観点からいえば、通常の状態とひとつながりなのである。

このような事情は、人間のあいだの身体的、社会的、制度的、言語的等々の力のありようにも、類比的に拡張できるだろう。身体的な接触と距離をめぐる力学、社会的・制度的な力関係のネットワーク、言葉を介して行きかうコミュニケーション的力のやりとり。これらは通常、ほどよいバランスのもと、穏やかで安定した状態にある。しかし建物と同様、そこにはたえず無数の力がみなぎっているのであり、あれこれのきっかけで、その潜在的な力は顕在的なものとして発現する。そのきっかけはさまざまで、ちょっとした行き違いや無配慮であったり(たとえば「心ない言葉」)、一方的な思い込みによるものだったり(たとえば非意図的なハラスメント)、あからさまな悪意や敵意によるものだったりする(殴る蹴る、(e)ブジョクや罵倒など)。前の例から後のほうの例へと移行するにつれ、力の発現はあからさまな暴力になっていくが、しかし行き違いや無配慮によるものであっても、もう一点、一般的な「力(force)」の観点から、暴力(violence)について考えてみる。

前節で、「世界が楽園でないからこそ……」というモチーフを提示した。そして、だからこそ「ただそうなっているだけ」の世界から、この世界が立ち上がったのでは、と。では私たちが暮らすのは、自然面にしろ社会面にしろ、暴虐な力が荒れ狂っているような世界なのだろうか。もちろん、そんなことはない。むしろさまざまな「力」がバランスを保って、まずはほどよく安定している場所、それが私たちの世界である。かけねなしの楽園にはほど遠くても、「半楽園」くらいには言ってもよいのではないか。

たとえば、惑星としての地球のありようを考えてみれば、このことに深く感じ入らざるをえない。太陽とのほどよい距離、ほどよい自転・公転周期、有害な宇宙線をさえぎる地磁気や大気、気候の安定とほどよい循環を生み出す大陸や海洋、そして月、危険な小天体を引きつけて地球を「保護」してくれる木星の存在……。無数の力がせめぎあいつつ、僥倖《ぎょうこう》のようなバランスがなぜかちょうどよくとられ、私たち生き物が生息できる地球環境が実現されている。どれかひとつがちょっとずれただけで――宇宙的な時間スケールでみるなら、いずれそうなるのだろうが――数々の「ほどよさ」が崩壊し、生命が死滅しかねないような精妙さである。

似たようなことは、歴史的・地理的条件つきにはなるにせよ、私たちの社会にもおおむね共通するだろう。外出するたびごとにのべつ命の危険を感じないで済むのは、屋外に出るごとに太陽光に焼き尽くされる心配をしないで済むのと似ている。私たちの社会は長年の積み重ねを経て、物理的な腕力や武力にしろ、心理的・言語的な力にしろ、まずはそれほどの憂いなく暮らしていけるバランスのもとに収めることに、大筋のところ成功している。もちろん過去をさかのぼれば、あるいは現在でも地域によっては、こうしたバランスが根本から破壊されることもしばしばだが……。

以上の簡単な観察から、二つのことが言えるように思われる。まず第一に、暴力が暴力として際立ついわば背景的な条件として、あるいは「図」にたいする「地」として、「大筋のところの安定」が必要なのではないか、ということだ。ごく一般的に言って、力が現象するようになったのか？　むしろ害を被るという原初的な暴力の経験――「ただ、ある」だけの暴力――こそが、他者や自己の成立をうながしたり、あるいは同時生成的だったりすることも、考えられるのではないか？

もちろんこれは実証も何もない哲学的仮説、というより哲学的想像の話である。しかし、もっともらしい想像として描き出せないわけでもない。たとえばもし、食糧にしろ生殖面にしろ気候にしろ、何もかも満ち足りて何の苦労もなく生きていける環境だったら、人間ははたしてものを考えるようになっただろうか。おそらく、そうではない。世界がそんな楽園ではなかったからこそ、人はものを考え、工夫をこらし、技術や科学を編み出してきたのである。同じように、あらゆる人びとが穏やかで友好的で、なめらかな秩序のもとに共生していたとしたら、他人の心の内を深く考えることがあるだろうか。人はふつう、他人によくしてもらったとき、「この人はどうしてこんなことをするんだろう」と問うたりはしない。意外な好意などの場合はもちろんありうるが、深く真剣に考えつくすようなことはまずない。しかし逆に他人から害を被ったとなると、段違いの真剣さで思考が発動される。この人はどうしてこんなことをするのか、なぜ自分はこんな目に遭わなければならないのか……。こう考えると、人びとの共生なるものが楽園的なものではまったくないからこそ、独自の、そしてときにはかり知れない内面をもつ他者というものが、まさに他者として立ち現われる次第になったのではないかとも思えてくる。

他者がいるから暴力があるというだけでなく、(イ)暴力があるからこそ他者がいる。他者とはその起源上、暴力をふるうもの、ふるいうるものである。もちろんこれは、あまりにネガティヴな極論かもしれない。しかしすくなくとも、原初的な暴力が、心や内面、他者といったものがこの世界に出現する契機の一部になった可能性なら、考えうるのではないか。他者の絶対性、過酷さ、はかり知れなさ、自己との根源的隔たり等を強調する哲学思想はさまざまにあるが、それらの底にも、似たような直観があるのではないか。「ただそうなっているだけ」の世界から、人間的な「この世界」が立ち上がる一契機としての暴力。暴力はまず、このような哲学的問題の相貌をもつように思われる。

での眺めは、あたかも巨大な蟻塚《ありづか》に住まう無数のアリたちのいとなみのように映ることだろう。

もちろん私たちも、他の種とまったく同列の動物からだんだんと人間になってきたのだから、もともとは「ただそうなっているだけ」の世界に暮らしていたのである。ということは、そこからの過程のどこかで「ただそうなっているだけ」のフラットな世界に亀裂が入り、世界が(a)セイジャや美醜に満ちるようになり、暴力が暴力としての相貌で立ちあがってくる段階があったのだ。その具体的なプロセスはおそらく、「心の理論」の発達への脳科学的アプローチとか、倫理の進化論的探究といった、あれこれの実証的研究の俎上《そじょう》に上がっているだろう。また、「内面の誕生」などを探究する思想史的研究の一部が示すように、この亀裂は意外と目新しいものかもしれないし（枢軸時代以降？　キリスト教以降？）、あるいは「心の内」や「意図」なる概念はやがて消え去るものと展望する一部の「心の哲学」に理があるとするなら、私たちはいずれ「ただそうなっているだけ」の世界に(b)カイキしていくのかもしれない（もちろん前段落で示したような自然現象化、ひいてはすべての自然科学化というヴァージョンアップを伴いつつ）。ただしここでは、具体的なタイムラインや今後の帰趨《きすう》はそれほど重要ではない。重要なのは、そうした亀裂と暴力の関係性である。

いま(c)トウトツに「心の理論」や「内面の誕生」といった話を出したが、それはもちろん、(ア)そうしたことが暴力の成立に深くかかわっていると考えるからである。他人から攻撃を受けたり、身体的に傷つけられたりしても、その他人に心や意図を認めないなら、それは暴力にはならない。動物に噛《か》まれたり、機械に手をはさまれたりするのと大差ない出来事である。他人に心や内面、意図などを認め、おそらくそれと並行的に、あるいは合わせ鏡のようにして、自己の内面にも心を定位させる「心の理論」が成り立ってこそ、暴力は暴力として立ち現われる。なんといっても、悪意、敵意、危害への意図、怒りや恨みといったネガティヴな情動、そういったものを他者に帰属させることこそが、暴力概念には中心的な成分として含まれているはずだから。しかしでは、とここで自問したい。まず心や内面、そしてそれらをそなえる他者や自己というものが成り立って、それからおもむろに暴

国語

（文・国際人間科・法・経済学部：一〇〇分　経営学部：八〇分　海洋政策科学部：六〇分）

（注意）経営学部は一・二、海洋政策科学部は一のみ解答のこと。

一　次の文章を読んで、問一～五に答えなさい。（配点八〇点）

こういう問いから、始めてみよう。「暴力のない世界」などというものはありうるのだろうか？　もちろん、ある。ごくふつうに考えて、人間が登場する前の地球上には暴力などというものはなかったのだし、ましてや知的生命体が不在の惑星や星系にも、暴力は存在しない。どんなに暴虐な自然力が荒れ狂っていようとも、それは暴力ではない。もちろん私たちはしばしば、動物たちのあいだの命のやりとりに暴力的なものを感じたりもするわけだが、それはあくまで「人間の目からすれば」という見立てのうえでのことである。さらにいえば、人間のいとなみを事実としてまったくそのままにしつつ、暴力を消し去ることすらできる。すべてをたんなる自然現象として眺めやるまなざしに切り替えればよいのである。より具体的には神とか、はるかに高度な知的存在の視点に想像上立って、人間のいとなみを眺めてみるのである。個別の行為にしろ戦争などの集団的なものにしろ、すべては自然の力のうねりとして、「ただそうなっているだけ」の世界に見えてくるのではないだろうか。そこには善いも悪いもなく、暴力も何もない。あるいは、あえて暴力と名指すにしても、「ただ、ある」だけの原初的な暴力というべきか。ともあれそこ

2023年度

問題編

■前期日程

問題編

▶試験科目・配点

<table>
<tr><th colspan="3">学部・学科等</th><th>教　科</th><th colspan="2">科　　目</th><th>配　点</th></tr>
<tr><td colspan="3" rowspan="3">文</td><td>外国語</td><td colspan="2">英語，ドイツ語，フランス語，中国語から１科目選択</td><td>125 点</td></tr>
<tr><td>数　学</td><td colspan="2">数学Ⅰ・Ⅱ・A・B</td><td>75 点</td></tr>
<tr><td>国　語</td><td colspan="2">国語総合・現代文B・古典B</td><td>150 点</td></tr>
<tr><td rowspan="13">国際人間科</td><td colspan="2" rowspan="3">グローバル文化</td><td>外国語</td><td colspan="2">英語，ドイツ語，フランス語，中国語から１科目選択</td><td>160 点</td></tr>
<tr><td>数　学</td><td colspan="2">数学Ⅰ・Ⅱ・A・B</td><td>80 点</td></tr>
<tr><td>国　語</td><td colspan="2">国語総合・現代文B・古典B</td><td>160 点</td></tr>
<tr><td colspan="2" rowspan="4">発達コミュニティ，子ども教育</td><td>外国語</td><td colspan="2">英語，ドイツ語，フランス語，中国語から１科目選択</td><td>175 点</td></tr>
<tr><td>数　学</td><td colspan="2">数学Ⅰ・Ⅱ・A・B</td><td>75 点</td></tr>
<tr><td>国　語</td><td>国語総合・現代文B・古典B</td><td rowspan="2">から１教科選択</td><td rowspan="2">150 点</td></tr>
<tr><td>理　科〈省略〉</td><td>「物理基礎・物理」，「化学基礎・化学」，「生物基礎・生物」，「地学基礎・地学」から２科目選択</td></tr>
<tr><td rowspan="6">環境共生</td><td rowspan="3">文科系受験</td><td>外国語</td><td colspan="2">英語，ドイツ語，フランス語，中国語から１科目選択</td><td>200 点</td></tr>
<tr><td>数　学</td><td colspan="2">数学Ⅰ・Ⅱ・A・B</td><td>100 点</td></tr>
<tr><td>国　語</td><td colspan="2">国語総合・現代文B・古典B</td><td>150 点</td></tr>
<tr><td rowspan="3">理科系受験</td><td>外国語</td><td colspan="2">英語，ドイツ語，フランス語，中国語から１科目選択</td><td>200 点</td></tr>
<tr><td>数　学〈省略〉</td><td colspan="2">数学Ⅰ・Ⅱ・Ⅲ・A・B</td><td>150 点</td></tr>
<tr><td>理　科〈省略〉</td><td colspan="2">「物理基礎・物理」，「化学基礎・化学」，「生物基礎・生物」，「地学基礎・地学」から２科目選択</td><td>200 点</td></tr>
</table>

法		外国語	英語，ドイツ語，フランス語，中国語から１科目選択	150点
		数　学	数学Ⅰ・Ⅱ・A・B	75点
		国　語	国語総合・現代文B・古典B	150点
経済	数学選抜	数　学	数学Ⅰ・Ⅱ・A・B	400点
	英数選抜	外国語	英語	200点
		数　学	数学Ⅰ・Ⅱ・A・B	200点
	総合選抜	外国語	英語	150点
		数　学	数学Ⅰ・Ⅱ・A・B	125点
		国　語	国語総合・現代文B・古典B	125点
経営		外国語	英語	150点
		数　学	数学Ⅰ・Ⅱ・A・B	100点
		国　語	国語総合・現代文B・古典B（漢文を除く）	100点
海洋政策科	文系科目重視型	外国語	英語	200点
		数　学	数学Ⅰ・Ⅱ・A・B	150点
		国　語	国語総合・現代文B（古文，漢文を除く）	150点
	理系科目重視型	外国語	英語	150点
		数　学〈省略〉	数学Ⅰ・Ⅱ・Ⅲ・A・B	150点
		理　科〈省略〉	「物理基礎・物理」必須。「化学基礎・化学」，「生物基礎・生物」，「地学基礎・地学」から１科目選択	200点

▶備　考

- 英語以外の外国語は省略。
- 英語は，「コミュニケーション英語基礎・Ⅰ・Ⅱ・Ⅲ，英語表現Ⅰ・Ⅱ，英語会話」を出題範囲とする。
- 数学Bでは，「数列」及び「ベクトル」の２分野を出題範囲とする。
- 各教科・科目の試験の配点は，外国語125点，数学（文系）75点，国語150点（経営学部は120点，海洋政策科学部文系科目重視型は80点）である。ただし，各学部・学科等の入学者選抜のための配点は，上の表に示した傾斜配点による点数を使用する。

- 経済学部は「数学選抜」「英数選抜」「総合選抜」の３区分から１つを選択する。

英語

（80分）

I 次の文章は，“meaningful life”について書かれた記事である。この文章を読んで，問1～5に答えなさい。（配点35点）

When we think about lives filled with meaning, we often focus on people whose grand contributions benefited humanity. Abraham Lincoln, Martin Luther King, Jr., and Nelson Mandela surely felt they had a worthwhile life. However, how about us ordinary people?

Many scholars agree that a subjectively meaningful existence often (a)boils down to three factors: the feeling that one's life is coherent and "makes sense," the possession of clear and satisfying long-term goals, and the belief that one's life matters in the grand scheme of things. Psychologists call these three things (1)coherence, purpose, and existential mattering.

However, we believe that there is another element to consider. Think about the first butterfly you stop to admire after a long winter, or imagine the scenery on top of a hill after a fresh hike. Sometimes existence delivers us small moments of beauty. When people are open to appreciating such experiences, these moments may enhance how they view their life. We call this element experiential appreciation. The phenomenon reflects the feeling of a deep connection to events as they occur and the ability to extract value from that link. It represents the detection of and admiration for life's (b)inherent beauty.

We recently set out to better understand this form of appreciation in a series of studies that involved more than 3,000 participants. Across these studies, we were interested in whether experiential appreciation was related to a person's sense of meaning even when we (c)accounted for the effects of the classic trio of coherence, purpose, and existential mattering. If so, experiential appreciation could be a unique contributor to meaningfulness and not simply a product of these other variables.

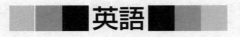

As an initial test of our idea, during the early stages of the COVID pandemic, (2) we had participants rate to what extent they agreed with different coping strategies to relieve their stress. We found that people who managed stress by focusing on their appreciation for life's beauty also reported experiencing life as highly meaningful. In the next study, we asked participants to rate how much they agreed with various statements, such as "I have a great appreciation for the beauty of life" and "I appreciate a wide variety of experiences," as well as other statements that related to coherence, purpose, existential mattering, and a general sense of meaning in life. Our results showed that the more people indicated that they were "appreciating life" and its many experiences, the more they felt their existence was valuable. In fact, these two elements were strongly related to each other. In subsequent studies, we further explored the connection between these concepts. For example, we found that participants asked to (A) the most meaningful event of the past week generally reported (B) experiential appreciation in those moments.

Finally, we conducted a series of experiments in which we gave people specific tasks and, once more, asked them to report how strongly they identified with statements linked to coherence, purpose, and existential mattering. In one case, we found that participants who watched an awe-inspiring video, such as the opening sequence of the BBC documentary *Planet Earth*, reported having a greater sense of experiential appreciation and meaning in life, compared with participants who watched more neutral videos, such as an instructional woodworking video. Similarly, participants who wrote about a recent experience for which they were grateful had a greater sense of meaning and experiential appreciation afterward when compared with participants who simply wrote about a common place they had visited in the past week.

The results confirmed our original theory: [C]. However, applying that insight can be difficult. Our modern, fast-paced, project-oriented lifestyles fill the day with targets and goals. We are always (d) on the go, and we attempt to maximize output both at work and at leisure. This focus on future outcomes makes it all too easy to miss what is happening right now. Yet life happens in the present moment. We should slow down, let life surprise us, and (e) embrace the significance in the everyday. As former Indian prime minister Jawaharlal Nehru wrote in 1950, "We live in a wonderful world . . . .

There is no end to the adventures that we can have if only we seek them with our eyes open."

問 1　下線部(a)～(e)を，本文の内容に合致するように，別の表現で置き換えるとすれば，どのような表現が最も適切か。それぞれの選択肢の中から一つ選び，記号で答えなさい。

(a) boils down to
- (あ) collects
- (い) complements
- (う) comprises
- (え) contradicts

(b) inherent
- (あ) fundamental
- (い) long-term
- (う) multiple
- (え) satisfying

(c) accounted for
- (あ) figured out
- (い) gave an explanation for
- (う) made up
- (え) took into consideration

(d) on the go
- (あ) busy and active
- (い) living in a progressive society
- (う) relying on each other
- (え) self-indulgent and uncritical

出典追記：A New Dimension to a Meaningful Life, Scientific American on April 15, 2022 by Joshua Hicks and Frank Martela

(e) <u>embrace</u>

(あ) eagerly generate

(い) constantly change

(う) steadily accumulate

(え) willingly accept

問 2　下線部(1)について，（イ）coherence，（ロ）purpose，（ハ）existential mattering それぞれの例として適切なものを選択肢の中から選び，記号で答えなさい。ただし，同じ記号は一度しか使えない。

(あ) George, a young teacher, feels that his actions and life have value to others when students and parents express their appreciation to him.

(い) Julia, a junior public officer, applies what she learned in sociology courses at college to her service to the community.

(う) Naomi, who would like to be a novelist, commits herself to writing 100 words every morning to complete a 100,000-word novel.

問 3　下線部(2)を日本語に訳しなさい。

問 4　空所（　A　）と（　B　）に入る最も適切な単語の組み合わせはどれか。選択肢の中から一つ選び，記号で答えなさい。

	（ A ）	（ B ）
(あ)	attend	deep
(い)	memorize	vivid
(う)	recall	high
(え)	remind	stable

問 5　空所［　　C　　］に入る最も適切な表現を，選択肢の中から一つ選び，記号で答えなさい。

(あ) appreciating small things can make life feel more meaningful

(い) a meaningful life has to do with enjoyment of work and leisure

(う)　your life becomes meaningful when you are meaningful to other people

(え)　coherence, purpose, and existential mattering can constitute a meaningful life

II　次の文章は，水資源について書かれた報告書の一部である。この文章を読んで，問1～5に答えなさい。(配点35点)

Water is getting scarce — but what does this actually mean? After all, the Earth never loses a single drop of H_2O. Although water is a finite resource, it will not be used up as long as we do not render it permanently unusable. However, it is important to integrate human water usage into the natural hydrological cycle* and to use the locally available water in an adequate, effective, sustainable, and fair way. Despite significant progress in this area, there are still millions of people who do not have access to safe drinking water. Everyday, millions of women and children have to walk long, and often dangerous, distances in order to collect water and carry it home. As is the case for food and land, access to clean drinking water and water for agricultural usage is unequally distributed.(1)

When it comes to freshwater most people think of water in rivers and lakes, groundwater and glaciers, the so-called "blue water."(2) Only part of the rainfall feeds this freshwater supply. The majority of rainfall comes down on the Earth's surface and either evaporates directly as "non-beneficial evaporation" or, after being used by plants, as "productive transpiration." This second type of rainwater is termed "green water."(3) The green water proportion of the total available freshwater supply varies between 55% and 80%, depending on the region of the world, as well as local wood density. The biggest opportunity and challenge for future water management is to store more green water in soil and plants, as well as storing it as blue water.

Agriculture is by far the largest consumer of the Earth's available freshwater: 70% of "blue water" withdrawals from watercourses and groundwater are for agricultural usage, three times more than 50 years ago. By 2050, the global water demand of agriculture is estimated to increase by a further 19% due to irrigational* needs. Approximately 40% of the world's food is currently cultivated in artificially irrigated areas. Especially in the densely populated regions of Southeast Asia, the main factor for increasing yields were huge investments in additional irrigation systems between the 1960s and 1980s. It is disputed where it would be possible to expand irrigation further and obtain additional water from rivers and groundwater in the future, how this can take place, and whether it makes sense. Agriculture already (A) people's everyday use and environmental needs, particularly in the areas where irrigation is essential, thus threatening to literally dry up ecosystems. In addition, in the coming years, climate change will bring about enormous and partly unpredictable changes in the availability of water.

In some regions of the world, water scarcity has already become a very serious problem. (4)The situation will worsen dramatically in the decades to come if we continue to overuse, waste, and contaminate the resources available at local and regional levels. Agriculture could reduce water problems by avoiding the cultivation of water-intensive crops such as corn and cotton in areas which are too dry for them, as well as by improving inefficient cultivation and irrigation systems that also cause soil salinization*. Other practices that could be avoided include the clearance of water-storing forests, evaporation over temporarily unused land, and the dramatic overuse of groundwater sources in some parts of the world.

The pollution and contamination of entire watercourses is another grave problem. Water carries many substances: fertile soil that has been washed out, as well as nutrients which in high concentrations over-fertilize watercourses and deprive them of oxygen. Water can also contain pesticides*, salts, heavy metals, and sewage from households, as well as an enormous variety of chemical substances from factories. While many rivers and lakes in Europe are slowly recovering from direct pollution through industrial discharges, the problem is massively increasing in densely populated regions of Asia and other developing areas. The use of water further downstream is becoming increasingly risky and expensive, sometimes impossible. Toxic substances in the groundwater can make this treasure (B) for entire generations. Agriculture is polluting water bodies with pesticides and huge amounts of nitrogen*. The number and size of so-called "dead zones" near the mouths of large streams, where marine life is suffocating due to over-fertilization, are expanding.

出典追記：Agriculture at a Crossroads : IAASTD findings and recommendations for future farming. Foundation on Future Farming, 2016.

注 hydrological cycle 水循環； irrigational 灌漑（かんがい）の
salinization 塩害； pesticide 殺虫剤，除草剤； nitrogen 窒素

問 1 下線部(1)を日本語に訳しなさい。

問 2 次の文は，下線部(2) blue water と下線部(3) green water について説明したものである。空所［ イ ］と［ ロ ］に入る最も適切な語の組み合わせはどれか。選択肢の中から一つ選び，記号で答えなさい。

> "Blue water" is found in lakes, rivers, and reservoirs behind dams. It is recharged by either rainfall or snowmelt. Available blue water is used for many purposes, including drinking water. It is also used as irrigation water for ［ イ ］.
>
> "Green water" is the water available in the soil for plants and soil micro-organisms. It is the water absorbed by roots, used by plants, and released back to the ［ ロ ］.

Source : American Society of Agronomy

	［ イ ］	［ ロ ］
(あ)	agriculture	atmosphere
(い)	plants	river
(う)	evaporation	air
(え)	cultivation	groundwater

問 3 下線部(4)を，The situation の内容を明らかにして，日本語に訳しなさい。

問 4 空所（ A ），（ B ）に入る最も適切な表現を，それぞれの選択肢の中から一つ選び，記号で答えなさい。

（ A ） (あ) competes with

(い) gives in to

(う) makes up for

(え) turns to

(B) (あ) feasible

(い) massive

(う) possible

(え) unusable

問 5　本文の内容と合致する文を選択肢の中から二つ選び，記号で答えなさい。

(あ) Dead zones, or low-oxygen areas, have a destructive effect on agriculture.

(い) More than half of the Earth's freshwater is used for agricultural purposes.

(う) Water scarcity has become rare in some regions of the world in recent years.

(え) Carbon dioxide is released into the ocean as a result of water contamination.

(お) Giving up the cultivation of water-intensive crops may help to solve water problems.

※問 5 については，二つの正答のうち一つは本文の記述から導き出せないことが判明したため，正答を導き出せない選択肢について，全員に加点する措置が取られたことが大学から公表されている。

Ⅲ　次の文章は，ある小説の一部である。Lucy，Lucy の母，Lucy の友人 Kristi（語り手）の三人は，滝までドライブするために自動車に乗り込んだところである。この文章を読んで，問１～５に答えなさい。（配点 30 点）

"You think you have me fooled, don't you, girl?"

There was a silence, then Lucy asked: "What are you saying, Mom?"

"You can't hide it. You're sick again."

"I'm not sick, Mom. I'm fine."

"(a)Why do you do this to me, Lucy? Always. Why does it have to be this way?"

"I don't know what you're saying, Mom."

"You think I don't look forward to a trip like this? My one free day with my daughter. A daughter I happen to love very dearly, who tells me she's fine when she's really feeling sick?"

"That's not true, Mom. I really am fine."

But I could hear the change in Lucy's voice. It was as if (1)the effort she'd been making until this point had been abandoned, and she was suddenly exhausted.

"Why do you pretend, Lucy? You think it doesn't hurt me?"

"Mom, I swear I'm fine. Please drive us. Kristi's never been to a waterfall and she's so looking forward to it."

"Kristi's looking forward to it?"

"Mom," Lucy said. "Please can we go? Please (b)don't do this."

"Do you think I like this? Any of this? Okay, you're sick. (2)That's not your fault. But not telling anyone. Keeping it to yourself this way, so we all get in the car, the whole day before us. That's not nice, Lucy."

"It's not nice you telling me I'm sick when I'm easily strong enough . . . ."

Mary, the housekeeper, opened the door beside Lucy from the outside. Lucy fell silent, then her face, full of sadness, looked round the edge of the car seat at me.

"I'm sorry, Kristi. We'll go another time. I promise. I'm really so sorry."

"It's all right," I said. "We must do what's best for you, Lucy."

I was about to get out also, but then Lucy's mother said: "Just a second, Kristi. Like Lucy says. You were looking forward to this. Well, (3)why don't you stay right where you are?”

“I’m sorry. I don’t understand.”

“Well, it’s simple. Lucy’s too sick to go. She might have told us that earlier, but she chose not to. Okay, so she stays behind. Mary too. But no reason, Kristi, why you and I can’t still go.”

I couldn’t see her mother’s face because the seat backs were high. But Lucy’s face was still peering round the edge of her seat at me. Her eyes had become dull, as if they no longer cared what they saw.

“Okay, Mary,” Lucy’s mother said in a louder voice. “Help Lucy out. Careful with her. She’s sick, remember.”

“Kristi?” Lucy said. “Are you really going with her to the falls?”

“Your mother’s suggestion is very kind,” I said. “But perhaps it would be best if this time . . . .”

“Hold on, Kristi,” her mother cut in. Then she said: “What is this,(c) Lucy? One moment you’re concerned about Kristi, how she’s never seen a waterfall. Now you’re trying to make her stay home?”

Lucy went on looking at me, and Mary continued to stand outside the car, a hand held out for Lucy to take. Finally Lucy said: “Okay. Maybe you should go, Kristi. You and Mom. What’s the sense in the whole day getting spoiled just because . . . . I’m sorry. Sorry I’m sick all the time. I don’t know why . . . .”

I thought tears would come then, but she held them back and went on quietly: “Sorry, Mom. I really am. I must be such a downer. Kristi, you go on. You’ll love the waterfall.”

Then her face disappeared from the edge of the seat.

問 1　下線部(a)～(c)が意味する内容として最も適切なものを，それぞれ選択肢の中から一つ選び，記号で答えなさい。ただし，同じ記号は一度しか使えない。

(あ)　Don’t argue.

(い)　Don’t blame me.

(う)　Don’t pretend to be fine.

(え)　Why are you trying to stay home?

(お)　Why are you changing your mind?

(か)　Why do you want to go for a drive?

問 2　下線部(1)の内容を最もよく表す文を選択肢の中から一つ選び，記号で答えなさい。

(あ)　She had tried to calm her mother down but was not successful.

(い)　She had tried to keep looking like she was okay but wasn't able to do so.

(う)　She had suggested going out for a drive, but it was rejected by her mother.

(え)　She had put her time and energy into planning a road trip, but it didn't pay off.

問 3　下線部(2)を，That が指している内容を明らかにして，日本語に訳しなさい。

問 4　下線部(3)の表現によって母親が Kristi に言いたいことは何か。日本語で説明しなさい。

問 5　本文の内容と合致する文を選択肢の中から一つ選び，記号で答えなさい。

(あ)　Lucy was excited to let Kristi go on the trip because Kristi was looking forward to it.

(い)　Mary made Lucy come out of the car as she had to obey the order from Lucy's mother.

(う)　Lucy's mother suggested going with Kristi to the waterfall, but Kristi tried to turn down the proposal.

(え)　Lucy recovered from illness, but she pretended to make herself look sick because she did not want to go out.

Ⅳ　The following is a part of a research paper. Read the passage and answer the questions in English.（配点 25 点）

Smartphones are very useful and often we cannot imagine life without them. However, they could be harmful as well. For example, people suffer from smartphone addiction(1). As with any other addiction, this can lead to various problems. Studies have demonstrated the negative impact on young people's lives and future prospects which mirror those of addiction. To find out in what ways smartphones negatively affect present-day students in Japan, we asked 3,043 students to complete a questionnaire(2).

(1)　What is "smartphone addiction"? Write your definition in approximately 40 words.

(2)　What do you think the researchers found out through the questionnaire? Write your answer in approximately 60 words.

数学

（80 分）

1. a, b を実数とする．整式 $f(x)$ を $f(x) = x^2 + ax + b$ で定める．以下の問に答えよ．(配点 25 点)

(1) 2 次方程式 $f(x) = 0$ が異なる 2 つの正の解をもつための a と b がみたすべき必要十分条件を求めよ．

(2) 2 次方程式 $f(x) = 0$ が異なる 2 つの実数解をもち，それらが共に -1 より大きく，0 より小さくなるような点 (a, b) の存在する範囲を ab 平面上に図示せよ．

(3) 2 次方程式 $f(x) = 0$ の 2 つの解の実部が共に -1 より大きく，0 より小さくなるような点 (a, b) の存在する範囲を ab 平面上に図示せよ．ただし，2 次方程式の重解は 2 つと数える．

2. A，Bの2人が，はじめに，Aは2枚の硬貨を，Bは1枚の硬貨を持っている．2人は次の操作(P)を繰り返すゲームを行う．

(P) 2人は持っている硬貨すべてを同時に投げる．それぞれが投げた硬貨のうち表が出た硬貨の枚数を数え，その枚数が少ない方が相手に1枚の硬貨を渡す．表が出た硬貨の枚数が同じときは硬貨のやりとりは行わない．

操作(P)を繰り返し，2人のどちらかが持っている硬貨の枚数が3枚となった時点でこのゲームは終了する．操作(P)をn回繰り返し行ったとき，Aが持っている硬貨の枚数が3枚となってゲームが終了する確率をp_nとする．ただし，どの硬貨も1回投げたとき，表の出る確率は$\frac{1}{2}$とする．以下の問に答えよ．(配点25点)

(1) p_1の値を求めよ．

(2) p_2の値を求めよ．

(3) p_3の値を求めよ．

3. a を正の実数とする．2つの円

$$C_1 : x^2 + y^2 = a, \qquad C_2 : x^2 + y^2 - 6x - 4y + 3 = 0$$

が異なる2点A，Bで交わっているとする．直線ABが x 軸および y 軸と交わる点をそれぞれ $(p,\ 0)$，$(0,\ q)$ とするとき，以下の問に答えよ．(配点25点)

(1) a のとりうる値の範囲を求めよ．

(2) p，q の値を a を用いて表せ．

(3) p，q の値が共に整数となるような a の値をすべて求めよ．

〔注〕○江淹 —— 六朝宋・斉・梁の著名な政治家・文学者（四四四～五〇五）。
○司馬長卿 —— 司馬相如、字は長卿、前漢の文学者（前一七九～前一一七）。
○梁伯鸞 —— 梁鴻、字は伯鸞、後漢前期の隠者・文学者（生卒年不詳）。
○張景陽 —— 張協、字は景陽、西晋の文学者（生卒年不詳）。
○一匹 —— 「匹」は反物の長さの単位。
○丘遅 —— 六朝斉・梁に活躍した、江淹の後輩にあたる文学者（四六四～五〇八）。
○郭璞 —— 西晋の文学者（二七六～三二四）。
○卿 —— 二人称代名詞「あなた」。

問一　傍線部①「字」、②「少クシテ」、③「都テ」の読み方をすべて平仮名で書きなさい。

問二　傍線部(ア)「今可見還」、(イ)「既無所用」をすべて平仮名で書き下しなさい（現代仮名遣いでよい）。

問三　傍線部(A)を、平易な現代語に訳しなさい。

問四　傍線部(B)のように評価された背景として、誰にどのようなことが起きたか、本文に即して五〇字以内で説明しなさい。

三　次の文章を読んで、問一～四に答えなさい（本文の一部を省略したところがある。設問の都合で返り点や送り仮名、振り仮名を省略した部分がある）。（配点三〇点）

江《かう》淹《えん》、①字ハ文《ぶん》通《つう》。②少クシテ孤貧ナリ。嘗テ慕二ヒ司《し》馬《ば》長《ちやう》卿《けい》・梁《りやう》伯《はく》鸞《らん》之為レリヲ人ト、不レ事二トセ章句之学一ヲ、留二ム情ヲ文章一ニ。淹以二テ文章一ヲ顕《あらは》レ、晩節才思微《すこ》シク退クト云フ。為二リ宣城ノ太守一ト、時ニ罷《や》メテ帰ル。夢ニ一人アリテ自ラ称二シ張《ちやう》景《けい》陽《やう》一ト、謂ヒテ曰ク「前《さき》ニ以二テ一匹ノ錦一ヲ相ヒ寄ス。(ア)今可見還。」淹探二リ懐中一ヲ、得二テ数尺一ヲ与レフ之ヲ。此ノ人大イニ恚《いか》リテ曰ク「那《なん》ゾ得二ンヤ割《さ》キ截《き》リテ③都テ尽一クスヲ。」顧《こ》二-見《けん》シテ丘《きう》遅《ち》一ヲ、謂ヒテ曰ク「余二ス此ノ数尺一ヲ。(イ)既無所用。以テ遺《おく》レラン君ニ。」自レリ爾《しか》ル淹ガ文章躓《つまづ》ケリ矣。又嘗テ夢ム。一丈夫自ラ称二シ郭《くわく》璞《はく》一ト、謂ヒテ曰ク「(A)吾ニ有レリ筆、在二ルコト卿《けい》ノ処一ニ多年ナリ。可以見還。」淹乃チ探二リ懐中一ヲ、得二五色ノ筆一《ひと》一ツヲ、以テ授レク之ヲ。爾《しか》ル後ハ為《つく》レルニ詩ヲ、絶エテ無二シ美句一。(B)時人謂二フ之ヲ才尽一クト。

（李瀚《りかん》『蒙求《もうぎう》』より）

○沙汰――手配。
○天魔――仏道を妨げる魔物。
○宿業――前世につくった因業。
○勝他名聞――他より勝っているという良い評判。
○憍慢――おごり高ぶり。
○身灯――焼身。
○外道――仏教以外の教えを卑しめていう語。異教・異端。
○正念――乱れなく正しい信仰心。

問一　傍線部①～④を、それぞれ現代語訳しなさい。

問二　傍線部(A)のように思った理由を六〇字以内で説明しなさい。

問三　傍線部(B)のように筆者が感じた理由を五〇字以内で説明しなさい。

問四　空所a～dには、それぞれ、助動詞「べし」の活用形が入る。それぞれ適切な活用形に直して答えなさい。

問五　この作品と同じジャンルの作品を次の中から一つ選び、記号で答えなさい。

イ『山家集』　ロ『愚管抄』　ハ『閑吟集』　ニ『禁秘抄』　ホ『沙石集』

さに、何の往生のことも覚えず。すずろなる道に入りて侍るなり。このこと、我が愚かなる過《とが》なれば、人を恨み申す [b] ならねど、最期に口惜しと思ひし一念によりて、かく詣で来たるなり」といひけり。

これこそげに宿業《しゅくごふ》と覚えて侍れ。かつはまた、末の世の人の誡《いまし》めとなりぬべし。

人の心、はかりがたきものなれば、必ずしも清浄質直《しっちょく》の心よりも起こらず。あるいは、勝《しょう》他《た》名聞《みゃうもん》にも住《ぢう》し、あるいは、憍慢《けうまん》嫉妬をもととして、愚かに、身灯《しんとう》、入海するは浄土に生まるるぞとばかり知りて、心のはやるままに、かやうの行を思ひ立つこともし侍りなん。すなはち外道《げだう》の苦行に同じ。大きなる邪見といふべし。その故に、④火水に入る苦しみなのめならず。その志深からずは、いかが堪へ忍ばん。苦患《くげん》あれば、また心安からず。仏の助けよりほかには、正念ならんこと極めてかたし。〔中略〕

ある人のいはく、「諸々の行ひは、みな我が心にあり。みづから勤めて、みづから知るべし。余所《よそ》にははからひ難きことなり。すべて過去の業因も、未来の果報も、仏天の加護も、うち傾きて、我が心のほどをやすくせば、自《おのづか》ら推し測られぬべし。かつがつ、一ことを顕《あらは》す。もし人、仏道を行はんために山林にもまじはり、ひとり曠野《くゎうや》の中にも居らん時、なほ身を恐れ、命を惜しむ心あらば、必ずしも仏擁護《をうご》し給ふらんとは憑《たの》むべからず。垣壁《かきかべ》をも囲ひ、遁《のが》る [c] 構へをして、みづから身を守り、病をたすけて、やうやう進まんことを願ひつべし。もしひたすら仏に奉りつる身ぞと思ひて、虎狼《こらう》来たりて犯すとも、あながちに恐るる心なく、食物絶えて飢ゑ死ぬとも、憂はしからず覚ゆるほどになりなば、仏も必ず擁護し給ひ、菩薩も聖衆《しゃうじゅ》も来たりて、守り給ふ [d] 。法の悪鬼も毒獣も、便りを得べからず。盗人は念を起こして去り、病は仏力によりて癒えなん。これを思ひ分かず、心は心として浅く、仏天の護持を頼むは、危ふきことなり」とぞ語り侍りし。(B)このこと、さもと聞こゆ。

（『発心集』より）

〔注〕○愚痴 —— 愚かでものの道理を理解できないこと。

二　次の文章を読んで、問一～五に答えなさい（本文の一部を省略したところがある）。（配点四〇点）

近きころ、蓮花城《れんげじゃう》といひて、人に知られたる聖《ひじり》ありき。登蓮《とうれん》法師あひ知りて、ことにふれ、情をかけつつ過ぎけるほどに、①年ごろありて、この聖のいひけるやうは、「今は、年にそへつつ弱くなりまかれば、死期の近付くこと疑ふべからず。終はり正念にてまかりかくれんこと、極まれる望みにて侍るを、心の澄む時、入水《じゅすい》をして、終はり取らんと侍る」といふ。

登蓮聞き、驚きて、「あるべきことにもあらず。今一日なりとも、念仏の功を積まんとこそ願はる　a　。さやうの行《ぎゃう》は愚痴《ぐち》なる人のする業なり」といひて、諫《いさ》めけれど、さらにゆるぎなく思ひ固めたることと見えければ、「かく、これほど思ひ取られたらんに至りては、留むるに及ばず。②さるべきにこそあらめ」とて、そのほどの用意なんど、力を分けて、もろともに沙汰しけり。

終《つひ》に、桂川の深き所に至りて、念仏高く申し、時経て、水の底に沈みぬ。その時、聞き及ぶ人、市の如く集まりて、しばらくは、貴《たっと》み悲しぶこと限りなし。登蓮は年ごろ見なれたりつるものをと、あはれに覚えて、涙を押さへつつ帰りにけり。

かくて日ごろ経るままに、登蓮物の怪めかしき病をす。あたりの人あやしく思ひて、こととしけるほどに、霊あらはれて、「ありし蓮花城」と名のりければ、(A)「このこと、げにと覚えず。年ごろあひ知りて、終はりまでさらに恨みらるべきことなし。いはんや発心のさまなほざりならず、貴くて終はり給ひしにあらずや。かたがた何の故にや、思はぬさまにて来たるらん」といふ。

物の怪のいふやう、「そのことなり。よく制し給ひしものを、我が心のほどを知らで、いひがひなき死にをして侍り。さばかり人のためのことにもあらねば、その際にて思ひ返すべしとも覚えざりしかど、いかなる天魔のしわざにてありけん、まさしく水に入らんとせし時、たちまちにくやしくなんなりて侍りし。されども、さばかりの人中に、いかにして我が心と思ひ返さん。③あはれ、ただ今制し給へかしと思ひて、目を見合せたりしかど、知らぬ顔にて、『今はとくとく』ともよほして、沈みてん恨めし

○リースマン ── アメリカ合衆国の社会学者（一九〇九〜二〇〇二）。

問一　傍線部(ア)「商品の持つ相対化・均質化の力」とあるが、どういうことか。八〇字以内で説明しなさい。

問二　傍線部(イ)「商品の流通する空間は次第に物語空間へと変貌していく」とあるが、ここでいう「物語空間」とはどのような空間か。八〇字以内で説明しなさい。

問三　傍線部(ウ)「フォードの生産システムの要は、その徹底した機能性と合理性とにあった」とあるが、どういうことか。八〇字以内で説明しなさい。

問四　傍線部(エ)「消費社会の進展は、だから、他者志向さえをも次第に困難にしていくような過程なのである」とあるが、どういうことか。本文全体の論旨をふまえたうえで、一六〇字以内で説明しなさい。

問五　傍線部(a)〜(e)を漢字に改めなさい。はっきりと、くずさないで書くこと。

以降の消費社会化の進展は、他者の視線に映る自己像を操作するためにモノの記号的価値を利用する人々を大量に生み出すことになった。アイデンティティはこうして記号や物語の消費を通して構成・再構成されるような不断のプロジェクトとなる。精神科医大平健は、近年自分自身を語るのにブランド商品を語るというやり方をとる相談者の増加を指摘し、これを「モノ語り」の人々と呼んでいるのだが、これは消費社会的アイデンティティの(e)ギガとして見ることができる。

けれども物語の多元化がさらに進行すれば、記号的価値自体が、多元化・細分化し、相互に不透明なものとなっていくであろう。(エ)消費社会の進展は、だから、他者志向さえをも次第に困難にしていくような過程なのである。

（浅野智彦「消費社会とはどのような社会か？」より）

〔注〕
○グラント・マクラッケン —— カナダの人類学者（一九五一〜　）。
○ガルブレイス —— カナダ出身、アメリカ合衆国の経済学者（一九〇八〜二〇〇六）。
○ボードリヤール —— フランスの思想家（一九二九〜二〇〇七）。
○ラルフローレン —— 世界的なファッション・ブランドの一つ。
○内田隆三 —— 日本の社会学者（一九四九〜　）。
○ＧＭ —— アメリカ合衆国の自動車メーカーの一つ、ゼネラルモーターズの略称。
○フォード —— アメリカ合衆国の自動車メーカーの一つ。
○Ｔ型フォード —— フォード社が大衆向けに開発・製造した自動車のモデル。
○ウェーバー —— ドイツの社会学者（一八六四〜一九二〇）。
○リオタール —— フランスの哲学者（一九二四〜一九九八）。

システムの場合この目標はどこに置かれていたのか。生産過程の外部にある「自然」に、あるいは人間に内在する「自然な」欲求に、というのがその答えだ。すなわちそこでは人間的な欲求の自然性を準拠点とした上で、その欲求をどれだけよく充足し得るか、という観点から合理性や機能性は測定されていたのである。それに対してGMの勝利は、この欲求を自然性から解放し、システムによって操作可能な変数へと組み替えたことに由来するものだ。

このフォード的な機能性や合理性に対する信憑《しんぴょう》は、実は、自動車の生産という領域に限定されたものではなく、近代社会がその発生以来もちつづけてきた世界像でもある。すなわち近代社会を特徴づけてきたのは――ウェーバーが強調したように――世界を一貫して合理化していこうとする運動であり、またそのような徹底した合理化が可能であるという信念であった。それは、世界が全体として特定の方向に向かって進歩していくという世界観であり、世界がただ一つの論理の制御に服しているという世界観である。けれども消費社会化の進行にともない、このような一元的世界観は次第に後景に退き、かわって世界は多元的な論理によって構成されるものであるという感覚が浸透していく。リオタールは、ポストモダンと呼ばれる社会状況を「大きな物語」の解体によって特徴づけたが、消費社会は「合理化」や「進歩」という大きな物語を解体する点でポストモダン状況の一環をなしていると言えるであろう。

このような現実感覚の変容と相即しながらアイデンティティのあり方も変容していく。リースマンが「他者志向」と呼んだパーソナリティタイプは、この変容への最初の着目であろう。これは自らの行為を決定する際に、伝統に準拠する（伝統志向）のでもなく、自己の内部に確立された価値観や信念に準拠する（自己志向）のでもなく、他者の視線にそれがどう映るかということを準拠点にするような人々を指すものだ。伝統にせよ個人的信念にせよ、それらは世界と自分をある一貫した論理の下に眺めるものであるが、他者の視線は状況によって容易に変化するものであり、そこに一貫性を期待することは難しいだろう。他者志向の人々にとって、アイデンティティは状況に応じてその都度構成されるような流動的・多元的なものとなるのである。リースマンにとって重要なのは、その「機能」ではなく「記号」としての差異の表示だ。そしてこの記号は他の記号との連鎖において存在するものであり、一定の記号システムあるいは一つの物語（例えばラルフローレン的な生活という物語）を構成することになる。

かくして自然性から解放された欲求は、記号的差異の操作――つまりは広告戦略――によって生産システムの変数として操作され得るものとなり、資本は広告への出資を通して需要を自分自身の力でつくり出すような自己準拠システムとして作動しはじめる。この需要は、記号システム＝物語の提示を通して創出されるものであるから、(イ)商品の流通する空間は次第に物語空間へと変貌していくのである。

「機能」から「記号」へというこのような商品の転態の最も劇的なケースを、内田隆三は、GMのフォードに対する勝利という歴史的エピソードのうちに見出している。フォード社が部品や組立工程を徹底的に規格化することによって、それまで高級品であった自動車を大量かつ安価に提供し、一時代を築いたのに対して、後発のGMは、デザインによる差異化（モデルチェンジ）と広告という戦略によって市場を制覇していった。そして一九二七年、ついにフォード社はGMに決定的な敗北を喫し、T型フォードは生産停止にまで追い込まれてしまうのである。このエピソードはアメリカの資本主義が、新しい段階に入ったことを明瞭に示すものであろう。すなわち、「機能」ではなく「記号」の消費を軸とする段階に、また需要が資本によって外的な（自然な）制約ではなく自己準拠的に創出しうるものとなる段階に、つまり消費社会という段階に、である。

GMの勝利というこのエピソードは、また、消費社会化が人々の現実感覚やアイデンティティにもたらす大規模な変容を予示するものでもある。そもそも(ウ)フォードの生産システムの要は、その徹底した機能性と合理性とにあったと評し得る。ところで機能性にせよ合理性にせよ、それらはある目標に対する(d)コウケンの度合いによって評価されるものであり、もし目標が明確に固定されていないならば、機能性も合理性もそれが測られうるための準拠点を失い、意味をもち得なくなるだろう。ではフォード・

それに対して第二の自由が意味しているのは、まさにこのような「自然な」欲求それ自体からの離脱である。例えばガルブレイスの消費社会論に対するボードリヤールの批判は、この点に照準したものだ。ガルブレイスは、一九五〇年代以降のアメリカ資本主義を巨大資本による人々の欲求の大規模な操作・支配であると見なした。すなわち巨大化した生産力に見合う需要を生み出すために、企業はさまざまな広告戦略によって消費者の欲望に人為的なアクセルをかけ、人々が本来ならば欲しなかったであろうモノを購入させている、と。ここでは人間の欲求の自然性がまずは前提とされた上で、それが巨大資本によって不当に操作・支配され、その結果個々の消費者の主体性が疎外されているという点が批判の要点となっている。

ボードリヤールはこのガルブレイスの議論に対して三つの観点から批判を加えた。第一に、自然な欲求と人為的に操作された欲求との間に明確な境界線を引くことはだれにもできないだろう。例えば、消費者がテレビやセカンドハウスを購入する際の喜びを、誰が「疎外されている」と批判できようか。第二に、今日の消費は、商品の機能によって自然な欲求を充足させる過程というよりは、むしろ人々が互いに差異化を競う営みであると理解すべきである。いいかえるとそれは、個人内部の欲求が充足されるかどうかという観点からではなく、人々の間の相互差異化のゲームという社会的活動の観点から見られるべきものなのだ。第三に、企業の広告戦略は、個々の商品に対する欲求を生み出すのではなく、欲求を記号の系列に即応したシステムとして組織化するものだ。例えばラルフローレンの広告は、個々の商品に対する欲求を生み出すのではなく、無数の記号から織りなされるライフスタイル——ラルフローレン的なライフスタイル——に向けて欲求をシステム化する。

要するに、消費行為を、個人の「自然な欲求」とそれを充足する商品の「機能」との対応として理解することはもはや現実的ではないということだ。かつて欲求はその「自然性」をよりどころとしてさまざまな伝統的制約から自らを解放してきたのだが、消費社会はさらにその「自然性」それ自体からさえ欲求を自由にする。その結果、広大な欲求の空間が新たに開かれるのであるが、この新しい欲求に応える商品は——欲求が自然性から解放されたのに対応して——モノとしての機能から自由な存在となる。商品

「夢のような」という表現を右で用いたが、それは、消費社会において各商品のまとう物語が外的な制約から二重の意味で自由であることを示すためだ。

第一に商品＝物語は、誰に対しても——正確には、支払いの用意のあるすべての者に対して——自由にアクセスできる場所におかれており、その意味でアクセスへの制限から自由である。誰であれこのミネラルウォーターを消費すれば「健康」の物語を享受できるし、誰であれこの式場で結婚式を挙げれば「ハッピーウェディング」という物語を享受できる、というわけだ。

第二に商品＝物語は、それが物語を通して魅力を発揮するかぎりにおいてその物質的素材のありようからは相対的に独立しており、その意味で物的な制約から自由である。「住宅」や「車」といったモノそのものではなく、それを通して提供される「やすらぎの住まい」「家族の団欒」などという物語がそれら商品の魅力の中核をなしているのである。

これら二つの自由のうち第一のそれは、(ア)商品の持つ相対化・均質化の力としてよく知られているものだ。例えばグラント・マクラッケンは伝統的身分制のシンボリズムを(b)ボウエイしようとする伝統的勢力の努力が商品化の力によってどのように敗退していったかを描き出している。そもそも伝統的社会において服装は身分制秩序を可視化するための文化的装置であり、逸脱や越境が生じないように(c)ゲンミツに管理されていた。ところが服装が商品化されると、本来の身分とは無関連な服飾の消費が行われるようになり、これはくり返し発せられた奢侈《しゃし》禁止令にもかかわらず身分の境界を越えて広まっていく。またもう少し後の時代になると、階級を示すステータスシンボルとして「古光沢」、すなわち長年使用した食器や家具のみが帯びる独特の風合いが戦略的に活用され、これこそが本物の上流階級に属する証《あかし》であるとされたのであるが、この戦略もまた古光沢商品を取り扱う市場の成立によって腐食されてしまったのである。このことを消費する人々の側から言えば、伝統的な諸制約から自由な「個人」としての消費者、社会的な諸規定から相対的に無関連な「人間」としての消費者が市場に登場してきた、ということになろう。これら「個人」「人間」としての消費者は自分自身の「自然な」欲求にのみしたがい自由に商品を購入し享受する。

国語

（文・国際人間科・法・経済学部：一〇〇分　経営学部：八〇分　海洋政策科学部：六〇分）

（注意）　経営学部は一・二、海洋政策科学部は一のみ解答のこと。

一　次の文章を読んで、問一～五に答えなさい。（配点八〇点）

　資本主義的諸社会の最も今日的な状況を表現するキーワードとして「消費社会」という言葉がよく用いられる。ではその言葉に込められた現代社会の特質とはどのようなものなのだろうか。

　問の角度を少し変えて、こんなふうに問うてみよう。人々が日常的に消費社会を実感するのは例えばどんな場面だろうか、と。この問に対する一つの答えとして、広告との(a)セッショクをあげることができるだろう。現代社会は、商品の集積である以上に膨大な量の広告があふれかえる社会である。この社会の中で商品は、モノにせよサーヴィスにせよ、即物的な裸の姿で存在するのではなく、いつでも広告の紡ぎ出すさまざまな物語に包まれて人々の目の前に現れる。したがって商品が存在する場所は単なる経済的な市場ではない。それは、「幸福」「健康」「癒し」「やすらぎ」「愛」「家族団欒《だんらん》」「ワンランクアップ」「ほんとうの自分」等々無数の「物語」が織りなす独特の――夢のような――空間におかれている。商品がいつでもこの独特の空間の中で提示され、出会われ、購入されるということ、そこにこそ消費社会のあり方を理解するための手がかりがある。

2022年度

問題編

■前期日程

問題編

▶試験科目・配点

<table>
<tr><th colspan="3">学部・学科等</th><th>教　科</th><th colspan="2">科　　目</th><th>配　点</th></tr>
<tr><td colspan="3" rowspan="3">文</td><td>外国語</td><td colspan="2">英語，ドイツ語，フランス語，中国語から1科目選択</td><td>125 点</td></tr>
<tr><td>数　学</td><td colspan="2">数学Ⅰ・Ⅱ・A・B</td><td>75 点</td></tr>
<tr><td>国　語</td><td colspan="2">国語総合・現代文B・古典B</td><td>150 点</td></tr>
<tr><td rowspan="13">国際人間科</td><td colspan="2" rowspan="3">グローバル文化</td><td>外国語</td><td colspan="2">英語，ドイツ語，フランス語，中国語から1科目選択</td><td>160 点</td></tr>
<tr><td>数　学</td><td colspan="2">数学Ⅰ・Ⅱ・A・B</td><td>80 点</td></tr>
<tr><td>国　語</td><td colspan="2">国語総合・現代文B・古典B</td><td>160 点</td></tr>
<tr><td colspan="2" rowspan="4">発達コミュニティ，子ども教育</td><td>外国語</td><td colspan="2">英語，ドイツ語，フランス語，中国語から1科目選択</td><td>175 点</td></tr>
<tr><td>数　学</td><td colspan="2">数学Ⅰ・Ⅱ・A・B</td><td>75 点</td></tr>
<tr><td>国　語</td><td>国語総合・現代文B・古典B</td><td rowspan="2">から1教科選択</td><td rowspan="2">150 点</td></tr>
<tr><td>理　科〈省略〉</td><td>「物理基礎・物理」，「化学基礎・化学」，「生物基礎・生物」，「地学基礎・地学」から2科目選択</td></tr>
<tr><td rowspan="6">環境共生</td><td rowspan="3">文科系受験</td><td>外国語</td><td colspan="2">英語，ドイツ語，フランス語，中国語から1科目選択</td><td>200 点</td></tr>
<tr><td>数　学</td><td colspan="2">数学Ⅰ・Ⅱ・A・B</td><td>100 点</td></tr>
<tr><td>国　語</td><td colspan="2">国語総合・現代文B・古典B</td><td>150 点</td></tr>
<tr><td rowspan="3">理科系受験</td><td>外国語</td><td colspan="2">英語，ドイツ語，フランス語，中国語から1科目選択</td><td>200 点</td></tr>
<tr><td>数　学〈省略〉</td><td colspan="2">数学Ⅰ・Ⅱ・Ⅲ・A・B</td><td>150 点</td></tr>
<tr><td>理　科〈省略〉</td><td colspan="2">「物理基礎・物理」，「化学基礎・化学」，「生物基礎・生物」，「地学基礎・地学」から2科目選択</td><td>200 点</td></tr>
</table>

法		外国語	英語，ドイツ語，フランス語，中国語から１科目選択	150点
		数　学	数学Ⅰ・Ⅱ・Ａ・Ｂ	75点
		国　語	国語総合・現代文Ｂ・古典Ｂ	150点
経済	数学選抜	数　学	数学Ⅰ・Ⅱ・Ａ・Ｂ	400点
	英数選抜	外国語	英語	200点
		数　学	数学Ⅰ・Ⅱ・Ａ・Ｂ	200点
	総合選抜	外国語	英語	150点
		数　学	数学Ⅰ・Ⅱ・Ａ・Ｂ	125点
		国　語	国語総合・現代文Ｂ・古典Ｂ	125点
経　営		外国語	英語	150点
		数　学	数学Ⅰ・Ⅱ・Ａ・Ｂ	100点
		国　語	国語総合・現代文Ｂ・古典Ｂ（漢文を除く）	100点
海洋政策科	文系科目重視型	外国語	英語	200点
		数　学	数学Ⅰ・Ⅱ・Ａ・Ｂ	150点
		国　語	国語総合・現代文Ｂ（古文，漢文を除く）	150点
	理系科目重視型	外国語	英語	150点
		数　学〈省略〉	数学Ⅰ・Ⅱ・Ⅲ・Ａ・Ｂ	150点
		理　科〈省略〉	「物理基礎・物理」必須。「化学基礎・化学」，「生物基礎・生物」，「地学基礎・地学」から１科目選択	200点

▶備　考

- 英語以外の外国語は省略。
- 英語は，「コミュニケーション英語基礎・Ⅰ・Ⅱ・Ⅲ，英語表現Ⅰ・Ⅱ，英語会話」を出題範囲とする。
- 数学Ｂでは，「数列」及び「ベクトル」の２分野を出題範囲とする。
- 各教科・科目の試験の配点は，外国語125点，数学（文系）75点，国語150点（経営学部は120点，海洋政策科学部文系科目重視型は80点）である。ただし，各学部の入学者選抜のための配点は，上の表に示した傾斜配点による点数を使用する。

- 経済学部は「数学選抜」「英数選抜」「総合選抜」の３区分から１つを選択する。

英語

（80分）

I　次の文章は環境問題について書かれたものである。この文章を読んで，問1～6に答えなさい。（配点35点）

Electric light is transforming our world. Around 80% of the global population now lives in places where night skies are polluted with artificial light. A third of humanity can no longer see the Milky Way. But light at night has deeper effects(1). In humans, nocturnal* light pollution has been linked to sleep disorders, depression, obesity and even some types of cancer. Studies have shown that nocturnal animals modify their behavior even with slight changes in night-time light levels. Dung beetles* become disoriented when navigating landscapes if light pollution prevents them from seeing the stars. Light can also change how species interact with each other. Insects such as moths are more vulnerable to being eaten by bats when light reduces how effective they are at evading predators.

Relatively little is known about how marine and coastal creatures cope. Clownfish* exposed to light pollution fail to reproduce properly, as they need darkness for their eggs to hatch. Other fish stay active at night when there's too much light, emerging quicker from their hiding places during the day and increasing their exposure to predators. These effects have been observed under direct artificial light from coastal homes, promenades, boats and harbors, which might suggest the effects of light pollution on nocturnal ocean life are quite limited.

Except, when light from street lamps is emitted upwards, it's scattered in the atmosphere and reflected back to the ground. Anyone out in the countryside at night will notice this effect as a glow in the sky above a distant city or town. This form of light pollution is known as artificial skyglow(2), and it's about 100 times dimmer than that from direct light, but it is much more widespread. It's currently detectable above a quarter of the world's coastline, from where it can extend hundreds of kilometres out to sea.

Humans aren't well adapted to seeing at night, which might make the effects of skyglow seem（　A　）. But many marine and coastal organisms are highly（　B　）to low light. Skyglow could be changing the way they perceive the night sky, and ultimately affecting their lives.

We tested this idea using the tiny sand hopper*, a coastal crustacean* which is known to use the moon to guide its nightly food-seeking trips. Less than one inch long, sand hoppers are commonly found across Europe's sandy beaches and named for their ability to jump several inches in the air. They bury in the sand during the day and emerge to feed on rotting seaweed at night. They play an important role in their ecosystem by breaking down and recycling nutrients from stranded algae* on the beach.

In our study, we recreated the effects of artificial skyglow using a white LED light in a diffusing sphere that threw an even and dim layer of light over a beach across 19 nights. During clear nights with a full moon, sand hoppers would naturally migrate towards the shore where they would encounter seaweed. Under our artificial skyglow, their movement was much more random.

(3) They migrated less often, missing out on feeding opportunities which, due to their role as recyclers, could have wider effects on the ecosystem. Artificial skyglow changes the way sand hoppers use the moon to navigate. But since using the moon and stars as a compass is a common trait among a diverse range of sea and land animals, including seals, birds, reptiles, amphibians* and insects, many more organisms are likely to be vulnerable to skyglow. And there's evidence that the Earth at night is getting brighter. From 2012 to 2016, scientists found that Earth's artificially lit outdoor areas increased by 2.2% each year.

As researchers, we aim to unravel how light pollution is affecting coastal and marine ecosystems, by focusing on how it affects the development of different animals, interactions between species and even the effects at a molecular level. (4) Only by understanding if, when and how light pollution affects nocturnal life can we find ways to mitigate the impact.

注　nocturnal　夜間の，夜行性の；　dung beetles　フンコロガシ
　　clownfish　クマノミ；　sand hopper　ハマトビムシ

出典追記：The Moon and stars are a compass for nocturnal animals – but light pollution is leading them astray, The Conversation on August 11, 2020 by Svenja Tidau, Daniela Torres Diaz, and Stuart Jenkins crustacean　甲殻類；　algae　藻類

amphibians　両生類

問 1　下線部(1)について，人間以外の生物への影響として本文の内容に合致しないものを選択肢の中から一つ選び，記号で答えなさい。

(あ) Bats fail to evade predators effectively when eating moths.

(い) Clownfish experience problems breeding at night.

(う) Dung beetles get confused and don't know where to go.

(え) Fish face a greater risk to be eaten by other fish that prey on them.

問 2　下線部(2)の内容と合致するものを選択肢の中から全て選び，記号で答えなさい。

(あ) It has been researched by scientists using sand hoppers and LED lights.

(い) It is detectable only from far out in the sea.

(う) It is noticeable from the city shining above the distant countryside.

(え) It is produced by the scattering of artificial light at night.

問 3　空所（　A　）と（　B　）に入る最も適切な語句の組み合わせを選択肢の中から一つ選び，記号で答えなさい。

(あ)（　A　）attractive　　（　B　）insensitive

(い)（　A　）insignificant　　（　B　）resistant

(う)（　A　）invisible　　（　B　）attracted

(え)（　A　）negligible　　（　B　）sensitive

問 4　下線部(3)を，They が指している内容を明らかにしたうえで日本語に訳しなさい。

問 5　下線部(4)を日本語に訳しなさい。

問 6　本文の内容と合致する文を選択肢の中から二つ選び，記号で答えなさい。

(あ) A third of the people in the world can't see the Milky Way due to the interference of artificial light.

(い) Over time, sea animals eventually get used to artificial light.

(う) Researchers have shown that artificial light across the world has increased.

(え) Sand hoppers became more cautious under artificial skyglow compared to natural moonlight.

(お) Sand hoppers eat stranded fish, contributing to nutrient cycles in marine ecosystems.

(か) Skyglow can shine even brighter than direct light on beaches to the point that marine and coastal creatures are severely affected by the light.

Ⅱ 次の文章は言語と社会について書かれたものである。この文章を読んで，問１～６に答えなさい。（配点 35 点）

Each of us has a mother tongue, which we speak within our own language community. But what happens when two communities that don't speak each other's language come into contact and need to talk? Sometimes they can learn enough of each other's language to get by, but sometimes that's not possible — for example, what if there are three communities in contact, or five or more? In many cases they resort to a lingua franca, a kind of bridge language that is distinct from the mother tongues of each group. An example from recent history is French, which was used from the seventeenth century until after World War I as the language of diplomacy in Europe. Written Classical Chinese served for an even longer period as a diplomatic lingua franca in countries bordering on China. Today's best example of a lingua franca is undoubtedly English, which supports international communication in fields ranging from aviation* to business to rock music.

So <u>how do lingua francas come about?</u>(1) About ten thousand years ago, as agriculture and stock-breeding increasingly replaced hunting and gathering, human groups became larger and more hierarchical, and had more occasion to interact with neighboring groups that had different mother tongues. In some cases, perhaps, the groups were brought into contact by some dominant power — such as a regional strong man, or an early empire. In others the contact may have arisen spontaneously, as networks of markets came into existence. Later on — since maybe five thousand years ago — another motive for intergroup contacts emerged: enthusiastic religious believers conceived it as their duty to pass on valuable knowledge of spiritual life to strangers. So imperialists, merchants, and missionaries have all been motivated to establish communication beyond their mother-tongue groups. (2) A lingua franca is a technical fix that helps overcome language barriers across a set of groups that is too large — or too recently united — to have a common language. Performing that fix is the job of a new kind of specialist who must have begun to appear around this time: (　A　), who learned the regional lingua franca in addition to their mother tongue and used it to communicate with (　A　) in other groups.

Sometimes a lingua franca replaces the mother tongues it bridges. (3) Latin, for example, spread far and wide through the settlement of soldiers within the Roman Empire. It gradually became a mother tongue throughout western Europe. But for Latin to remain a common language over so large an area, the groups that spoke it as a mother tongue would have had to remain in contact. This didn't happen. Germanic conquests after the fifth century broke the Roman Empire into distinct regions that had little to do with one another, and Latin eventually broke up into distinct dialects and languages, like French, Italian, Spanish, and Catalan.

A lingua franca may be a language like Latin or Sanskrit, taught according to strict rules, and capable of surviving for many centuries with little change. On the other hand, it need not be a fully developed language at all. An important subcategory of lingua francas is (4) pidgins, which result when people who lack a common tongue make up a new one out of pieces of the languages they already know. The first language to be known specifically as "lingua franca" was a medium of this kind. It was a kind of simplified and highly mixed Italian, used by traders and others in the eastern Mediterranean around the year 1000. Such a loosely structured language may change unpredictably; communication depends more on (　B　) and (　C　) than on a clearly shared grammar and vocabulary.

注　aviation　航空産業

問１　下線部(1)の答えとして本文の内容に合致しないものを選択肢の中から一つ選び,

記号で答えなさい。

(あ) Communities did not share a common language.

(い) Empires were often conquered by other empires.

(う) Religious leaders insisted on using their own language.

(え) Trade partners needed to communicate in emerging markets.

問 2　下線部(2)を日本語に訳しなさい。

問 3　二箇所の空所（　A　）に入る最も適切なものを選択肢の中から一つ選び，記号で答えなさい。両方ともに同じものが入る。

(あ) imperialists

(い) interpreters

(う) invaders

(え) inventors

問 4　下線部(3)の Latin はなぜ西ヨーロッパで使われなくなったのか。その理由として最も適切なものを選択肢の中から一つ選び，記号で答えなさい。

(あ) As a result of the Germanic conquests, people came to speak German instead.

(い) Latin-speaking communities lost contact because they separated into their own regions.

(う) Roman Empire soldiers did not enforce the use of Latin, so people spoke their local dialects.

(え) The Roman Empire wanted to encourage more cultural diversity in the region.

問 5　下線部(4)を本文の内容に即して，70 字以内の日本語で説明しなさい。ただし，句読点も 1 字に数える。

問 6　空所（　B　）と（　C　）に入る最も適切な語句の組み合わせを選択肢の中から一つ選び，記号で答えなさい。

(あ)（　B　）cooperative imagination　　（　C　）mutual good will

(い)（　B　）environmental management　（　C　）sustainable development

(う)　(　B　)　group identity　　(　C　)　older generations

(え)　(　B　)　hierarchical authority　　(　C　)　ethnic unity

Ⅲ　次の文章を読んで，問 1 ～ 3 に答えなさい。(配点 30 点)

In the following passage, Marianne and Ken are longtime friends who have grown up in the same small town in Ireland.

Marianne climbs out of the shower now and wraps herself in the blue bath towel. The mirror is steamed over. She opens the door and Ken looks back at her.

"Is something up?"(1) Marianne says.

"I just got this email."

"Oh? From who?"

Ken looks dumbly at the laptop and then back at her. His eyes look red and sleepy. He's sitting with his knees raised up under the blanket, the laptop glowing into his face.

"Ken, from who?" she says.

"From this university in New York. It looks like they're offering me a place on the Master's of Fine Arts. You know, the creative writing program."

Marianne stands there. Her hair is still wet, soaking slowly through the cloth of her blouse. "You didn't tell me you applied for that," she says.

Ken just looks at her.

"(　A　)" Marianne says. "I'm not surprised they would accept you. I'm just surprised you didn't mention it."

Ken nods, his face inexpressive, and then looks back at the laptop. "I don't know," he says. "I should have told you but I honestly thought it was such a long shot.(2)"

"Well, that's no reason not to tell me."

"It doesn't matter," Ken adds. "It's not like I'm going to go. I don't even know why I applied."

Marianne lifts the towel off the wardrobe door and starts using it to massage the ends of her hair slowly. She sits down at the desk chair.

"(　B　), okay?" Ken says. "Sometimes I feel embarrassed telling you stuff like that because it just seems stupid. To be honest, I still look up to(3) you a lot. I don't want you to think of me as, I don't know, (4)out of my mind."

Marianne squeezes her hair through the towel, feeling the coarse, grainy texture of the individual strands. "You should go," she says. "To New York, I mean. You should accept the offer. You should go."

Ken says nothing. She looks up. The wall behind him is yellow like butter. "No," he says.

"I'm sure you could get funding."

"(　C　). I thought you wanted to stay here next year."

"I can stay, and you can go," Marianne says. "It's just a year. I think you should do it."

Ken makes a strange, confused noise, almost like a laugh. He touches his neck. Marianne puts the towel down and starts brushing the knots out of her hair slowly.

"That's ridiculous," Ken says. "I'm not going to New York without you. I wouldn't even be here if it wasn't for you."

(　D　), Marianne thinks, he wouldn't be. He would be somewhere else entirely, living a different kind of life.

"I'd miss you too much," Ken says. "I'd be sick, honestly."

"At first. But it would get better."

They sit in silence now, Marianne moving the brush methodically through her hair, feeling for knots and slowly, patiently untangling them. There's no point in being impatient anymore.

"You know I love you," says Ken. "I'm never going to feel the same way for someone else."

Marianne nods, okay. He's telling the truth.

"To be honest, I don't know what to do," Ken says. "Say you want me to stay and I will."

Marianne closes her eyes. He probably won't come back, she thinks. Or he will, differently. What they have now they can never have back again. (5)But for her the pain of loneliness will be nothing to the pain that she used to feel, of being unworthy. He brought her goodness like a gift and now it belongs to her. Meanwhile his life opens out before him in all directions at once. They've done a lot of good for each other. Really, she thinks, really. People can really change one another.

"You should go," Marianne says. "I'll always be here. (　E　)."

出典追記：Normal People by Sally Rooney, Hogarth

問 1 下線部(1)〜(4)について，本文中の意味に最も近いものを選択肢の中からそれぞれ一つ選び，記号で答えなさい。

(1) Is something up?

(あ) Are you going somewhere?

(い) Are you okay?

(う) Are you still up?

(え) Did something drop and hit you?

(お) Did you hear that sound?

(2) a long shot

(あ) a missed opportunity

(い) an honest statement

(う) an impossible task

(え) a slow progress towards a goal

(お) a small chance of success

(3) look up to

(あ) confuse

(い) follow

(う) observe

(え) respect

(お) trust

(4) out of my mind

(あ) childish

(い) depressed

(う) foolish

(え) surprised

(お) unfocused

問 2 空所（ A ）〜（ E ）のそれぞれに入る最も適切なものを，選択肢の中から一つ選び，記号で答えなさい。ただし，同じ記号は一度しか使えない。

(あ) He's right

(い) I don't know why you are saying this

(う) I mean, congratulations

(え) I'm sorry I didn't tell you

(お) You know that

問 3　下線部(5)を日本語に訳しなさい。

Ⅳ Read the following passage and answer the questions in English.（配点 25 点）

Traditionally favored by private institutions, school uniforms are being adopted by US public schools in increasing numbers. According to a 2020 report, the percentage of public schools that required school uniforms jumped from 12% in the 1999-2000 school year to 20% in the 2017-18 school year.

Supporters of school uniforms say that they create a "level playing field" that reduces socioeconomic inequalities and encourages children to focus on their studies rather than their clothes.

Opponents say school uniforms prevent students from expressing their individuality, and have no positive effect on behavior and academic achievement.

(1) Based on this passage, what does "level playing field" mean? Write around 40 words.

(2) What do you think about school uniforms? Are you for or against them? Explain your opinion with reasons based on your personal experience, using around 70 words.

出典追記：History of School Uniforms, ProCon.org on May 3, 2021, Encyclopaedia Britannica Inc

数学

(80 分)

1. a を正の実数とする．$x \geqq 0$ のとき $f(x) = x^2$，$x < 0$ のとき $f(x) = -x^2$ とし，曲線 $y = f(x)$ を C，直線 $y = 2ax - 1$ を ℓ とする．以下の問に答えよ．(配点 25 点)

(1) C と ℓ の共有点の個数を求めよ．

(2) C と ℓ がちょうど 2 個の共有点をもつとする．C と ℓ で囲まれた図形の面積を求めよ．

2. a を正の実数とし，円 $x^2 + y^2 = 1$ と直線 $y = \sqrt{a}\,x - 2\sqrt{a}$ が異なる 2 点 P, Q で交わっているとする．線分 PQ の中点を R(s, t) とする．以下の問に答えよ．(配点 25 点)

(1) a のとりうる値の範囲を求めよ．

(2) s, t の値を a を用いて表せ．

(3) a が (1) で求めた範囲を動くときに s のとりうる値の範囲を求めよ．

(4) t の値を s を用いて表せ．

3. a, b を実数とし，$1 < a < b$ とする．以下の問に答えよ．
（配点 25 点）

(1) x, y, z を 0 でない実数とする．$a^x = b^y = (ab)^z$ ならば $\dfrac{1}{x} + \dfrac{1}{y} = \dfrac{1}{z}$ であることを示せ．

(2) m, n を $m > n$ をみたす自然数とし，$\dfrac{1}{m} + \dfrac{1}{n} = \dfrac{1}{5}$ とする．m, n の値を求めよ．

(3) m, n を自然数とし，$a^m = b^n = (ab)^5$ とする．b の値を a を用いて表せ．

○刑械 —— 刑罰の道具。

問一　傍線部①「且死」、②「已矣」をすべて平仮名で書き下しなさい。（現代仮名遣いでよい。）

問二　傍線部(a)「卒感焉」、(b)「此何地也」を、それぞれ「焉」と「此」が指すものを明らかにして、平易な現代語に訳しなさい。

問三　傍線部(c)「天下事、誰可支拄者」とあるが、なぜそう言えるのか。左光鬥の発言をふまえながら五〇字以内で説明しなさい。

問四　傍線部(d)「吾師肺肝、皆鉄石所鋳造也」とは、どういうことか。本文に即して五〇字以内で説明しなさい。

事ヲ一以テ語リテレ人ニ曰ハク、「(d)吾ガ師ノ肺肝ハ、皆鉄石ノ所二鋳造スル一也ト。」

（方苞《ほうほう》『望渓集《ぼうけいしゅう》』より）

〔注〕 ○左公 —— 左光門（一五七五～一六二五）。明朝末期の腐敗した政情を批判し、逮捕され、獄死した。

○炮烙 —— 火を用いた拷問。

○旦夕 —— すぐにでも。

○禁卒 —— ろうやの番人。

○史 —— 史可法（一六〇一～一六四五）。左光門の忠義の精神に感化を受け、明朝滅亡後、その再興を図るも果たさず、清軍に殺された。

○敝衣 —— だぶだぶの粗末な衣服。

○筐 —— 竹製のかご。

○長鑱 —— 土を掘る道具。

○除不潔者 —— 清掃人夫のこと。

○庸奴 —— 愚か者。史可法を叱ったのである。

○糜爛 —— 腐敗の極みに達する。

○支拄 —— 土台を支えること。

○搆陥 —— 人を無実の罪に陥れる。

三　次の文章は、獄中で死に瀕《ひん》している左光鬥《さこうとう》と、彼を救いに来た弟子の史可法《しかほう》との間で交わされたやり取りを描いたものである。これを読んで、問一～四に答えなさい。なお、設問の都合で返り点や送り仮名、振り仮名を省略した部分がある。（配点三〇点）

聞《ケバ》下左公《ノ》被《らレ》二炮《はう》烙《らくセ》一、旦夕①且死上、持《シ》二五十金《ヲ》一、涕泣《シテ》謀《ルニ》二於禁卒《ニ》一、(a)卒感焉《これ》。一日使《しメ》下史《ヲシテ》更《かへ》二敝《しやう》衣《ニ》一、草履《ニテ》背《ニ》レ筐《きやうヲ》、手《ニセ》中長鑱《さんヲ》上、為《ス》二除不潔者《ト》一。引《キ》入《レテ》、微《かすカニ》指《させバ》二左公《ノ》処《ヲ》一、則《チ》席《より》レ地《ニ》倚《リテ》レ牆《ニ》而坐《シ》、面額焦爛《シテ》不レ可《カラ》レ弁《ズ》。左《ノ》膝以下、筋骨尽《ク》脱《セリ》矣。史《ハ》前《すすミ》跪《ひざまづキ》抱《キテ》二公《ノ》膝《ヲ》一而嗚咽《ス》。公弁《ズルモ》二其《ノ》声《ヲ》一而目《ハ》不レ可《カラ》レ開《ク》、乃《チ》奮《ヒテ》レ臂《ヲ》以《テ》レ指《ヲ》撥《ひらクニ》レ眥《まなじりヲ》、目《ノ》光《ハ》如《ク》レ炬《かがりびノ》、怒《リテ》曰《ハク》、「庸奴、(b)此何地也、而《しかルニ》汝来《きたり》前《メリ》。国家之事、糜《び》爛《らん》至《ル》レ此《ニ》。老父②已矣、汝《モ》復《タ》軽《ンジテ》レ身《ヲ》而昧《くらク》二大義《ニ》一、(c)天下《ノ》事、誰《カ》可《キ》二支拄《ス》一者《アランヤ》。不《レバ》二速《カニ》去《ラ》一、無《ク》レ俟《まツ》二姦人《ノ》構陥《スルヲ》一、吾《レ》今即《チ》撲二-殺《セント》汝《ヲ》一。」因《リテ》摸《さぐリテ》二地上《ノ》刑械《ヲ》一、作《ス》二投撃《ノ》勢《ヲ》一。史噤《つぐミテ》不二敢《ヘテ》発《セ》レ声《ヲ》、趨《はしリテ》而出《ヅ》。後常《ニ》流涕《シテ》述《べ》二其《ノ》

問一　傍線部①〜③をわかりやすく現代語訳しなさい。

問二　傍線部(A)「神はうけずもなりにけるかな」にはどのような心情が込められているか、五〇字以内で説明しなさい。

問三　傍線部(B)「泣きけり」について、その理由を四〇字以内で説明しなさい。

問四　傍線部(C)の和歌の大意を述べなさい。

問五　空欄ａには、『伊勢物語』の主人公とされる人物の名字が入る。適切な漢字二文字を書きなさい。

問六　空欄ｂ〜ｄには、助動詞「ぬ」が入る。それぞれ適切な活用形に直して答えなさい。二箇所ある空欄ｄには、それぞれ同じものが入る。

　海人《あま》の刈る藻にすむ虫の我からと音をこそなかめ世をばうらみじ

と泣きをれば、この男、人の国より夜ごとに来つつ、笛をいとおもしろく吹きて、声はをかしうてぞあはれに歌ひける。かかれば、この女は蔵にこもりながら、③それにぞあなるとは聞けど、あひ見るべきにもあらでなむありける。

　さりともと思ふらんこそかなしけれあるにもあらぬ身を知らずして

と思ひをり。男は、女し逢はねば、かくし歩《あり》きつつ、人の国に歩きてかく歌ふ。

(C)いたづらに行きては来ぬるものゆゑに見まくほしさにいざなはれつつ

水尾《みづのを》の御時なるべし。大御息所も染殿の后《きさき》なり。五条の后とも。

（『伊勢物語』より）

〔注〕○色ゆるされたる ―― 身分が高く、特別な色の衣装の着用を許されていること。
○大御息所 ―― 清和天皇の母である藤原明子。
○女がた許されたりければ ―― 女官の控えるところに、出入りを許されていたこと。
○かたは ―― 見苦しいこと。よくないこと。
○曹司 ―― 宮中にある女官の居室。
○主殿寮 ―― 宮中の調度の管理や整備を担当した役所。ここではそこに所属する役人のこと。
○この帝 ―― 清和天皇のこと。後出の「水尾」も同じ。
○しをる ―― 折檻《せっかん》する。こらしめる。

二　次の文章を読んで、問一～六に答えなさい。（配点四〇点）

昔、おほやけおぼして使うたまふ女の、色ゆるされたるありけり。大御息所《おほみやすんどころ》とていますかりけるいとこなりけり。殿上にさぶらひける［a］なりける男の、まだいと若かりけるを、この女あひ知りたりけり。男、女がた許されたりければ、女のある所に来て向かひをりければ、女、「いとかたはなり。身もほろび［b］ん。①かくなせそ」と言ひければ、

思ふには忍ぶることぞ負け［c］ける逢《あ》ふにしかへばさもあらばあれ

と言ひて、曹司《ざうし》に下りたまへれば、例のこの御曹司には、人の見るをも知らでのぼりゐければ、この女、思ひわびて里へ行く。されば、何のよきことと思ひて、いき通ひければ、皆人聞きて笑ひけり。つとめて主殿寮《とのもづかさ》の見るに、沓《くつ》はとりて、奥に投げ入れてのぼりぬ。かくかたはにしつつありわたるに、身もいたづらになり［d］べければ、つひにほろび［d］べし、とて、この男、「いかにせん。わがかかる心やめたまへ」と仏神にも申しけれど、いやまさりにのみおぼえつつ、なほわりなく恋しうのみおぼえければ、陰陽師《おんやうじ》、巫《かむなぎ》よびて、恋せじといふ祓《はらへ》の具してなむ行きける。祓へけるままに、いとどかなしきこと数まさりて、ありしよりけに恋しくのみおぼえければ、

恋せじと御手洗河《みたらしがは》にせしみそぎ(A)神はうけずもなりにけるかな

と言ひてなむいにける。

この帝は顔かたちよくおはしまして、②仏の御名を御心にいれて、御声はいとたふとくて申したまふを聞きて、女は(B)いたう泣きけり。「かかる君に仕うまつらで、宿世《すくせ》つたなくかなしきこと、この男にほだされて」とてなむ泣きける。かかるほどに、帝聞こしめしつけて、この男をば流しつかはしてければ、この女のいとこの御息所、女をばまかでさせて、蔵にこめてしをりたまうければ、蔵にこもりて泣く。

なるのだろうか。

（飯田隆『分析哲学　これからとこれまで』より、一部省略）

〔注〕○カント――ドイツの哲学者（一七二四～一八〇四）。
○西田幾多郎――日本の哲学者（一八七〇～一九四五）。独自の哲学体系を築き上げ、京都学派を創始した。
○論理実証主義――観察などにより真偽を検証できない哲学的な主張は無意味だとする哲学上の考え方。

問一　傍線部(ア)「哲学のための十分な言語を作り出すことのむずかしさ」とあるが、どういうことか。八〇字以内で説明しなさい。

問二　傍線部(イ)「こうした文を生み出したひとが、その意味を説明できない」とあるが、それはなぜか。八〇字以内で説明しなさい。

問三　傍線部(ウ)「その底には、哲学観の変化がある」とあるが、どういうことか。八〇字以内で説明しなさい。

問四　傍線部(エ)「またしても皮肉なことに、一般の読者のための優れた哲学書を生み出せるほどに日本の哲学言語が成熟したまさにそのときに、この言語に未来はないということになる」とあるが、どういうことか。本文全体の論旨をふまえたうえで、一六〇字以内で説明しなさい。

問五　傍線部(a)～(e)を漢字に改めなさい。はっきりと、くずさないで書くこと。

見出せないでいる、もっともむずかしい問題でもあるが、それは、世界のなかでの自分の位置について考えようとするひとならば必ず関心をもつような問題でもある。

何かを選択したり、行うとき、われわれは自由にそうしているのか。

時間は実在するか。

すべてがそのうちになくなるのならば、人生に意味はあるのか。

こうした問いは、哲学の教育を何ら受けていない人であっても、ときには気になる問いである。論理実証主義者がかつてそうしたように、これを擬似問題として退けることはできない。こうした問いの背景に何らかの誤解や見落としがあったとしても、そうした誤解や見落としを指摘するだけでは、問いを追い払うことはできない。こうした問いに真剣に取り組み、それがどんな内容をもち、誰をも満足させるような答えを与えるのがむずかしいのはなぜかを、普通の人にわかるような平易な言葉で説明するのは、哲学者の仕事である。

現在の日本には、哲学を専門とする教師や学生といった範囲を超えた広い読者をもつ何人かの哲学者がいる。かれらの書くものは、哲学の何らかの分野の専門家に向けられたものではない。それは、現在の日本の文学のなかで、小さくはあるが、決して無視できない部分を占めている。日本の文学の将来についての水村の憂いが、もしも正しければ、こうした哲学の文章もまた、日本語で書かれた文学一般と同じ運命をたどることになろう。そうすると、(エ)またしても皮肉なことに、一般の読者のための優れた哲学書を生み出せるほどに日本の哲学言語が成熟したまさにそのときに、この言語に未来はないということになる。

だが、本当だろうか。将来においては、専門家のためであれ、一般の読者のためであれ、哲学はすべて英語でなされるようにこうした展開が生じたのが、哲学の国際化と国際共通語としての英語の独占的優位の確立と、ほぼ時期を同じくしたということは、大きな皮肉である。

最近生じた哲学の国際化は、哲学がより広範囲の地域のより多くの人々にとって重要となったから生じたということでは決してない。哲学がよりポピュラーになったというのではなく、その反対に、哲学が高度に専門化したことがむしろ哲学の国際化を推進してきたのである。哲学、少なくともアカデミックな哲学は、現在、多くの専門分野に分かれ、それぞれの分野の専門家のためになされている。

こうした専門化は、その必要性が容易に予想できる分野、たとえば、物理学の哲学、生物学の哲学、数学の哲学、あるいは、哲学史の諸分野だけにとどまるものではない。存在論、認識論、倫理学といった、哲学の中核的分野までが、専門家のものになっている。こうした分野のどれについても、その分野の研究者になりたいと思う者は、専門用語に満ち、しばしばテクニカルでもある、(e)ボウダイな先行研究をマスターしなければならない。

哲学における専門化は、専門家どうしの国際的な意見交換のための共通言語として英語を採用することを伴っている。これは、自然科学の多くの分野で生じたのと同じことである。いまや哲学においてさえ、哲学の特定の主題に関して独創的な貢献をしたいと思うならば、英語で発表しなければならないという状況になっている。

現在見られるような専門化にまったく何の利点もないわけではない。哲学の問題のなかには、その解決のために、それに専念する人々からの集中的な努力を必要とするものもある。そして、それは、科学哲学や哲学的論理学といった専門的な分野だけとは限らない。

しかしながら、そうした問題が哲学のすべてではない。哲学はいつも専門家だけのものであったわけではない。ある重要な意味で、それは、すべての人のためのものである。哲学のなかのもっとも重要な問題は同時に、何世紀にもわたって満足な解決をこうした状況に対抗して、自分の責任で哲学用語を使おうとする若い世代の哲学者が出てきた。こうした哲学者たちは、自分が哲学の言葉をどのように使うつもりかを、翻訳語のもとになった西洋の言葉に訴えることなく、意識的に特徴づけようと努めた。それと同時に、日常の言葉からそれほどかけ離れていない言葉で哲学の議論を行おうともした。こうすることで、西田幾多郎を中心とする京都学派に代表されるような秘教的な哲学のスタイルを追放しようとした。

哲学では抽象的な概念を表す表現を使わないで済ますことはできないが、若い世代のこうした哲学者たちは、具体的な例を通じてそうした表現に説明を与えようとした。同様に重要なのは、仏教や儒教の用語を借りて西洋の抽象名詞の訳語として作られた日本語の抽象名詞を使わずに、自分が何を言いたいのかを表現することである。抽象名詞の使用を避ける良い方法は、議論の主題と関係する領域に関して使われる動詞や形容詞に注目することである。たとえば、日本語の「現象」は、「phenomenon」や「phenomena」に対応すると考えられるが、この名詞を扱うよりは、英語の「appear」や「occur」に対応するような日本語の動詞は何だろうかと考える方が、ずっと有益だろう。

これはちゃんとした研究が必要だが、一九六〇年代に書かれた日本語の哲学の文章を眺めるならば、相変わらず、もっぱら漢字で表された抽象名詞でページが黒くみえるようなものに混じって、それほど漢字で埋め尽くされていないために白っぽくみえるものがあることに気付く。こうした文体の変化の背景にあるのは、哲学用語に対する態度の変化であり、さらに、(ウ)その底には、哲学観の変化がある。

前の世代から受け継いだ哲学言語を、日本の哲学者が意識的に作り直そうとし始めてから、だいたい半世紀経った。哲学の一部には、難解さが深遠さのしるしだとみなされるような場所がまだ存在するとはいえ、一般に、哲学にかかわる人々のあいだで、表現が明瞭であることは、すぐれた哲学の文章であるために必要だと認められている。そして、現在われわれは、自分たちの用途に十分であるような哲学の言語を所有している。

イツ語で読むだろう。しかし、よほどドイツ語に堪能でない限り、カントの文章の理解には日本語の助けが必要になる。それはいったん日本語に「翻訳」されて理解されることになる。カントが用いているドイツ語の言葉が、その訳語とされる日本語の言葉で置き換えられることによって、カントが言っていることを理解したような錯覚が容易に生まれる。こうした置き換えによって生じた文は日本語の文のようにみえる。しかし、実際のところそれは、ドイツ語のいくつかの語を、日本語の「てにをは」で結び付けたものにすぎない。(イ)こうした文を生み出したひとが、その意味を説明できないことに何の不思議もない。

現在から振り返るならば、日本で哲学言語がいちおうの成熟をみたのは一九六〇年代のことだったと言える。それは、日本人が西洋哲学を取り入れ始めてから百年後のことである。この時期、日本の哲学者の大多数はまだ、以前通りの仕方で哲学について語ったり、書いたりしていたが、何人かの哲学者は、これまでとは異なるやり方で、哲学用語に向き合おうとし出していた。

先に述べたように、哲学用語の大部分はヨーロッパの言葉の訳語として始まった。もとの言葉を知っている者にとっては、自分がこうした訳語を、その原語と同じ意味で用いていると信じるのはたやすいことだった。こうした者は、日本語の哲学用語の意味を定義したり特徴づけたりする必要を感じなかっただろう。なぜならば、もとのヨーロッパの言葉を示すことで足りると考えたからである。しかし、もとの言葉が何を意味するのかは、ごくぼんやりとしかわかっていないということは、十分にありうる。その場合当然、日本語の哲学用語の意味についても、ぼんやりとした把握しかもたないことになる。その結果頻繁に起こることは、ひとが、哲学的主題について流暢《りゅうちょう》に語ったり書いたりするにもかかわらず、自分が何について語り書いているのかわかっていないということである。これは、個人のなかだけではなく、複数のひとのあいだでも生じうる。一見(d)カンペキに理解しあっている人々のあいだで哲学の議論がスムースに進行しているとみえながら、実際のところ生じているのは、何の理解も伴わない言葉のやり取りだけといった事態である。

哲学は日本の社会に、結局根付かなかったと言うひとまでいるかもしれない。西洋の哲学が近代日本で経験したこうした困難にはいくつかの理由があるが、(ア)哲学のための十分な言語を作り出すことのむずかしさが、そのひとつであったことは疑いない。

哲学は、ある程度一般的で抽象的な概念を必要とする。西洋哲学がもたらされるまで日本語にそうした概念を表す言葉がなかったわけではない。儒教および仏教の伝統には、そうした言葉と概念が存在した。これは主として、漢字の組み合わせによって表される、中国から渡ってきた言葉と概念であり、それゆえ、普通の人々の話す日常の言葉とは区別される特殊な語彙を形作っていた。明治維新の直前に西洋の哲学が日本に入ってきたとき、儒教や仏教の伝統に属する語彙とは別の、しかし、同様に特殊な語彙が、ごく短期間のあいだに作られた。しかも、その際、儒教や仏教に由来する語が転用されることもしばしば生じた。

哲学のための新しい用語をもつことで、われわれは自身の言語で、西洋に由来する哲学的問題や主張を議論できるようになった。たとえば、決定論と自由の問題や、カントの哲学について、ヨーロッパの言葉を通じてではなく、日本語で論じられるようになった。このことによる恩恵は過小評価されるべきではない。しかしながら、近代の先人たちから受け継いだ、こうした哲学の言葉は、多くの弊害ももたらした。

最大の問題は、こうした哲学用語が、日本語の一部として確立してから出てきた。まがりなりにも日本語の一部となったということは、ひとが、その正確な意味に思いわずらわなくとも使うことができるということである。実際、ひとは自分の用いている言葉の意味を正確に理解して用いているのではない。自身の言語の一部であるという理由だけで、言葉にはその意味がついてくるとひとは考える。哲学用語についても同じである。それゆえ、ひとは、正確な意味どころか、(c)バクゼンとした意味の了解も伴わずに、哲学用語を使うようになる。その結果は、理解の錯覚の蔓延《まんえん》である。しかも、こうした錯覚にもっとも陥りがちなのは、哲学を「専門とする」教師や学生である。

この錯覚は、たとえば次のような仕方で生じる。カントを真剣に研究したいという学生ならば、カントのテキストをもとのド洋の影響を受けて急速に(a)ヘンボウして行く社会が生み出す新しい主題に取り組むだけでなく、そうした主題に適した日本語を作り出す必要があった。同じことは自然科学についても言える。西洋の科学が日本に根付き始めたのは、近代文学の成立とちょうど同じ時期のことであるが、科学に携わった日本人が最初にしなければならなかったのは、大量の専門用語を始めとする科学のための言語を作り出すことであった。

しかしながら、一九世紀後半において、自然科学はすでに国際的な営みとなっていたのに対して、ルネサンス以後の西洋において、文学とは、特定の国民文化の一部であり、その国民の言語と結び付いたものとみなされていた。一九世紀末にそうした文学の観念に初めて触れた日本人が、日本語で書かれた国民文学を作り出そうと考えたことに不思議はない。問題は、当時の日本人が扱おうとしていた主題を表現できるような日本語がまだ存在しなかったことである。多くの試行錯誤の末、こうした日本語が作り出され、比較的自在に使うことのできる文学言語を所有するまでになった。

ごく最近まで、日本の近代文学は、きわめて閉ざされた世界を形作っていて、作家も読者もこの状況に満足していたように思われる。だが、グローバリゼーションの進行と、日本国内での読者の減少は、日本語でこれから書かれる作品にどれだけの将来性があるかを危惧させるまでになっている。文学に関係する人々のあいだで、水村の本が大きな反響を呼んだ原因のひとつは、ここにあろう。

明治のはじまりの頃に、当時の西洋の小説や戯曲を知るようになった若者たちは、それが自分たちが親しんできた江戸時代の物語や(b)シバイとまったく異なることを痛感したに違いない。同様に、同時代の西洋の哲学に触れる機会のあった日本人は、そこに、儒教や仏教のとはまったく異なる新しい観念の世界が広がっていることに気付いただろう。

西洋の哲学が日本の近代社会に足場をもつようになるには、文学の場合とは比べものにならないほどの困難があった。西洋の

国語

（文・国際人間科・法・経済学部：一〇〇分　経営学部：八〇分　海洋政策科学部：六〇分）

（注意）経営学部は一・二、海洋政策科学部は一のみ解答のこと。

一　次の文章を読んで、問一〜五に答えなさい。（配点八〇点）

しばらく前のことになるが、『日本語が亡びるとき』という本が話題をよんだことがある。その副題に「英語の世紀の中で」とあるように、この本は「グローバル化」して行く世界のなかで、日本語に生き残る余地はあるかという問いを提起したものである。著者の水村美苗は小説家であり、それゆえ、そこでの考察の中心は、日本語で書かれた文学作品の運命ということにある。日本語で書かれている限り、そうした作品の読者は国際的には少数にとどまり、世界の文学全体のなかではたして意義をもちうるだろうかというのが、著者の心配である。

こうした心配に根拠がないわけでないことは、自然科学における状況を見るだけでよくわかる。いまや自然科学のほぼすべての分野において、新しい研究は英語で発表されなければ、発表されなかったと同じことになってしまう。この傾向は自然科学にとどまらず、社会科学や人文科学の分野においても、同様の「英語の支配」は進みつつある。

こうした事態は、日本の近代文学が辿《たど》った道に照らすとき、きわめて皮肉なものとなる。日本の近代文学の開拓者たちは、西

//////////////////// ・memo・ ////////////////////

2021年度

問題編

■前期日程

問題編

▶試験科目・配点

<table>
<tr><th colspan="3">学部・学科等</th><th>教　科</th><th colspan="2">科　　目</th><th>配　点</th></tr>
<tr><td colspan="3" rowspan="3">文</td><td>外国語</td><td colspan="2">英語，ドイツ語，フランス語，中国語から１科目選択</td><td>125点</td></tr>
<tr><td>数　学</td><td colspan="2">数学Ⅰ・Ⅱ・Ａ・Ｂ</td><td>75点</td></tr>
<tr><td>国　語</td><td colspan="2">国語総合・現代文Ｂ・古典Ｂ</td><td>150点</td></tr>
<tr><td rowspan="13">国際人間科</td><td colspan="2" rowspan="3">グローバル文化</td><td>外国語</td><td colspan="2">英語，ドイツ語，フランス語，中国語から１科目選択</td><td>160点</td></tr>
<tr><td>数　学</td><td colspan="2">数学Ⅰ・Ⅱ・Ａ・Ｂ</td><td>80点</td></tr>
<tr><td>国　語</td><td colspan="2">国語総合・現代文Ｂ・古典Ｂ</td><td>160点</td></tr>
<tr><td colspan="2" rowspan="4">発達コミュニティ，子ども教育</td><td>外国語</td><td colspan="2">英語，ドイツ語，フランス語，中国語から１科目選択</td><td>175点</td></tr>
<tr><td>数　学</td><td colspan="2">数学Ⅰ・Ⅱ・Ａ・Ｂ</td><td>75点</td></tr>
<tr><td>国　語</td><td>国語総合・現代文Ｂ・古典Ｂ</td><td rowspan="2">から１教科選択</td><td rowspan="2">150点</td></tr>
<tr><td>理　科〈省略〉</td><td>「物理基礎・物理」，「化学基礎・化学」，「生物基礎・生物」，「地学基礎・地学」から２科目選択</td></tr>
<tr><td rowspan="6">環境共生</td><td rowspan="3">文科系受験</td><td>外国語</td><td colspan="2">英語，ドイツ語，フランス語，中国語から１科目選択</td><td>200点</td></tr>
<tr><td>数　学</td><td colspan="2">数学Ⅰ・Ⅱ・Ａ・Ｂ</td><td>100点</td></tr>
<tr><td>国　語</td><td colspan="2">国語総合・現代文Ｂ・古典Ｂ</td><td>150点</td></tr>
<tr><td rowspan="3">理科系受験</td><td>外国語</td><td colspan="2">英語，ドイツ語，フランス語，中国語から１科目選択</td><td>200点</td></tr>
<tr><td>数　学〈省略〉</td><td colspan="2">数学Ⅰ・Ⅱ・Ⅲ・Ａ・Ｂ</td><td>150点</td></tr>
<tr><td>理　科〈省略〉</td><td colspan="2">「物理基礎・物理」，「化学基礎・化学」，「生物基礎・生物」，「地学基礎・地学」から２科目選択</td><td>200点</td></tr>
</table>

法		外国語	英語，ドイツ語，フランス語，中国語から１科目選択	150点
		数 学	数学Ⅰ・Ⅱ・Ａ・Ｂ	75点
		国 語	国語総合・現代文Ｂ・古典Ｂ	150点
経済	数学選抜	数 学	数学Ⅰ・Ⅱ・Ａ・Ｂ	400点
	英数選抜	外国語	英語	200点
		数 学	数学Ⅰ・Ⅱ・Ａ・Ｂ	200点
	総合選抜	外国語	英語	150点
		数 学	数学Ⅰ・Ⅱ・Ａ・Ｂ	125点
		国 語	国語総合・現代文Ｂ・古典Ｂ	125点
経 営		外国語	英語	150点
		数 学	数学Ⅰ・Ⅱ・Ａ・Ｂ	100点
		国 語	国語総合・現代文Ｂ・古典Ｂ（漢文を除く）	100点
海洋政策科	文系科目重視型	外国語	英語	200点
		数 学	数学Ⅰ・Ⅱ・Ａ・Ｂ	150点
		国 語	国語総合・現代文Ｂ（古文，漢文を除く）	150点
	理系科目重視型	外国語	英語	150点
		数 学〈省略〉	数学Ⅰ・Ⅱ・Ⅲ・Ａ・Ｂ	150点
		理 科〈省略〉	「物理基礎・物理」必須。「化学基礎・化学」，「生物基礎・生物」，「地学基礎・地学」から１科目選択	200点

▶備 考

- 英語以外の外国語は省略。
- 英語は，コミュニケーション英語基礎・Ⅰ・Ⅱ・Ⅲ，英語表現Ⅰ・Ⅱ，英語会話を出題範囲とする。
- 数学Ｂでは，「数列」及び「ベクトル」の２分野を出題範囲とする。
- 各教科・科目の試験の配点は，外国語125点，数学（文系）75点，国語150点（経営学部は120点，海洋政策科学部文系科目重視型は80点）である。ただし，各学部の入学者選抜のための配点は，上の表に示した傾斜配点による点数を使用する。

- 経済学部は「数学選抜」「英数選抜」「総合選抜」の３区分から１つを選択する。

英語

（80 分）

I　次の文章は，近年のミツバチの減少について書かれたものである。この文章を読んで，問 1 ～ 4 に答えなさい。（配点 35 点）

The Food and Agriculture Organization of the United Nations (FAO) states that there are 100 crop species that provide 90% of the food around the world and 71 of these are pollinated* by bees. In Europe alone, 84% of the 264 crop species and 4,000 plant varieties exist thanks to pollination by bees.

In Europe, bee populations and honey reserves have declined dramatically since 2015 — by 30% per year in some areas. And the latest statistics from beekeepers in the USA are not much more (　A　) — according to the Bee Informed Partnership poll, last winter 37% of honeybee colonies* died, 9% more than the usual average for winter deaths. But why are these insects disappearing?

In Oregon 50,000 bees died due to the effects caused by a pesticide; this is an example of how different substances can have an impact. The European Food Safety Agency (EFSA) confirmed that the cause behind the mass death of bees in Europe is specifically the use of a particular type of fertilizer* called neonicotinoids. The mixture of substances (　B　) with the learning circuits in insects' brains. They make the bees slower to learn or they completely forget basic associations for their survival, such as linking floral aroma and food. The bees die as they are not able to feed themselves.

In 2018, the European Union decided to completely ban outdoor use of three neonicotinoid insecticides* that are frequently used worldwide in corn, cotton and sunflower crops. And the European Parliament has already proposed that (　C　) usage of these insecticides should become a key objective of the common agricultural policy (CAP) in the future.

The Varroa mite* is one of bees' greatest enemies and one of the biggest causes of

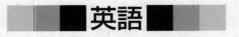

their disappearance. It is an external parasite that invades the insect and feeds on its blood and also transmits lethal viruses to the rest of the hive, including deformed wing virus*. This mite has spread across most of the world, except Australia so far.

A group of scientists from the University of Texas at Austin, USA, have developed a project that is pioneering the use of genetic engineering to improve bee health. The project involves creating genetically modified strains of bacteria* that live in the honeybees' digestive system to protect them from this destructive mite that causes colonies to collapse.

According to the study (1), bees with genetically modified bacteria are 36.5% more likely to survive deformed wing virus. Mites that feed on these bees are 70% more likely to die than mites that feed on bees that have not received any treatment.

Air pollution also reduces the strength of chemical signals sent out by flowers, causing bees and other insects to find it more difficult to locate them. Climate change makes the situation even worse as it alters flowering and the amount of plants due to rainy seasons, which affects the quantity and quality of nectar*.

In (D) of the above, the disappearance of bees would cause a true food crisis. Around 84% of commercial crops depend on bee pollination. For example, in Andalusia (Spain) in 1987 a good sunflower harvest was expected but this did not occur due to the lack of beehives; this was caused by the loss of bees from the Varroa mite.

As for the elimination of the Varroa mite and the ban of the pesticides, we will have to wait and see how effective the measures are in preventing the loss of bees. We can fight this problem in our everyday life by taking steps to combat climate change and pollution. Even so, we are faced with questions such as: Are we in time to fix it or should we also work on preventing this phenomenon? (2) Are other animals disappearing that at first do not seem to be essential yet without whose activity we could not conceive life?

注 pollinate ～に受粉する； honeybee colonies ミツバチの蜂群
fertilizer 肥料； insecticides 殺虫剤
mite ダニ； deformed wing virus 羽変形病ウイルス
strains of bacteria バクテリアの菌株
nectar 花蜜（ミツバチが集める花の蜜）

問 1　空所（　A　）～（　D　）に入る最も適切な語を，それぞれの選択肢から一つ選び，記号で答えなさい。

(A)　(ア)　depressing　(イ)　reassuring　(ウ)　suggestive　(エ)　trustworthy
(B)　(ア)　accords　(イ)　cooperates　(ウ)　copes　(エ)　interferes
(C)　(ア)　assuring　(イ)　developing　(ウ)　reducing　(エ)　supporting
(D)　(ア)　advance　(イ)　light　(ウ)　order　(エ)　spite

問 2　下線部(1) the study とはどのようなものか，その目的と方法が具体的に分かるように，35 字以内の日本語で説明しなさい（ただし，句読点も 1 字に数えます）。

問 3　ミツバチの減少に対してとられているさまざまな方策について，筆者はどのような態度を示しているか，25 字以内の日本語で説明しなさい（ただし，句読点も 1 字に数えます）。

問 4　下線部(2)を日本語に訳しなさい。

Ⅱ　次の文章は，「STEM 教育」について書かれたものである。この文章を読んで，問 1 ～ 5 に答えなさい。（配点 35 点）

Women and girls are underrepresented in science, technology, engineering, and mathematics (STEM) education and careers. One prevalent (a) explanation for women's underrepresentation in STEM is the gender gap in math performance favoring males, particularly spatial skills. Research suggests that gender gaps in math performance emerge in middle school or high school; however, meta-analyses* indicate this gap has disappeared.

Given the evidence from meta-analyses, an ability explanation for women's underrepresentation in STEM is less plausible; many other explanations, including broad contextual factors (societal expectations, parental and peer influence, and climate within STEM majors and organizations) and women's motivations, math ability self-assessment, and choices, are well-supported. From a sociocultural perspective, research has documented how environments dominated by males can be threatening to women and girls and can (b)elicit stereotype threat, which can lower their sense of belonging, increase feelings of exclusion and isolation, and lead to disengagement from the domain.

Stereotype threat is the phenomenon in which members of a stereotyped group worry that their performance on an evaluative task will be judged according to a negative group stereotype indicating inferiority in the domain. The stereotype relevant to STEM education is that women and girls are not as competent in math as men and boys. Thus, when women and girls take math tests, they may worry that their performance will be judged according to this stereotype and they may fear confirming the stereotype if they perform poorly. (1)This threat can lead to negative outcomes such as poor test performance and disengagement from the domain.

Arguably, the most widely studied academic performance outcome for women in the stereotype threat literature is math test performance; other less frequently studied outcomes include more negative attitudes toward the domain and lower intentions to pursue education and careers in the domain. For example, it was found that women taking a math test had poorer performance when they were told the test was diagnostic of math ability than when they were told the test was not diagnostic. In a diagnostic testing situation, women performed poorly because they feared confirming the stereotype that "women are not as good at math as men" ; when women were told that no gender differences have been found on a math test, the women performed better than when no such information was given. Thus, stereotype threat is one factor in women's underperformance in math. If women are worried about validating gender stereotypes regarding women's math ability, this additional cognitive burden may lead (2)to (　A　) performance, feeling a (　B　) of belonging in the field of mathematics, and (　C　) the domain.

As shown by these results, one important variable examined in stereotype threat research is gender identity, or the centrality and importance a person places on gender as part of one's larger self-concept. Research on gender identity among adults has shown that women who strongly identify with their gender are more (c)vulnerable to the negative effects of stereotype threat, presumably because they care more about confirming stereotypes that reflect poorly on their gender group. Performance pressure, not wanting to make the group look bad, or group-level stereotype threat, leads to underperformance for women who are highly gender identified.

However, a recent study showed that (3) because stereotype threat is triggered within educational contexts, it can be reduced through interventions to promote mathematics and science education, thus improving the educational pipeline leading to good careers in STEM. Educators, parents, practitioners, and policy makers can learn more about stereotype threat through many publicly accessible resources and partner with social scientists to carry out these interventions on a large scale.

注　meta-analyses　メタ分析（複数の研究結果を統合し，より高次の見地から行う分析）

問 1　下線部(a)〜(c)の単語または語句について，本文中における意味に最も近いものを，それぞれの選択肢から一つ選び，記号で答えなさい。

(a)　prevalent
- (あ)　common
- (い)　exclusive
- (う)　immediate
- (え)　possible

(b)　elicit
- (あ)　get rid of
- (い)　give rise to
- (う)　put up with
- (え)　be concerned about

(c)　vulnerable to
- (あ)　highly resistant to
- (い)　easily influenced by
- (う)　relatively indifferent to

出典追記：Stereotype Threat Among Girls: Differences by Gender Identity and Math Education Context, Psychology of Women Quarterly vol.41 (4) by Bettina J. Casad, Patricia Hale, and Faye L. Wachs, Sage Publications

(え) strongly encouraged by

問 2　次の文は，下線部(1) This threat の内容を説明したものである。本文の内容に即して，空所［　イ　］と［　ロ　］に入る適切な日本語の文を書きなさい。

［　　イ　　］というステレオタイプの影響によって，［　　ロ　　］のではないかという脅威

問 3　下線部(2)の空所（　A　）～（　C　）に入る最も適切な単語の組み合わせはどれか。選択肢(あ)～(え)から一つ選び，記号で答えなさい。

	（ A ）	（ B ）	（ C ）
(あ)	different	state	improving
(い)	improved	sense	entering
(う)	inferior	fail	rejecting
(え)	lower	lack	leaving

問 4　下線部(3)を日本語に訳しなさい。

問 5　本文の内容と合致する文を選択肢から二つ選び，記号で答えなさい。

(あ) Educational interventions can pave the way for women to pursue rewarding careers in STEM fields.

(い) The possible factors that explain women's underrepresentation in STEM are relatively predictable.

(う) Gender gaps in math performance which emerge in early childhood education tend to increase over time.

(え) Male-dominated environments can lead to stereotype threat, resulting in lower math performance of women.

(お) Decreasing a feeling of exclusion is pivotal in building women's negative attitudes toward STEM majors and careers.

(か) Women are more likely to perform well on math tests when they are informed that their math ability is being assessed.

Ⅲ 次の文章は，アメリカのある経営学大学院での “Digital Transformation” という授業における議論の一部である。この文章を読んで，問 1 ～ 4 に答えなさい。(配点 30 点)

Student A: Artificial intelligence, or AI is a powerful technology. If humankind can find a way to regulate and use AI ethically, I truly believe this technology will bring (a)unparalleled advancement and benefits to our way of living.

Professor: There is a problem, and it comes with the use of that one single word: ethically. AI may have amazing potential, but the fast-moving technology needs to be employed carefully and thoughtfully.

Student A: If AI is not regulated, a lot of harm can be done.

Professor: (1)For some three decades, digital technology has continued its never-ending march of progress, remaking and disrupting a wide range of industries. Looking at the efforts of organizations to transform themselves digitally today, we are going to examine some cases that investigated AI ethics.

Assistant Professor: It's a timely topic. I think the public is becoming more aware of the effect of algorithms* and AI. Digital transformation should be responsive to not only customer needs, but also to the consequences it has for society.

Student B: I think AI is going to drastically change the way businesses operate in the very near future. I hope that the major corporations, and citizens of the globe, will ensure it is rolled out responsibly.

Assistant Professor: We are in a reflection phase. There is a movement. Companies are starting to realize they have to be responsible in how they use this technology. Let me liken this movement to sustainability. About 20 years ago, companies began thinking about their environmental impacts because of the increasing concerns of their customers. Companies had to look at sustainability. It became a part of how they presented themselves. I think we're seeing (2)a similar shift in technology.

Professor: Still, there are concerns. Biases, for one, can creep into algorithms. The technology behind self-driving cars can more easily identify white pedestrians than nonwhite ones, which makes them a higher risk for being struck. Discrimination can be baked into banking algorithms, making it harder for people of color to obtain loans.

Assistant Professor:　The autonomy built into these systems is raising the <u>stakes</u>(b). It has to be built with some sort of ethical framework.

Professor:　Because the technology is advancing at such a rapid pace, reigning it in may be difficult.

Student B:　The optimistic part of me thinks that most companies understand there is significant value to their consumers by utilizing technology responsibly, but there is no way <u>legislation</u>(c) is going to be able to keep up.

Assistant Professor:　This discussion went very well. I believe that our students, who are well versed in social responsibility and business model design, are uniquely positioned to consider these issues that emerge in the future.

Student A:　I am full of excitement and am optimistic that we can use AI for good. However, any technology is nothing more than a tool. It's a double-edged sword that has the ability to enslave or empower humanity.

注　algorithms　アルゴリズム(コンピューターなどで演算手続きを指示する規則)

問 1　下線部(1)を日本語に訳しなさい。

問 2　下線部(2)を 40 字以内の日本語で説明しなさい(ただし，句読点も 1 字に数えます)。

問 3　下線部(a)～(c)の意味と最も近い単語を，それぞれの選択肢から一つ選び，記号で答えなさい。

(a)　<u>unparalleled</u>

(あ)　comparable

(い)　exceptional

(う)　expected

(え)　explanatory

出典追記：Why AI Ethics Are So Important, Babson Thought & Action on June 12, 2020 by John Crawford

(b) <u>stakes</u>

(あ) charges

(い) interests

(う) profits

(え) risks

(c) <u>legislation</u>

(あ) court

(い) government

(う) justice

(え) law

問 4 本文の内容と合致するものを以下の選択肢の中から二つ選び，記号で答えなさい。

(あ) It is necessary for humans to be optimistic about the future of AI technology.

(い) Governments should be more cautious in enacting rules that regulate AI technology.

(う) Humans should not fail to be aware of the ethics in using AI technology properly.

(え) AI technology is supposed to contribute to solving various issues of racial discrimination.

(お) Companies' efforts to utilize AI technology result in facilitating environmental consciousness.

(か) AI technology has advantages as well as disadvantages in terms of its impact on human society.

Ⅳ The following is an excerpt from the article posted on a website. Read the passage and answer the following questions in English. (配点 25 点)

> In comparison to students of neighboring countries such as China and Korea, Japanese students show less interest in study abroad. According to the UNESCO database, Japan was ranked 23rd, with 33,494 post-secondary students studying abroad in 2012. In this same year, there were 698,395 students and 121,437 students studying abroad from China and Korea, respectively. Many experts have attributed the decline in the number of young Japanese studying abroad to their deep-seated "inward-oriented tendency" (*uchimukishikou* in Japanese). Although some scholars argue that this characteristic is not solely confined to Japanese youth, there is great interest among Japanese scholars and politicians in understanding this tendency among Japanese youth.

(1) Explain "inward-oriented tendency (*uchimukishikou*)" among Japanese youth with some example(s) other than studying abroad, using around 40 words.

(2) What do you think about the idea expressed in the underlined sentence? Write your opinion, using around 60 words.

数学

(80分)

1. iを虚数単位とする．以下の問に答えよ．(配点25点)

(1) $n=2, 3, 4, 5$のとき$(3+i)^n$を求めよ．またそれらの虚部の整数を10で割った余りを求めよ．

(2) nを正の整数とするとき$(3+i)^n$は虚数であることを示せ．

2. k, x, y, zを実数とする．kが以下の(1), (2), (3)のそれぞれの場合に，不等式

$$x^2+y^2+z^2+k(xy+yz+zx) \geqq 0$$

が成り立つことを示せ．また等号が成り立つのはどんな場合か．(配点25点)

(1) $k=2$

(2) $k=-1$

(3) $-1<k<2$

3. 水平な地面に一本の塔が垂直に建っている (太さは無視する). 塔の先端を P とし, 足元の地点を H とする. また, H を通らない一本の道が一直線に延びている (幅は無視する). 道の途中に 3 地点 A, B, C がこの順にあり, $\mathrm{BC} = 2\mathrm{AB}$ をみたしている. 以下の問に答えよ. (配点 25 点)

(1) $2\mathrm{AH}^2 - 3\mathrm{BH}^2 + \mathrm{CH}^2 = 6\mathrm{AB}^2$ が成り立つことを示せ.

(2) A, B, C から P を見上げた角度 $\angle\mathrm{PAH}$, $\angle\mathrm{PBH}$, $\angle\mathrm{PCH}$ はそれぞれ 45°, 60°, 30° であった. $\mathrm{AB} = 100\,\mathrm{m}$ のとき, 塔の高さ PH (m) の整数部分を求めよ.

(3) (2) において, H と道との距離 (m) の整数部分を求めよ.

〔注〕○尺 ―― 長さの単位。北宋時代においては、約三〇・七二センチメートル。
○名輩 ―― 名手。ここでは優れた画家のこと。
○払拭 ―― はらいぬぐうこと。ここでは、筆や刷毛によって墨や絵具を軽く施すこと。
○神観 ―― 絵画が真に迫り、極めて優れているさま。
○迥然 ―― 輝くさま。
○生動 ―― 生気にあふれたさま。
○庸人 ―― 普通の人。凡人。
○沈括 ―― 北宋時代の官僚。生没一〇三一～一〇九五。

問一　傍線部(ア)「馬毛細、不可画」、(イ)「当画毛」をそれぞれ現代語訳しなさい。

問二　傍線部(A)「此乃以大為小」は、どのようなことを述べているのか、「大」と「小」の意味を明らかにして二〇字以内で説明しなさい。

問三　波線部「遂亦不摸、此庸人襲跡」とあるが、これは庸人が馬を牛や虎の大きさで描く時にどのようにすることを述べているのか、本文に即して七〇字以内で具体的に説明しなさい。

問四　二重傍線部①「惟」、②「須有別」、③「而已」、④「若」をすべて平仮名で書き下しなさい（現代仮名遣いでよい）。

三　次の文章は、馬を描く際の心得について述べたものである。これを読んで、問一～四に答えなさい（設問の都合で返り点や送り仮名、振り仮名を省略した部分がある）。（配点三〇点）

画《クニ》二牛・虎《ヲ》一皆画《クモ》レ毛《ヲ》、①惟馬《ノミニハ》不レ画《カ》。余嘗《かつテ》以《テ》問《フニ》二画工《ニ》一、工言《ハク》「(ア)馬毛細、不可画。」予難《ジテ》レ之《ヲ》曰《ク》「鼠《ねずみノ》毛《ハ》更《ニ》細《キニ》、何《ノ》故《ニ》却《テ》画《クカト》。」工不レ能《ハ》レ対《フル》。大凡《おほよそ》画《クニ》レ馬《ヲ》、其大《キサ》不《レバ》レ過《ギ》レ盈《みたスニ》レ尺《ヲ》、(A)此乃以大為小、所二以《ナリ》毛細《クシテ》而不《ル》レ可《カラ》レ画《ク》。鼠乃《チ》如《クナラバ》二其大《キサノ》一、(イ)自当画毛。然《ルニ》牛・虎《モ》亦《タ》是以大為小、理亦《タ》不《ルモ》レ応《ニ》《カラ》レ見《あらハス》レ毛《ヲ》、但《シ》牛・虎《ハ》深《キ》毛《ニシテ》、馬《ハ》浅《キ》毛《ナレバ》、②理須有別。故《ニ》名輩《ハ》為《つくルニ》二小牛・小虎《ヲ》一雖《モ》レ画《クト》レ毛《ヲ》、但《ダ》略《ほぼ》払《ふつ》拭《しよくスル》③而已、若務《メレバ》二詳密《ニ》一、翻《かへつテ》成《ル》二冗長《ト》一。約略《ほぼ》払拭《スレバ》、自《ラ》有《リテ》二神観《ヲ》一、迥《けい》然《ぜんトシテ》生動《タリ》。難《キ》レ可《キコト》下与《ニ》二俗人《ト》一論《ズ》上也。④若画《クニ》レ馬《ヲ》如《クナラバ》二牛・虎之大《ノ》一者、理《ハ》当画毛、蓋《シ》見《テ》二小馬《ノ》無《キヲ》レ毛、遂《ニ》亦不《ルハ》レ摸《うつサ》、此庸人《ノ》襲《ヒテ》レ跡《ヲ》、非《ザル》レ可《キニ》二与《ニ》論《ズル》レ理《ヲ》也。

（沈括《しんかつ》『夢《む》渓筆談《けいひつだん》』より）

○貞能 —— 平貞能。重盛に仕えた。

○無文 —— 蒔絵《まき》や彫刻などの装飾が施されていないこと。

問一　傍線部①～④を現代語訳しなさい。③は、具体的な内容を明らかにすること。

問二　傍線部Ⓐ「御涙にむせばせたまふ」について、その理由を五〇字以内で説明しなさい。

問三　傍線部Ⓑ「引出物」について、

⑴　その中身は何であったか、本文中から五字程度で抜き出しなさい。

⑵　これに込められた重盛の意図を、六〇字以内で説明しなさい。

問四　空欄ａ～ｃには、助動詞「けり」が入る。適切な活用形に直して答えなさい。

問五　『平家物語』と同じジャンルの文学作品を、次の中から一つ選び、記号で答えなさい。

イ『海道記』　ロ『源氏物語』　ハ『国性爺合戦』　ニ『太平記』　ホ『徒然草』

の杯《さかづき》をば、まづ少将にこそ取らせたけれども、②親より先にはよも飲みたまはじなれば、重盛まづ取り上げて、少将にささん」とて、三度受けて、少将にぞさされ［ b ］。少将また三度受けたまふとき、「いかに貞能、(B)引出物《ひきでもの》せよ」とのたまへば、かしこまつて承り、錦の袋に入れたる御太刀を取り出だす。「あはれ、これは家に伝はれる小烏《こがらす》といふ太刀やらん」など、よにうれしげに思ひて見たまふところに、さはなくして、大臣葬のとき用ゐる無文《むもん》の太刀にてぞありける。その時少将けしき変はつて、よにいまはしげに見たまひければ、大臣涙をはらはらと流して、「いかに少将、それは貞能がとがにもあらず。そのゆゑはいかにといふに、この太刀は大臣葬のとき用ゐる無文の太刀なり。③入道いかにもおはせんとき、重盛がはいて供せんとて持ちたりつれども、今は重盛、入道殿に先立ち奉らんずれば、御辺に奉るなり」とぞのたまひける。少将これを聞きたまひて、とかくの返事にも及ばず、涙にむせびうつぶして、その日は出仕もしたまはず、④引きかづきてぞふしたまふ。その後大臣熊野へ参り、下向して病つき、幾ほどもなくして、つひに失《う》せたまひけるにこそ、げにもと思ひ知られ［ c ］。

（『平家物語』より）

〔注〕
○この大臣 —— 平重盛のこと。
○春日大明神 —— 現在の奈良市にある春日大社。
○平家太政入道 —— 平清盛。重盛の父。
○一天の君 —— 天皇の尊称。
○妻戸 —— 出入り口の両開きの戸。
○瀬尾太郎兼康 —— 清盛に仕え、活躍した武士。
○御辺 —— 代名詞。そなた。

二　次の文章は、平重盛について書かれたものである。これを読んで、問一～五に答えなさい。（配点四〇点）

天性《てんぜい》この大臣《おとど》は不思議の人にて、未来のことをも、かねてさとりたまひけるにや、去んぬる四月七日の夢に見たまひけるこそ不思議なれ。たとへば、いづくとも知らぬ浜路《はまぢ》をはるばると歩み行きたまふほどに、道の傍らに大きなる鳥居のありけるを、「あれはいかなる鳥居やらん」と問ひたまへば、「春日《かすが》大明神の御鳥居なり」と申す。人多く群集したり。その中に法師の首を一つ差し上げたり。「さてあの首はいかに」と問ひたまへば、「これは平家太政入道殿、悪行超過したまへるによつて、当社大明神の召し捕らせたまひて候」と申すと覚えて、夢うちさめ、「当家は保元《ほうげん》・平治《へいぢ》よりこのかた、度々《どど》の朝敵を平らげて、勧賞《けんじやう》身に余り、かたじけなく一天の君の御外戚《くわいせき》として、一族の昇進六十余人、二十余年のこのかたは、楽しみ栄え、申すはかりもなかりつるに、入道の悪行超過せるによつて、一門の運命すでに尽きんずるにこそ」と、来し方行く末のことどもおぼしめし続けて、(A)御涙にむせばせたまふ。

をりふし、妻戸をほとほとと打ちたたく。「誰そ。あれ聞け」とのたまへば、「瀬尾《せのをの》太郎兼康《かねやす》が参つて候」と申す。「いかに、何事ぞ」とのたまへば、「ただ今不思議のこと候ひて、夜の明け候はんが遅う覚え候ふ間、申さんがために参つて候。①御前の人をのけられ候へ」と申しければ、大臣、人をはるかにのけて、御対面あり。さて兼康見たりける夢のやうを、始めより終はりまで詳しう語り申し　a　が、大臣の御覧じたりける御夢に少しもたがはず。さてこそ、瀬尾太郎兼康をば、神《しん》にも通じたるものにてありけりと、大臣も感じたまひけれ。

その朝《あした》、嫡《ちやく》子《し》権亮《ごんのすけ》少将《せうしやう》維盛《これもり》、院の御所へ参らんとて出でさせたまひたりけるを、大臣呼び奉りて、「人の親の身として、かやうのことを申せば、きはめてをこがましけれども、御辺《ごへん》は、人の子どもの中には優れて見えたまふなり。但しこの世の中の有り様、いかがあらむずらんと、心細うこそ覚ゆれ。貞能《さだよし》はないか。少将に酒勧めよ」とのたまへば、貞能御酌に参りたり。「こ物であるかに、強く依存して決まることである。

（青山拓央『心にとって時間とは何か』より）

問一　傍線部(ア)「それが本当に未来を良くするのかどうかは、議論の余地がある」とあるが、ここで筆者はどのような「議論」を提示しているか。八〇字以内で説明しなさい。

問二　傍線部(イ)「その態度とイーグルマンのあの提言とのあいだに明確な矛盾を見出すことは難しい」とあるが、どういうことか。八〇字以内で説明しなさい。

問三　傍線部(ウ)「非難の領域を残すのは、欺瞞や恣意性の入り込みやすい困難な作業である」とあるが、どういうことか。八〇字以内で説明しなさい。

問四　傍線部(エ)「現状の倫理を支えている過去志向的な認識は、たとえそれ自体としては虚偽を含んでいたとしても、人間集団の存続・拡大にとって未来志向的な効果をもちうる」とあるが、どういうことか。本文全体の論旨をふまえたうえで、一六〇字以内で説明しなさい。

問五　傍線部(a)～(e)を漢字に改めなさい。はっきりと、くずさないで書くこと。

そのふりができない人物は）、より強い叱責を受けるか、あるいは、「非正常」の括《くく》りに入れられてしまう。なぜ、それが「正常」でないのかは科学的に説明されないまま。

イーグルマンの提言に、私は必ずしも反対ではない。とりわけ、処罰への私たちの理解が非難の側に傾きすぎているなら、彼の提言から学んで修正の側にバランスを取ることは有益だろう。だが、彼の提言の背景にある科学的根拠を直視したとき、適度なバランス調整のもとで(ウ)非難の領域を残すのは、欺瞞《ぎまん》や恣意性の入り込みやすい困難な作業である。そして、その一方で、非難と修正のバランスをそれなりに取ることではなく、非難から修正へと完全に移行することがイーグルマンの真意なら、その移行の効果について私は疑念をもっている。

人間の行為が結局のところ環境と遺伝の産物なのであれば、それは悪行・善行問わず、すべての行為について言えることだ。非難だけでなく賞賛についても、私たちは認識を改めねばならず、社会制度の全般にその影響は及ぶだろう。そして、過去の行為については、それがいかなるものであれ、つまり、犯罪者の悪行だけでなく、被害者の激高、裁判官の判決、あるいは科学者の提言などもすべて、そのようでしかありえなかったものと見なされるべきであり、そのことが倫理に与える全面的な影響をイーグルマンは十分に考慮してはいない。

非難を基盤にした倫理がもし科学的認識と相容《あいい》れなくても、その倫理が形作られるまでには進化論的な歴史があり、その歴史の因果関係は科学的事実と整合しうる。(エ)現状の倫理を支えている過去志向的な認識は、たとえそれ自体としては虚偽を含んでいたとしても、人間集団の存続・拡大にとって未来志向的な効果をもちうるからだ。

認識における未来志向性を、効果における未来志向性と混同しないことが重要である。私たちが皆、認識において完全に未来志向的になることは、未来を薔薇《ばら》色にするかもしれないし、しないかもしれない。このいずれであるのかは、認識の正しさだけでなく、ヒトがどのような生物であるか——、つまり、イーグルマンの言う「血に飢えた」倫理なしに集団を存続できるような生ことは、未来のトークンはまだ不在である以上、タイプ志向的であることを促す。そして、その一方で、トークンとしてのその犯罪は、それを避けることができなかったもの、すなわち、他の可能性をもたなかったものと見なされることになる（決定論、あるいはそれを(e)ホウセツする運命論の世界において、いかなる行為もそうであるように）。

いま注目したいのは、ここでとられている過去への見方が事実であるかどうかではなく、私たちの倫理の実践と調和できるかどうかだ。身勝手な殺人をなした人物が、二度と殺人を（それどころか些細《ささい》な悪事をも）行なわない人物に更生したとして、同時にその人物は、まったく斜に構えるところなく、過去のその殺人のトークンを「仕方がなかった」と考えるかもしれない。後悔や反省のような心情を、「後ろ向き」として退けるかもしれない。たしかにその殺人はタイプとして凶悪なものであるが、トークンとして「それをすべきではなかった」と言うのは（その可能性がなかった以上）意味がよくわからない、という理由で――。殺人犯のこのような態度は多くの反発を招くだろうが、(イ)その態度とイーグルマンのあの提言とのあいだに明確な矛盾を見出すことは難しい。

私は以前、幼児の倫理的教育（しつけ）に関して、こんなふうに書いたことがある。

「われわれは幼児に、その行為は悪い行為であること、より良い行為がほかにあったこと、そうしたことを教え込む。だが、このときわれわれは、幼児に次のことをもまた、教え込んでいるのである。その行為はしないこともできたということ。代わりにほかの行為をすることもできたということ。〔……〕これは客観的事実というより社会的信仰の教説である。幼児はこのことを信じなければならない。それが信仰であることを忘れてしまうほどに強く。そしてわれわれもまた、この信仰の内部にいる。」

友人を殴って怪我《けが》をさせた幼児は、これから同様のことをしないよう、大人にしつけられるだろう（動物の調教と同様）。だが、その幼児はそれだけでなく、「殴らないこともできた」のに殴ったことを反省しなくてはならない。殴らないこともできたかどうかを、だれも証明できないのだとしても――。幼児と呼ばれる年齢を過ぎてもそうした反省ができない人物は（少なくともた犯罪への非難ではなく、再犯等の予防に力を注ぐからだ。過去のある犯罪について、それが脳の(c)シッカンや遺伝的・環境的要因によるものか否かは線引き困難であり、科学がこのまま発展すれば、線引きの基準はどんどん変化する（おそらくは、遺伝的・環境的要因をより重視する方向に）。これはつまり、ある犯罪者が非難に値するか否かは不確定だということであり、それならば、過去ではなく未来を考慮しようとイーグルマンは述べているわけだ。

そのため、この提言への批判は二つの観点からなされうる。未来志向的な観点から内在的に批判するか、あるいは、過去志向的な観点から外在的に批判するか、だ。とはいえ、あとで見るように、この二つの観点を完全に切り離すことはできない。

非難から修正へと私たちの関心を移した際に、(ア)それが本当に未来を良くするのかどうかは、議論の余地があるだろう。とりわけ、ある特定の犯罪者がより良い人物になるかどうかではなく、その犯罪者の扱われ方を周囲で見ていた人々が、どのようなふるまいをするかに関して。

ざっくばらんに言ってしまえば、論点は、見せしめの効果にある。犯罪者を非難し、処罰して、その人物が過去に犯した罪を鎖のように当人に巻き付けておくことは、他の人々による未来の犯罪を抑止する効果があるのではないか？　言い換えるなら、非難から修正への移行が全面的になされた場合には、後者が「ぬるく」見えることで、犯罪傾向のある人々の自制心は損なわれてしまうのではないか？　もし、この問いへの答えが「イエス」なら、未来志向的に考えた場合にも、非難は効果的であることになる。

このことに加えて、私たちの倫理が、たんなる因習としては(d)ハキしがたい深さで過去志向性をもっていることも無視できない。重要なのは、過去志向性が犯罪のトークンに関わっている点だ。ここで言う「トークン」とは、特定の時間・空間的な領域を占める個別のものを指し、「タイプ（種）」と対になる概念である。

イーグルマンの提言は、ある犯罪をなした人物が、同じタイプの犯罪をふたたびなすことの予防に繋《つな》がる。未来志向的であるた。そして、展望デッキで射殺されたあと検視解剖された彼の脳には、直径二センチほどの腫瘍が見つかる——。この検視解剖は、彼自身が遺書で要望したものだった。

イーグルマンはこのほかにも複数の知見を挙げたうえで、次のような自説を提出する。ただし、これは現在の科学から直接的に導かれたものというより、そこに彼の哲学的思考を加えて得られたものだと言ってよい。

「非難に値するかどうかは後ろ向きの概念であり、人生の軌跡となっている遺伝と環境のがんじがらめのもつれを解きほぐすという、不可能な作業を必要とする。〔……〕「非難に値する」の代わりに用いるべきなのが「修正可能である」という概念である。この前向きな言葉は問いかける。私たちはこれから何ができるのか？ 更生プログラムを利用できるのか？〔……〕できない場合、懲役刑は将来の行動を修正するだろうか？ するなら刑務所に送ろう。刑罰が役に立たない場合、報復のためではなく行為能力を制限するために、国の監督下に置こう。」

イーグルマン自身が述べているように、彼はけっして犯罪者を(b)ホウメンすべきだとは考えていない。ただ、遺伝と環境、その結果としての脳の状態をふまえて、「どんな場合も犯罪者は、ほかの行動をとることができなかったものとして扱われるべきである」と主張する。

「後ろ向き(backward-looking)」、「前向き(forward-looking)」との表現について、補足しておいたほうがよいだろう。これらは、いわゆる気の持ちよう(ネガティブ／ポジティブな態度の違い)ではなく——そのように読ませる意図も見えるが——時間への志向性の違いを表現するものとして、まずは理解すべきである。つまり、思案の中心となる対象を、過去に見出《みいだ》すか、未来に見出すかの違いだ。そこで以下では、「後ろ向き」、「前向き」の代わりに、「過去志向的」、「未来志向的」との表現を用いることにする。

イーグルマンの提言は明らかに未来志向的である。これから社会をどうするかに目を向け、犯罪に関して言うのなら、なされ

国語

(文・国際人間科・法・経済学部：一〇〇分　経営学部：八〇分　海洋政策科学部：六〇分)

(注意)　経営学部は一・二、海洋政策科学部は一のみ解答のこと。

一　次の文章を読んで、問一～五に答えなさい。(配点八〇点)

　責任とは何かという問題は、哲学者にとっては古くからの、そして近年は科学者にとっても重要性を増してきた問題だ。とりわけ脳研究の進歩は、人間の行為が脳活動の産物であることを次第に明らかにし、責任概念の見直しを私たちに迫りつつある。犯罪行為を含めた人間のあらゆる行為が脳によってひき起こされているなら、行為の責任を行為者その人に負わせて非難や処罰をすることには疑問があるのではないか、というかたちで。

　神経科学者のデイヴィッド・イーグルマンは、悪事をなした人物が「非難に値する(blameworthy)」かどうかは重要な問題ではない、と述べた。『あなたの知らない脳』の第六章で彼は、「神経科学と法律の境界で、脳損傷が関係する事例が(a)ヒンパンに出るようになっている」と記し、印象的な複数の実例を挙げている。

　たとえば、二十五歳のある青年は、テキサス大学タワーの展望デッキから銃を乱射して、十三名の死者と三十三名の負傷者を出した。彼は理性的な人物だったが、ある時期から、不合理で異常な衝動に襲われるようになり、自分でも脳の異変を疑ってい

2020年度

問題編

■前期日程

問題編

▶試験科目・配点

<table>
<tr><th colspan="3">学部・学科等</th><th>教　科</th><th colspan="2">科　　　目</th><th>配　点</th></tr>
<tr><td colspan="3" rowspan="3">文</td><td>外国語</td><td colspan="2">英語，ドイツ語，フランス語，中国語から１科目選択</td><td>125点</td></tr>
<tr><td>数　学</td><td colspan="2">数学Ⅰ・Ⅱ・Ａ・Ｂ</td><td>75点</td></tr>
<tr><td>国　語</td><td colspan="2">国語総合・現代文Ｂ・古典Ｂ</td><td>150点</td></tr>
<tr><td rowspan="13">国際人間科</td><td colspan="2" rowspan="3">グローバル文化</td><td>外国語</td><td colspan="2">英語，ドイツ語，フランス語，中国語から１科目選択</td><td>160点</td></tr>
<tr><td>数　学</td><td colspan="2">数学Ⅰ・Ⅱ・Ａ・Ｂ</td><td>80点</td></tr>
<tr><td>国　語</td><td colspan="2">国語総合・現代文Ｂ・古典Ｂ</td><td>160点</td></tr>
<tr><td colspan="2" rowspan="4">発達コミュニティ，子ども教育</td><td>外国語</td><td colspan="2">英語，ドイツ語，フランス語，中国語から１科目選択</td><td>175点</td></tr>
<tr><td>数　学</td><td colspan="2">数学Ⅰ・Ⅱ・Ａ・Ｂ</td><td>75点</td></tr>
<tr><td>国　語</td><td>国語総合・現代文Ｂ・古典Ｂ</td><td rowspan="2">から１教科選択</td><td rowspan="2">150点</td></tr>
<tr><td>理　科〈省略〉</td><td>「物理基礎・物理」，「化学基礎・化学」，「生物基礎・生物」，「地学基礎・地学」から２科目選択</td></tr>
<tr><td rowspan="6">環境共生</td><td rowspan="3">文科系受験</td><td>外国語</td><td colspan="2">英語，ドイツ語，フランス語，中国語から１科目選択</td><td>200点</td></tr>
<tr><td>数　学</td><td colspan="2">数学Ⅰ・Ⅱ・Ａ・Ｂ</td><td>100点</td></tr>
<tr><td>国　語</td><td colspan="2">国語総合・現代文Ｂ・古典Ｂ</td><td>150点</td></tr>
<tr><td rowspan="3">理科系受験</td><td>外国語</td><td colspan="2">英語，ドイツ語，フランス語，中国語から１科目選択</td><td>200点</td></tr>
<tr><td>数　学〈省略〉</td><td colspan="2">数学Ⅰ・Ⅱ・Ⅲ・Ａ・Ｂ</td><td>150点</td></tr>
<tr><td>理　科〈省略〉</td><td colspan="2">「物理基礎・物理」，「化学基礎・化学」，「生物基礎・生物」，「地学基礎・地学」から２科目選択</td><td>200点</td></tr>
</table>

法		外国語	英語，ドイツ語，フランス語，中国語から1科目選択	150点
		数　学	数学Ⅰ・Ⅱ・A・B	75点
		国　語	国語総合・現代文B・古典B	150点
経済	数学選抜	数　学	数学Ⅰ・Ⅱ・A・B	400点
	英数選抜	外国語	英語	200点
		数　学	数学Ⅰ・Ⅱ・A・B	200点
	総合選抜	外国語	英語	150点
		数　学	数学Ⅰ・Ⅱ・A・B	125点
		国　語	国語総合・現代文B・古典B	125点
経　営		外国語	英語	150点
		数　学	数学Ⅰ・Ⅱ・A・B	100点
		国　語	国語総合・現代文B・古典B（漢文を除く）	100点

▶備　考

- 英語以外の外国語は省略。
- 英語は，コミュニケーション英語基礎・Ⅰ・Ⅱ・Ⅲ，英語表現Ⅰ・Ⅱ，英語会話を出題範囲とする。
- 数学Bでは，「数列」及び「ベクトル」の2分野を出題範囲とする。
- 各教科・科目の試験の配点は，外国語125点，数学（文系）75点，国語150点（経営学部は120点）である。ただし，各学部の入学者選抜のための配点は，上の表に示した傾斜配点による点数を使用する。
- 経済学部は「数学選抜」「英数選抜」「総合選抜」の3区分から1つを選択する。

英語

(80 分)

I　次の文章を読んで，問 1 ～ 5 に答えなさい。(配点 45 点)

(1)Nature is like granola: The list of ingredients is long, but the bowl is mostly filled with just a few of them. Take England, for example, which is obsessed enough with animals and birds to count its wildlife nearly one by one, population estimates for 58 species of land mammal in that country, ranging from the familiar to the obscure, total about 173 million animals. But just three species — the common shrew*, rabbit, and mole — account for half of those individuals. All told, the most common 25 percent of English mammal species add up to 97 percent of all the individual animals. Similar patterns play out on land and at sea, in your local park or across whole continents, and whether you are counting beetles, shellfish, or tropical trees. The most common land bird in the United States and Canada is the American robin, harbinger of spring*. Robins alone are as numerous as the two countries' 277 least-common bird species combined.

The fact that species of such incredible abundance can decline as quickly as the white-rumped vulture did points to (2)a counter-intuitive idea in conservation that (3)common species may need protection just as much as rare ones do.

The first scientist to propose the conservation of the common was, almost too perfectly, the author of a book called *Rarity*. After 20 years of studying what made some species rare, Kevin Gaston, an ecologist at the University of Exeter, in England, started to wonder why other species are widespread and abundant. He soon came to a seemingly contradictory conclusion: "The state of being common is rare." While any given common species is made up of many individuals, only a small fraction of species are common.

Gaston's work culminated in "Common Ecology," a paper published in the journal *BioScience* in 2011 that found that commonness was not a well-studied phenomenon,

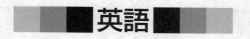

and that "(　A　)." The work triggered a quiet increase in research. A study from 2014 hints at the scale of what has been overlooked. Its authors found that (　B　), and that (　C　).

(4) Industrial agriculture carries much of the blame for Europe's disappearing birds. "They've been taking out hedgerows, taking out trees, making fields bigger, increasing inputs of pesticides*—just essentially squeezing out the opportunities for wild organisms to live in those kinds of environments," Gaston told me. "We're talking just massive losses."

But even the most human-adapted and urban of birds, such as starlings* and house sparrows, have steeply decreased — in fact, those two very common birds were among the top five birds experiencing population declines. Most of the rarest birds in Europe are actually increasing at present, due to successful conservation efforts, although they remain uncommon; meanwhile, most of the common birds are declining toward scarcity. "The inevitable place you end up," said Gaston, "is that (　D　)."

From Tragedy Of The Common, Pacific Standard on September 5, 2018, by J. B. MacKinnon

注　shrew　トガリネズミ
　　harbinger of spring　春告げ鳥
　　pesticides　農薬
　　starling　ムクドリ

問 1　下線部(1)の意味を，50 字以内の日本語で，本文の内容に即して具体的に説明しなさい。ただし，句読点も 1 字に数えます。

問 2　下線部(2)を置き換えるのに最も適切な一続きの語句を，本文中から抜き出しなさい。

問 3　下線部(3)と(4)を，それぞれ日本語に訳しなさい。

問 4　空欄(　A　)～(　D　)に入る最も適切な表現を次の中からそれぞれ一つ選び，記号で答えなさい。ただし，同じ記号は一度しか使えません。

(あ)　everything is rare

(い)　many common species are as poorly studied as many rare ones

(う)　the number of birds nesting in Europe has dropped by 421 million — fully one-fifth of the continent's bird population, gone — since 1980

(え)　the species has recovered

(お)　this decline in sheer birdiness is accounted for almost entirely by common species, among them such household names as the skylark

問 5　本文の内容をふまえ，conservation をどのように行うべきか，あなたの意見を 60 語程度の英語で書きなさい。

Ⅱ　次の文章を読んで，問 1 ～ 5 に答えなさい。(配点 35 点)

I thumped up the porch, two steps at a time, and slammed the screen door open, tumbling inside.

"Mom! Mom! (　A　)"

"What, Muriel? I wish you wouldn't slam the door."

"I've been chosen to play the part of Alice in the school operetta!"

"Oh how wonderful!" Mom looked up from the accounts she had been doing and pushed her glasses up with her forefinger. She patted my shoulder awkwardly. "(　B　) You have such a lovely voice and now everyone will hear you sing. I have to call your father."

"There's a meeting for the moms tomorrow after school, okay?" I nibbled a piece of my hair.

"Of course, dear," Mom said. "I'll be right on time."

Mom came right on time, with her going-out purse and pumps. She had done her hair in rollers, and the fat curls made her hair look two times bigger than it really was. Her eyebrows were newly plucked and penciled in darker than the original colour.

"So good of you to come, Mrs. Ton Kasu. We are so proud of our little Muriel. Such a lovely singing voice. (　C　)" Mrs. Spear beamed at my Mom. She tugged my Mom's elbow and drew her to the side. She looked sideways, this way and that, with the whites of her eyes rolling, and lowered her voice into a whisper. I edged in closer.

"There is a delicate matter (1) I want to speak to you about."

"Of course," Mom said, smiling.

"Well, it's the matter of your daughter's hair. You see, the part she is playing, you know the story of *Alice in Wonderland*, don't you?"

Mom shook her head apologetically.

"Well, Alice is a story about an English girl, you know. An English girl with lovely blonde hair. And strictly for the play, you understand, Muriel will have to have blonde hair or no one will know what part she is playing. You simply cannot have an Alice with black hair."

"Of course," Mom nodded, to my growing horror. "It's in the nature of theatre and costume, is it not?"

"Of course!" Mrs. Spear beamed. "(D) I was thinking of a nice blond wig. They make such nice wigs these days, no one will notice a thing. Why, they'll think there's a new child in school who is star material! You must be so proud."

"We could dye her hair. (2) I believe there are dyes that wash out in a few months or so. That way, Muriel can really grow into her role as Alice (3). She can live and be Alice before opening night!"

"Mrs. Ton Kasu! You are so cooperative. I wish my other mothers were more like you. Why, I was just telling Mrs. Rogowski her daughter should lose at least ten pounds before the play, and she just got up and left in anger. Pulling her daughter after her. Poor dear, when she was so looking forward to being in the play."

I was horrified, Mom and Mrs. Spear chatting away and dying my beautiful black hair blonde? Me with blonde hair and living the role of Alice? In this town? What could my Mom be thinking? I would look ridiculous and stand out like a freak.

"Mom!" I hissed. "Mom, I changed my mind. I don't want to be Alice anymore. I'll be the Mad Hatter, that way, I can just wear a hat. Or the Cheshire Cat! Cats have slanted eyes. That would work out. Mom?"

She just ignored me and chatted with Mrs. Spear, about costume and hair dyes and suitable diets for actors. On the way home from school she stopped at the drugstore and dragged me inside to discuss the merits of hair rinse over henna with Mrs. Potts, the drugstore owner.

From Chorus of Mushrooms by Hiromi Goto, NeWest Press

問 1　下線部(1)の内容を，30 字程度の日本語で具体的に説明しなさい。ただし，句読点も 1 字に数えます。

問 2　空欄（　A　）～（　D　）に入る最も適切な表現を下からそれぞれ一つ選び，記号で答えなさい。ただし，同じ記号は一度しか使えません。

(あ)　Guess what!

(い)　I found it!

(う)　I knew you would understand.

(え)　I'm so proud of you.

(お)　It's a shame.

(か)　Who would have thought?

問 3　下線部(2)を受けて，Mrs. Spear と Muriel はどのように考えたか。それぞれ 30 字程度の日本語で，解答欄におさまるよう答えなさい。ただし，句読点も 1 字に数えます。

問 4　下線部(3)を日本語に訳しなさい。

問 5　本文の内容と合致する最も適切な文を次の中から二つ選び，記号で答えなさい。

(あ)　Mrs. Potts suggests that Muriel should dye her hair blonde to look like an English girl.

(い)　Mrs. Rogowski agrees that her daughter needs to lose weight before the play.

(う)　Mrs. Spear communicates easily with the mothers of the students who will be in the school operetta.

(え)　Muriel changes her mind about playing Alice because she likes the character of the Cheshire Cat better.

(お)　Muriel has a beautiful voice and was looking forward to singing in the school operetta.

(か)　Muriel's mother comes punctually to the school meeting, dressed up, because she is excited and anxious.

Ⅲ 次の文章を読んで，問1～5に答えなさい。（配点45点）

Zen painting and calligraphy began very early in Zen history, although no examples exist from more than a thousand years ago. Earlier written records confirm that Chinese Zen Masters did both painting and calligraphy — sometimes with brush on paper, sometimes with a stick on the ground, and even with gestures in the air. With the introduction of Zen to Japan, Chinese Zen works from the Song and Yuan Dynasties* were imported, leading to a tradition of Zen brushwork in Japan that has been carried forth strongly to the present day. During the fifteenth and sixteenth centuries, the popularity of Zen paintings grew so great in Japanese society that major monasteries* maintained workshops, certain monks became painting specialists, and Zen art became somewhat professionalized.

After 1600, however, with the decline in the government support for Zen, monastery workshops were no longer needed, and it became the major Zen masters themselves who created Zen painting and calligraphy, usually as gifts for their followers. There is no parallel for this(1) in Western art; imagine if Pope Julius II, instead of asking Michelangelo to paint the Sistine Chapel ceiling, had painted it himself. The major difference is that Zen masters, having been taught the use of the brush when learning how to read and write in childhood, had control of their medium(2), while Pope Julius was not trained in painting frescos*.

As a result of Zen masters creating their own art, the works became generally simpler, more personal, and more powerful than the elegant ink landscapes of earlier Zen-inspired artists. Another result was that major historical trends in Japanese Zen were increasingly echoed(3) in Zen art. For example, there were three basic responses from monks to the loss of support from the government. The first was to continue interactions with the higher levels of Japanese society, often through the tea ceremony. Works by Zen masters from the Kyoto temple Daitoku-ji, with its strong connections to the imperial court, were especially popular for displaying at tea gatherings, such as the single-column calligraphy by Gyokushū, *The Mosquito Bites the Iron Bull*(4). Not only its inspiring Zen text but also its powerful brushwork would have been subjects for discussion during the ritual sipping(5) of whisked green tea.

A second trend in Zen during the seventeenth century was to ignore the governmental restrictions on society and concentrate on one's own practice. （　A　）

A third trend, however, became the most significant in later Japanese Zen: to reach out as never before to every aspect of Japanese society.(6) Hakuin Ekaku, generally considered the most important Zen master of the last five hundred years, was extraordinary in his abilities to connect with people of all ranks of life. （　B　）

Hakuin also spoke at public Zen meetings throughout Japan, and his voluminous writings include autobiographical narrations, commentaries on Zen texts, letters to everybody from nuns to merchants, poems in Chinese and Japanese, and Zen songs; he also created an amazing array of Zen paintings and calligraphy. In addition to painting familiar Zen themes from the past such as the first patriarch Bodhidharma*, Hakuin invented a whole new visual language(7) for Zen. （　C　） In his teachings, Hakuin emphasized the importance of bringing Zen practice to every aspect of everyday life.

Hakuin's teachings came to have a pervasive(8) influence upon both the Rinzai and Obaku Zen traditions, and his example as an artist was also a great influence on later monks. Zen masters such as Sengai continued to invent new painting subjects, often humorous, while direct and indirect pupils of Hakuin and Sozan followed stylistic trends that Hakuin had developed in his brushwork. （　D　）

注　the Song and Yuan Dynasties　中国王朝の宋と元
monasteries　僧院
frescos　フレスコ（画法）
the first patriarch Bodhidharma　創始者である菩提達磨

問 1　下線部(1)の内容を，25 字程度の日本語で具体的に説明しなさい。ただし，句読点も 1 字に数えます。

問 2　下線部(2)，(3)，(5)，(7)，(8)について，本文中の意味に最も近いと思われるものを次の中からそれぞれ一つ選び，記号で答えなさい。

(2)　medium
(あ)　essential architectural techniques
(い)　meditation on life and death
(う)　moral standard of behavior

(え) tools and materials for art works

(3) echoed

(あ) filled with sounds that are similar to each other

(い) repeated after the original sound has stopped

(う) repeated so that similar effects can be seen in both

(え) repeated to express agreement

(5) sipping

(あ) drinking by taking a little bit at a time

(い) drinking with a large sucking noise

(う) putting food into one's mouth and chewing it

(え) swallowing an amount of liquid

(7) language

(あ) a particular style or type of expression

(い) a system of communication used by a particular country

(う) a system of symbols and rules for writing programs or algorithms

(え) the method of human communication

(8) pervasive

(あ) causing great surprise or wonder

(い) remarkably or impressively great in size

(う) showing great knowledge or understanding

(え) spreading widely throughout a field or group of people

問 3　下線部(6)を日本語に訳しなさい。

問 4　空欄（　A　）～（　D　）に入る最も適切なものを下からそれぞれ一つ選び，記号で答えなさい。ただし，同じ記号は一度しか使えません。

(あ) For example, in addition to guiding many monk pupils, he also taught lay people, giving them his own riddle, "What is the sound of one hand?"

(い) In addition, the calligraphy often hides rather than displays technical skill, but expresses the spirit of text through the individuality of each master very clearly.

(う) This included scenes of the human condition; folk tales; pictures of birds, insects, and animals; and various humorous subjects of his own invention.

(え) This is exemplified by Fūgai Ekun, who left his temple to live in a mountain cave. His portrait of the wandering monk Hotei shows Fūgai's extraordinary concentration of spirit through its great simplicity of composition and dramatic focus on Hotei himself.

(お) Twentieth-century monk artists such as Nantembō continued to be influenced by Hakuin, as can be seen in the work where Nantembō dipped his hand in ink, stamped it on paper, and wrote above it "Hey Listen!"

問 5 下線部(4)を，あなたならどのように解釈しますか。70語程度の英語で書きなさい。

数学

(80分)

1. a, b, c, p は実数とし，$f(x) = x^3 + ax^2 + bx + c$ は $(x-p)^2$ で割り切れるとする．以下の問に答えよ．(配点25点)

(1) b, c を a, p を用いて表せ．

(2) $f(x)$ の導関数 $f'(x)$ は，$f'\left(p + \frac{4}{3}\right) = 0$ をみたすとする．a を p を用いて表せ．

(3) (2)の条件のもとで $p = 0$ とする．曲線 $y = f(x)$ と $y = f'(x)$ の交点を x 座標が小さい方から順に A, B, C とし，線分 AB と曲線 $y = f'(x)$ で囲まれた部分の面積を S_1，線分 BC と曲線 $y = f'(x)$ で囲まれた部分の面積を S_2 とする．このとき，$S_1 + S_2$ の値を求めよ．

2. n を自然数とし, 数列 $\{a_n\}$, $\{b_n\}$ を次の (i), (ii) で定める.

(i) $a_1 = b_1 = 1$ とする.

(ii) $f_n(x) = a_n(x+1)^2 + 2b_n$ とし, $-2 \leqq x \leqq 1$ における $f_n(x)$ の最大値を a_{n+1}, 最小値を b_{n+1} とする.

以下の問に答えよ. (配点25点)

(1) すべての自然数 n について $a_n > 0$ かつ $b_n > 0$ であることを示せ.

(2) 数列 $\{b_n\}$ の一般項を求めよ.

(3) $c_n = \dfrac{a_n}{2^n}$ とおく. 数列 $\{c_n\}$ の一般項を求めよ.

3. 以下の問に答えよ. (配点25点)

(1) 和が30になる2つの自然数からなる順列の総数を求めよ.

(2) 和が30になる3つの自然数からなる順列の総数を求めよ.

(3) 和が30になる3つの自然数からなる組合せの総数を求めよ.

○百僚 —— 多くの官僚。
○挙措 —— 立ち居振る舞い。
○仮借 —— 許すこと。見逃すこと。ここでは和らげること。
○諫諍 —— 強く目上の人をいさめること。いさめ争うこと。
○貞観 —— 太宗の年号。六二七〜六四九。
○公卿 —— 高位高官の大臣。
○隋煬帝 —— 隋朝第二代皇帝（楊広）。在位六〇四〜六一八。
○鉗口 —— 口を閉じてものを言わないこと。
○虞世基 —— 煬帝の寵臣。
○極言 —— 思う存分に言う。言葉を尽くして言う。

問一　二重傍線部①「若此」、②「嘗」、③「豈可得乎」をすべて平仮名で書き下しなさい（現代仮名遣いでよい）。

問二　傍線部(ア)「臣亦不能独全其家」、(イ)「卒令不聞其過」、(ウ)「有不利於人、必須極言規諫」を本文に即して現代語訳しなさい。

問三　傍線部(A)「前事不遠」とある「前事」の内容について、本文に即して説明しなさい。

問四　波線部「毎見人奏事、必仮借顔色」とした太宗の意図を、本文全体をふまえ五〇字以内で説明しなさい。

三　次の文章を読んで、問一～四に答えなさい（本文の一部を改変したところがある。設問の都合で返り点や送り仮名、振り仮名を省略した部分がある）。（配点三〇点）

太宗威容厳粛ナレバ、百僚ノ進ミ見ユル者、皆失フ二其ノ挙措ヲ一。太宗知其①若此、毎ニレ見ル二人ノ奏スルヲレ事ヲ、必ズ仮二-借シ顔色ヲ一、冀《こひねが》フ下聞キ二諫《くわん》諍《さう》ヲ一、知ランコトヲ中政教ノ得失ヲ上。貞観ノ初メ、②嘗謂ヒテ二公卿ニ一曰ク「人欲スレバ二自ラ照ラサント一、必須明鏡。君欲スレバレ知ランレ過チヲ、必ズ藉《よ》ル二忠臣ニ一。若シ君自ラ恃《たの》メバ二賢聖ヲ一、臣不二匡正セ一。欲スルモレ不ラント二危敗セ一、③豈可得乎。故ニ君失ヒ二其ノ国ヲ一、(ア)臣亦不レ能三独全二其家一。至リテハレ如キニ二隋ノ煬帝ノ暴虐ナルガ一、臣下鉗《かん》口《こう》シ、(イ)卒《つひ》ニ令不聞其過、遂ニ至ル二滅亡ニ一。虞世基等、尋《つ》イデ亦誅《ちう》セラレテ死ス。(A)前事不遠。公等毎ニレ看ルレ事ヲ、(ウ)有不利於人、必須極言規諫。」

（『貞観政要』より）

〔注〕　○太宗 ―― 唐朝第二代皇帝（李世民）。在位六二六～六四九。

問一　次の作品群の中で、宮廷貴族の生活を主題としていないものを一つ選び、記号で答えなさい。

イ　『蜻蛉日記』　ロ　『紫式部日記』　ハ　『十六夜日記』　ニ　『弁内侍日記』　ホ　『和泉式部日記』

問二　空欄(a)～(d)には、助動詞「らる」が入る。適切な活用形に直して答えなさい。

問三　傍線部①～④を、動作の主語を明示して、現代語訳しなさい。

問四　傍線部(1)「よろづさむる心地」とはどのような状態か、五〇字以内で説明しなさい。

問五　傍線部(2)で、作者はなぜ「うつくしうて」と感じたのか、七〇字以内で説明しなさい。

（『讃岐典侍日記』より）

〔注〕

○黒戸 —— 清涼殿の北廂《ひさし》の北側にある部屋。持仏堂として使われた。

○清涼殿 —— 天皇の日常の居所。大盤所、萩の戸、二間、朝餉間、夜御殿など多数の部屋からなっていた。

○仁寿殿 —— はじめ天皇の日常の居所。のちに内宴などの行事を行う場所となった。

○大盤所 —— 清涼殿の西側にある部屋。女房たちの詰所。

○昆明池の御障子 —— 清涼殿東側の弘廂《ひろびさし》に置いた衝立《ついたて》障子。

○半蔀 —— 格子の付いた板戸。内側または外側につり上げて開ける。

○弘徽殿 —— 後宮の殿舎の一つ。清涼殿の北に位置する。皇后、中宮、女御などが住んだ。

○御春の有輔 —— 生没年不詳。平安時代前期の歌人。

○御溝水 —— 清涼殿の東庭を流れる溝の水。

○萩の戸 —— 清涼殿の夜御殿の北側にある部屋。

○承香殿 —— 後宮の殿舎の一つ。仁寿殿の北に位置する。女御などが住んだ。

○二間 —— 清涼殿の夜御殿の東側にある部屋。夜間、僧が伺候して天皇を守護する修法を行った。

○朝餉 —— 朝餉間。清涼殿の西廂の一画にある、天皇が食事をする部屋。

○夜御殿 —— 清涼殿の天皇の寝所。

○ほ文字、り文字 —— 笛の楽譜の音を表す文字。

の風なびくけしき、ことに見ゆ。これを見るにつけても、②御覧ぜましかば、いかにめでさせ給はましと思ふに、

　萩の戸におもがはりせぬ花みても昔をしのぶ袖ぞつゆけき

と思ひゐたるを、人にいはんも、同じ心なる人もなきに、あはせて、事のはじめに漏り聞こえん、よしなければ、承香殿《しようきやうでん》を見やるにつけても、思ひいで［(c)］ば、里につくづくと思ひつづけ給はんとおしはかりて、これを奉りしかば、

　思ひやれ心ぞまどふもろともに見し萩の戸の花をきくにも

思へば、さて同じさまにてしありかせ給ふだに、さおぼすなり。まして、つくづくとまぎるる方なく思ひつづけんは、おしはかられてぞある。かくてあるしもぞ、今すこし思ひいで［(d)］。

かくて長月になりぬ。九日、御節句《おんせく》まゐらせなどして、十余日《じふよか》にもなりぬ。つれづれなるひるつかた、暗部屋《くらべや》の方を見やれば、御経教へさせ給ふとて、「よみし経を、よくしたためてとらせん」と仰せられて、御おこなひのついでに二間《ふたま》にて、たちておはしまして、したためさせ給ひて、③局におりたりしに、御経したためて持て参りてわらはれんとぞおぼし召して、あまりなるまでかしづかせ給ひし御事は、思ひ出でらるるに、御前におはしまして、「われ抱きて障子の絵見せよ」と仰せらるれば、(1)よろづさむる心地すれど、朝餉《あさがれひ》の御障子の絵、御覧ぜさせありくに、夜御殿《よるのおとど》の壁に、あけくれ目なれて覚えんとおぼしたりし楽《がく》を書きて、おしつけさせ給へりし笛の譜の、おされたるあとの、壁にあるを見つけたるぞあはれなる。

　笛のねのおされし壁のあと見れば過ぎにし事は夢とおぼゆる

かなしくて袖を顔におしあつるを、あやしげに御覧ずれば、④心得させまゐらせじとて、さりげなくもてなしつつ、「あくびをせられて、かく目に涙のうきたる」と申せば、「みな知りてさぶらふ」と仰せらるるに、あはれにもかたじけなくもおぼえさせ給へば、「いかに知らせ給へるぞ」と申せば、「ほ文字のり文字のこと思ひ出でたるなめり」と仰せらるるは、堀河院の御事とよく心得させ給へると思ふも、(2)うつくしうて、あはれもさめぬる心地してぞ笑まるる。かくて九月もはかなく過ぎぬ。

問四　傍線部(エ)「古代文学史を個々の作品のよせ集めとしてではなく全体として理解する」とあるが、どういうことか。古典と文学史に関する著者の考え方を踏まえた上で、一六〇字以内で説明しなさい。

問五　傍線部(a)〜(e)を漢字に改めなさい。はっきりと、くずさないで書くこと。

二　次の文章は『讃岐典侍日記《さぬきのすけにっき》』の一節である。讃岐典侍は堀河天皇(一〇七九〜一一〇七)に仕え、天皇の死後はその皇子の鳥羽天皇(一一〇三〜一一五六)に仕えた。次の場面には、鳥羽天皇に仕え始めた頃、故堀河天皇のことが思い出されて仕方がない作者の様子が描かれている。これを読んで、問一〜五に答えなさい。(配点四〇点)

明けぬれば、いつしかと起きて、人々「めづらしき所々見ん」とあれど、具してありかば、いかが物のみ思ひいで［(a)］ぬべければ、ただほれて居たるに、①御前のおはしまして、「いざいざ、黒戸《くろど》のみちをおれが知らぬに、教へよ」と仰せられて、引き立てさせ給ふ。参りて見るに、清涼殿《せいりやうでん》、仁寿殿《じじうでん》いにしへに変はらず。大盤所《だいばんどころ》、昆明池《こんめいち》の御障子《みさうじ》、今見れば、見し人にあひたるここちす。弘徽殿《こきでん》に皇后宮《きさいのみや》おはしましましを、殿の御とのゐどころになりにたり。黒戸の小半蔀《はじとみ》の前に植ゑおかせ給ひし前栽《せんざい》、心のままにゆくゆくと生ひて、御春《みはる》の有輔《ありすけ》が、

君が植ゑし一むらすすき虫のねのしげき野辺ともなりにけるかな

といひけんも思ひいで［(b)］。

御溝水《みかはみづ》の流れになみたてるいろいろの花ども、いとめでたき中にも、萩の色こき咲きみだれて、朝《あした》の露玉をつらぬき、夕べ

れはかさなるであろう。

〔注〕　○『新古今集』――『新古今和歌集』に同じ。

○賀茂真淵 ―― 国学者・歌人(一六九七～一七六九)。『歌意考』、『万葉考』などの著作がある。

○斎藤茂吉 ―― 歌人・精神科医(一八八二～一九五三)。『赤光』などの歌集のほか、『柿本人麿』をはじめ評論・随筆もある。

○柿本人麿 ―― 柿本人《かきのもとのひと》麻呂《まろ》に同じ。万葉歌人(生没年不詳)。

○上つ代 ―― 大昔の時代。

○ゲーテ ―― ドイツの作家(一七四九～一八三二)。

○ホメロス ―― 古代ギリシャの詩人(生没年不詳)。

○シラー ―― ドイツの作家(一七五九～一八〇五)。

問一　傍線部(ア)「その作られた時代とともに滅びず、現代人に対話をよびかけてくる潜勢力をもったもののみが古典である」とあるが、どういうことか。八〇字以内で説明しなさい。

問二　傍線部(イ)「その点、日本の古代文学史をどのように記述するかは、一つの実験的な意味をもつであろう」とあるが、それはなぜか。著者の考えを八〇字以内で説明しなさい。

問三　傍線部(ウ)「将棋盤の上で碁をうつような仕儀」とあるが、どういうことか。八〇字以内で説明しなさい。

上し、あるものは下降するという進みかたになるのは、社会変化の蔵することの矛盾と包みあっている。

これはしかしまた、それぞれのジャンルが固有な機能をもっていることをも意味する。だから抒情詩をよむように小説を、あるいは小説をよむように神話をよむと、(ウ)将棋盤の上で碁をうつような仕儀になりかねない。『源氏物語』が抒情詩風に、『古事記』が小説風に何としばしばよまれてきたことか。このへんにも、たんなる心情や肉眼をこえた問題がよこたわっている。ジャンルは、歴史の内部ではたらき、歴史とともにうごくところの文学上の形式である。この運動にかかわらぬ静の形態分類学は役にたたない。固有の機能も固定してはいず、変化の幅が見こまれる。とくに天才はそれをしばしば拡大し更新する。だから諸ジャンルのあいだが線でしきられているわけではなく、混淆《こんこう》する例も少なくなく、またある時代にどれかが主導的であるからといって他のものがみな滅んだり用済みとなるとはかぎらず、むしろその間に緊張と対抗の関係があらたに課されていくのが普通で、つまり現象は複雑で多様である。

だがそういう多様性も、諸形態がめいめい異なる機能を内在させていることを前提としてのみ意味をもつ。さもなければ、文学が歴史とからみあって描く軌跡は、雑炊の海に溺れてしまう。これは、小説というものをまだ知らぬ世界に生きていた古代人たちと今からつきあおうとするわれわれにとって好ましいことではない。本書で古代文学史を、第一章神話と叙事詩の時代、第二章抒情詩の時代、第三章物語文学の時代という風にわけたのも、この独自な軌跡をたどりたかったからである。もとより異論は予想されるけれども、この方が大和時代・奈良時代・平安時代という分けかたや、上代・上古・中古といった分けかたよりは、動的展開をとらえるのに役だつ点で、すこしはましではないかと思う。もっとも、分けかたそのものにこだわる気はあまりない。大事なのは、また困難なのは、諸ジャンルがそれぞれ異なる時期に発生するその過程と意味、また相互のつながりやその拮抗《きっこう》関係、これらを一貫的に見てとること、いいかえれば、(エ)古代文学史を個々の作品のよせ集めとしてではなく全体として理解することにかかっている。文学史という学問が成り立つかどうか、成り立つとすればどのように成り立つか、という難問ともこする大国の周辺に棲《す》む諸民族のうち、古代文学史とよべるものがまともに成りたつところはあまりないということにもなる。(イ)その点、日本の古代文学史をどのように記述するかは、一つの実験的な意味をもつであろう。

だが、いくら連続性がつよいからといって、古代人の世界がたんなる心情や肉眼で見えるはずがない。見えるように思うのは、心情や肉眼で見える部分しか見ていないからで、茂吉の人麿像にも多分に自己投射があり、どこまで古代人をつかまえているか疑わしい。国学者の考えた「上つ代」の影像も、もうすっかり色あせてきている。古代人とは何かという問題に、文学史もそれなりにこたえるところがなくてはなるまい。さればといって、安楽椅子の上で望遠鏡をのぞけばいいというものでもない。肝腎なのは、古代人の世界のなかに想像的に住みこんでそこに身を置き、その世界に何が属し何が属さないかを見分けることだと思う。

ここで本書の構成ともかかわる文学ジャンルのことを少し考えておく。さきには技術と文学における新しさの観念のちがいにふれたが、これは社会の発展というものが一筋縄でいかぬものを内蔵していることを暗に示すものである。歌謡を土台にした抒《じょ》情《じょう》詩としての万葉のもつ歴史的一回性についても一言したが、神話をとりあげてみれば、このへんの(e)ショウソクはもっとはっきりする。自然を魔術的に克服しようとして生まれた神話というこの幻想の形式は、自然と人間のあいだの、まだ文明化しない或《あ》る特定の関係を土台にしているのであり、この土台がくずれるとともにこの形式は消えて行く。少なくとも他のものに変質する。ところが一方、古代人は、われわれに一等縁のふかい文学である小説というものをまだ知らなかった。小説を可能にする歴史の前提が古代人の生活には欠けていた。つまり近代人は神話を失うことによって小説を知り、古代人は小説を知らぬことにおいて神話を知っていたわけである。文学史において叙事詩とか神話とか抒情詩とか劇とか小説とかいういくつかの形態が、全円的に一斉に成長し開花するというかたちをとらずに、あるものは早く、あるものはおそく現われ、また時期によりあるものは向生まれてくる。これは古代の古典の一つの代表的な享受法であったといえる。そしてもとをただせば、それは真淵ら江戸の国学者に達する。国学が古代復帰をめざす文学運動であったことは、すでによく知られている。

しかしこれをいわゆる日本的現象にすぎぬと片づけるのは浅はかで、この背進のなかにひそむ否定エネルギーを見ないならば、話はかんたんになりすぎる。文芸復興《ルネッサンス》をはじめ、古代発見が否定エネルギーとして働いた外国の諸例におもいおよぶのも無駄ではあるまい。問題は、なぜ近代のある時期におけるある種の文学運動が古代を想起せざるをえなかったか、あるいは古代を一つの規範としそこにもどろうとする形をとらざるをえなかったかにある。この逆説は、古代と近代の双方の特殊性にまたがる理論上の難問で、わたしにはうまく答える自信がない。ゲーテの『若きヴェルテルの悩み』の主人公がホメロス古代叙事詩を愛読しているのも興味深い。シラーの『素朴の文学と感傷の文学』なども、このへんのことを考えるのに参考となろう。

それにしても、この逆説がわが国ではかなり高価なものについたのは疑えない。周知のように日本国家主義はかつて『古事記』とか『万葉集』とかの解釈をねじまげ、国家の神話を作りあげようと狂奔したが、それも実はこの逆説に(d)ビンジョウしていたわけで、その根底には大いなる自己欺瞞《ぎまん》がかくされていた。

考えてみるに、自国の古代の古典とわれわれほど因縁あさからぬ国民も少ないのではなかろうか。それも、一概にいえるほど単純ではむろんないのだが、とにかく異民族の武力的な侵入によって文化が中断されるような目にあわず、民族としての同質性をほぼ保ちながら、農耕を中心にこの列島上で近代まで独特な展開をしてきた一つの典型的な民族の歴史がそこにはある。その良し悪しではなく、歴史上の事実の問題としてそれが稀有《けう》の例にぞくしており、またそのことによって文化や心性や美意識がいかに特徴づけられているかは、もっと考えてみる必要があろう。西欧人が古典というのはおもにギリシャ・ラテンのものであり、その間に日本にみられるような連続はなく、自国の文学がはじまるのはせいぜい『平家物語』に相当するものあたりからで、つまりわれわれのいう古代文学の領域をほとんど欠いている。そこに生ずる因縁のちがいを無視できない。古典的古代文明を有宣長や子規などの時代と異なる性質のものになっているためである。

誰がどのように作品をよむかということをはなれて作品そのものの永遠性を論ずると、どうしても形而《けいじ》上学《じょうがく》を作りあげる仕儀になる。作品そのものというようなものはどこにも存在しないし、誰にも経験できない。では、古典と呼ばれるものはどこにあるかといえば、それは過去と現代のあいだ、つまり過去にぞくするとともに現代にもぞくするというほかない。日附《ひづけ》がいかに古かろうと、文学として訴えてこなければそれは古記録である。(ア)その作られた時代とともに滅びず、現代人に対話をよびかけてくる潜勢力をもったもののみが古典である。そしてこの過去と現代に同時にぞくするものを、複雑に入りくんだ歴史的人間活動としてとらえようとするのが、文学史の役目ということになる。文学史の記述に、一筋縄ではいかぬ厄介さがつきまとうのもこのためである。

斎藤茂吉は『柿本人麿《かきのもとのひとまろ》』のなかで、自分は何としても人麿の偉さに及びがたいという歎声《たんせい》を発し、真淵は『歌意考』でやはり万葉にかんし、「あはれ、あはれ、上《かみ》つ代《よ》には、人の心ひたぶるに直《なほ》くなん有りける」と(c)ショウケイの念をのべ、人間が「設けず、作らず、誣《し》ひず、教へず、天地《あめつち》に適《かな》ひて」生きた一つの理想時代をそこに見てとろうとしている。どの時代の文学にも、他の時代の文学でおきかえのきかぬ本領のようなものがあるのだが、なかでも古代の文学は特殊性をもっているといえる。それは古代が、原始共同体の母胎から出てきた最初の社会であり、文字をもつに至った最初の文明社会であり、はじめて文学が文学になった時代であることから来る。『万葉集』が日本詩歌史の上でしめてきた独特な位置も、それが共同体的な歌謡を基礎につくられた多少とも個性的な歌であるという事実を外しては説明できまい。しかもこれは、民族の歴史で二度と経験できぬ一回きりの段階であった。茂吉が人麿にはかなわぬと歎《たん》ずるゆえんである。詩的生産にかんするかぎり、時のめぐみがまるでちがっていた。万葉を規範として意識し、それにもどることが自己更新であるようなつきあいかたが、こうして

しいと感じたにしても、(b)ジセイおくれであるわけではない。『万葉集』をその後の歌よりいいと感じたからといって必ずしも逆だちであるわけではない。『枕草子』には「遠くて近きもの。極楽、舟の道、男女のなか」とあるが、古典もその一つに加えてよかろうか。明治の話だが、正岡子規は遠い万葉の歌を一気にたぐりよせて短歌革新を成就した。文学において古典という奇妙なものの成立してくる根拠が、このへんにかくれているらしい。

ある時代の文学は、それ以前の文学のもっていたもろもろの機能や要素をすべて包みこみ綜合《そうごう》しながら出てくるのではなく、むしろ、あるものを失うことによってあるものが得られるという歴史的矛盾がそこにはあると見える。だから古代から近代へと失われていく何ものかがあり、同時に、失うことによって獲得される何ものかがあるというわけで、古い作品がわれわれに魅力を与えるのも、われわれの手持ちでない、だが持ちたいと欲する新しい何かが、時としてそこに潜在していると感ずるからにちがいない。

よく古典の永遠性ということがいわれる。が、それのしかける陥穽《かんせい》におちこんではなるまい。かりにある作がずっと読まれつづけてきたにせよ、享受の中味は時代で変ってきているし、またそれはこれからさき必ず変っていく。しかも、どう変っていくか目測できない。われわれの現にありがたがっている作がよまれなくなることだってないとはいえず、思いがけぬ作が浮かびあがってくることもありうる。戦前戦後をふりかえってみても、その間あるものが死に、あるものがよみがえってきたのを見とどけることができる。われわれじしん、この絶え間ない変化のなかにいるのであって、自己の位置を絶対化すると自己を凍結させることになりかねない。年少時の文学経験について羞恥を抱かぬ人がいるだろうか。何をどのように古典として設定するか、つまりその選択と解釈は、かくして時代によって変容をうける。われわれはもう本居宣長と同じようには『古事記』や『源氏物語』をよまぬだろうし、賀茂真淵《かものまぶち》や子規と同じように『万葉集』をよむこともしないだろう。研究がすすみ新事実を知ったためだけではない。それはむろんある。が、それのみと考えるのは学者の思いあがりで、いっそう根本的には時代の文学経験や文学概念が、

国語

（文・国際人間科・法・経済学部：一〇〇分　経営学部：八〇分）

（注意）　経営学部は一・二のみ解答のこと。

一　次の文章は、西郷信綱著『日本古代文学史』の序章である（一部に改変がある）。これを読んで、問一～五に答えなさい。（配点八〇点）

石器が鉄器に、馬車が自動車にかわっていくようには文学がかわっていかない事実は、誰しもよく知っている。自動車が発達すれば馬車は滅び、鉄器がひろまれば石器は用済みになる。こうして技術や物質生産の世界では、古いものは(a)シダイに、あるいはどしどし廃物となり、博物館に放りこまれてしまう。が、文学は必ずしもそうでない。むろん文学にも、それに似た淘汰《とうた》がまるでないわけではなく、また技術の発達ということもあるのであって、たとえば『万葉集』と『新古今集』の歌をくらべてみれば、前者にない新規の表現技法が後者に発達してきているのがわかる。技法のこういう発達は、かなり厳密に確定できる、文学史におけるほとんど唯一の要素といえるかもしれない。ところが文学では技術はたんに新しい可能性を約束するのみで、それを目安に作品の位置を決めるわけにいかない。

何が新しく何が古いかは、文学上、かなり厄介な問題ということになる。漱石《そうせき》の小説の方をある種の現代小説よりかえって新

教学社 刊行一覧

2025年版 大学赤本シリーズ

374大学556点
全都道府県を網羅

国公立大学（都道府県順）

全国の書店で取り扱っています。店頭にない場合は，お取り寄せができます。

1 北海道大学（文系−前期日程）
2 北海道大学（理系−前期日程） 医
3 北海道大学（後期日程）
4 旭川医科大学（医学部〈医学科〉） 医
5 小樽商科大学
6 帯広畜産大学
7 北海道教育大学
8 室蘭工業大学／北見工業大学
9 釧路公立大学
10 公立千歳科学技術大学
11 公立はこだて未来大学 総推
12 札幌医科大学（医学部） 医
13 弘前大学 医
14 岩手大学
15 岩手県立大学・盛岡短期大学部・宮古短期大学部
16 東北大学（文系−前期日程）
17 東北大学（理系−前期日程） 医
18 東北大学（後期日程）
19 宮城教育大学
20 宮城大学
21 秋田大学 医
22 秋田県立大学
23 国際教養大学 総推
24 山形大学 医
25 福島大学
26 会津大学
27 福島県立医科大学（医・保健科学部） 医
28 茨城大学（文系）
29 茨城大学（理系）
30 筑波大学（推薦入試） 医 総推
31 筑波大学（文系−前期日程）
32 筑波大学（理系−前期日程） 医
33 筑波大学（後期日程）
34 宇都宮大学
35 群馬大学 医
36 群馬県立女子大学
37 高崎経済大学
38 前橋工科大学
39 埼玉大学（文系）
40 埼玉大学（理系）
41 千葉大学（文系−前期日程）
42 千葉大学（理系−前期日程） 医
43 千葉大学（後期日程） 医
44 東京大学（文科） DL
45 東京大学（理科） DL 医
46 お茶の水女子大学
47 電気通信大学
48 東京外国語大学 DL
49 東京海洋大学
50 東京科学大学（旧 東京工業大学）
51 東京科学大学（旧 東京医科歯科大学） 医
52 東京学芸大学
53 東京藝術大学
54 東京農工大学
55 一橋大学（前期日程）
56 一橋大学（後期日程）
57 東京都立大学（文系）
58 東京都立大学（理系）
59 横浜国立大学（文系）
60 横浜国立大学（理系）
61 横浜市立大学（国際教養・国際商・理・データサイエンス・医〈看護〉学部）
62 横浜市立大学（医学部〈医学科〉） 医
63 新潟大学（人文・教育〈文系〉・法・経済科・医〈看護〉・創生学部）
64 新潟大学（教育〈理系〉・理・医〈看護を除く〉・歯・工・農学部） 医
65 新潟県立大学
66 富山大学（文系）
67 富山大学（理系） 医
68 富山県立大学
69 金沢大学（文系）
70 金沢大学（理系） 医
71 福井大学（教育・医〈看護〉・工・国際地域学部）
72 福井大学（医学部〈医学科〉） 医
73 福井県立大学
74 山梨大学（教育・医〈看護〉・工・生命環境学部）
75 山梨大学（医学部〈医学科〉） 医
76 都留文科大学
77 信州大学（文系−前期日程）
78 信州大学（理系−前期日程） 医
79 信州大学（後期日程）
80 公立諏訪東京理科大学 総推
81 岐阜大学（前期日程） 医
82 岐阜大学（後期日程）
83 岐阜薬科大学
84 静岡大学（前期日程）
85 静岡大学（後期日程）
86 浜松医科大学（医学部〈医学科〉） 医
87 静岡県立大学
88 静岡文化芸術大学
89 名古屋大学（文系）
90 名古屋大学（理系） 医
91 愛知教育大学
92 名古屋工業大学
93 愛知県立大学
94 名古屋市立大学（経済・人文社会・芸術工・看護・総合生命理・データサイエンス学部）
95 名古屋市立大学（医学部〈医学科〉） 医
96 名古屋市立大学（薬学部）
97 三重大学（人文・教育・医〈看護〉学部）
98 三重大学（医〈医〉・工・生物資源学部） 医
99 滋賀大学
100 滋賀医科大学（医学部〈医学科〉） 医
101 滋賀県立大学
102 京都大学（文系）
103 京都大学（理系） 医
104 京都教育大学
105 京都工芸繊維大学
106 京都府立大学
107 京都府立医科大学（医学部〈医学科〉） 医
108 大阪大学（文系） DL
109 大阪大学（理系） 医
110 大阪教育大学
111 大阪公立大学（現代システム科学域〈文系〉・文・法・経済・商・看護・生活科〈居住環境・人間福祉〉学部−前期日程）
112 大阪公立大学（現代システム科学域〈理系〉・理・工・農・獣医・医・生活科〈食栄養〉学部−前期日程） 医
113 大阪公立大学（中期日程）
114 大阪公立大学（後期日程）
115 神戸大学（文系−前期日程）
116 神戸大学（理系−前期日程） 医
117 神戸大学（後期日程）
118 神戸市外国語大学 DL
119 兵庫県立大学（国際商経・社会情報科・看護学部）
120 兵庫県立大学（工・理・環境人間学部）
121 奈良教育大学／奈良県立大学
122 奈良女子大学
123 奈良県立医科大学（医学部〈医学科〉） 医
124 和歌山大学
125 和歌山県立医科大学（医・薬学部） 医
126 鳥取大学 医
127 公立鳥取環境大学
128 島根大学 医
129 岡山大学（文系）
130 岡山大学（理系） 医
131 岡山県立大学
132 広島大学（文系−前期日程）
133 広島大学（理系−前期日程） 医
134 広島大学（後期日程）
135 尾道市立大学 総推
136 県立広島大学
137 広島市立大学
138 福山市立大学 総推
139 山口大学（人文・教育〈文系〉・経済・医〈看護〉・国際総合科学部）
140 山口大学（教育〈理系〉・理・医〈看護を除く〉・工・農・共同獣医学部） 医
141 山陽小野田市立山口東京理科大学 推
142 下関市立大学／山口県立大学
143 周南公立大学 新 総推
144 徳島大学 医
145 香川大学 医
146 愛媛大学 医
147 高知大学 医
148 高知工科大学
149 九州大学（文系−前期日程）
150 九州大学（理系−前期日程） 医
151 九州大学（後期日程）
152 九州工業大学
153 福岡教育大学
154 北九州市立大学
155 九州歯科大学
156 福岡県立大学／福岡女子大学
157 佐賀大学 医
158 長崎大学（多文化社会・教育〈文系〉・経済・医〈保健〉・環境科〈文系〉学部）
159 長崎大学（教育〈理系〉・医〈医〉・歯・薬・情報データ科・工・環境科〈理系〉・水産学部） 医
160 長崎県立大学 総推
161 熊本大学（文・教育・法・医〈看護〉学部・情報融合学環〈文系型〉）
162 熊本大学（理・医〈看護を除く〉・薬・工学部・情報融合学環〈理系型〉） 医
163 熊本県立大学
164 大分大学（教育・経済・医〈看護〉・理工・福祉健康科学部）
165 大分大学（医学部〈医・先進医療科学科〉） 医
166 宮崎大学（教育・医〈看護〉・工・農・地域資源創成学部）
167 宮崎大学（医学部〈医学科〉） 医
168 鹿児島大学（文系）
169 鹿児島大学（理系） 医
170 琉球大学 医

2025年版　大学赤本シリーズ

国公立大学 その他

171 〔国公立大〕医学部医学科 総合型選抜・学校推薦型選抜※ 医 総推
172 看護・医療系大学〈国公立 東日本〉※
173 看護・医療系大学〈国公立 中日本〉※
174 看護・医療系大学〈国公立 西日本〉※
175 海上保安大学校／気象大学校
176 航空保安大学校
177 国立看護大学校
178 防衛大学校 総推
179 防衛医科大学校（医学科） 医
180 防衛医科大学校（看護学科）

※ No.171～174の収載大学は赤本ウェブサイト（http://akahon.net/）でご確認ください。

私立大学①

北海道の大学（50音順）

201 札幌大学
202 札幌学院大学
203 北星学園大学
204 北海学園大学
205 北海道医療大学
206 北海道科学大学
207 北海道武蔵女子大学・短期大学
208 酪農学園大学（獣医学群〈獣医学類〉）

東北の大学（50音順）

209 岩手医科大学（医・歯・薬学部） 医
210 仙台大学 総推
211 東北医科薬科大学（医・薬学部） 医
212 東北学院大学
213 東北工業大学
214 東北福祉大学
215 宮城学院女子大学 総推

関東の大学（50音順）

あ行（関東の大学）

216 青山学院大学（法・国際政治経済学部－個別学部日程）
217 青山学院大学（経済学部－個別学部日程）
218 青山学院大学（経営学部－個別学部日程）
219 青山学院大学（文・教育人間科学部－個別学部日程）
220 青山学院大学（総合文化政策・社会情報・地球社会共生・コミュニティ人間科学部－個別学部日程）
221 青山学院大学（理工学部－個別学部日程）
222 青山学院大学（全学部日程）
223 麻布大学（獣医、生命・環境科学部）
224 亜細亜大学
226 桜美林大学
227 大妻女子大学・短期大学部

か行（関東の大学）

228 学習院大学（法学部－コア試験）
229 学習院大学（経済学部－コア試験）
230 学習院大学（文学部－コア試験）
231 学習院大学（国際社会科学部－コア試験）
232 学習院大学（理学部－コア試験）
233 学習院女子大学
234 神奈川大学（給費生試験）
235 神奈川大学（一般入試）
236 神奈川工科大学
237 鎌倉女子大学・短期大学部
238 川村学園女子大学
239 神田外語大学
240 関東学院大学
241 北里大学（理学部）
242 北里大学（医学部） 医
243 北里大学（薬学部）
244 北里大学（看護・医療衛生学部）
245 北里大学（未来工・獣医・海洋生命科学部）
246 共立女子大学・短期大学
247 杏林大学（医学部） 医
248 杏林大学（保健学部）
249 群馬医療福祉大学・短期大学部
250 群馬パース大学 総推
251 慶應義塾大学（法学部）
252 慶應義塾大学（経済学部）
253 慶應義塾大学（商学部）
254 慶應義塾大学（文学部） 総推
255 慶應義塾大学（総合政策学部）
256 慶應義塾大学（環境情報学部）
257 慶應義塾大学（理工学部）
258 慶應義塾大学（医学部） 医
259 慶應義塾大学（薬学部）
260 慶應義塾大学（看護医療学部）
261 工学院大学
262 國學院大學
263 国際医療福祉大学 医
264 国際基督教大学
265 国士舘大学
266 駒澤大学（一般選抜T方式・S方式）
267 駒澤大学（全学部統一日程選抜）

さ行（関東の大学）

268 埼玉医科大学（医学部） 医
269 相模女子大学・短期大学部
270 産業能率大学
271 自治医科大学（医学部） 医
272 自治医科大学（看護学部）／東京慈恵会医科大学（医学部〈看護学科〉）
273 実践女子大学 総推
274 芝浦工業大学（前期日程）
275 芝浦工業大学（全学統一日程・後期日程）
276 十文字学園女子大学
277 淑徳大学
278 順天堂大学（医学部） 医
279 順天堂大学（スポーツ健康科・医療看護・保健看護・国際教養・保健医療・医療科・健康データサイエンス・薬学部） 総推
280 上智大学（神・文・総合人間科学部）
281 上智大学（法・経済学部）
282 上智大学（外国語・総合グローバル学部）
283 上智大学（理工学部）
284 上智大学（TEAPスコア利用方式）
285 湘南工科大学
286 昭和大学（医学部） 医
287 昭和大学（歯・薬・保健医療学部）
288 昭和女子大学
289 昭和薬科大学
290 女子栄養大学・短期大学部 総推
291 白百合女子大学
292 成蹊大学（法学部－A方式）
293 成蹊大学（経済・経営学部－A方式）
294 成蹊大学（文学部－A方式）
295 成蹊大学（理工学部－A方式）
296 成蹊大学（E方式・G方式・P方式）
297 成城大学（経済・社会イノベーション学部－A方式）
298 成城大学（文芸・法学部－A方式）
299 成城大学（S方式〈全学部統一選抜〉）
300 聖心女子大学
301 清泉女子大学
303 聖マリアンナ医科大学 医
304 聖路加国際大学（看護学部）
305 専修大学（スカラシップ・全国入試）
306 専修大学（前期入試〈学部個別入試〉）
307 専修大学（前期入試〈全学部入試・スカラシップ入試〉）

た行（関東の大学）

308 大正大学
309 大東文化大学
310 高崎健康福祉大学
311 拓殖大学
312 玉川大学
313 多摩美術大学
314 千葉工業大学
315 中央大学（法学部－学部別選抜）
316 中央大学（経済学部－学部別選抜）
317 中央大学（商学部－学部別選抜）
318 中央大学（文学部－学部別選抜）
319 中央大学（総合政策学部－学部別選抜）
320 中央大学（国際経営・国際情報学部－学部別選抜）
321 中央大学（理工学部－学部別選抜）
322 中央大学（5学部共通選抜）
323 中央学院大学
324 津田塾大学
325 帝京大学（薬・経済・法・文・外国語・教育・理工・医療技術・福岡医療技術学部）
326 帝京大学（医学部） 医
327 帝京科学大学 総推
328 帝京平成大学 総推
329 東海大学（医〈医〉学部を除く－一般選抜）
330 東海大学（文系・理系学部統一選抜）
331 東海大学（医学部〈医学科〉） 医
332 東京医科大学（医学部〈医学科〉） 医
333 東京家政大学・短期大学部 総推
334 東京経済大学
335 東京工科大学
336 東京工芸大学
337 東京国際大学
338 東京歯科大学
339 東京慈恵会医科大学（医学部〈医学科〉） 医
340 東京情報大学
341 東京女子大学
342 東京女子医科大学（医学部） 医
343 東京電機大学
344 東京都市大学
345 東京農業大学
346 東京薬科大学（薬学部） 総推
347 東京薬科大学（生命科学部） 総推
348 東京理科大学（理学部〈第一部〉－B方式）
349 東京理科大学（創域理工学部－B方式・S方式）
350 東京理科大学（工学部－B方式）
351 東京理科大学（先進工学部－B方式）
352 東京理科大学（薬学部－B方式）
353 東京理科大学（経営学部－B方式）
354 東京理科大学（C方式、グローバル方式、理学部〈第二部〉－B方式）
355 東邦大学（医学部） 医
356 東邦大学（薬学部）

2025年版 大学赤本シリーズ

私立大学②

357 東邦大学（理・看護・健康科学部）
358 東洋大学（文・経済・経営・法・社会・国際・国際観光学部）
359 東洋大学（情報連携・福祉社会デザイン・健康スポーツ科・理工・総合情報・生命科・食環境科学部）
360 東洋大学（英語〈3日程×3カ年〉）
361 東洋大学（国語〈3日程×3カ年〉）
362 東洋大学（日本史・世界史〈2日程×3カ年〉）
363 東洋英和女学院大学
364 常磐大学・短期大学 総推
365 獨協大学
366 獨協医科大学（医学部） 医

な行（関東の大学）

367 二松学舎大学
368 日本大学（法学部）
369 日本大学（経済学部）
370 日本大学（商学部）
371 日本大学（文理学部〈文系〉）
372 日本大学（文理学部〈理系〉）
373 日本大学（芸術学部〈専門試験併用型〉）
374 日本大学（国際関係学部）
375 日本大学（危機管理・スポーツ科学部）
376 日本大学（理工学部）
377 日本大学（生産工・工学部）
378 日本大学（生物資源科学部）
379 日本大学（医学部） 医
380 日本大学（歯・松戸歯学部）
381 日本大学（薬学部）
382 日本大学（N全学統一方式－医・芸術〈専門試験併用型〉学部を除く）
383 日本医科大学 医
384 日本工業大学
385 日本歯科大学
386 日本社会事業大学 総推
387 日本獣医生命科学大学
388 日本女子大学
389 日本体育大学

は行（関東の大学）

390 白鷗大学（学業特待選抜・一般選抜）
391 フェリス女学院大学
392 文教大学
393 法政大学（法〈Ⅰ日程〉・文〈Ⅱ日程〉・経営〈Ⅱ日程〉学部－A方式）
394 法政大学（法〈Ⅱ日程〉・国際文化・キャリアデザイン学部－A方式）
395 法政大学（文〈Ⅰ日程〉・経営〈Ⅰ日程〉・人間環境・グローバル教養学部－A方式）
396 法政大学（経済〈Ⅰ日程〉・社会〈Ⅰ日程〉・現代福祉学部－A方式）
397 法政大学（経済〈Ⅱ日程〉・社会〈Ⅱ日程〉・スポーツ健康学部－A方式）
398 法政大学（情報科・デザイン工・理工・生命科学部－A方式）
399 法政大学（T日程〈統一日程〉・英語外部試験利用入試）
400 星薬科大学 総推

ま行（関東の大学）

401 武蔵大学
402 武蔵野大学
403 武蔵野美術大学
404 明海大学
405 明治大学（法学部－学部別入試）
406 明治大学（政治経済学部－学部別入試）
407 明治大学（商学部－学部別入試）
408 明治大学（経営学部－学部別入試）
409 明治大学（文学部－学部別入試）
410 明治大学（国際日本学部－学部別入試）
411 明治大学（情報コミュニケーション学部－学部別入試）
412 明治大学（理工学部－学部別入試）
413 明治大学（総合数理学部－学部別入試）
414 明治大学（農学部－学部別入試）
415 明治大学（全学部統一入試）
416 明治学院大学（A日程）
417 明治学院大学（全学部日程）
418 明治薬科大学 総推
419 明星大学
420 目白大学・短期大学部

ら・わ行（関東の大学）

421 立教大学（文系学部－一般入試〈大学独自の英語を課さない日程〉）
422 立教大学（国語〈3日程×3カ年〉）
423 立教大学（日本史・世界史〈2日程×3カ年〉）
424 立教大学（文学部－一般入試〈大学独自の英語を課す日程〉）
425 立教大学（理学部－一般入試）
426 立正大学
427 早稲田大学（法学部）
428 早稲田大学（政治経済学部）
429 早稲田大学（商学部）
430 早稲田大学（社会科学部）
431 早稲田大学（文学部）
432 早稲田大学（文化構想学部）
433 早稲田大学（教育学部〈文科系〉）
434 早稲田大学（教育学部〈理科系〉）
435 早稲田大学（人間科・スポーツ科学部）
436 早稲田大学（国際教養学部）
437 早稲田大学（基幹理工・創造理工・先進理工学部）
438 和洋女子大学 総推

中部の大学（50音順）

439 愛知大学
440 愛知医科大学（医学部） 医
441 愛知学院大学・短期大学部
442 愛知工業大学 総推
443 愛知淑徳大学
444 朝日大学 総推
445 金沢医科大学（医学部） 医
446 金沢工業大学
447 岐阜聖徳学園大学 総推
448 金城学院大学
449 至学館大学 総推
450 静岡理工科大学
451 椙山女学園大学
452 大同大学
453 中京大学
454 中部大学
455 名古屋外国語大学 総推
456 名古屋学院大学 総推
457 名古屋学芸大学 総推
458 名古屋女子大学 総推
459 南山大学（外国語〈英米〉・法・総合政策・国際教養学部）
460 南山大学（人文・外国語〈英米を除く〉・経済・経営・理工学部）
461 新潟国際情報大学
462 日本福祉大学
463 福井工業大学
464 藤田医科大学（医学部） 医
465 藤田医科大学（医療科・保健衛生学部）
466 名城大学（法・経営・経済・外国語・人間・都市情報学部）
467 名城大学（情報工・理工・農・薬学部）
468 山梨学院大学

近畿の大学（50音順）

469 追手門学院大学 総推
470 大阪医科薬科大学（医学部） 医
471 大阪医科薬科大学（薬学部） 総推
472 大阪学院大学 総推
473 大阪経済大学 総推
474 大阪経済法科大学 総推
475 大阪工業大学 総推
476 大阪国際大学・短期大学部 総推
477 大阪産業大学 総推
478 大阪歯科大学（歯学部）
479 大阪商業大学 総推
480 大阪成蹊大学・短期大学 総推
481 大谷大学 総推
482 大手前大学・短期大学 総推
483 関西大学（文系）
484 関西大学（理系）
485 関西大学（英語〈3日程×3カ年〉）
486 関西大学（国語〈3日程×3カ年〉）
487 関西大学（日本史・世界史・文系数学〈3日程×3カ年〉）
488 関西医科大学（医学部） 医
489 関西医療大学 総推
490 関西外国語大学・短期大学部 総推
491 関西学院大学（文・法・商・人間福祉・総合政策学部－学部個別日程）
492 関西学院大学（神・社会・経済・国際・教育学部－学部個別日程）
493 関西学院大学（全学部日程〈文系型〉）
494 関西学院大学（全学部日程〈理系型〉）
495 関西学院大学（共通テスト併用日程〈数学〉・英数日程）
496 関西学院大学（英語〈3日程×3カ年〉） 新
497 関西学院大学（国語〈3日程×3カ年〉） 新
498 関西学院大学（日本史・世界史・文系数学〈3日程×3カ年〉） 新
499 畿央大学 総推
500 京都外国語大学・短期大学 総推
502 京都産業大学（公募推薦入試） 総推
503 京都産業大学（一般選抜入試〈前期日程〉）
504 京都女子大学 総推
505 京都先端科学大学 総推
506 京都橘大学 総推
507 京都ノートルダム女子大学 総推
508 京都薬科大学 総推
509 近畿大学・短期大学部（医学部を除く－推薦入試） 総推
510 近畿大学・短期大学部（医学部を除く－一般入試前期）
511 近畿大学（英語〈医学部を除く3日程×3カ年〉）
512 近畿大学（理系数学〈医学部を除く3日程×3カ年〉）
513 近畿大学（国語〈医学部を除く3日程×3カ年〉）
514 近畿大学（医学部－推薦入試・一般入試前期） 医 総推
515 近畿大学・短期大学部（一般入試後期） 医
516 皇學館大学 総推
517 甲南大学 総推
518 甲南女子大学（学校推薦型選抜） 新 総推
519 神戸学院大学 総推
520 神戸国際大学 総推
521 神戸女学院大学 総推
522 神戸女子大学・短期大学 総推
523 神戸薬科大学 総推
524 四天王寺大学・短期大学部 総推
525 摂南大学（公募制推薦入試） 総推
526 摂南大学（一般選抜前期日程）
527 帝塚山学院大学 総推
528 同志社大学（法、グローバル・コミュニケーション学部－学部個別日程）

共通テスト対策関連書籍

共通テスト対策も赤本で

❶ 過去問演習

2025年版

共通テスト赤本シリーズ

全12点

A5判／定価1,320円
（本体1,200円）

- 英国数には新課程対応オリジナル実戦模試 掲載！
- 公表された新課程試作問題はすべて掲載！
- くわしい対策講座で得点力UP
- 英語はリスニングを10回分掲載！赤本の音声サイトで本番さながらの対策！

- 英語 リーディング／リスニング DL
- 数学Ⅰ, A／Ⅱ, B, C
- 国語
- 歴史総合, 日本史探究
- 歴史総合, 世界史探究
- 地理総合, 地理探究
- 公共, 倫理
- 公共, 政治・経済
- 物理
- 化学
- 生物
- 物理基礎／化学基礎／生物基礎／地学基礎

DL 音声無料配信

❷ 自己分析

赤本ノートシリーズ

過去問演習の効果を最大化

▶共通テスト対策には

赤本ノート
（共通テスト用）

赤本ルーズリーフ
（共通テスト用）

共通テスト赤本シリーズ

新課程攻略問題集

全26点
に対応!!

▶二次・私大対策には

赤本ノート（二次・私大用）

大学赤本シリーズ

全556点
に対応!!

❸ 重点対策

共通テスト赤本プラス

新課程攻略問題集

基礎固め&苦手克服のための分野別対策問題集!!
厳選された問題でかしこく対策

- 英語リーディング
- 英語リスニング DL
- 数学Ⅰ, A
- 数学Ⅱ, B, C
- 国語（現代文）
- 国語（古文, 漢文）
- 歴史総合, 日本史探究
- 歴史総合, 世界史探究
- 地理総合, 地理探究
- 公共, 政治・経済
- 物理
- 化学
- 生物
- 情報Ⅰ

DL 音声無料配信

全14点
好評発売中！

A5判／定価1,320円（本体1,200円）

手軽なサイズの実戦的参考書

目からウロコのコツが満載！

直前期にも！

満点のコツシリーズ

赤本ポケット

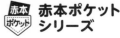

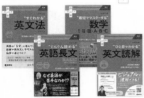

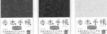

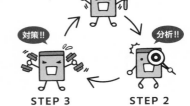

大学赤本シリーズ

別冊問題編

2025